U0118488

思想觀念的帶動者

文化現象的觀察者

本土經驗的整理者

生命故事的關懷者

Psychotherapy

探訪幽微的心靈，如同潛越曲折逶迤的河流
面對無法預期的彎道或風景，時而煙波浩渺，時而萬壑爭流
留下無數廓清、洗滌或抉擇的痕跡
只為尋獲真實自我的洞天福地

KLEIN

克萊恩全集

3

Psychotherapy 10

嫉羨和感恩

Envy and Gratitude and Other Works 1946-1963

梅蘭妮‧克萊恩
Melanie Klein

林玉華　王浩威 策劃　　呂煦宗　劉慧卿 譯

財團法人│華人心理治療研究發展基金會│共同出版

目次

中文版序

　　梅蘭妮·克萊恩，1882年生於維也納，雖然她在該地生活到十九歲，卻是在1910年搬到布達佩斯以後，才真正「發現了」佛洛伊德與精神分析，從此精神分析成為其主要的興趣與熱情所在，使她獲致這發現的家庭背景是有意義的。她的父親萊齊斯（Moriz Reizes）是一位醫生，其傳統的猶太父母希望他能成為一個祭司，但是他卻默默反抗，而研習了醫學，並且在他買下牙醫診所之前執業了一段時間。他是一個很認真的學生，廣泛地閱讀，且自學了十種歐洲語言；他在克萊恩十八歲時過世。克萊恩的母親來自比較自由的家庭，似乎是一位富於冒險、溫暖和勇敢的女性，她在克萊恩三十二歲時過世。我們可以從她的家庭背景裡看到人性的溫暖、勇氣，以及進步與改變的能力，這些在她日後對精神分析的貢獻裡扮演了重要的角色。

　　梅蘭妮·克萊恩與手足之間的關係，是其發展上的一個重要影響因素。她是四個孩子中最小的，席多妮（Sidonie）大她四歲、伊馬努爾（Emanuel）大她五歲、艾密莉（Emily）大她六歲。席多妮罹患重病，她短短的九年生命，幾乎都是在醫院中度過的，雖然她過世時梅蘭妮只有五歲，但是她們之間已經發展出非常親密與投入的關係。據說她想將自己所知道的事情教給妹妹，也是她教導梅蘭妮閱讀與算數。伊馬努爾在寫作與音樂兩方面都顯露才華，但是他罹患了風濕性心臟病，很瘦弱。他像席多妮一樣，也看出梅蘭妮的能力，並且鼓勵她、支持她讀書。他有

點叛逆，但是交友廣闊，對於文化方面具有廣泛的興趣，也引領了妹妹進入了這些領域。經由伊馬努爾，她認識了未來的丈夫亞瑟‧克萊恩（Arthur Klein）。伊馬努爾曾想習醫，但由於健康狀況而必須放棄。在十四歲以前，克萊恩也曾計畫習醫，但事與願違。十七歲時她訂婚，並於四年後結了婚，因而必須放棄醫學之路。不過，在訂婚之後的兩年裡，她到維也納大學研讀人文科學。

亞瑟‧克萊恩是個工程師和商人，為了工作必須時常旅行，有幾年這對夫妻居住在斯洛伐克與席雷西亞（Silesia）地區的小鎮。梅蘭妮深深懷念她在維也納的社交與智性生活，當時也已經出現婚姻問題。不過當1910年她的丈夫在布達佩斯找到工作時，她的生命改變了。當時她已有兩個小孩，梅莉塔（Melitta）生於1904年，漢斯（Hans）生於1907年。在布達佩斯，梅蘭妮發現了佛洛伊德的作品《論夢》（*On Dreams*, 1901）以及改變其生命的精神分析。她與費倫齊（Ferenczi）聯繫並接受其分析，費倫齊鼓勵她開始分析兒童。1919年她在匈牙利精神分析學會發表了第一篇論文〈一名兒童的發展〉（On the Development of a Child）。大約在這個時候，亞瑟前往瑞典工作，她終於與亞瑟分居了，並於1926年離婚。1921年她搬到柏林，在這之前她曾於海牙的精神分析年會中見過亞伯拉罕（Karl Abraham），且深深被他及其思想所吸引。亞伯拉罕對於克萊恩的工作非常肯定，她終於在排除萬難之後，說服亞伯拉罕於1924年初開始為她分析，但是隔年1925年12月亞伯拉罕去世了，失去了這個治療師、同時是朋友的支持，克萊恩在柏林的生活愈來愈艱辛了。也是在1925年，她認識了恩斯特‧鍾斯（Ernest Jones），他對她的著作非常感興趣，並邀請她去英國演講，她欣然答應，她在英國

共進行了六場關於兒童精神分析的演講，這些演講內容隨後編輯成她的第一本書《兒童精神分析》（*The Psycho-Analysis of Children*）的前段。隔年她帶著最小的孩子——當時十三歲的艾力希（Erich）移居倫敦。梅莉塔在此以前已經與佘密德伯格醫師（Dr W. Schmideberg）結婚，夫妻雙雙接受訓練並成為精神分析師，也定居在倫敦，克萊恩的長子漢斯則留在柏林。梅蘭妮旋即在英國精神分析學會（British Psychoanalytical Society）的歷史中扮演了重要的角色，她常態性地參與學術研討會，在學會中宣讀論文、舉辦討論會與演講。她的取向引起了很大的爭議，受到某些人的強烈反對，又為其他人所高度讚許。

梅蘭妮‧克萊恩和安娜‧佛洛伊德（Anna Freud）大約在同一時間開始分析兒童，但是她們的工作在許多基本面向上卻大相逕庭，這些差異可見於1927年的〈兒童分析論叢〉（Symposium on Child Analysis）。梅蘭妮‧克萊恩對於精神分析之主要貢獻的根源可說在《兒童精神分析》一書中就已經存在了。舉例來說：本書一貫顯現她對兒童焦慮的關注，這焦慮經常伴隨著潛在的攻擊性。她看到詮釋焦慮的重要性，而非用再保證來忽略它。她見到兒童的潛意識幻想與焦慮事實上表現在遊戲中、使用玩具的方式、以及在遊戲室裡的行為之中，因此，接觸兒童的遊戲讓克萊恩能夠與幼兒工作，即使是欠缺語言表達能力的兒童亦然。這樣的取向隨後開啟了對於潛意識幻想更多的了解，並且幫助她辨識了許多佛洛伊德曾經生動描述的議題，事實上是在個體生命的更早期就已經開始了，例如：與客體的關係、認同與內攝（intro-jection）的過程、伊底帕斯情結等等。她見到幼童帶著先前對客體已經形成的期待與態度，進入治療中；她開始探討內在客體的

本質，以及這些客體在兒童的內在世界裡是如何相互產生關聯。她觀察到這些內在客體運作的方式決定了兒童與分析師建立關係的方式——也就是移情；她對移情的觀察有助於進一步了解投射（projection）與內攝的機制，以及移情如何反映了兒童的內在世界與外在世界經驗之間不斷進行的互動。

這些以及許多其他的發現，隨著她持續對兒童與成人的分析而逐步開展與豐富化，並且建立了一個新的理論架構。這一點隨著1935年出版的〈論躁鬱狀態的心理成因〉（A Contribution to the Psychogenesis of Manic-Depressive States）而更為清楚，這篇論文綜合上述許多觀念，並加以系統化，現在我們見到她比較不強調攻擊性，而較強調生死本能、愛與恨之間的互動及其隱含的意義。她引介了「心理位置」的觀念，並描述「憂鬱心理位置」（depressive position）及其與「偏執心理位置」（paranoid position，當時如此稱呼，後來名為「偏執-類分裂心理位置」〔paranoid schizoid position〕）之關係。心理位置的觀念意味著與較為僵化的發展階段概念有所區別。克萊恩認為每個心理位置具有其獨特的焦慮與用來對抗這些焦慮的防衛方式，而這些防衛或是更偏向整合和更真實的客體關係，或是相反地，更偏向分裂（splitting）與碎裂化（fragmentation）。因此她並不視這些心理位置為已經渡過而且完成的階段，而是個體人格中的動力部分。

這些想法在五年後的論文〈哀悼及其與躁鬱狀態的關係〉（Mourning and its Relation to Manic-Depressive States）中有進一步的發展，不過要等到1946年在〈對某些類分裂機制的評論〉（Notes on Some Schizoid Mechanisms）中，梅蘭妮·克萊恩的基本理論架構才算得到最終闡明。在該篇論文中她更鉅細靡遺地

探討了生命最初幾個月間的心智過程——偏執-類分裂心理位置，並且引介了投射性認同（projective identification）的概念：既是一種防衛機制，也是一種侵入和控制客體的方式。她在這個領域的工作對於了解精神病具有很重要的貢獻，這些在羅森費爾德（H. Rosenfeld）、西格爾（H. Segal）、比昂（W. Bion）等人的工作上獲得了進一步的發展。1957年克萊恩出版了最後一本重要著作《嫉羨和感恩》（Envy and Gratitude），在此作品中，先前曾在某些兒童案例中被描述為重要情緒的「嫉羨」，現在被視為正常與病態發展的要素。

雖然梅蘭妮·克萊恩發展了新的理論架構，她始終都覺得自己的工作基本上奠基於佛洛伊德的理論，只是在一些方向上有所不同，這些歧異之處主要在於她相信：許多佛洛伊德的發現，事實上起源於比他所認為更早的階段。克萊恩的理論思想萌發於她在臨床工作上很深的投入，其理論的發展也和臨床工作並行；這種介於臨床工作與理論思想之間的互動，對於許多欣賞並且重視其貢獻的分析師而言，已被證實為非常有力的啟示。

貝蒂·約瑟夫（Betty Joseph）

梅蘭妮·克萊恩基金會（The Melanie Klein Trust）

中文版編譯事項說明

1. 本書於內頁外側附上原文書之頁碼，以求更具實用及參考價值。

2. 關於註釋的編排，原書是在每頁的下方以1. 2. 3.……依序編排。本書註釋也編排於每頁的下方，為顯現原來1. 2. 3.……的順序，則在註釋前面加上原文頁數，例如「10-1」，即原義第10頁下方的註1。希望這樣的做法，可以更方便讀者的對照和參考。

3. 文中出現的「S.E.」為「*Standard Edition*」的縮寫，其後的阿拉伯數字為卷號。

4. 中文版於附錄完整收錄原文書所附之〈英文索引〉，另擇重要專有名詞，編譯而成〈中文索引〉。

5. 我們也參考《Melanie Klein: Her World and Her Work》（by Phyllis Grosskurth, Harvard University Press, 1987）及《母性精神分析》（2001，珍妮特・樹爾絲，心靈工坊），彙整而成〈克萊恩生平年表〉，收錄於本書附錄中。

6. 本書之中文版序、引言、序言、註解，以及第一至九章由呂煦宗醫師翻譯。第十章至第十六章、短論以及附錄二由劉慧卿醫師翻譯。

7. 本書中第235、236頁之劇詞部分，參照朱生豪先生所譯的《中英對照莎士比亞全集》（世界書局出版）。第357、360、377（下）頁之劇詞部分，參照羅念生先生所譯的《古希臘戲劇選（上）悲劇》（木馬文化出版）。第261頁之「仙后」，以及第362、363、365、366、370、377（上）、378、380之劇詞部分，由師大翻譯研究所博士生余淑慧小姐翻譯。

引言

  本冊所含的論文包括了梅蘭妮・克萊恩從1946年以後到 vii
1960年過世之前的著作，也包括了在1963年她過世以後才出版
的未完成作品。第一冊中較晚出版的論文〈論躁鬱狀態的心理成
因〉（1935）、〈哀悼及其與躁鬱狀態的關係〉（1942），以及
〈從早期焦慮的觀點看伊底帕斯情結〉（The Oedipus Complex in
the Light of Early Anxieties, 1945），介紹了「憂鬱心理位置」，
標示了梅蘭妮・克萊恩在思想上新的發展。

  本冊中第一篇論文，〈對某些類分裂機制的評論〉（1946），
引介了進一步的發展，也就是偏執／類分裂心理位置（para-
noid/schizoid position）。梅蘭妮・克萊恩在她早期與兒童的工作
中，描述了兒童與部分客體的關係——主要是乳房與陰莖。她觀
察並分析被害感，以及介於高度理想化與迫害性客體之間的分
裂，她也發現了投射與內攝之間持續不斷的互動，不過她尚未將
那些特徵視為連帶相關的現象，在〈對某些類分裂機制的評論〉
中，她將這些特徵視為一種反覆再現之組態所具有的各種相關部
分。在1936年她描述憂鬱心理位置時，曾表示：在這個心理位
置發生之前，主要的焦慮具有偏執的本質，偶爾她提及偏執的心
理位置。開始的時候，她相當隨意地使用「心理位置」這個詞，
例如，在描述躁症防衛時，她說躁症心理位置，提到強迫防衛
時，則說強迫心理位置。1946年的論文確立了兩個心理位置的
觀念，也就是兩種精神組織的基本模式，她在本論文中，詳實探

討了最初嬰兒期的焦慮與防衛——也就是偏執／類分裂心理位置，她以偏執／類分裂心理位置名之，是因為主要存在的焦慮具有被害的本質，而且主導的心智機制具有分裂的本質。她描述了迫害焦慮與心智機制，這些是佛洛伊德提到的，而被她視為從最初的嬰兒期就已經開始運作了，她認為這些焦慮與相互關聯的防衛機制是一個系統，她也介紹了一個新的防衛機制——投射性認同，克萊恩的觀點認為（蘇珊‧伊薩克斯（Susan Isaacs）在《潛意識幻想的本質與功能》〔*The Nature and Function of Phantasy*, 1952〕一文中更明白地加以闡述）「機制」一詞是對潛意識幻想更為抽象與概括性的描述，潛意識幻想是機制的心智內容。

　　克萊恩較早期的著作裡，已經預示了投射性認同的潛意識幻想或機制，在她的論文〈象徵形成在自我發展中的重要性〉（The Importance of Symbol-Formation in the Development of the Ego, 1930）中，她描述了一個精神病男孩如何在他的潛意識幻想中把自己壞的部分裂解出去，將之視同自己的尿液、糞便、甚至陰莖，這些裂解的部分也被投射到母親的身體內，因而母親的身體也被感知為充滿了壞客體，在這篇論文中，她認為這是最早期而且基本的潛意識幻想與機制之一。嬰兒將自己無法忍受的部分裂解、投射進入母親體內，這些部分在潛意識幻想中如同擁有了母親的身體，而母親則變成等同於它們。在某些特定的情況下，自體好的部分可能會以類似的方式被投射出去，導致了自我的貧弱，也就是類分裂人格的特徵。就其重要性而論，本篇論文是出乎意外地簡短，對於投射性認同的描述所佔的篇幅只稍稍多於兩段文字而已，然而它卻是幾篇最具發展性的論文之一，它開啟了理解精神分裂與類分裂病患的路徑，這些病例在此之前被認

為是無法分析的。它激發了精神分析在精神病方面的開創性工作，在本文出版後，旋即有一些人將這些新的洞視運用在他們對精神病患的臨床工作上，並且發表了重要的論文。

本篇關於類分裂機制的論文完成了一個新的後設心理學理論，克萊恩主張嬰兒從一開始就具有自我，能夠經驗焦慮、形成關係，並且使用防衛的機制，這樣的自我不只是大部分尚未整合，而且在焦慮的刺激下，容易被強力的分裂機制所分裂而碎裂化。嬰兒與部分客體發生關係，因為分裂與投射的過程使得這些客體變得極度理想化或是非常具有迫害性。被害感、分裂的機制、投射性認同，以及在強烈焦慮時發生的碎裂化，這些都代表了偏執／類分裂心理位置的特徵，這個心理位置是精神分裂相關疾病的固著點。若是兒童只有部分達到、修通憂鬱心理位置，那麼某些上述特質的持續，是形成妄想症、自戀與類分裂人格的潛在因素，即使他們並未明顯地表現出精神病的樣子。

當嬰兒開始將他（或她）的客體影像合成為一個完整的人，在自我的整合、客體關係以及焦慮的本質上發生了根本的改變，此嬰兒或兒童變得具有感覺罪惡以及關心客體的能力。克萊恩最早是在兩篇關於憂鬱心理位置的論文中（1935, 1940）描述了這點。延續著1946年那篇論文，在〈關於焦慮與罪惡感的理論〉（On the Theory of Anxiety and Guilt, 1948）與〈關於嬰兒情緒生活的一些理論性結論〉（Some Theoretical Conclusions Regarding the Emotional Life of the Infant, 1952）當中，她詳細探討了從偏執／類分裂心理位置移動到憂鬱心理位置的過程中發生的改變，以及這個過程容易發生的波動（由於憂鬱的痛苦一再地導致某種程度地退化到偏執與類分裂的防衛）所隱含的意義。

ix

一位與克萊恩女士同時代的人士表示：當被問及她認為自己最重要的發現為何時，她說是發現了應付罪惡感的偏執防衛。

x 　在本書中的其他論文，都是在她心理位置的新概念理論架構之下的著作，我認為它們顯示了這樣的架構如何擴展而且深化了她的視野。有些是關於技術的，有些探討了比較廣泛性的精神分析主題，例如〈移情的根源〉（The Origins of Transference, 1952），有些是屬於應用精神分析的領域。兩篇她在過世前寫的未完成論文〈《奧瑞斯提亞》的某些省思〉（Some Reflections on 'The Oresteia'）與〈論孤獨的感受〉（On the Sense of Loneliness），顯現了一種反思的情緒，並且涉及了更廣泛的議題。

對於偏執／類分裂與憂鬱心理位置概念的闡述，提供了詳盡而完整的理論架構，可說是她著述的高峰。這個架構是個創新的觀念，促成了對於精神分析思考有深遠影響的理論。

不過，後來又有一個更基本的發現，也就是原初嫉羨（primitive envy）。在1957年，延續著一篇發表在會議的較短論文，她以相同的主題出版了專題論文〈嫉羨和感恩〉（Envy and Gratitude），她向來就關注嫉羨的議題，在她早年的著作裡經常提及它，不過，在〈嫉羨和感恩〉中她引介了新的觀念：嫉羨在生命初期即已運作，也是死之本能的最初表現；嫉羨與愛以及感恩是相衝突的，在偏執／類分裂心理位置運作的嫉羨是精神病理的強力因素，例如：由於嫉羨攻擊一切的「好」（goodness），它干擾了正常的分裂過程，於是阻礙形成好的客體關係，如此又導致了無法辨別好客體與壞客體的困惑狀態。在精神分析著作裡一直都強調嫉羨的重要性，例如，佛洛伊德發現的陰莖嫉羨，但是，認為「嫉羨運作於原初的部分客體關係，而且導向供給生命

的乳房」這樣的概念完全是革命性的。

　　精神分析的發現向來都是充滿了爭議的，即使對於佛洛伊德的著作亦然。事實上，他最後提出的重要概念：生之本能與死之本能，從來就沒有被大多數的分析師完全接受。 xi

　　克萊恩的著作從一開始就引起很激烈的爭論，她的兒童分析技術、對於前性器期以及攻擊性的強調，引起了與根據安娜‧佛洛伊德（Anna Freud）著作的維也納學派的早期爭論。當克萊恩在1926年移居英倫時，她發現英國精神分析學會更能接受她的想法，但是她對於憂鬱心理位置的闡述激起了新的爭論，而且有些熱烈接受她早年著作的人，例如葛若佛（Edward Glover），感覺她對嬰兒賦予了太多的精神複雜性。不斷升高的歧異性導致了在英國精神分析學會內一系列的「論戰」（Controversial Discussions），她的兩篇論文（1948, 1952）就是她在這些討論中提出的論文修訂版，關於嫉羨的著作引起了一場新的風暴。

　　新觀念的價值，可以從它們如何承受所引起的騷亂而能夠繼續生存來加以檢驗，許多早年對克萊恩著作的爭議現在幾乎已被淡忘，今日大部分的分析師視克萊恩所述的早期客體關係為當然，許多分析師甚至使用她早年的發現與概念而不知其淵源，她的許多思想已經被納入主流精神分析的思維當中。那些被稱為克萊恩學派的人，也就是明顯運用了她的概念與技術的分析師，已經發展、甚且更進一步繼續擴展她的論述；對於其思想的興趣仍在世界各地增長中，其著作的啟發性與重要性是不容置疑的。

漢娜‧西格爾（Hanna Segal），1987年於倫敦

序言

　　克萊恩作品集第三冊包含了她從1946到1960過世之前所有晚期的著作，唯一的例外是《兒童分析的故事》（*Narrative of a Child Analysis*）另行出版為第四冊。不像組成第一冊《愛、恨與修復》（*Love, Guilt and Reparation* 1921-45）的論文（大部分原本發表於《對精神分析的貢獻》〔*Contributions to Psycho-Analysis*〕），第三冊裡的論文是從未被收集在一起的，其中有一些最早是收在兩本書中：《精神分析的發展》（*Developments in Psycho-Analysis*）及《精神分析的新方向》（*New Directions in Psycho-Analysis*），這兩本書包含了梅蘭妮·克萊恩之外其他作者的作品。〈嫉羨和感恩〉原本是一篇專題論文，有些論文是在其身後發表於《我們的成人世界及其他論文》（*Our Adult World and Other Essays*）。除此之外，由於這些論文有些是為精神分析師寫的，有些是為一般讀者寫的，它們的內容跟其他幾冊比較起來不是那麼整齊均勻，但是它們包含了梅蘭妮·克萊恩生涯晚期最成熟的著作，因此對學習克萊恩學派的學生們來說，也包含了最為重要的作品。

　　跟前兩冊一樣，本冊最後也附有〈註解〉，它們的編排設計指示了梅蘭妮·克萊恩的思想演進中，每個重要主題的所在位置。最後，見於較早版本中，由恩斯特·鍾斯所寫的一篇引言以及兩篇序言，因為其歷史價值而被保留下來。

曼尼-基爾（R.E. Money-Kyrle）

【第一章】對某些類分裂機制[1-1]的評論

引言

　　這篇論文是關於生命早期的「偏執」與「類分裂」焦慮　1
（paranoid and schizoid anxieties）以及機制（mechanisms）的重
要性。早在我說明嬰兒期的憂鬱過程之前，多年來我已經在這個
主題上發表過許多想法。在我發展嬰兒期「憂鬱心理位置」
（depressive position）概念的過程中，與這個心理位置之前的發
展期有關的問題再次浮現，引起我的注意。現在我希望將我對於
生命早期之焦慮與機制[1-2]的某些假說作一些闡述。

　　我將要提出的這些與生命最早期發展階段有關的假說，是根
據對成人與幼童的分析資料所作的推論而得，有些假說似乎與精
神醫療常見的臨床觀察相符合。為了要讓我提出的主張更具體深
入，需要累積詳細的案例資料，不過因篇幅有限，我希望在日後
能加以補足。

　　首先，我把之前已經提出有關早期發展階段的結論[1-3]作一
番簡短的摘要說明，我相信這將對讀者有所幫助。

1-1　〔1952年版本的註〕這篇論文於1946年十二月四日在英國精神分析學會宣讀，並於稍後
　　　在大致未加修改下出版，除了些微的更動以外（特別是加上了一個段落以及一些註釋）。

1-2　在完成此篇論文之前，我曾與寶拉‧海曼（Paula Heimann）討論其主要意旨，並且非常
　　　受惠於她啟發性的建議，讓我可以完成與闡釋本篇所報告的許多觀念。

1-3　比較我的著作《兒童精神分析》（*Psycho-Analysis of Children*, 1932）與〈論躁鬱狀態的心
　　　理成因〉（A Contribution to the Psychogenesis of Manic-Depressive States, 1935）。

在早期嬰兒階段所發生的焦慮，帶有精神病的特質，導致了自我（ego）發展出一些特別的防衛機制。我們可以在這個階段找到所有精神病的固著點（fixation-points），這個假說讓有些人以為我視所有嬰兒都處在精神病的狀態，不過我已經在他處充分回應過這點誤解。嬰兒期帶有精神病性質的焦慮、機制以及自我防衛機制，對個體發展的所有層面（包括自我、超我〔super-go〕與客體關係的發展）都有深遠的影響。

我經常表達這樣的觀點，即：客體關係在剛出生時就存在了，第一個客體是母親的乳房，而這個乳房對嬰兒來說，被分裂為好的（滿足他的）與壞的（挫折他的）兩個不同的乳房；這樣的分裂導致了愛與恨的斷絕。我曾進一步指出，第一個客體關係隱含了在其中的「內攝」與「投射」機制，因此，從生命一開始，客體關係就受到內攝與投射兩種機制，以及內在和外在客體與情境之間互動的影響；這些過程參與了自我與超我的建立，並且為週歲前半年開始的伊底帕斯情結作準備。

在生命剛開始的時候，破壞的衝動被導向客體，這種衝動藉由潛意識幻想中對母親乳房所發動的「口腔施虐攻擊」（oral-sadistic attacks）來表現；這種攻擊很快地發展為對母親身體極盡虐待所能的殺戮。嬰兒具有想要搶奪母親身體中好東西的「口腔施虐衝動」，又有想要將他的排泄物放進母親身體（包括想要進入她的身體，以便能從裡面控制她）的「肛門施虐衝動」（anal-sadistic impulses），這兩種施虐衝動引發了嬰兒的迫害恐懼（persecutory fears），而這種迫害恐懼對於妄想症（paranoia）與精神分裂症（schizophrenia）的發生是極為重要的。

我曾細數早期自我的各種典型防衛機制，例如：將客體與衝

動分裂、理想化、否認內在與外在現實、抑制情緒等，我也曾提及各種焦慮的內容，包括懼怕被毒害與被吞噬等，這些普遍存在於生命頭幾個月的現象，大多可以在日後出現的精神分裂症狀中找到。

這裡所討論的早期階段（我早先稱之為「迫害期」），後來我將它命名為「偏執心理位置」（paranoid position），[2-1] 並且指出其發生在憂鬱心理位置之前。如果迫害的恐懼過強，而使得嬰兒無法修通（work through）偏執分裂心理位置，那麼憂鬱心理位置的修通也將受到阻礙。這些失敗可能導致退行性的（regressive）再增強迫害恐懼，並且強化了嚴重精神病（也就是精神分裂症）的固著點。另外一種源自於憂鬱心理位置的嚴重病症，可能是常發生在中年的躁鬱症（manic-depressive disorders）。我也曾如此下結論：在發展障礙比較輕微的個體上，與上述相同的因素強烈地影響他們選擇了精神官能症（neurosis）。

雖然我假設憂鬱心理位置能否被修通，取決於是否能夠成功通過其前趨期（「偏執-類分裂心理位置」），我仍然把憂鬱心理位置放在早期兒童發展的中心位置上，因為隨著內攝完整的客體，孩子的客體關係發生了根本的改變。由於完整客體之被愛與被恨的兩面能夠被整合為一，隨而發生了哀悼與罪惡的感覺，這些感覺暗示了孩子在情緒與智能的生命歷程上有了重大的進展，也是

3

2-1　當這篇論文在1946年初次出版時，我用「偏執心理位置」這個詞，與費爾貝恩（W. R. D. Faibairn）的「類分裂心理位置」（schizoid position）有相似的意思。經過深入的思考，我決定將費爾貝恩和我的用語結合在一起，因此在我目前這本書裡〔《精神分析的發展》（*Developments in Psycho-Analysis*, 1952），本篇論文首次出版在該本書裡〕採用「偏執－類分裂心理位置」。

個體是否會出現精神官能症或精神病的關鍵所在。對於以上這些
結論，我現在仍然堅信不移。

對費爾貝恩近期論文的一些評論

在費爾貝恩近期的數篇論文中，[3-1] 也相當關注我現在所要
探討的主題，我認為澄清我們之間論點之異同是有幫助的。我將
在本論文揭出的某些結論與費爾貝恩先生的一致，而其他部分則
有根本的不同。費爾貝恩主要的著眼點是客體關係中自我的發
展，而我的角度則主要是由焦慮以及它們的變遷來切入。他稱生
命最早的發展期為「類分裂位置」，並指出這個位置是正常發展
的一部分，而且是成人期類之分裂人格與精神分裂症的基礎。我
同意這點看法，並認為他對於發展過程中出現的「類分裂現象」
之描述，是重要且有趣的創見，對於我們了解類分裂行為與精神
分裂症也有極大的價值。我也相信費爾貝恩認為「類分裂或精神
分裂症這一組疾病，比以往所宣稱的更為廣泛」這樣的觀點是正
確而且重要的；而他所特別強調的「歇斯底里與精神分裂症之間
具有根本的關聯」這點，值得多加關注。如果「類分裂位置」被
理解為涵蓋了迫害恐懼與類分裂的機制，這樣的名稱是適當的。

先談最基本的議題，我不同意他對心智結構與本能理論的修
訂，我也不同意他所認為的只有壞客體被內化，我認為這一點導

3-1　比較〈再修訂之精神病與精神官能症病理學〉（A Revised Psychopathology of the
　　　Psychosis and Neurosis）、〈以客體關係觀點思考內在精神結構〉（Endopsychic Structure
　　　Considered in Terms of Object-Relationships）以及〈客體關係與動力結構〉（Object-
　　　Relationships and Dynamic Structure）。

致我們對於客體關係發展與自我發展看法的重要分歧。因為我認
為被內攝的好乳房形成了自我的重要部分，從一開始就為自我的
發展帶來了根本的影響——影響了自我的結構與客體關係。還有
一點不同的是：費爾貝恩認為「類分裂者很大的困難，在於如何
去愛而不會用愛來破壞；然而，憂鬱者很大的困難則是如何去愛
而不會用恨來破壞」。[4-1] 這樣的結論不僅和他駁斥佛洛伊德對原
發本能的概念相呼應，也和他低估了攻擊與恨意在生命初期所扮
演的角色一致；這種觀點帶來的結果是：他不夠強調早期焦慮與
衝突，以及它們帶給發展的動力效果。

早期自我的一些特定問題

接下來的討論中，我將挑選自我發展的某個單一面向，並且
刻意不把它和整體自我發展的問題作連結，在此處我也無法觸及
自我與本我（id）以及超我的關係。

到目前為止，我們對早期自我的結構所知甚少，某些就這點
所提出的近期主張並未讓我信服：我特別想到的是葛羅夫
（Glover）關於「自我核心」（ego nuclei）的概念，以及費爾貝
恩的「一個中心自我與兩個附屬自我」理論；在我看來，比較有
幫助的是溫尼寇特（D. W. Winnicott）所強調的早期自我尚未
整合狀態。[4-2] 我也認為生命早期的自我大致缺乏緊密聚合，朝

4-1　比較〈再修訂之精神病理學〉（A Revised Psychopathology, 1941）。

4-2　比較溫尼寇特的〈早期情緒發展〉（Primitive Emotional Development, 1945），在此論文
　　中，溫尼寇特也描述了未整合狀態所導致的病態結果，例如一個女性案例無法分別她自
　　己與學生姊妹。

向整合以及崩解為碎片這兩個方向交替發生著，[4-3]我相信這些震盪不定的狀態是生命在最初幾個月的特色。

我想，我們有正當的理由來假定：某些我們從後期自我所得知的「自我功能」，從生命剛開始的時候就已經存在了，而其中較顯著的是處理焦慮的功能。我相信焦慮來自於有機體內在「死之本能」的運作，感覺如同滅絕（死亡）的恐懼，以迫害的恐懼為表現形式。對破壞衝動的恐懼似乎隨時可以依附在客體上——或者被經驗為對無法駕馭、過於強大之客體的恐懼。其他重要的原發焦慮（primary anxiety）來源，是誕生的創傷（分離焦慮）以及身體的需求受到挫折，這些焦慮的經驗在生命初期被感覺為客體所造成的；即使這些客體被感覺為外在的，透過內攝的機制，他們成為內在的迫害者，於是再加強了對於內在破壞衝動的恐懼感。

由於個體迫切需要處理這些焦慮，促使早期的自我必須發展一套基本的機制與防衛方式：破壞衝動被部分投射到外界（死之本能的轉向〔deflection〕），而且，我認為它附著在第一個外在的客體（也就是母親的乳房）上，如佛洛伊德所指出的，破壞衝動的其餘部分，在某種程度上與個體內在的原慾（libido）結合。無論如何，這些過程並不能完全達到個體需要的目的，所以個體感覺到內在被破壞的焦慮仍是活躍的。就我看，這種心智狀態如同缺乏了凝聚的性質（cohesiveness），當處於這種威脅之下，自我容易崩解為碎片。[5-1]這裡說的「崩解為碎片」，似乎是

4-3　在生命初期自我凝聚力的多寡，應該被視為與自我忍受焦慮的能力有關；如我先前所主張的（《兒童精神分析》，特別是第56頁），這種焦慮是一個先天的因素。

5-1　費倫奇在〈註解與片段文字〉（Notes and Fragments, 1930）中提出：對於不舒服的刺

精神分裂症的去整合（disintegration）狀態潛在的原因。

　　現在我們遭遇了這樣的問題：是否有些活躍的自我分裂（splitting）過程可能不會發生在生命初期？如我們推測的，早期自我非常活躍地分裂客體及與客體的關係，而且這點可能暗示了某些活躍的自我分裂；在任何一種狀況，分裂的結果是：感覺是危險來源的「破壞衝動」被消散（dispersal）了。我認為：有關害怕被內在破壞力滅絕的原發焦慮，以及自我對於「崩解為碎片」或「自我的分裂」的特定反應方式，可能在所有精神分裂症的病程中都是極為重要的。

與客體相關的分裂過程

　　嬰兒向外投射的破壞衝動，起初被經驗為口腔的攻擊，我相信對母親乳房的口腔施虐衝動在生命初期是活躍的，雖然食人的（cannibalistic）衝動隨著長出牙齒而又有增強（這是亞伯拉罕〔Karl Abraham〕所強調的一個因素）。

　　在挫折與焦慮的狀態下，口腔施虐與食人的慾望被增強，於是嬰兒感到他已將乳頭與乳房咬碎吃掉，因此在嬰兒的潛意識幻想中，除了將好乳房與壞乳房加以區別之外，還有挫折他的乳房（在口腔施虐的潛意識幻想中受到攻擊）也被感覺為碎片；那個滿足他的乳房（在吸吮原慾〔sucking libido〕之主導下被嬰兒攝入）被感覺為完整的，它成為第一個內在的好客體，並且在自我

激，極為可能每種有生命的有機體都是藉由「碎裂化」的方式來反應，這可能是死亡本能的表現。有可能複雜的機制（指各種有機體）只能透過外在環境的影響而成為單獨的個體，當這些環境變得不利時，有機體即崩解為碎片。

中表現為一個據點（focal point），它可以反制分裂與消散的過程，營造凝聚力與整合，而且有助於建立自我。[6-1] 即使如此，嬰兒對於內在有一個完整好乳房的感覺，可能因挫折與焦慮而動搖，結果是好乳房與壞乳房的分離狀態可能不容易維持，於是嬰兒可能感覺到好的乳房也被破壞為碎片。

我相信，如果缺少一個在自我當中所發生的相對應分裂，自我無法將（內、外）客體分裂。因此關於內在客體狀態的潛意識幻想與感覺，對自我的結構有重要的影響。若是在吞併（incorporate）客體的過程中，有愈多的施虐衝動／行為存在，則這個客體愈有可能會被感覺到成為碎片，而且自我愈容易陷入與內化客體碎片有關的被分裂危險。

我所描述的過程當然與嬰兒的潛意識幻想生活有關，而且激發了分裂機制的焦慮，事實上也具有潛意識幻想的本質。嬰兒是在潛意識幻想中分裂了客體與自我，但是這種幻想的效果是非常真實的，因為它導致了感覺與關係（以及後來的思考過程）真的被切斷。[6-2]

與投射以及內攝有關的分裂機制

到目前為止，我所特別討論的分裂機制，是生命最初期的自

6-1　溫尼寇特從另一個角度提到這個相同的過程：他描述整合（integration）與對現實的調適，主要是建立在嬰兒經驗到媽媽的愛與照顧上。

6-2　史考特醫師（Dr W. C. M. Scott）在本篇論文宣讀之後的討論中，提到了分裂的另外一個層面，他強調在經驗的連續性中，斷裂所佔的重要性，這種斷裂意指時間而非空間上的分裂，他提及「在睡眠與清醒兩種狀態間的交替發生」作為一個例子；我完全同意他的觀點。

我功能與對抗焦慮的防衛機制之一，從生命一開始的時候，內攝與投射也被用來因應同樣的目標。如佛洛伊德所描述的，投射是起源於「死之本能」被轉向外界；而我認為藉由將危險的壞東西從自我身上排除掉，這個機制幫助了自我去克服焦慮，自我也用內攝好客體這種防衛機制來對抗焦慮。

　　還有一些其他的機制與投射及內攝息息相關，此處我特別關心的是在分裂、理想化以及否認等機制之間的關聯性。在談到將客體分裂的部分時，我們必須記得孩子在處於滿足的狀態時，對於滿足他的乳房會有愛的感覺；而在挫折的狀態下，恨以及迫害的焦慮則會依附在挫折他的乳房上。

　　理想化與分裂客體有密切的關聯，因為理想化牽涉到誇大乳房好的一面，藉此來保護自己、應付對迫害性乳房的恐懼；所以，理想化是迫害恐懼的產物，也是源自於本能需求的力量，這種本能需求的目標是無窮的滿足，因而創造了一個永不枯竭且慷慨豐富的乳房圖像，這個圖像就是理想的乳房。

　　我們從嬰兒的幻覺性滿足（hallucinatory gratification）中，發現了一個如上述分裂（cleavage）的例子。在理想化機制中運作的主要過程，也發生在幻覺性滿足的過程中，這種運作過程也就是將客體分裂，並且一概否認挫折與迫害，挫折與迫害的客體與理想化的客體被遠遠地分開來；無論如何，壞客體不只是與好客體分離，它的存在也被否認了，就如同整個挫折與隨著挫折而來的「壞」感覺（痛苦）都被全盤否認一樣。這樣的過程與否認精神現實（psychic reality）有密切的關係，對精神現實的否定，只有透過強烈的自大全能感才有可能發生，這種自大全能的感覺也是生命早期之心智狀態的基本特質之一。自大地否認壞客體的

存在以及痛苦的處境，在潛意識層次上等同於被破壞性衝動所毀滅，不過，被否認與毀滅的不只是一個情境與一個客體，而是一**個客體關係**在受害，於是自我的一部分（自我發散出對客體的感覺）也被否認與毀滅了。

在幻覺性滿足中，有兩個互相關聯的過程在發生：自大全能地創造理想客體與情境，以及同樣自大全能地毀滅、迫害的壞客體與痛苦的情境，這些過程的基礎，在於分裂客體與自我。

我想順帶一提的是：在這個早年的發展期中，分裂、否認與自大全能所扮演的角色，類似於潛抑（repression）在日後的自我發展階段所扮演的角色。當我們思考否認與自大全能的過程，在一個充斥著迫害恐懼與類分裂機制的發展階段中所具有的重要性時，我們可能會記起精神分裂症所表現的自大與迫害妄想。

到目前為止，在處理迫害恐懼的議題上，我已指出「口腔」的要素，不過，雖然口腔原慾仍然在主導，來自於其他身體來源的原慾衝動、攻擊衝動以及潛意識幻想，也明顯而活躍，造成了來自於口腔、尿道與肛門的慾望（原慾的與攻擊的）融合在一起。對母親乳房的攻擊，也發展為對母親身體的性質類似之攻擊，因為母親的身體現在被感覺為乳房的延伸；這是在母親被感知為一個完整的人之前所發生的事情。這些在潛意識幻想中對母親的屠殺，是依照兩條路線在進行的：其一是以口腔衝動為主，想要將母親（乳房）吸乾、吃光、掏空，以及搶奪母親體內的好東西（我將討論這些衝動如何影響和內攝有關的客體關係發展）。第二種攻擊源自肛門與尿道衝動，這種攻擊意味了排除體內危險的物質（排泄物），將它們放進母親的體內；和這些有害的排泄物一起在恨中被排除的，是自我裂解的碎片，這些碎片

也被投射到母親身上，或者，我會說是投射到母親的身體**裡面**。[8-1] 這些排泄物以及自我的「壞」碎片不只是被用來傷害客體，而且也被用來控制與佔有客體。只要母親能夠涵容（contain）這些壞的自我碎片，她將不被感知為分離的個體，而是被感知為**那個壞的自我**。

對自己某些部分的恨意現在大多被導向母親的身上，因而發生了一種特別的認同形式，這種形式會發展成「攻擊性客體關係」的原型（prototype），我主張將這種過程稱為「投射性認同」（projective identification）。當投射主要是來自嬰兒想要傷害或控制母親的衝動時，[8-2] 他感覺到母親是個加害者。在精神病人身上可以發現，這種將客體當作「被自我怨恨的部分」來認同，導致了病人對他人的強烈恨意。和自我有關的是，當自我過度地裂解，並且將碎片排除到外界，將會相當程度地弱化自我的功能，因為，感覺與人格中的攻擊成分，在心智功能中，是和力量（power）、功力（potency）、強度（strength）、知識以及許多其他個體想要的（好）品質密切相關的。

不過，不是只有自我壞的部分才被排除和投射，好的部分亦然。此時，排泄物具有禮物的意義，而自我的某些部分和排泄物一起，被排除並投射進入另外一個人體內，這些自我的部分是代表好的，也就是自我「具有愛」的部分。以這種投射為基礎的認 9

8-1　描述這些原始的過程遭遇了極大的難處，因為這些潛意識幻想發生的時候，是在嬰兒尚未開始使用文字思想之前。在這種情況下，舉例來說，我用「投射進入另外一個人」來表達，因為這樣對我來說，似乎是唯一可以傳達我試圖描述之潛意識過程的辦法。

8-2　伊凡斯（M. G. Evans）在一篇簡短未出版的討論文章中（於1946年一月在英國精神分析學會中宣讀）提供了幾個案例，他們顯示了以下的現象：缺乏現實感、感到被分解，以及人格的某些部分進入了母親的身體，意圖搶奪並控制她；結果是母親與其他遭受到類似攻擊的人們變成了病人的代表。伊凡斯認為這些過程與一個最原始的發展階段有關。

同方式，同樣地對客體關係有重大的影響。將好的感覺與自我好的部分投射到母親身體內，對於嬰兒是否能夠發展好的客體關係並且整合其自我，具有根本的重要性。但是如果這種投射過程被過度地操作，個體將會感到自我人格中好的部分都流失了，母親因而變成了嬰兒的「自我理想」（ego-ideal）；這樣的過程也會導致自我弱化與貧乏。很快地，這個過程延伸到其他的人身上，[9-1]結果可能會變成過度強烈地依賴這些人，而他們事實上是他自己原本擁有的「好」部分的外在表徵。另一個結果是害怕失去愛的能力，因為他所愛的客體，感覺上主要是被當作「自體的表徵」來愛的。

因此，自我的某些部分裂解與投射進入客體的過程，對於正常的發展與異常的客體關係都是非常重要的。

內攝對於客體關係的影響是同樣重要的。將好客體內攝（首先是母親的乳房），是正常發展的前提，我已經說過這個過程在自我裡形成了一個特定的據點，並且促成自我的凝聚。這種最早與好客體之關係（內在或外在的）的一個特徵，就是將它理想化的傾向。在挫折或焦慮升高的狀態下，嬰兒被迫逃到他內在理想化的客體處，藉此來躲避加害者。經由這樣的機制，發生了多種嚴重的干擾狀況：當迫害的恐懼太強烈時，逃遁到理想化客體的動作變得過度，會嚴重阻礙自我的發展，並且干擾客體關係；結果是自我可能被感覺到完全順從，而且依賴這個內在客體（自我只是個空殼子）。個體的內在世界若是帶著一個未加以類化

9-1　史考特（W. C. M. Scott）在一篇未出版的論文（幾年前在英國精神分析學會中宣讀），描述了他在一個精神分裂症案例所看到的三個互相關聯的性質：她的現實感受到嚴重的干擾、感覺周遭的世界是墓園，以及將她所有好的部分放進另一個人（葛雷塔‧嘉寶〔Greta Garbo〕）身上，讓這個人來代表病人自己。

（assimilated）的理想化客體，於是產生了一種感覺：這個自我沒有自己的生命與價值。[9-2] 我認為逃遁到尚未類化之理想化客體，使得自我必須更進一步地分裂，因為自我的某些部分想要與理想客體結合，而其他部分則要努力應付內在的迫害者。10

各種分裂自我與內在客體的方式導致了一種自我碎裂的感覺，這種感覺等於是自我「去整合」的狀態。在正常的發展過程裡，這些嬰兒會經驗到的分裂狀態是短暫的；在其他相關的因素中，來自於外在好客體[10-1]的滿足一再地幫助孩子度過類分裂狀態。孩子克服暫時類分裂狀態的能力與其心智功能之彈性與耐受性有關，如果自我無法克服分裂與隨而大整合的狀態，而這種狀態發生太過頻繁，而且持續太久，那麼我認為這種狀態應該被視為嬰兒的一種精神分裂徵象，我們在嬰兒出生的最早幾個月中就已經可以見到一些這種病症的指標了。成人病患的人格解組（depersonalization）與精神分裂的解離（dissociation）狀態，似乎是一種退行到上述這些嬰兒的去整合狀態。[10-2]

9-2　比較〈論「昇華的問題」以及「它與內化過程的關係」〉（A Contribution to the Problem of Sublimation and its Relation to the Processes of Internalization, 1942）。在這篇論文中，寶拉・海曼（Paul Heimann）描述了一種情形：內在客體表現得像是外來物深植於自體（self）之中。雖然就壞客體而言，這一點更加地明顯，但是對於好客體來說，如果自我強迫性地屈從於將它們留存，這一點也是真的。當自我過度服從內在的好客體，它們被感覺到是自我危險的來源，如同具有迫害的影響力。寶拉・海曼介紹了將內在客體類化的觀念，並且將它特別應用在昇華（sublimation）的機制上；至於自我的發展，她指出這樣的類化對於自我功能的成功運作，以及達到獨立的境界來說，是最基本的。

10-1　從這一點來看，母親對嬰兒的愛與了解，可以被視為孩子在克服精神病性質的焦慮與去整合狀態時最大的依靠。

10-2　賀伯特・羅森菲爾德（Herbert Rosenfeld）在1947年發表的論文〈一個併發人格解組之精神分裂狀態的分析〉（Analysis of a Schizophrenic State with Depersonalization, 1947）中，曾經報告個案描述了與投射性認同密切相關的分裂機制，如何導致了精神分裂狀態與人格解組。在他的論文〈評論慢性精神分裂病人意識混亂狀態之病理〉（A Note on the Psychopathology of Confusional States in Chronic Schizophrenias, 1950）中，他也指出當

　　我個人的經驗是：早期嬰兒期過多的迫害恐懼與類分裂機制，可能對心智的初期發展有害；某些特定的心智缺陷因此必須被視為屬於精神分裂症的範疇。因為這樣，我們在思考任何年齡孩子的心智缺陷時，都應該記得早期嬰兒期精神分裂症的可能性。

　　到目前為止，我已經闡述了在客體關係上過度內攝與投射的一些影響，有些病例因為某種原因而以內攝為主，其他病例則是以投射為主，但我並非企圖在此探究各種因素的細節。關於正常的人格，我們可以這麼說：自我發展與客體關係的過程，乃是由早期發展階段中內攝與投射之間可以達到的最佳平衡所決定；這點又和自我的整合以及內在客體的類化有關，即使失去了這個平衡，而致使這兩種過程的任何一種變得過度，內攝與投射之間總是存在著一些互動。例如，由於受到迫害恐懼宰制，充滿敵意的內在世界向外投射，導致了一種內攝，也就是將帶有敵意的外在世界攝取回來；反之亦然，將扭曲與敵意的外在世界內攝，強化了內在敵意世界的投射。

　　投射過程的另外一面，如我們所知，是關於自我的某些部分強行進入並控制了客體，因為這樣，內攝可以被視為由外而內強行侵入，作為暴力投射的懲罰。這可能帶來一種恐懼，害怕不只是身體，連心智也被他人用充滿敵意的方式控制住。結果可能是在內攝好客體時產生了嚴重的干擾，這種干擾會阻礙所有的自我功能與性發展，而且可能導致過分地退縮到內在世界。雖然如此，這種退縮不僅是肇因於對內攝外在危險世界的恐懼，也是源於對內在迫害者的害怕，以及隨之而來的逃遁到理想化之內在客體。

個體失去區別好與壞的客體、攻擊與原慾的衝動等能力的時候，會發生意識混亂。他認為在這種混亂的狀態中，為了防衛的目的，分裂機制經常被增強。

　　我已經提到，過度的分裂與投射性認同導致了自我貧乏與弱化，這個被弱化的自我也因而無法類化它的內在客體，於是造成了自我被這些客體宰制的感覺；同樣的，這個被弱化的自我感到無法將投射於外在世界的部分再攝取回來。這些發生在內攝與投射交互作用的種種干擾，暗示了過度的自我分裂，對於個體內在與外在世界之間的關係有不良的影響，並且似乎是某些精神分裂類型的根源。

　　投射性認同是許多焦慮情境的基礎，我現在就要來談這一點。潛意識幻想中，強力侵入客體引發了焦慮，害怕來自客體內部的危險會威脅到個體，例如，想要將客體裡面控制它的衝動，激起了害怕在裡面被控制與被迫害的恐懼感。藉由內攝與由內攝被該個體強行侵入的客體，個體內在被迫害的感覺被增強了；由於「再度被內攝的客體」被感覺到包含了自我的危險部分，這種迫害感因而更加強烈。當這種性質的焦慮累積時，自我（如過去一樣）被捲入種種內在與外在的迫害情境當中，這是妄想症的一個基本要素。[12-1]

12

　　之前，我已描述了[12-2]嬰兒關於攻擊與施虐性地侵入母體的潛意識幻想，造成了各種焦慮情境（特別是害怕在母體內遭到囚

12-1　賀伯特・羅森菲爾德在〈一個併發人格解組之精神分裂狀態的分析〉與〈對於男同性戀與妄想症關聯的評論〉（Remarks on the Relation of Male Homosexuality to Paranoia, 1949）兩篇論文中，討論到那些妄想性的焦慮（與精神病患的投射性認同有關）在臨床上的重要性。在他描述的兩個精神分裂案例中，可以明顯看到，病人被一種「害怕分析師想要強行侵入病人」的恐懼所操控著，當經由移情的情境來分析這些恐懼的時候，病情會改善。羅森菲爾德進一步將投射性認同（與相對應的被害恐懼）連結到女性性冷感及經常發生在男性的「妄想與同性戀結合」的情況。

12-2　《兒童精神分析》第八章，特別是第149頁，以及第十二章，特別是第272頁。

禁與迫害），而這些焦慮情境則是妄想症的基礎。我也呈現了害怕在母體內被監禁（特別是怕陰莖受到攻擊），是造成日後男性性功能（不舉）與幽閉恐懼症（claustrophobia）的重要因素。[12-3]

類分裂的客體關係

現在，我要總結在類分裂人格所見的一些被干擾的客體關係：自體的暴力分裂與過度投射，導致了那位受到投射的「他人」被該個體認為是加害者。由於自體將具有破壞性與所恨的部分裂解並投射出去，這個部分被感覺到對於他所愛的客體會造成危險，於是引發了罪惡感。此罪惡感是來自於自體，對象是那個「他人」；然而，在罪惡感尚未被處理掉的時候，這個被轉移方向的罪惡感，在潛意識中被感覺到是一種對於那些「其他的人」的責任，這些人已經成為個人自體具有攻擊性部分的外在表徵。

13　　類分裂客體關係的另一種典型特質，是其自戀的本質，這一點是來自於嬰兒期內攝與投射的過程；因為，如我先前說的，當理想自我被投射到另外一個人時，他變得幾近完全地愛著、讚賞著這個人，因為這個人擁有他的自體「好」的部分。同樣的，與

12-3 瓊安・黎偉業（Joan Riviere）在一篇未出版的論文〈日常生活與分析所見之偏執態度〉（Paranoid Attitudes seen in Everyday Life and in Analysis，1948 年於英國精神分析學會中宣讀）中，報告了非常多臨床資料，在其中明顯可見投射性認同。強制整個自我侵入客體當中（藉以取得控制與擁有）的潛意識幻想，由於恐懼被報復而導致各種被害焦慮的發生，如幽閉恐懼症或是這類常見的畏懼症（phobias），像是害怕乞丐、蜘蛛、戰時被侵略等等。這些恐懼與潛意識中災難的幻想有關：幻想被肢解、被掏空內臟、被撕成碎片，以及身體與人格之內在遭受到完全的破壞；這些恐懼也和失去認同有關（它們是恐懼被消滅〔死亡〕的延伸，而且具有增強分裂機制與自我去整合過程〔見於精神病患〕的效果）。

他人的關係若是建立在將自體壞的部分投射在他人體內的基礎上，這個關係就具有自戀的性質，因為在這種情況下，客體同樣相當程度地代表了自體的一部分。這兩種自戀的客體關係通常呈現了強烈的強迫特質（obsessional features）。如我們所知，想要控制他人的衝動是強迫精神官能症的一個基本元素，在某個程度上，控制他人的需要，可以用控制自體某些部分的趨力被轉向來解釋，當這些部分被過度投射進入另外一個人的時候，只能透過控制這個人來控制它們。因此可能在那種來自嬰兒期投射過程的特殊認同中，找到強迫機制的一個根源；這個關聯也可能有助於我們了解那些經常滲入修復（reparation）傾向的強迫元素，因為個體想要修復的，不只是一個令他感到罪惡感的客體，也是自體的某些部分。

　　所有的這些因素，可能導致了個體與特定的客體間形成了一種強迫性的束縛關係，或是另外一個結果，就是從人群中退縮，以免自我的破壞性部分侵入他人，以及受到他人報復的危險。對這類危險的恐懼，可能在客體關係中透過種種負面的態度表現出來，例如，我的一個病人告訴我說，他不喜歡那種太容易被他影響的人，因為這些人變得太像他自己，而使他對他們感到厭煩。

　　類分裂的客體關係的另外一個特徵，是明顯的造做與缺乏自發性，與這一點息息相關的是對自體的感覺發生了嚴重的困擾，或者，如我以前說的，是與自體的關係發生了困擾，這個關係也顯得造做，換句話說，精神現實以及和外在現實的關係同樣地受到了干擾。

　　自體裂解的部分投射進入另外一個人，基本上影響了整體的客體關係、情緒生活與人格。為了說明這個主張，我選擇了兩個

普遍的現象作為例子，這兩個現象是相互關聯的：孤單的感覺與分離的害怕。我們知道，伴隨著與人分離而生的憂鬱感覺，其來源之一可以在個體對於客體遭受攻擊衝動破壞的恐懼中找到，不過更確切地說，是分裂與投射的過程形成了這類恐懼的基礎。如果在客體關係中，攻擊元素居多，並且被分離挫折強烈地誘發，個體感覺到自體的裂解部分（被投射進入客體）用一種攻擊與破壞的方式控制了這個客體；在此同時，內在客體與外在客體一樣被感覺到處於同樣的破壞危險當中（自體的一部分被感覺到留在該外在客體中），結果造成自我過度的弱化，感覺沒有東西可以支撐自我，以及相應的孤單感。這個描述適合精神官能症的患者，我認為在某種程度上，它也是一個普遍的現象。

以下這個事實我們不需再多做說明：類分裂客體關係的某些其他特質（我之前所描述的），也可以在正常人身上看到其較輕微及較不明顯的形式，例如害羞、缺乏自發性，或是在另外一方面，對人有特別強烈的興趣。

同樣地，思考過程的正常干擾與發展過程中所經歷的偏執-類分裂心理位置有關，因為，我們都難免會發生暫時性的邏輯思考障礙，也就是思緒與聯想被切斷、情境經驗被分裂成彼此失去連結的片段，事實上，這就是自我暫時被分裂的狀態。

憂鬱心理位置與偏執-類分裂心理位置的關係

我現在要探討的是嬰兒的後續發展。之前，我已經說明了生命最早幾個月所特有的焦慮、機制與防衛方式。隨著嬰兒將完整的客體內攝，顯著的整合發生在第四到六個月的時候，這件事暗

示了客體關係的重要改變。母親被愛與被恨的部分不再被感覺為互不相干的，結果是害怕失落的感覺增加了，這種狀態類似於哀悼與強烈的罪惡感，因為他（現在可以）感覺到攻擊衝動的目標是他所愛的客體，於是發展進入了以憂鬱心理位置為主的階段；接著，感覺到憂鬱的經驗具有進一步整合自我的效果，因為它不僅帶來內在與外在情境之間更好的合成（synthesis），也增進了個體對精神現實的了解以及對外在世界的感知。

在這個階段，明顯的修復趨力可以被視為對精神現實有更多洞視以及合成增加的結果，因為此趨力顯示了個體對於哀悼、罪惡與恐懼失落等感覺（導因於對他所愛的客體的攻擊），有更為符合現實的反應；由於想要修復或保護受傷客體的趨力，促成了 15 個體發展更滿意的客體關係以及昇華，這個趨力隨而增加了合成，並且對自我的整合有所貢獻。

在滿週歲前的下半年裡，嬰兒的發展在朝向修通憂鬱心理位置的目標上，出現了重要的進展。即使如此，雖然類分裂機制作用的形式有所調整，其程度也較輕微，但仍然持續作用著，在這調整的過程中，生命早期的焦慮情境被一再地經驗著。迫害心理位置與憂鬱心理位置的修通過程，持續延伸在孩童期的頭幾年，並且在嬰兒期的精神官能症當中扮演了重要的角色。在這個發展的過程中，焦慮減弱了，客體變得不那麼理想化、也比較不那麼嚇人，自我變得更加統整了。這些都和現實感與現實調適增加有相互的關係。

如果通過偏執-類分裂心理位置的發展未能如常發生，而且嬰兒（因為內、外在的某些原因）無法應付憂鬱焦慮的衝擊，那麼將會發生惡性循環。因為，如果迫害恐懼與相關聯的類分裂機

制太過於強烈，自我將無法修通憂鬱心理位置，迫使自我退行到偏執-類分裂心理位置，而且再增強了較早期的迫害恐懼與類分裂現象，於是埋下了日後各種形式精神分裂症的基礎，因為當這種退行發生的時候，不只是在類分裂心理位置（schizoid position）上的固著點被強化了，還有可能發生更嚴重崩解的危險。另一種結果可能是增強了憂鬱的特徵。

外在的經驗在這些發展過程中當然是非常重要的，例如，在一個表現出憂鬱與類分裂特徵的個案，分析的過程鮮活地帶出了他嬰兒時的早期經驗，這種經驗如此鮮明，甚至在某幾次治療中，發生了喉嚨或消化器官方面的身體感覺。這個病人在四個月大的時候，因為媽媽生病而突然被斷奶，甚至有足足四個禮拜他沒有見到媽媽。當媽媽回來的時候，她發現這個孩子變了很多，之前他是一個活潑、對周遭感興趣的小孩，而之後變得全然失去興趣、面無表情；他還算能夠接受替代食品，但是不再渴求食物，體重下降，並且產生許多消化方面的困難，一直到將近週歲的時候，接觸了其他食物，他的身體才再次有不錯的發育。

在分析的過程中，可以見到許多這種經驗對他整體發展的影16 響，他在成年後的觀點與態度，是源自於這個早期階段所建立的模式。例如我們一再觀察到有一種被他人以非選擇性的方式影響的傾向，也就是貪婪地拿取任何他人所提供的東西；而在內攝的過程中伴隨著極度的不信任，這個過程總是受到各種來源的焦慮所干擾著，這些焦慮也促成了貪婪的增加。

將這個分析材料作為整體來看，我得到了如下的結論：當他突然失去了乳房與媽媽的時候，這個病人已經在某種程度上建立了與「完整的好客體」的關係，毫無疑問他已進入了憂鬱心理位

置，但是無法成功地修通在這個位置上的困難，於是退行性地增強了偏執-類分裂心理位置，這點表現在他的淡漠（apathy）反應上。而在此之前有一段時間，這個小孩對周遭事物已經能夠表現出鮮活的興趣。他已到達憂鬱心理位置，並已經內攝完整客體的事實，經由許多方式表現在他的人格中，事實上他擁有穩固的愛的能力，而且對於完整的好客體具有強烈的渴望；他的人格顯露了以下特質：想要去愛並信任他人，以及潛意識中，重新獲得與再次建立完整的好乳房，這個乳房是他曾經擁有，也曾經失去的。

「類分裂」與「躁鬱」現象之間的連結

個體總是會在偏執-類分裂心理位置與憂鬱心理位置之間來回擺盪，這是正常發展的一部分。在這兩個發展階段之間沒有截然區隔的分界線存在，甚且，調整是在循序漸進的過程裡發生的，有一段時間裡，兩個心理位置的現象保持在互相交織與互動的狀態；我認為，在異常的發展過程中，這種互動影響了某些精神分裂症與躁鬱症的臨床表現。

為了描述這個連結，我將要簡短地介紹一些個案，我不準備在此報告個案的病史，而只是選擇某些與我的主題有關的部分來討論。我所記得的這個病人明顯是個躁鬱症患者（不只一位精神科醫師對她作此診斷），她表現了這個疾病的所有特質：在憂鬱與躁狂狀態間的轉變擺盪、強烈的自殺傾向導致了反覆的自殺行動，以及各種其他躁鬱症狀。在分析的過程中她達到了一個階段，獲得了真實而重大的改善，不僅躁鬱週期停止了，而且在她

17　的人格與客體關係，發生了基本而重要的改變；除了真正快樂的感覺（不是躁症的那種快樂），多方面的生產性發生了。接著，部分因為外在環境的緣故，另外一個階段發生了，在這最後的階段（持續了幾個月），這個病人在分析過程中用一種特別的方式與我合作著，她規則地來分析、相當自由地聯想、報告她的夢，並且為分析提供材料；然而，她不但對我的詮釋沒有任何情緒反應，甚且表現出相當的鄙視，對於我所提示的部分，幾乎沒有任何意識層面的確認。不過她對於詮釋的反應所呈現的材料，反映了它們的潛意識效應。這個階段顯現的強力阻抗，似乎完全來自於人格的某一部分，而在同一個時間中，人格的另外一部分則對分析有所反應。不只是她人格的某些部分未能和我合作，她的人格中不同部分彼此之間似乎也不能互相合作，而當時的分析無法幫助病人達到這些部分之間的整合。在這個階段裡，她決定結束分析，外在環境強烈地促成了她做這樣的決定，於是她約好了最後一次分析的日子。

　　在那個特別的日子，她報告了如下的夢：有一個瞎子對自己的失明感到非常憂心，但是他似乎藉由「觸摸病患的衣服」及「試圖找出她的衣服是如何被弄緊的」來獲得安慰，夢中的衣服使她想到她的一件連身女裝，釦子一直扣到脖子處。病患對這個夢有兩個進一步的聯想，她稍帶抗阻地說，那個瞎子是她自己；而當提到那件釦子扣到脖子處的衣服時，她認為她再度走進了她的「隱藏之所」。我提示她說，在夢中她潛意識地表達了她看不見自己的困難，而且，她生活中各種情境，乃至於她對於分析所做的決定，都和她潛意識的知識相違背。這點也經由她所說的曾走進了她的「隱藏之所」而顯現，走進「隱藏之所」意思是指把

自己關閉隔絕起來，這種態度是她在前幾個階段的分析中所熟知的。因此潛意識的洞視，甚至一些在意識層次的合作（認識到**她**是那個瞎子，以及她已經走進她的「隱藏之所」），僅能來自於她的人格中一些孤立的部分。事實上，在那個特定的一個小時裡，對這個夢的詮釋沒有造成任何效果，也沒有改變這個病患要結束分析的決定。[17-1]

在這個病患與其他個案的分析當中，所遭遇的特定困難之本質，在她中斷治療前的最後幾個月，就已經更清楚地顯現出來了，正是「類分裂」與「躁鬱」的混合性質決定了她的疾病本質。因為在整個分析過程中（甚至在早期階段，當憂鬱與躁症最為活躍的時候），有時候憂鬱與類分裂機制會同時出現，例如：持續數小時病患沉浸在無價值感之中，淚水從她的雙頰流下，她的姿態表達了她的絕望，然而，當我詮釋這些情緒的時候，她說她絲毫沒有感覺到這些，於是她責怪自己竟然一點感覺都沒有，完全空無一物。在這幾次分析裡也存在著意念飛躍的情形，思考似乎被切斷，它們的表達也是不連貫的。

在詮釋了潛藏在這些狀態底下的潛意識緣由之後，有時候在幾次分析當中，情緒與憂鬱的焦慮能夠完全流露出來，在這個時候，思考與言語也一致多了。

這種在憂鬱與類分裂現象之間的緊密連結，雖然藉由不同的形式持續顯現在她的分析中，卻在分析中斷前的最後階段（剛才所描述的）變得非常明顯。

我已經提到偏執-類分裂心理位置與憂鬱心理位置之間在發

18

17-1　我要聲明：這個分析在中斷一段時間後又恢復了。

展上的關聯，現在浮現的問題是：這個在發展過程上的關聯，是否為這些躁鬱混合症狀（我甚至認為精神分裂症亦然）的根源？如果這個假說能夠被證實，結論將會是：從發展的角度來看，精神分裂症與躁鬱症比我們原來所認為的更為密切相關，這點也解釋了那些難以鑑別是重度憂鬱（melancholia）或是精神分裂症的個案。如果任何同仁藉由豐富的臨床觀察，能夠對我的假說有更多的闡明，我將會非常感謝。

某些類分裂防衛

一般都認為類分裂病人比躁鬱症病人更難分析，他們的退縮、缺乏情緒表達的態度、在客體關係中的自戀元素（我稍早曾提到這一點），有一種分離的敵意散佈在和分析師的整個關係上，產生了一種非常困難的阻抗。我相信主要是分裂的過程，說明了病人在接觸分析師時的困難，以及對分析師的詮釋缺乏反應；病人自己則感到被隔絕與距離遙遠，這種感覺和分析師的印象是相對應的：即病人的人格以及情緒有相當多的部分是無法觸及的。具有類分裂特質的病人可能會說：「我聽見你說的話了，你可能是對的，但是那些對我沒有意義。」或者再一次地，他們說感覺他們不在那裡。這些個案所表達的「沒意義」並非暗示他們對詮釋的積極排斥，而是提示了他們人格的某些部分與情緒已被裂解，因此無法處理被提供的詮釋；他們既無法接受它，也無法拒絕它。

我將藉由一名男病人的片段分析資料，來描述造成這種狀態的潛在過程。我記得這個病人在這次分析的一開始就告訴我他感

覺到焦慮，但是不知道為什麼，接著他拿　些比他成功、幸運的
人們當作例子來比較，這些評論也提到了我，明顯地表現出非常
強烈的挫折感、嫉羨與哀傷。當我作出如下的詮釋（現在提到的
只是我詮釋的要義）：這些感覺是指向分析師，而且他想要摧毀
我，他的情緒突然改變了，他的聲調變得平板，用緩慢而缺乏表
情的方式說話，他說感覺到和整個情境脫節了。他補充說我的詮
釋似乎是正確的，不過這是無所謂的，事實上他不再擁有任何願
望，而且沒有什麼是值得煩惱的。

　　我的下一個詮釋重點放在這種情緒改變的原因上，我的提示
是：在我詮釋的當下，把我摧毀的危險性對他而言已經變得非常
真實，立即的結果是害怕會失去我。以往在分析他的某些特定階
段中，在這種詮釋之後會出現罪惡感與憂鬱狀態，現在不同的
是，他試圖利用一種特別的分裂方法來處理這些危險。我們已經
知道，在兩難、衝突與罪惡感的壓力之下，病人通常會分裂分析
師，然後分析師可能在某些時刻被他所愛，而在其他時刻被他所
恨；或者，他和分析師的關係可能以下列方式被分裂：他自己維
持在好人（或壞人）的狀態，而他人則成為相反的人物。但是，
這不是發生在這個案例的分裂方式；這個病人裂解掉自己的某些
部分，也就是他感覺到自我中對分析師有危險與敵意的部分，他
將他的破壞衝動從他的客體轉向到他的自我上，結果是他的自我
有些部分暫時「不存在了」，在潛意識幻想裡，這將導致部分人
格的消滅。將壞衝動轉向自己人格之一部分的特定機制，以及隨
後發生的「將情緒分散」（dispersal），能夠把他的焦慮維持在潛
伏的狀態。

　　我對這些過程的詮釋，再次地改變了這個病人的情緒，他變　20

得情緒化,表示他感到想哭、憂鬱,但是覺得比較統整,此時他也表示感到飢餓。[20-1]

在焦慮與罪惡感的壓力之下,將人格的一部分暴力地裂解並且摧毀,依我的經驗看來,這是一種重要的類分裂機制。現在簡短談談另外一個案例:一名女病人夢見她必須應付一個執意要謀殺某人的邪惡小女孩,這個病人嘗試去影響或控制這孩子,並且逼迫她招認(這樣對孩子有利),但是她失敗了。我也進入了這個夢,病人以為我會幫助她應付這個小孩;然後,病人把這個小孩綁在樹上,以嚇唬她並防止她去傷害別人。當病人要拉扯繩子、殺死這個孩子的時候,她醒過來了。在夢的這一段落,分析師也在場,但仍舊是袖手旁觀的。

在這裡,我僅提出我從分析這個夢所獲得的許多結論之精髓。在夢中,這個病人的人格被分裂成兩部分:一個是邪惡難馴的小孩子,另一個是想要影響、控制小孩的自我。這個孩子當然也代表了各種過往人物,但是在這個情境下,它主要是代表病患自我的一部分。另外一個結論是:分析師就是那個孩子想要謀殺的人,而我在夢中的角色部分是要防止謀殺發生,殺死小孩(這是病人所必須採取的方法)代表的是「消滅」她人格的一部分。

現在,浮現的問題是:「消滅一部分自我」的類分裂機制如何與潛抑發生關聯,如我們所知,後者為的是要應付那些危險的

20-1　飢餓感意指在原慾的主導下,內攝的過程已經再次被啟動了。雖然他對於我初次詮釋他的恐懼(怕會把我毀滅)的反應,是立即暴烈地裂解並毀滅他人格的某些部分,現在,除了得以稍稍緩解這些憂鬱焦慮,他能更充分去經驗哀悼、罪惡與害怕失落等情緒。焦慮的紓解導致了分析師再次代表了一個他可以信賴的好客體,於是想想將我內攝為好客體的慾望能夠表現出來。如果他可以重建內在的好乳房,他將能強化並整合他的自我,而且較不害怕自己的破壞衝動,事實上他能夠因此而保存自己與分析師。

衝動，不過，這一點是我無法在此加以探討的。

　　情緒的改變，當然不會總是像我在本節所提出的第一個例子那樣，在單次分析中顯現戲劇性的變化，但是我已經一再發現，詮釋導致分裂的特定原因，會帶來在合成方面的進展，這類詮釋必須仔細地處理當下的移情情境，當然包括與過去的關聯，並且與促使自我退行至類分裂機制的焦慮情境之細節作連結。依循這些方向的詮釋而促成的合成，會伴隨各種憂鬱與焦慮的發生，這種陣發性的憂鬱狀態（隨後有更大的整合）逐漸導致了類分裂現象的減弱，以及客體關係的根本改變。

類分裂病患的潛伏焦慮

　　我已經提到缺乏情緒使得類分裂病患無反應，伴隨著看不到焦慮，於是缺少了一個支持分析工作進行的重要因素；因為對於其他類型的病患來說，由於他們具有強烈明顯或潛伏的焦慮，這些焦慮經由分析性的詮釋獲得了紓解，這樣的經驗將促進他們在分析過程中的合作。

　　這種缺乏焦慮的情形在類分裂的病人身上是非常明顯的，因為類分裂機制意指情緒的分散，其中包括了焦慮的情緒，但是這些被分散的元素仍然存在於病人身上；這類病人具有一種特定形式的潛伏焦慮（以特別的分散方式將焦慮保持在潛伏的狀態），感覺到去整合、無法經驗情緒、失去客體，事實上就相當於焦慮。在得到合成的進展時，這一點變得更清楚了；病患當時經驗到的極大紓解是來自於這樣的感覺：他的內、外在世界不只更為結合了，而且再次恢復了生機。回溯性地看，在這些時刻裡，當

21

缺乏情緒、客體關係曖昧不定,並且感到失去了人格某些部分的時候,一切似乎都死亡了,這些全都相當於一種非常嚴重的焦慮。這種焦慮藉由分散而被保持在潛伏狀態,在某個程度上是一直被經驗的,但是它的形式與在其他類別的病患所見的潛伏焦慮不同。

目標朝向「將分裂的自我(包括分散的情緒)加以合成」的詮釋,使得焦慮逐漸得以如此被經驗到,雖然在持續很久的一段時間中,我們事實上也許只能將思考的內容匯聚一起,而尚未能夠引發焦慮的情緒。

我也發現詮釋類分裂狀態,特別需要具備下述的能力:用一種條理清楚的形式來詮釋,藉由這種形式來建立意識、前意識與潛意識之間的連結。當然,這點永遠是我們的目標,不過,有時候它顯得特別重要,那就是當病人的情緒無法被觸及,而我們似乎只能詮釋他的理智(不論它是多麼破碎)的時候。

我所提出的一些提示,在某種程度上有可能也能應用在分析精神分裂病患的技術上。

總結

我現在要將本篇論文所提出的若干結論作個總結。我的主要論點之一,是提出在生命的最初幾個月當中,嬰兒的焦慮主要是迫害恐懼的經驗,而這種性質的焦慮促成了一些特定的機制與防衛方式,這些特別的防衛機制也就是偏執-類分裂心理位置的重要特質。在這些防衛機制中,特別突出的是分裂內在與外在客體、情緒與自我的機制,這些機制與防衛是正常發展的一部分,

而同時也是日後發生精神分裂症的基礎。我描述了藉由投射而發生認同的一些潛在過程，這些過程總和了將自我某些部分裂解，然後將它們投射到另外一個人身上；我也描述了這種認同對於正常與類分裂客體關係的某些影響。開始進入憂鬱心理位置的時候是個關鍵點，此刻，類分裂機制可能藉由退行而被增強。我也提出在躁鬱症與類分裂疾病之間有密切關聯存在，這種關聯的基礎在於嬰兒期偏執-類分裂心理位置與憂鬱心理位置之間的互動。

附錄

　　佛洛伊德對史瑞伯（Schreber）案例[22-1]的分析，包含了和本篇主題極為相關的豐富材料，不過我在此僅從其中提出幾點結論。

　　史瑞伯生動地描述了他的家庭醫師——佛萊克西（Flechsig）（他所愛與感覺迫害的人物）的靈魂分裂情形。「佛萊克西靈魂」曾經引進了一個「靈魂分解」（soul divisions）系統，在其中靈魂分裂為四十至六十個「次分解體」（sub-divisions），這些靈魂不斷增加，一直到他們變成了「討厭的東西」，上帝對他們掃射，結果「只有一種或兩種形式」的佛萊克西靈魂存活下來。史瑞伯提到的另外一點是，佛萊克西靈魂的碎片慢慢地失去了他們的智力與力量。

　　在此案例的分析中，佛洛伊德獲得的結論之一，是迫害者被

22-1 〈對於一個妄想症案例自述的精神分析註解〉（Psycho-Analytic Notes upon an Autobiographical Account of a Case of Paranoia〔Dementia Paranoides〕）（S.E. **12**）。

分裂為上帝與佛萊克西,而且上帝與佛萊克西也代表了病人的父親與兄弟。在討論到史瑞伯有關世界毀滅的各種形式妄想時,佛洛伊德說:「無論如何,世界末日是在他(史瑞伯)與佛萊克西之間爆發衝突的結果;或者,根據他妄想的第二階段所採納的病因來看,世界末日是在他與上帝之間已經形成無法消解之連結關係的結果……」(同上述引文,p. 69)

我要提出的是(與本章所勾勒的假說相關),佛萊克西靈魂分解為許多靈魂,不只是客體的分裂,也是史瑞伯感到自我分裂的投射,我在此僅提出這種分裂過程與內攝過程之間的關聯。結論本身的提示是這樣的:上帝與佛萊克西也代表了史瑞伯自我的某些部分;史瑞伯與佛萊克西之間的衝突(佛洛伊德認為這一點對於形成世界毀滅的妄想佔有重要的角色),在上帝掃射佛萊克西靈魂的行動中找到了表達的方式。以我的觀點來看,這個掃射行動代表了自我的某一部分將其他部分消滅,我認為這種過程是一種類分裂的機制。有關「內在的毀滅」與「自我的分裂」的焦慮與潛意識幻想,和這個機制密切相關,它們被投射到外在世界,並且形成了世界毀滅的妄想。

關於在「世界末日」妄想底層的某些過程,佛洛伊德獲得了以下的結論:「病患已經從周遭的人們以及外在世界中,廣泛地將他們曾經投注的原慾灌注(libidinal cathexis)抽離出來,於是任何事物對他而言都變得無所謂、不相干,而且必須透過一種次發的合理化過程來加以解釋,如同被『神奇化、倉促而表面化地即席創造出來』。世界末日就是這種內在災難的投射,因為自從他將愛從他主觀的世界中抽離出來時,他的世界就已經走到盡頭了。」(同上述引文, p. 70)這個說明特別和客體-原慾的干

擾，以及隨之而來與他人及環境關係的崩解有關。不過，佛洛伊德更進一步地考慮到這種干擾的另一個層面，他說：「我們不能忽略這種可能性：原慾的干擾可能反應在自我灌注（egoistic cathexes）之上，就如同我們不能忽視**相反的可能性**（也就是說，**一個次發的或者被誘發的「原慾過程」干擾，可能導因於自我當中不正常的改變），事實上，有可能這種過程形成了精神病的特質。**」（粗體為我所標示）特別是最後兩個句子所表達的可能性，在佛洛伊德對「世界災難」的解釋與我的假說之間提供了連結。如我在這一章所提出的，自我當中不正常的改變是源於早期自我的過度分裂過程，這些過程與本能的發展及本能慾望（instinctual desires）所引發的焦慮密不可分。佛洛伊德後期有關生、死本能（取代了自我的與性本能的概念）的理論，發現對原慾分布的干擾預設了破壞衝動與原慾之間的去融合（defusion）。我認為自我的一部分將其他部分消滅的機制，構成了「世界災難」之潛意識幻想（上帝對佛萊克西靈魂的掃射）的基礎，這個機制暗示了佔優勢的破壞衝動凌駕了原慾。接著，在自戀原慾分布上的任何干擾，和與內攝客體的關係有密切的關聯，而（根據我的工作）內攝的客體從一開始就形成了自我的一部分。於是，自戀原慾與客體原慾之間的互動，對應了「與內攝客體的關係」以及「與外在客體的關係」之間的互動。如果自我與內化的客體被感覺到是碎裂的，嬰兒將經驗到一種內在的災難，並且會延伸到外在世界，被投射到這個世界。根據本章所論及的假說，這種和內在災難有關的焦慮狀態，發生在嬰兒期的偏執-類分裂心理位置時期，並且形成了日後精神分裂症的基礎。照佛洛伊德的看法，早發性痴呆（dementia praecox）的決定性固著點是在發展的最

早階段，提到早發性痴呆（佛洛伊德將之與妄想症區別），他說：「決定性的固著點應該比妄想症落在更早的階段裡，而且應該大約位在發展期開始，從自體情慾（autoerotism）進入到客體愛的時候。」（同上述引文，p. 77）

　　我想從佛洛伊德對史瑞伯的分析案例中，再提出一個結論，我認為掃射（導致了許多佛萊克西靈魂被減少到只有一到兩個）是企圖康復的一部分，因為掃射是要抵銷，或是有人說，藉由消滅自我裂解的部分來讓自我的分裂癒合，結果只有一到兩個靈魂存活下來。如我們所推斷的，這些靈魂會重新獲得它們的智力與力量，不過，這種朝向康復的努力，受到自我為了對付自己與被它投射的客體所運用極具破壞性的方式影響。

　　佛洛伊德對精神分裂症與妄想症等問題的探討，其根本的重要性是無庸置疑的，他的史瑞伯論文（在此我們也必須記得，佛洛伊德所引用的亞伯拉罕的論文[24-1]）開展了我們了解精神病及其潛在致病過程的可能性。

24-1 〈歇斯底里與早發性痴呆之間心-性的分別〉（The Psycho-Sexual Differences between Hysteria and Dementia Praecox, 1908）。

【第二章】關於焦慮與罪惡感的理論

　　我對於焦慮與罪惡感的結論，是在幾年的時間裡逐漸發展出　25
來的，追溯我獲得這些結論的某些軌跡可能會有所幫助。

I

　　關於焦慮的起源，佛洛伊德的申論開始於以下假說：焦慮來
自於原慾的直接轉化。在《抑制、症狀與焦慮》（*Inhibitions
Symptoms and Anxiety*）中，他回顧了他對於焦慮的起源曾經提
出的各種理論。如他所說的：「我提議將所有我們所知關於焦慮
的事實匯集在一起，不要有所偏頗，也不要期待能夠獲得一個新
的整合。」（S.E. **20**, p. 132）。他再次提到焦慮起源於原慾的直
接轉化，但是這次似乎認為焦慮起源的這個經濟層面不是那麼重
要，他在以下的聲明中認可了這個觀點：「我想如果我們認同於
以下確切的說法，整件事情可以被釐清：由於潛抑的結果，原來
要發生在原我的興奮過程完全沒有發生，自我成功地將這個過程
壓抑或是轉向了，若是如此，就沒有在潛抑之下『情感轉化』的
問題了。」（p. 91）而且「焦慮的發生如何與潛抑相關，可能不
是一個單純的問題，但是我們可以正當地堅持這樣的觀念：自我
是焦慮真正所在的位置，並且放棄我們先前的觀念——被潛抑之
衝動的能量灌注（cathectic energy）自動地轉變為焦慮。」
（p. 93）

關於兒童的各種焦慮表現，佛洛伊德說焦慮是起因於孩子「思念他所愛與渴望的人」（p. 136）。在討論女孩最根本的焦慮時，他描述了嬰兒期對於失去愛的恐懼，他的說法在某個程度上似乎對男嬰與女嬰都適用，「如果媽媽不在或者不愛自己的小孩，嬰兒就不能確定自己的需求可以被滿足，而且也許會暴露在極為痛苦的緊張感覺之中。」（S.E. **22**, p. 87）

26　　在《精神分析新論》（*New Introductory Lectures*）中，提到了這樣的理論：焦慮來自於未被滿足的原慾之轉化，佛洛伊德說這個理論已經「在某些相當常見的兒童畏懼症上找到了支持的證據……嬰兒期的畏懼症以及在焦慮性精神官能症中對於焦慮的期待，提供我們兩個例子，說明了精神官能性焦慮源起的一種方式──藉由將原慾直接轉換。」（S.E. **22**, pp.82-83）

從這些論述與類似的段落中得到兩個結論（我將在稍後再回來討論）：一、對於兒童來說，原慾的興奮未被滿足而轉變為焦慮；二，最早期的焦慮內容是嬰兒害怕萬一媽媽「不在」，自己的需要將不能被滿足的危機感。

II

談到罪惡感，佛洛伊德主張其根源在伊底帕斯情結，而它的產生則是伊底帕斯情結的結果。雖然如此，在有些篇章裡，佛洛伊德清楚地提到衝突與罪惡感是來自於生命更早期的階段，他寫到：「……罪惡感是一種衝突的表現，而這個衝突，是因為**生之本能（Eros）與破壞或死亡本能之間永無休止的鬥爭**所帶來的矛盾（ambivalence）狀態所致。」（粗體為我所標示）以及「……

由於與生俱來、起源於矛盾情感的衝突，以及愛與恨兩種傾向之間的永恆鬥爭所致，產生了……逐漸升高的罪惡感。」[26-1]

更進一步，在說到某些作者提出挫折提高了罪惡感的觀點時，佛洛伊德說：「然而，我們該如何（在動力與經濟的立場上）說明罪惡感的提高出現在未被實現的**情慾**需求上？這點只有透過拐彎抹角的方式才有可能——如果我們如此假設：情慾未受到滿足，喚起了一些攻擊性，來對付那個干擾他獲得滿足的人，而且這些攻擊性隨後必須讓它自己被抑制；但若是如此，**終究只有攻擊性**是經由被抑制、移轉給超我而被**轉化為罪惡感**。如果精神分析對於罪惡感是如何發生的發現，被侷限在攻擊本能上，我相信許多過程將具有一個比較簡單且清楚的說明。」（粗體為我所標示）。[26-2]

在這裡，佛洛伊德明白地表示罪惡感來自於攻擊性，而這一點以及以上所引用的文句（「與生俱來的矛盾衝突」），指向了起源於發展最早期的罪惡感。然而，用整體的角度來看佛洛伊德的觀點時（就如同我們在《精神分析新論》〔*New Introductory Lectures on Psycho-Analysis*〕中，可以見到再次摘要提出的論述），很清楚看到他維持他的假說：伊底帕斯情結的一個後果是罪惡感的開始。

亞伯拉罕特別在他對原慾組織[27-1]的研究中，闡明了發展在

26-1　《文明與其不滿》（*Civilization and its Discontents*, S.E. **21**, pp. 132, 133）。

26-2　上述引用文中第138頁。在同一書中（第130頁），佛洛伊德接受我的假設（發表在我的論文〈伊底帕斯衝突的早期階段〉〔Early Stages of the Oedipus Conflict, 1928〕，以及〈象徵形成在自我發展中的重要性〉〔The Importance of Symbol-Formation in the Development of the Ego, 1930〕）：在某個程度上，超我的嚴酷導因於兒童的攻擊性被投射到超我。

27-1　〈原慾發展簡論——心理病理觀點〉（A Short Study of the Development of the Libido,

最早期階段的情形。他在孩童期性慾這個領域的發現，與探討焦慮和罪惡感來源的新方法是密切相關的。亞伯拉罕認為：「在帶有食人之性目標（cannibalistic sexual aim）的自戀階段，本能被抑制的第一個證據是以病態焦慮的形式來呈現，克服食人衝動的過程密切伴隨著罪惡感，這個罪惡感此時明顯成為一個屬於第三（較早期的肛門施虐）階段典型的壓抑現象。」[27-2]

亞伯拉罕提供了材料，有助於我們了解焦慮與罪惡感的來源，因為他是第一位指出焦慮和罪惡感與食人慾望之間有關聯的人，他將他對心性發展所作的簡要調查與「快車時刻表」（只列出快車停靠的大站站名）比較，提出「在這些大站之間的停靠點，無法在這種摘要的圖表中被標示出來」。[27-3]

III

我自己的研究不僅證實了亞伯拉罕在焦慮與罪惡感方面的發現，更進一步將其發展，將它們與兒童分析所發現的許多新事實結合在一起。

當我分析嬰兒期的焦慮情境時，從所有的來源，我看到了施虐衝動與潛意識幻想的根本重要性，它們涵蓋了最早期的發展階段，並且在這些階段達到最高峰。我也看到早期的內攝與投射過程，導致了在自我內部建立起極度恐怖與迫害性的客體，就在極度好的客體旁邊。這些形象（figures）被理解為嬰兒自己的攻擊

---

viewed in the Light of Mental Disorders）。
27-2　上述引文中，第496頁。
27-3　上述引用文中，第495至496頁。

衝動與潛意識幻想，也就是說，他將自己的攻擊性投射到內在客體上，形成了早期超我的一部分。從這些來源所產生的焦慮被加上了罪惡感，這些罪惡感源自於嬰兒對他所愛的第一個客體之攻擊衝動（內在與外在皆然）。[28-1]

在後來的一篇論文[28-2]中，我藉由一個極端的案例來描述一種嬰兒焦慮的病態影響，這種焦慮是被他們的破壞衝動所喚起的，我的結論是：最早期的自我防衛（不論是在正常或不正常發展皆然），是針對攻擊衝動與潛意識幻想所引發的焦慮而來的。[28-3]

幾年以後，當我試圖更加了解嬰兒施虐幻想與其來源時，我被導向將佛洛伊德的假說——生之本能與死之本能之間的鬥爭，應用在分析兒童所獲得的臨床材料上。我們記得佛洛伊德曾說：「個體用各種方法來處理危險的死之本能：它們有一部分與情慾成分（erotic components）融合在一起而被認為是無害的；有一部分被導向外在世界，以攻擊的形式表現出來。然而大部分則是未受阻礙、毫無疑問地繼續進行它們的內在工作。」[28-4]

順著這條思路，我提出這樣的假說：[28-5]焦慮是被來自於死之本能且威脅到生物體的危險所誘發的，我認為這是發生焦慮最主要的原因。佛洛伊德對於生、死本能之間拉鋸爭戰（導致了一部分死之本能轉向到外在以及生、死本能的融合〔fusion〕）的描述，提出的結論是：焦慮的起源在於對死亡的恐懼。

28-1　比較我的論文〈伊底帕斯衝突的早期階段〉。

28-2　〈象徵的形成在自我發展中的重要性〉（1930a）。

28-3　我在我的著作《兒童精神分析》（The Psycho-Analysis of Children）第八、九章中，對這個問題有更完整與各種角度的探討。

28-4　《自我與本我》（The Ego and the Id, 1923, S.E. **19**, p. 54）。

28-5　比較《兒童精神分析》第144至145頁。

佛洛伊德在一篇關於自虐的論文[28-6]中，提出了一些關於自虐與死之本能相互關聯的基本結論，他因此認為各種焦慮是由於死亡本能之活動轉向內在所致。[28-7]不過在各種焦慮中，他沒有提到對死亡的恐懼。

佛洛伊德在《抑制、症狀與焦慮》中，討論到他不把恐懼死亡（或是為了生命而恐懼）視為原發焦慮的理由，他這個觀點是根據他的觀察：「潛意識似乎不含有提供我們生命滅絕概念的內容」（S.E. **20**, p. 129）。他指出任何像死亡的事情都無法被經驗，除了可能的暈眩以外。他的結論是：「對死亡的恐懼應被視為與閹割（castration）恐懼相類似。」

我不贊同這樣的觀點，因為我在分析中的觀察，顯示在潛意識中，存在著對生命滅絕的恐懼。我也認為，如果我們假設死之本能是存在的，那麼我們也必須假設，在心靈的最深層存在著一種對這個本能的反應，這個反應是以恐懼生命被滅絕的形式來表現的。所以，以我的觀點來看，死之本能的內在運作所產生的危險是焦慮的第一因子。[29-1]由於生之本能與死之本能兩者之間的拉鋸是持續一輩子的事，這種焦慮的來源從來就不會被排除，而且會成為一個持續的因子，進入所有的焦慮情境。

我認為焦慮起源於滅絕的恐懼，這樣的主張是根據我分析兒童所累積的經驗而來。在這些分析案例中，嬰兒的早期焦慮情境

28-6　〈受虐特質的經濟論問題〉（The Economic problem in Masochism, 1924），在這篇論文中，佛洛伊德首度將新的本能分類法應用到臨床的問題上。「道德的自虐於是成為（生死）本能融合之存在的典型例證之一。」（S.E. **19**, p. 170）。

28-7　上述引用文中，第164頁。

29-1　見〈對某些類分裂機制的評論〉。在1946年我獲得了這樣的結論：這種原發的焦慮處境，在精神分裂症（的病理）中扮演了重要的角色。

被活化而重複著，最終被導向自己的本能與生俱來的力量，具有相當的強度而可以被偵測出來，其存在是無庸置疑的，甚至於當我們承認挫折（內在或外在的）在破壞衝動的各種變遷遞嬗過程中所扮演的角色時，這一點仍然為真。這裡不宜詳加舉證來支持我的論辯，但我要藉由案例的描述，引用我在《兒童精神分析》一書中提到的一個例子（p. 146）。一個五歲大的男孩，習於假裝他擁有各式各樣的野獸，例如：大象、花豹、土狼和狼，來幫助他對付敵人；這些動物代表危險的客體（加害者），不過他已將牠們馴化，可用來保護他對抗敵人。但是在分析過程中，顯示了牠們也代表他自己的施虐性（sadism），每一種動物代表了一個特定的施虐性來源，以及在這個連結裡被使用的器官：大象象徵了他的肌肉施虐性、想要踐踏跺腳的衝動；可以將獵物撕裂的花豹代表了他的牙齒與指甲，以及它們在他攻擊時所具有的功能；野狼象徵了他的排泄物被賦予了破壞性的品質。他有時候變得非常恐懼，害怕他已經馴服的野獸會反過來對付他、把他除掉，這種恐懼感傳達了他被自己的破壞性（以及內在的加害者）威脅的感覺。

　　如同我藉由這個案例所描述的，對幼童的焦慮所作的分析，教導了我們許多關於對死亡的恐懼在潛意識中存在的各種形式，換句話說，也是關於這種恐懼感在各種焦慮情境中扮演的角色。我已經提到過佛洛伊德一篇以「自虐的經濟問題」為題的論文，其論述的基礎是他對於死之本能的新發現，拿他所列舉的第一個焦慮情境來說：[30-1]「害怕被圖騰動物（父親）吃掉」，由我的觀

30

30-1　S.E. **19**, p. 165.

點看來，這是害怕自我被完全滅絕的直接表現。怕被父親吞噬的恐懼，是由嬰兒想吞噬其客體的衝動，經過投射而來的；經由這種方式，首先是母親的乳房（以及母親）在嬰兒的心中變成了會吞噬他的客體，[30-2] 然後這些恐懼很快地擴展到父親的陰莖及父親。在這個時候，由於「吞噬」在開始時隱含把被吞噬的客體內化的意思，自我被感覺到包含了被吞噬且會吃人的客體；於是，從這個會吃人的乳房（母親），加上了會吃人的陰莖，建立了超我。這些殘酷而且危險的內在人物形象成為死之本能的表徵；在同一個時刻裡，早期超我的另外一面成形了，首先是來自於內化的好乳房（加上父親的好陰莖），它們被視為哺餵與有幫助的內在客體，以及生之本能的表徵。害怕滅絕的恐懼，包括了唯恐內在好乳房被摧毀的焦慮，因為這個客體被認為是延續生命不可或缺的。在內部運作的死之本能對自我造成的威脅，和憂慮被內化的「食人母親與父親」之危險息息相關，導致了對死亡的恐懼。

根據這個觀點，死亡的恐懼在一開始就進入了對超我的恐懼，而且並非如佛洛伊德所說的，是對超我的恐懼「轉化的最終產物」。[30-3]

至於另外一個基本的危險情境，這是佛洛伊德在他一篇關於自虐的論文中提到的，也就是對（被）閹割的恐懼。我要提出的是，對死亡的恐懼進入了閹割恐懼，並且再增強了它，對死亡的恐懼並不「類似」於閹割恐懼。[30-4] 由於性器官不只是最強烈的

30-2　比較伊薩克斯（Issacs）於1952年的論文中提到的例子：說媽媽的乳房曾經咬過他的男孩，以及認為媽媽的鞋子會把她吃掉的女孩。

30-3　《抑制、症狀與焦慮》（S.E. **20**, p. 140）。

30-4　對於焦慮的起源（它和閹割恐懼互動）更詳細的討論，見於我的論文〈從早期焦慮的觀點看伊底帕斯情結〉（The Oedipus Complex in the Light of Early Anxieties, 1945），出自

原慾滿足之唯一來源，也是生之本能的表徵；而且，由於生殖是對抗死亡的基本方式，失去了性器官意味著保存延續生命創造力的結束。

IV

　　如果我們試著用具體的形式將原發焦慮（也就是滅絕的恐懼）　31
視覺化，我們必須記得嬰兒在面對內在與外在危險時的無助感。
我認為因內在死亡本能的運作而產生的原發危險情境，被個體感
受為壓迫性的攻擊，如同迫害一樣。讓我們首先思考，在這個連
結點上一些隨著死亡本能轉向外界而發生的過程，以及它們影響
焦慮的某些方式，這些焦慮和外在與內在的情境有關聯。我們可
以假設，生之本能與死之本能之間的鬥爭在剛出生時就在運作
了，並且增強了受到這種痛苦經驗激發的迫害焦慮（persecutory
anxiety）。似乎這種經驗具有一種效果，就是使得外在世界（包
括第一個外在客體，也就是母親的乳房）看起來是有敵意的；自
我將破壞的衝動轉向這個最初的客體，這促使了上述情形的發
生。受到乳房挫折（事實上意味著生命受到威脅）的經驗，在小
嬰兒感覺起來，是（乳房）在報復他對它的破壞衝動，所以，使
他挫折的乳房是在迫害他；另外，他將他的破壞衝動投射在乳房
上，也就是說，將死亡本能轉向到外界，藉由這些方式，受到攻
擊的乳房變成了死亡本能的外在表徵。[31-1]「壞的」乳房也被內

　　《克萊恩全集I》（*Writings*, I）。

31-1　在我的著作《兒童精神分析》第142頁及其後數頁裡，我提出了這樣的看法：嬰兒在最早
　　　期的餵食困難是被害恐懼的表徵（我指的餵食困難，是那種母親奶水充足，而且沒有外

攝，而且這一點（如我們所推斷）強化了內在的危險處境，也就
是對於死亡本能在內部運作的恐懼，因為藉由內化「壞的」乳
房，之前被轉向到外界的死亡本能，與所有隨之而來的危險，再
度被轉向於內部，而且自我將對自身破壞衝動的恐懼，依附在這
個內化的壞客體上。這些過程可能同時發生，因此不宜將我對它
們的描述視為一個具有先後發生順序的說明。現在作一個總結：
令嬰兒挫折的（壞的）外在乳房，由於投射的機制，成為死亡本
能的外在表徵；藉由內攝的機制，它再增強了原始的內在危險處
境，這導致了自我的一部分更迫切地想將內在危險（主要是死亡
本能的活動）轉向（投射）到外在世界。個體一直擺盪在對於內
在壞客體與外在壞客體的恐懼之間，以及運作於個人內部與轉向
於外部的死亡本能之間。在這裡，我們看到了（在生命初期）介
於投射與內攝間互動的一個重要面向，外在危險被經驗為內在的
危險，並因此而被強化了；從另一方面來說，任何從外在威脅著
個體的危險，強化了恆久的內在危險處境。在某種程度上，這樣
的互動終其一生都存在著。這方面的掙扎努力在某種程度上被外
化（externalized），事實上緩解了焦慮；將內在危險處境外化是
自我最早用來防衛焦慮的方式之一，這個方法在成長的過程中一
直都是基本而且重要的。

　　被轉向到外界的死亡本能之運作，以及其在內部的運作，與
活躍於同時的生之本能並不是分開的。緊隨著死亡本能被轉向外
界，生之本能（透過原慾）依附於外在的客體（滿足他的好乳房）

在因素可能干擾，卻無法形成令人滿意的餵食情境）。我的結論是：當這些被害恐懼過度
的時候，會導致對於原慾欲求的深遠壓抑。也比較我的論文〈嬰兒的情緒生活〉（The
Emotional Life of Infant）。

上，這個客體於是成為生之本能的外在表徵；內攝這個好客體再增強了生之本能的力量。內化的好乳房（被認為是生命的資源）形成自我的重要部分，將其保存起來，成為必要的需求。因此，內攝這個最早被個體所愛的客體，和生之本能所引發的所有過程有密不可分的關聯；被內化的好乳房與會吃人的壞乳房，形成了超我的核心當中好與壞的面向，它們代表了自我在生之本能與死之本能之間的掙扎。

第二個被內攝的部分客體是父親的陰莖，它也被賦予了好的與壞的品質。這兩個危險的客體（壞的乳房與壞的陰莖）是內在與外在迫害者的原型。被感覺為迫害的痛苦經驗（來自於內在與外在的挫折），主要被歸因於外在與內在的迫害客體，在所有這些經驗當中，迫害的焦慮與攻擊彼此互相增強著。由於嬰兒投射出去的攻擊衝動，在他建構迫害者形象的過程中，扮演了一個基本而重要的角色。這些他所建構的形象提高了他的迫害焦慮，並且隨而再增強他的攻擊衝動以及潛意識幻想，以應付被感覺為危險的外在與內在客體。

成人的偏執迫害困擾，在我看來，其根源是在生命最初幾個月所經驗到的迫害焦慮。妄想症病人的迫害恐懼之本質，在於感覺有一種帶著敵意的作用力或機構處心積慮要加害於他，使他受苦、受傷，並且最終被滅絕；這個迫害的作用力或是機構，可能由一個人或是許多人，甚或自然力代表。這種恐怖的攻擊有各種 33 數不清的樣貌，在每個個案都有其獨特的形式，但是我相信，妄想症患者的迫害恐懼之根源，是自我被滅絕的恐懼（基本上是被死之本能所滅絕）。

V

　　現在我要將討論更聚焦在罪惡感與焦慮之間的關係上，在這個連結點上，我們首先應該思考佛洛伊德與亞伯拉罕某些關於焦慮與罪惡感的觀點。佛洛伊德從兩個主要的角度來探討罪惡感的問題，一方面，他毫無疑問地相信焦慮與罪惡感是互相緊密關聯的，另一方面他得到一個結論：「罪惡感」這個詞只適用於與良心的表現有關的範疇，而良心是超我發展的結果。如我們已經知道的，就佛洛伊德的觀點來看，超我的發生是接續伊底帕斯情節的發展結果，因此，以他的觀點看，對於四五歲以下的兒童來說，「良心」與「罪惡感」這兩個詞並不適用，而且發生在生命最初幾年的焦慮和罪惡感是不同的。[33-1]

　　根據亞伯拉罕的說法（1924），罪惡感源自於克服較早的肛門施虐階段中的食人（也就是攻擊的）衝動（也就是說，發生在一個比佛洛伊德所推斷更早的階段），但是他並未在焦慮與罪惡感之間作區別。費倫齊（Ferenczi）也沒有關注焦慮與罪惡感之間的分別，他認為罪惡感的本質當中有某些部分源於肛門期，他

[33-1] 關於焦慮與罪惡感之關聯的重要參考，包含在下面的段落中：「在此也許我們可以高興地指出：追根究底，罪惡感不過是在拓撲學的心智架構下的一種變異焦慮。」（《文明與其不滿》，S.E. 21, p. 135）。另一方面，佛洛伊德確切地區分了焦慮與罪惡感，在討論罪惡感場景的發展時，他提到了「罪惡感」這個詞的使用，和早期「有愧於心」的種種表現有關，並且說道：「這種心智狀態被稱為『有愧於心』，但是實際上它不該被如此稱呼，因為在這個階段，罪惡感的場景明顯只是對於失去愛的恐懼，也就是『社會的』焦慮。對幼童來說，它不可能是任何其他的事物，但是對許多成人來說，它也不過是改變到以下的程度而已：父親或雙親的位置被更大的人類社會所取代……巨大的改變只有在權威經由超我的建構而被內化時才會發生，於是良心的現象達到了更高的階段。事實上，一直到現在我們才能談良心或罪惡感這件事。」（S.E. 21, p. 124-125）。

的結論是可能存在一種超我的生理前趨物（physiological precursor），他稱之為「括約肌道德感」（sphincter-morality）[33-2]。

恩斯特・鍾斯（1929）曾處理過恨、恐懼與罪惡感之間互動的議題，他區分罪惡感的發展為兩個階段，並且稱第一個階段為罪惡感的「前邪惡期」（pre-nefarious stage），他把這一期連結到超我發展過程中「施虐的前性器期」（sadistic pre-genital stages），並且主張罪惡感「總是無可避免地伴隨著恨的衝動」；第二個階段是「……真正罪惡感的階段，它的功能是要保護個體免於外在的危險」。

在我的論文〈論躁鬱狀態的心理成因〉中，我區分了焦慮的兩個主要形式，迫害的焦慮與憂鬱的焦慮，但也指出這兩種焦慮形式的分別絕對不是截然分明的。謹記這點限制，我認為區分這兩種焦慮的形式，不論是就理論或是實務的觀點來說，都是有價值的。在上文提到的論文中，我獲得了一個結論：迫害的焦慮主要和自我的絕滅有關；憂鬱的焦慮則主要和個體自身之破壞衝動對於他所愛的內在與外在客體所造成的傷害有關。憂鬱的焦慮有許多種內容，例如好客體受到傷害、它正在受苦、它處在惡化的狀態中、它變成了壞的客體、它被滅絕迷失了，而且永遠不會再存在。我也作了如此的結論：憂鬱的焦慮與罪惡感以及進行修復的傾向密切相關。

當我首次在上文提及的那篇論文中，介紹我對於憂鬱心理位置的概念時，我提出憂鬱的焦慮與罪惡感的發生伴隨著完整客體的內攝。我在偏執-類分裂心理位置（這個位置發生在憂鬱心理

33-2　費倫奇，〈性癖好的精神-分析〉（Psycho-Analysis of Sexual Habits, 1925, p. 267）。

位置之前）的進一步工作，[34-1] 引導我獲得這樣的結論：雖然在第一個階段是以破壞的衝動與迫害的焦慮為主，憂鬱的焦慮與罪惡感已經在嬰兒最早期的客體關係（也就是在他和母親乳房之間的關係）中扮演了某些角色。

在偏執-類分裂心理位置的期間（也就是在生命最早的三到四個月時），分裂的過程（包括了分裂第一個客體〔乳房〕以及對它的感覺）正是最為活躍的時候，恨與迫害的焦慮被依附在使個體挫折的（壞）乳房上，愛與再保證（reassurance）則被依附在滿足他的（好）乳房上。雖然如此，即使在這個階段，這類的分裂過程從來就不是全然有效的，因為從生命剛開始時，自我即傾向整合它自己，以及將客體的不同面向加以合成（這種傾向可以被視為生之本能的一種表現）。甚至在非常小的嬰兒身上，看起來都存在著一些朝向整合的過渡狀態，這些狀態隨著發展的進行而變得更為頻繁與持久，在這些過渡的狀態中，好與壞乳房之間的分裂較為不明顯。

35　　在這種整合的狀態中，某些與部分客體相關的愛與恨之合成發生了。根據我目前的觀點，這一點引發了憂鬱的焦慮、罪惡感，以及渴望修復他所愛且被他所傷害的客體，首先要修復的是好的乳房，[35-1] 也就是說，我現在將憂鬱焦慮的發生與對部份客體的關係連結起來。這種修正是我對最早期階段進一步工作的結果，也是更充分認識嬰兒情緒發展之循序漸進本質的結果。我的這個觀點並沒有改變：憂鬱焦慮的基礎，是對一個[譯註]客體的破

34-1　〈對某些類分裂機制的評論〉。

35-1　雖然如此，我們必須記得，即使在這個階段，母親的臉、雙手以及她整個身體的「在場」，愈來愈加入逐漸建構起來的母子關係中，在這個關係裡的母親是完整的一個人。

譯註　譯者認為此處「一個」（one）是指完整的意思（相對於部分）。

壞衝動與愛的感覺之間的合成。

　　接下來讓我們思考這個修正對於憂鬱心理狀態此概念的影響有多深遠，現在我會如此描述這個心理位置：在三到六個月的期間，自我的整合發生了相當多的進展，嬰兒的客體關係與嬰兒的內攝過程在本質上發生了重要的改變。嬰兒知覺到的母親與內攝的母親愈來愈接近一個完整的人，這意味著更完整的認同以及和母親有更穩定的關係。雖然這些過程主要仍聚焦在母親身上，嬰兒與父親（以及其他周遭的人）的關係也發生了類似的變化，於是父親在他的心中也被建構為一個完整的人。在這個時候，分裂過程的強度減弱了，它們現在主要是和完整的客體有關，而在較早期的階段裡，它們主要是和部份客體有關。

　　客體的對立面以及對客體之互相衝突的感覺、衝動與潛意識幻想，現在可以聚攏在一起。雖然迫害的焦慮持續在憂鬱心理位置上扮演它的角色，但是在量方面減少了，憂鬱的焦慮則增加並超過了迫害的焦慮。由於感受到所愛的人（被內化的與外在的）受到攻擊衝動的傷害，嬰兒因強烈的憂鬱感覺而受苦，這種情形比他在更早期階段曾短暫經驗到的憂鬱焦慮與罪惡感更為持久。現在這個較為整合的自我，愈來愈受到一種極度痛苦的精神現實（由內化的受傷母親與父親所發出的抱怨與責難，此時父母親是完整的客體與人物）挑戰，而且在應付痛苦的精神現實時，感覺受到更多痛苦的壓力脅迫，這點導致了一種想要保存、修復或復甦所愛客體的壓倒性迫切感——進行修復的傾向，自我強烈地訴諸躁症防衛，[36-1] 作為一種處理這些焦慮的替代方法（非常可能

36

36-1　躁症防衛的概念及其在心智生活中更廣泛的應用，已經在我的兩篇論文〈論躁鬱狀態的

是一種同時的方法）。

我所描述的發展，不僅隱含在愛、憂鬱焦慮與罪惡感上有重要的質與量之改變，還有許多因素的新組合，這些因素組成了憂鬱心理位置。

在後續的描述裡，可以看到我對於較早發生的憂鬱焦慮以及罪惡感的觀點所作的修訂，並未對我的憂鬱心理位置之概念有任何根本的改變。

此刻我想要將思考較為專注在發生憂鬱焦慮、罪惡感以及修復衝動的過程上。憂鬱焦慮的基礎，是（如我先前所述）自我對單一客體合成破壞衝動與愛的感覺之過程。有一種感受是：個體所愛之客體所受的傷，是個體自身的攻擊衝動所造成的，我認為這種感受是罪惡感的本質。（嬰兒的罪惡感可能擴及每一種降臨在他所愛的客體身上的災難，甚至包括了他的迫害客體所造成的傷害。）想要消解或修復這傷害的衝動，來自於是個體自己造成了此傷害的感覺，也就是來自於罪惡感。因此，修復的傾向可以被視為罪惡感的後果。

現在有一個問題產生了：罪惡感是否為憂鬱焦慮的一個要素？這兩者是否都是同一個過程的不同面向，或者，是否其中一者為另外一者之結果或表現？雖然現在我無法提供確切的答案，我仍想指出憂鬱的焦慮、罪惡感以及修復的衝動，經常是同時被經驗到的。

有可能只有當對客體的愛的感覺超越了破壞衝動時，憂鬱的焦慮、罪惡感與修復的傾向才會被經驗到；換句話說，我們可以

心理成因〉與〈哀悼及其與躁鬱狀態的關係〉（Mourning and its Relation to Manic-Depressive States）中有較為詳細的討論，這兩篇論文皆出自《克萊恩全集I》。

假設：反覆經驗到「愛」超越「恨」（究極來說，是生之本能超越了死之本能）是一個基本的條件，讓自我能夠整合自己，並且合成客體的對立面向。在這種狀態或時刻裡，和客體壞的面向之關係（包括迫害的焦慮）已經減弱了。

然而，在生命最初的三或四個月期間，（根據我目前的看法）也就是憂鬱的焦慮和罪惡感發生的階段，正是分裂過程與迫害焦慮最為活躍的時候，於是迫害焦慮非常快速地干擾著整合的進行，而且憂鬱的焦慮、罪惡感與修復的經驗只具有短暫過渡的性質。結果是被愛的受傷客體可能快速地轉變為加害者，而修復或復甦的衝動則可能轉變為安撫或取悅加害者的需要。但是，即使是在下一階段（憂鬱心理狀態），當較為整合的自我內攝並且建構逐漸完整的人物形象（person）之時，迫害焦慮仍然持續著。在這段期間，如我先前所述，嬰兒不只經驗到哀傷、憂鬱和罪惡感，也經驗到和超我之壞面向有關的迫害焦慮。所以，應付迫害焦慮的防衛機制與應付憂鬱焦慮的防衛機制是同時存在的。

我已經反覆指出憂鬱焦慮和迫害焦慮之間的區別，所根據的是有限的概念，但是在精神-分析實務上，已經有許多分析師發現區別這兩者，有助於瞭解與闡明情緒處境。現在我提供一個例子，它顯示了在分析憂鬱病患時，我們可能會遭遇到的典型樣貌：在一個特別的治療時段裡，一名病患可能因為無法修復感覺上是他所造成的傷害，而受苦於強烈的罪惡與沮喪感，此刻發生了一個徹底的改變：這個患者突然帶出了迫害的材料，他指控分析師與分析這件事，除了使他受傷之外，什麼幫助也沒有，並且抱怨關於先前的挫折。促成這個改變的過程，可以總結如下：迫害焦慮已經佔了優勢，罪惡感消退了，同時對客體的愛似乎已經

消失了。在這個改變了的情緒處境中，客體已經變成壞的、不能夠被愛，因此將破壞的衝動朝向它似乎是合理的。這點意指為了要逃離罪惡與沮喪感所帶來的壓迫性負擔，迫害焦慮與防衛已經被增強了。當然，在許多案例中，患者可能同時顯示罪惡感與相當多的迫害焦慮，而且，轉變到以迫害焦慮為主的過程，並非總是看起來像我剛剛描述的情況那麼戲劇化。但是，在每一個此類案例中，區分迫害焦慮與憂鬱焦慮，有助於瞭解我們試圖分析的一些過程。

對於憂鬱焦慮、罪惡感與修復，以及迫害焦慮與對此焦慮的防衛，在這兩者之間所做的概念性區別，不僅在分析工作上證實是有幫助的，還有更廣泛的涵義，它說明了許多與人類情緒及行為有關的問題，[38-1] 我發現這個概念對於兒童的觀察與瞭解這個特別的領域，具有啟發的作用。

我要在此處對於我在本節所提出焦慮與憂鬱之間的關係，簡短地作個理論上的總結：罪惡感和焦慮（更精確地說，是和一種特定的焦慮形式——憂鬱焦慮）是密不可分的，它導致了修復的傾向，並且發生在生命的最初幾個月當中，它和最早階段的超我有關聯。

VI

原初的內在危險與來自外界的危險，兩者之間的相互關係說

38-1 馬尼-基爾（R. E. Money-Kyrle）在他的論文〈朝向共同的目標——精神-分析對倫理學的一項貢獻〉（Towards a Common Aim—a Psycho-Analytic Contribution to Ethics）中，將被害與憂鬱兩種焦慮的區別，應用在對於一般倫理學的態度上，更特別應用在對於政

明了「客觀的」與「神經症的」焦慮相對應的問題。佛洛伊德定義客觀的焦慮與神經症的焦慮之區別如下：「真實的危險是可知的，現實的焦慮是對於這種可知危險的焦慮；神經症的焦慮是對於未知危險的焦慮，神經症的危險因此是一種尚待發現的危險，分析已經顯示它是一種本能的危險。」[38-2]而且，「真實的危險是來自於外在客體並威脅到個體，神經症的危險則是來自於本能之要求而威脅到個體。」[38-3]

然而，在某些連結上，佛洛伊德提到了這兩種焦慮來源之間的互動，[38-4]而且一般的分析經驗已經顯示，客觀焦慮與神經症焦慮之間的區別是無法截然劃分的。

我要在這裡回到佛洛伊德的陳述：焦慮是導因於孩童「思念某個他所愛與渴望的人」。[38-5]佛洛伊德在描述嬰兒的基本失落恐懼時說：「他們尚不能分別暫時不在和永久失去的不同，**只要沒看見媽媽，就會表現得好像永遠再也見不到她似的**。重覆與此相反的撫慰經驗是必要的，以使嬰兒得知母親雖然不在，但通常會再出現。」[38-6]

在另一個描述失去愛的恐懼之段落裡，他說它「明顯是一種 39
當嬰兒發現媽媽不在時，所引發的焦慮之晚期延長，你將會明白

治信念的態度上，在他的著作《精神-分析與政治》（*Psycho-Analysis and Politics*）中已經擴展了這些觀點。

38-2　《抑制、症狀與焦慮》（S.E., **20**, p. 165）。

38-3　上述引文中（p. 167）。

38-4　佛洛伊德曾提到這種介於源於外在導因與內在導因的兩種焦慮之間的互動，和某些神經症的焦慮有關。「危險是可知的，但是和它有關的焦慮卻過度強烈、超過了適切的程度……分析顯示未知的本能危險會依附在一個可知而且真實的危險上。」（上述引文中，p. 165-166）。

38-5　上述引文中，p. 136。

38-6　上述引文中，p. 163。

這種焦慮所指出的**危險處境是何等的真實**,如果一個母親不在了,或是不再愛她的孩子時,嬰兒將不再確知自己的需要是否能被滿足,並且可能暴露在最痛苦的緊張感覺中。」[39-1]

然而,在同一本書的數頁之前,佛洛伊德從神經症焦慮的觀點描述了這個特別的危險處境,這一點似乎顯示了他從兩個角度來探討這個嬰兒期處境。從我的觀點來看,這兩個主要的嬰兒期失落恐懼來源可以如此加以描述:其一是孩子對母親完全的依賴,為了滿足他的需要與釋放緊張,來自於這種來源的焦慮可被稱為客觀的焦慮。另外一種焦慮的主要來源,衍發於嬰兒的擔心:他所愛的母親已經被他的施虐衝動所摧毀了,或是正岌岌可危,這種恐懼(可被稱為「神經症的焦慮」)與母親是一個不可缺少的外在(與內在的)好客體有關,而且促使嬰兒感覺到她永遠也不會回來了。這兩種焦慮的來源(也就是客觀的焦慮與神經症的焦慮,或者換句話說,來自於外界與內在來源的焦慮)之間,從一開始就存在著不斷互動的關係。

更進一步,如果外在的危險從一開始就和來自於死之本能的內在危險有所連結的話,幼兒將不會經驗到來自外界的危險處境,而且是被當作純粹來自於外的可知危險。但並非只有嬰兒無法做如此清楚的區分,在某個程度上,內、外在危險處境之間的互動是持續一輩子的。[39-2]

這些清楚地顯示在戰時所作的分析,甚至對正常的成年人來

39-1　《精神分析新論》(1932, S.E., **22**, p. 87)。

39-2　如我在《兒童精神分析》第192頁中所指出的:「當一個人處於極度壓力下時(不管是內在或外在),或是當他生病、失敗時,我們可以在他身上觀察到這些最深焦慮情境的(完全與直接的)運作,因此我們可以說每一個健康的人都**可能**會罹患神經症,因為他無法完全放棄其舊焦慮情境。」

說，被空襲、轟炸、火災等等（也就是因客觀的危險處境）所引起的焦慮，只能藉由分析各種被喚起的早期焦慮來加以減輕，分析可以超越真實處境的影響。對許多人來說，這些焦慮的來源導致了對客觀危險處境的強大否定（躁症防衛），而以缺乏明顯的恐懼顯示，這經常可以在小孩子的身上觀察到，而且無法只以他們未完全體認到真實的危險來加以解釋。分析顯示：客觀的危險處境已經重新喚醒了孩子早期潛意識幻想的焦慮到了某種程度，導致了他必須否認客觀的危險處境。在其他的案例中，可以看見即使是在戰火的威脅之下，有些孩子相對較為穩定的狀態，並不是由躁症防衛所決定，而是由較為成功地緩解早期的迫害與憂鬱焦慮所決定，導致了孩子對於內在與外在世界有較多的安全感，與他們的父母親也可以維持好的關係。對於這些孩子，即使父親不在身邊，來自於母親的「臨在」（presence）以及家庭生活的再保證，可以抗衡受到客觀危險所引起的恐懼感。

　　如果我們記得：幼童對外在現實與外在客體的知覺，恆常受到他的潛意識幻想所影響，且這樣的影響在某個程度上持續終身，那麼，這些觀察是可以被了解的。引起焦慮的外在經驗，甚至也會立即啟動正常人來自於精神內在根源的焦慮，介於客觀焦慮與神經症焦慮之間的互動（或者，換個說法，來自於外在來源的焦慮與來自於內在根源的焦慮兩者之互動），相對應於外在現實與精神現實之互動。

　　當我們研判焦慮是否為神經症的性質時，我們必須考慮到佛洛伊德曾一再提及的一點，也就是來自於內在根源之焦慮的量有多少，這個因素無論如何都和自我進化適當的防衛以應付焦慮的能力（也就是焦慮強度與自我強度的比例多少）有所關聯。

VII

在這篇本人觀點的陳述中，未加言明的是：這些觀點的發展是來自於一種對攻擊性的探討，基本上和主流精神-分析思想是不同的。佛洛伊德最早發現攻擊性的時候，是將它當作兒童之性的一個元素看待的（似乎它是原慾的附加物〔施虐性〕），這個事實的影響是：在很長的時間裡，精神-分析的興趣都集中在原慾，以及攻擊性大致上被視為附屬於原慾。[40-1] 在1920年，佛洛伊德發現了死之本能表現在破壞的衝動，並且和生之本能融合在一起運作；接著，1924年亞伯拉罕在對幼童的分析中，對於施虐性有更深入的探討。但是，即使有這些發現，在浩瀚的精神-分析文獻中所看到的，是精神-分析思想主要仍然停留在和原慾以及對原慾衝動的防衛有關的領域，相對地低估了攻擊性及其隱含之意的重要性。

在我開始精神-分析工作之初，我的興趣集中在焦慮以及它的導因上，這樣的興趣讓我可以更容易去了解攻擊性與焦慮之間的關係。[41-1] 對幼童的分析（為了它，我發展了遊戲的技術）支持了這種探討的方向，因為這些分析顯示：只有靠分析幼童的施虐潛意識幻想以及衝動，並且對存在於施虐性與焦慮導因中的攻擊成分有更多的認識，幼童的焦慮才能獲得紓解。如此較完整地評估攻擊性的重要性，使我得以獲致一些特定的理論性結論，這

41

40-1　比較寶拉・海曼在1952年的論文，她討論到這種理論上的偏差，也就是偏重於探討原慾以及它對理論發展的影響。

41-1　對焦慮的如此強調，在我早期出版的著作中就已經存在了。

些結論曾發表在我的論文〈伊底帕斯衝突的早期階段〉（1927），在該文中我提出這樣的假設（在正常與病理的兒童發展皆然）：起源於生命第一年的焦慮與罪惡感，和內攝與投射的過程密切相關，也與超我發展及伊底帕斯情結的最初階段密切相關；還有，在這些焦慮當中，攻擊性以及對它的防衛機制具有無比的重要性。

大約1927年之後，循著這些方向的進一步工作在英國精神-分析學會展開了。在這個學會裡，許多精神-分析師利用密切合作的工作方式，為了解心智生命中攻擊性所扮演的重要角色提供了無數貢獻。[11] 然而，若對精神-分析思考作一個縱覽，過去十到十五年中，在這個面向的觀點改變則顯得如鳳毛麟角一般稀少了，不過，近來這些思想已在增加中。

對攻擊性進行不同於以往的工作，所帶來的結果之一是認知到修復傾向的主要功能，也就是生之本能對抗死之本能的一種表現。不只從此可以用更寬廣的視野來看待破壞衝動，對於生之本能與死之本能之互動也有更完整的了解，更因此而對於原慾在所有心智與情緒過程中所扮演的角色有更多的認識。

在本篇論文裡，我已經清楚闡釋了我的主張：死之本能（破壞性衝動）是引發焦慮的主要原因。但是，在我對於導致焦慮與罪惡感的過程所作的說明中，也暗示了破壞衝動所針對的原初客 42 體也是原慾**灌注**的客體，而且，正是攻擊性與原慾的**互動**（基本上，既是兩種本能的兩極對立，也是融合）引發了焦慮與罪惡感；這種互動的另外一個層面是原慾對破壞衝動的緩和作用。原

41-2　比較黎偉業1952年論文所附帶的書目。

慾與攻擊性兩者互動的最佳狀態，意指恆常在活動的死之本能所引發的焦慮，雖然從不止息，卻受到生之本能的力量對抗，並且確保其不造成威脅。

【第三章】關於精神-分析結案的標準

　　分析結案的標準，是每一位精神-分析師心裡的一個重要問　43
題，有許多我們大家都同意的標準，在這篇論文裡我要對這個問
題提出不一樣的探討路徑。

　　經常可以觀察到：終止分析會再活化病人早年的分離處境，
而且這種過程的本質是一種斷奶的經驗。如我的工作所顯示的，
這一點意指當早年嬰兒期的衝突浮現時，嬰兒在斷奶時所感覺到
的情緒，在分析接近尾聲時被強烈地重新喚醒。因此之故，我獲
得了一個結論：在終止分析之前，我必須自問：生命第一年中所
經驗到的衝突與焦慮，是否都已經在治療的過程中被充分地分析
並且修通了。

　　我在早期發展方面的工作（Klein, 1935, 1940, 1946, 1948）
已經使我將兩種焦慮加以區分：一種是迫害的焦慮，它在生命的
頭幾個月當中是最主要的，並且引起了偏執-類分裂心理位置；
另一種則是憂鬱的焦慮，它大約在第一年的中期發生，並且引發
了憂鬱心理位置。我獲得進一步的結論：嬰兒從剛出生時開始經
驗到迫害的焦慮，其迫害的來源包括了外在與內在兩種，就外在
的來源而言，誕生經驗感覺起來就像是對嬰兒的攻擊一般；就內
在的來源而言，根據佛洛伊德的看法，則是因為對生物體的威脅
是來自死之本能，在我看來，這種威脅激發了被滅絕的恐懼，也
就是對死亡的恐懼，我認為這種恐懼就是焦慮最原初的原因。

　　迫害焦慮主要和自我感覺到的危險有關，憂鬱焦慮則是和感

覺上威脅到所愛客體的危險有關，這種危險主要是由於個體的（對客體的）攻擊所致。憂鬱焦慮發生於自我的合成過程，由於不斷整合的結果，於是愛與恨以及客體好的與壞的面向，在嬰兒的心中能夠更加靠近彼此；某種程度的整合也是將母親當作完整的人來內攝的一個必要條件。在大約六個月大的時候，憂鬱的感覺與焦慮達到了顛峰，這種狀態就是憂鬱心理位置，到了這個時候迫害焦慮已經減弱了，雖然它仍然扮演了重要的角色。

和憂鬱焦慮互相關聯的是罪惡感，這種罪惡感則與食人以及虐他的衝動所造成的傷害有關；罪惡感引發了個體修復其所愛且為其所傷害之客體的急迫感，想要保存並復甦客體，這種急迫感加深了愛的感覺，並且提昇了客體關係的層次。

在斷奶的時候，嬰兒感覺到他失去了第一個所愛的客體——母親的乳房，這個客體既是外在的，也是內在的，而且他的失落是因為他的恨意、攻擊性與貪婪所致。斷奶於是加強了他憂鬱的感覺，這些感覺形成了哀悼的狀態。隨著憂鬱心理位置而來的痛苦與逐漸洞視精神現實是息息相關的，這種洞視促進了個體對於外在世界有更好的了解。藉由逐漸適應現實並且擴展客體關係的範圍，嬰兒變得能夠對抗與減輕憂鬱焦慮，並且在某個程度上穩固地建立他的內化好客體，也就是建立超我中具有幫助與保護性的那一面。

佛洛伊德曾經描述現實感（reality testing）為哀悼工作的重要部分，我認為現實感最早是在早期嬰兒階段被啟動，當個體企圖克服憂鬱心理位置的哀傷時，而且在以後的生命中，不論何時，只要經驗哀悼，這些早期的過程就會再度被喚起。我發現對成人來說，成功的哀悼不只是需要在自我中建立被哀悼者（如我

們從佛洛伊德和亞伯拉罕得知），也必須重新建立最初的所愛客體，這些客體在早期嬰兒階段被感覺受到破壞性衝動的威脅或傷害。

雖然抗衡憂鬱焦慮的基本措施在生命的第一年中就已經設下了，迫害與憂鬱的感覺在整個兒童期還是會重複發生；這些焦慮是經由嬰兒期精神官能症（infantile neurosis）的過程而得到修通，且大部分都被克服，通常是在潛伏期開始的時候，適當的防衛即已經發展妥當，而且某些穩定的機制已經出現了；這點意指已經達到了以性器首位（genital primacy）及令人滿意的客體關係，而且伊底帕斯情結的強度已經減弱了。

我現在要根據剛才所陳述的定義提出一個結論（這個定義就是迫害焦慮是和感覺上威脅到自我的危險有關，而憂鬱焦慮則是和感覺上威脅到所愛之客體的危險有關），我要提出的是：這兩種形式的焦慮構成了孩童期經歷的所有焦慮情境。因此，被吞噬的恐懼、被毒害的恐懼、被閹割的恐懼、害怕身體內部受到攻擊的恐懼，全部都屬於迫害焦慮的範疇；而一切與所愛客體有關的焦慮，則都是以憂鬱的焦慮為本質。不過，迫害焦慮與憂鬱焦慮雖然在概念上彼此不同，在臨床上卻經常是混在一起的。例如，我已經界定了閹割恐懼（男性排名第一的焦慮）具有迫害的性質，由它所引發的那種無法使女人受孕的感覺來看，這種恐懼乃是與憂鬱焦慮混在一起，其本質是他無法使他所愛的母親受孕，因此無法為他對母親的施虐衝動所造成的傷害進行修復。我應該不需提醒：陽萎經常導致了男人的嚴重憂鬱。現在來看看女人最常見的焦慮，女孩害怕恐怖的母親會攻擊她的身體以及身體裡的嬰兒，在我看來，這種恐懼是女性根本的焦慮處境，就定義來說

45

它是迫害的性質，然而，由於這種恐懼隱含的意思是她所愛的客體（也就是她感覺到在她體內的嬰兒）遭到破壞，它包含了一種強烈的憂鬱焦慮元素。

和我的論點相一致，正常發展的前提是迫害焦慮與憂鬱焦慮必須被大量減少與緩和，因此（我希望在先前的論述中已經很清楚可見），我對於終止兒童與成人之分析這個問題的處理方式，可以界定如下：迫害焦慮與憂鬱焦慮必須被充分地減輕，而且依我看，其前提是要分析最初的哀悼經驗。

在此我要順便一提，即使分析追溯到發展的最早期階段（這是我的新標準之基礎），其結果仍然會依據每個病例的結構與嚴重度而有所不同；換句話說，雖然我們的理論與技術已經有所進展，我們必須將精神-分析治療的侷限銘記在心。

現在產生了這樣的問題：我所提出的處理方式，和某些我們熟知的標準（例如：一種已經建立的潛能與異性戀；具有愛、客體關係及工作的能力；以及特定的自我特質，這些特質促成心智穩定，並且和適當的防衛有關）有多大的關聯呢？所有這些發展的面向和迫害與憂鬱焦慮的緩解是互相關聯的。關於愛與客體關係的能力方面，我們很容易可以看出：只有在迫害焦慮與憂鬱焦慮並未過度的情況下，這些能力才能自由地發展。而在自我的發展方面，問題就比較複雜了，有兩個特色在這個連結點上經常會被強調：穩定與現實感的增長，但是我主張：在自我深處的擴展也是同等地重要。具有深度與完整的人格，其內含要素之一是具有豐富潛意識幻想的生活，以及能夠自由經驗情緒的能力。我想，這些特質的前提是嬰兒期的憂鬱心理位置已經被修通，也就是說，所有和原初客體有關的整套經驗：愛與恨、焦慮、哀傷與

46

罪惡感等已經被反覆地經驗過。這種情緒發展和防衛的本質有密切的關係，在憂鬱心理位置修通工作的失敗，與壓制情緒與潛意識幻想生活、且阻礙洞視的防衛機制居於主導地位，有密不可分的關係；這些防衛機制（我稱之為「躁症防衛」）雖然並非不符合自我的穩定性與強度，卻是膚淺的。如果在分析當中我們成功地減輕了迫害與憂鬱的焦慮，並且因此而減少躁症防衛，結果之一將會是**自我**在**強度**與**深度**方面的提昇。

　　即使已經達到了令人滿意的結果，分析的終止必然會激發痛苦的感覺，並且再度喚醒早期的焦慮，形成了哀悼的狀態。當分析終了所代表的失落已經發生的時候，病人仍然必須自己進行他所擔負的那部分哀悼工作。我想這一點解釋了以下事實：在分析終止之後經常會達到更多的進展；如果我們應用我所提出的標準，便可以更容易地預測這一點發生的可能性有多少。因為只有在迫害與憂鬱焦慮已經大部分被緩解以後，病人才有可能靠自己進行最後一部分的哀悼工作，這也隱含了現實感。此外，當我們決定可以結束分析的時候，我認為，在數個月之前讓病人知道結案的確切日期是非常有幫助的，這種做法可以幫助他在仍接受分析的期間，修通並減少無可避免的分離之苦，並且為他將要進入的過程——獨自完成哀悼的工作作準備。

　　我已經在本篇論文中清楚說明了以下的論點：我提出的標準，其前提是分析曾經追溯到發展的早期階段、到達心智的深層，並且已經修通了迫害與憂鬱的焦慮。

　　這一點將我帶往一個與技術有關的結論，在分析過程中，精神-分析師經常看起來如同一個被理想化的人物；理想化被當作對抗迫害焦慮與其後果的防衛來使用，如果分析師容許過度的理

想化持續存在，也就是說，如果他主要是仰賴正向的移情關係（positive transference），他可能（真的）可以獲得某些進展，不過同樣的說法也適用於任何成功的心理-治療。只有**藉由分析負向移情關係，而不只是分析正向的移情關係**，焦慮才有可能在根本上獲得減輕。在治療過程中，精神-分析師在移情的情境中代表了各種不同的人物形象，這些人物形象和那些在早期發展過程中被內攝的形象是相互呼應的（Klein, 1929; Strachey, 1934），因此，有時候被內攝為加害者，有些時候則被當作理想的形象，在這兩個極端之間，有各式各樣不同的形象存在著。

在分析的過程中，隨著經驗到迫害焦慮與憂鬱焦慮，且最終得以減輕，分析師的各個不同面向發生了更大的整合，同時在超我的各面向之間也獲得了更好的整合。換句話說，最早期的恐怖形象在病人的心中發生了根本的改變，人們可能會說他們基本上是進步了。只有在迫害形象與理想化形象之間的嚴重分裂已經減輕，攻擊以及原慾的衝動已經彼此靠近；只有在恨已經被愛化解時，好的客體（不同於理想化客體）才能夠在心中被穩固地建立起來。在合成的能力這方面的進展，證明了分裂的過程（在我的看法是源自於最早的嬰兒期）已經減弱了，而且自我的深度整合已經發生了。當這些正向的特質被充分地建立時，我們可以合理地認為並不算過早終止分析，雖然它會再度喚起急性的焦慮。

【第四章】移情的根源

在〈一個歇斯底里案例分析的片斷〉（Fragment of an 48
Analysis of a Case of Hysteria）這篇論文中，佛洛伊德（1905）
用以下的方式定義了移情情境：

「什麼是移情？它們是在分析進行中，被喚起而被意識到的
衝動與潛意識幻想之新版本或是模寫（facsimile），但是它們具
有以下特殊性（代表了它們的屬性）：它們用醫師這個人替換了
某一位較早時候的人。用另外一種方式來說，一系列完整的心理
經驗被重新喚起了，不被視為是屬於過去的經驗，而是被套用在
當下的這位醫師身上。」

移情以各種形式存在於生命的過程中，並且影響著所有的人
際關係，不過此處我只關切在精神-分析中移情的各種表現。精
神-分析之程序的特殊之處在於：當通往病人潛意識之路開始
展開時，他的過往（在其意識與潛意識的層面）逐漸被重新喚
起，因此他想要移轉其早期經驗、客體關係與情緒的迫切感受到
了再增強，並且聚焦在精神-分析師上。這一點意指病人藉由利
用和早年情境中一樣的機制與防衛，來處理被重新活化的衝突與
焦慮。

所以，如果我們能夠進入潛意識愈深，能夠將分析往回追溯
到更早年的時候，我們對移情的了解也將會更多。因此，簡短地
摘要我關於發展之最早期階段的結論，和本篇的題旨相切合。

最早的焦慮形式，其本質是迫害的，內在死之本能的運作

（根據佛洛伊德的說法，是朝向生物體本身）引發了被滅絕的恐懼，這也是迫害焦慮的最初成因。而且，從出生那一刻開始（此處我不關心出生前的過程），對客體的破壞衝動激發了害怕遭受報復的恐懼。這些來自於內在的迫害感因為外在的痛苦經驗而被加強了，因為從生命開始以後，挫折與難受的經驗激起了嬰兒如此的感覺：他正遭受到敵視勢力（forces）的攻擊，因此，嬰兒在出生時所經驗到的感覺，以及調適自己適應全新環境的困難，引發了迫害焦慮。出生後接受到的安適與照顧（特別是第一次哺乳的經驗），被感覺為來自於好的勢力。談到「勢力」，我使用了相當成人化的字語，以代表那些被小嬰兒模糊感覺為客體（不論是好或壞）的東西。嬰兒將滿足與愛的感覺指向「好的」乳房，並將破壞衝動與迫害的感覺指向令他感到挫折的對象，也就是「壞的」乳房。分裂的過程在這個階段正是最活躍的時候，愛與恨就如乳房的好與壞之面向，主要是被遠遠地互相分開的。嬰兒相對的安全感是奠基在將好的客體轉變為理想的客體，作為一種保護，以免受到危險的與加害客體的傷害。這些過程，也就是分裂、否認、全能自大與理想化，活躍於生命最初的三到四個月時（我稱這段時間為偏執-類分裂位置〔1946〕）。透過這些方式，在最早的階段，迫害焦慮及其必然的結果——理想化，根本地影響著客體關係。

　　與嬰兒的情緒與焦慮緊密連結在一起的原始投射與內攝過程，起始了客體關係：藉由投射，也就是將原欲與攻擊性轉向母親的乳房，建立了客體關係的基礎——藉由將客體（主要是乳房）內攝，與內在客體的關係成形了。我使用「客體關係」這個詞，是根據我的主張：嬰兒從一出生開始就和母親有一種關係存在

（雖然主要的焦點是在母親的乳房上），這種關係蘊含著客體關係的基本元素，也就是愛、恨、潛意識幻想、焦慮與防衛。[49-1]

從我的觀點看（我已經在他處詳細解釋過），將乳房內攝是形成超-我的開始，而且這個過程會延續好幾年。我們有根據做以下的假設：從第一次餵奶的經驗開始，嬰兒就內攝了乳房的不同面向，於是超我的核心是母親的乳房，不論是好或壞。由於內攝與投射同時運作著，與外在和內在客體的關係是彼此互動的。很快在孩子生活中即佔有一席之地的父親，也在很早的時候，就成為嬰兒內在世界中的重要部份了。嬰兒情緒生活的特色是快速地擺盪在愛與恨、外在與內在情境、對現實的感知與和它有關的潛意識幻想之間；而且，因此之故，迫害焦慮與理想化之間是互相作用的（此二者皆涉及了內在與外在客體），被理想化的客體是加害客體（最壞的客體）的必然結果。

自我逐漸成長的整合與合成能力，即使是在最早的這幾個月當中，愈來愈能達到一種狀態：愛與恨，以及相對應客體之好的與壞的面向，這些都持續被合成，這點引發了第二種焦慮的形式（憂鬱焦慮），因為嬰兒現在感覺到他對壞乳房（母親）的攻擊衝動與慾望也會危及好乳房（母親）。在出生四到六個月之間，這些情緒被再增強，因為在這個階段，愈來愈能夠感知到媽媽是一個人，並且將她內攝；憂鬱焦慮更加強烈，由於嬰兒感覺到他的

49-1　所有客體關係之最早型態的基本特質是兩人關係的原型，在該兩人關係中沒有其他客體進入。這點對於日後的客體-關係是非常重要的，雖然這個排他的形式可能維持不過寥寥數月之久，因為和父親及其陰莖有關的潛意識幻想（這些幻想啟動了伊底帕斯情結的早期階段）將關係帶入單一客體以外的其他客體。在分析成人與兒童時，病人有時候會經驗到快樂幸福的感覺，這是透過再次活化早期與母親及其乳房的獨特排他關係，這樣的經驗通常隨著分析嫉妒與競爭的情境（在這些情境中，第三個客體——基本上是父親，牽涉在其中）之後發生。

貪婪與無法控制的攻擊已經破壞、或是正在破壞一個完整的客體。此外，由於他的情緒之合成逐漸增長，他現在感覺到這些破壞衝動是朝向一個他所愛的人，類似的過程在和父親與其他家人的關係上運作著，這些焦慮與相對應的防衛構成了憂鬱心理位置，這個位置在第一年的中期發生，其本質是與所愛的內在及外在客體之失落與破壞有關的焦慮與罪惡感。

就在這個階段，與憂鬱心理位置密不可分的是伊底帕斯情結的來臨；焦慮與罪惡感強力地加速伊底帕斯情結的開始。由於焦慮與罪惡感提高了將壞人物形象外化（投射）、將好人物形象內化（內攝）的需要，以便將慾望、愛、罪惡感與修復的傾向依附在某些客體上，而將恨與焦慮依附到其他客體上，在外在世界中尋找內在人物形象的表徵。然而，嬰兒主要的需要不只是尋找新的客體，還有朝向新目標的趨力：離開乳房而朝向陰莖，也就是從口腔慾望（oral desires）轉向性器慾望（genital desires）。許多因素促成了這個發展：原慾的前進趨力、與日俱增的自我整合、身體與心智的技能，以及適應外在世界的持續進展。這些發展與象徵形成的過程是密不可分的，而象徵形成使得嬰兒能夠從甲客體移轉到乙客體的，不只是興趣而已，還有情緒與潛意識幻想、焦慮與罪惡感。

我已經描述的過程與另一個統馭心智生活的基本現象有關，我相信最早的焦慮處境所造成的壓力，是導致強迫性重複（repetition compulsion）的許多因素之一，我稍後再回來討論這個假說。

我某些關於嬰兒最早期階段的結論，延續了佛洛伊德的發現，不過在某些特定點上發生了若干歧異之處，其中之一和我現

51

在討論的主題非常有關聯，我指的是我的主張：客體關係之運作始於嬰兒誕生之時。

許多年來我一直抱持這個觀點：在小嬰兒階段，自體情慾與自戀和最早的客體關係（外在的與內化的）是同時並存的。我要再次簡短說明我的假設：自體情慾與自戀包括了對內化好客體的愛以及關係，這個好客體在潛意識幻想中形成了被愛的身體與自我的一部分。在自體情慾的滿足與自戀**狀態**中，發生了朝向這個內化客體的退縮；同時，從出生時開始，和眾多客體（主要是母親的乳房）的關係就是存在的。這個假說和佛洛伊德對於自體情慾和自戀**階段**的概念是相衝突的，他認為客體-關係不存在於這些階段。不過佛洛伊德與我的觀點之間的歧異，並沒有如乍看之下那麼不同，因為佛洛伊德對這個議題的說法並非一致清楚的，在不同的情況下，他明顯地或隱微地表達了一些意見，他認為和客體（母親的乳房）的關係**先於**自體情慾與自戀。只要引用一項參考資料就足以證明這一點，在兩篇百科全書文章的第一篇中，佛洛伊德（1922）說：

「最初，具有口腔成分的本能藉由依附在對滋養慾望的飽足上找到了滿足，其客體是母親的乳房。它隨即又脫離依附，變得獨立，而且同時變為處於**自體情慾**的狀態中，也就是說它在孩子自己的身體中找到了一個客體（p. 245）。」

佛洛伊德所用的「客體」這個詞，在此處和我對這個詞的使用有些不同，他談的是本能趨向的客體，而我的意思是除此之外，有一個客體關係涉及了嬰兒的情緒、潛意識幻想、焦慮與防衛。雖然如此，佛洛伊德在上文提及的文句中，清楚地說到：對客體（母親的乳房）的原慾依附，發生在自體情慾和自戀之前。

52　　在這個立論基礎之上,我想要再提醒讀者佛洛伊德對於早期認同的發現。在《自我與本我》[52-1] 裡,談到了被放棄的客體灌注,他說:「……在最早孩童期的第一個認同,其效果將會具有一般性與永久性。這點將我們帶回自我-理想的根源;……」佛洛伊德在此界定了最早而且最重要的認同,這個認同隱藏在自我理想的後面,如同對父親或雙親的認同,並且將這些認同置於(如他所表達的)「每個人的史前時期」。這些論述近似於我所描述的最早被內攝的客體,因為根據定義,認同是內攝的結果。從我剛才討論的陳述,以及節錄自那篇百科全書論文的一段文字,可以推論佛洛伊德雖然沒有進一步發展這條思路,他的確曾假設:在最早的嬰兒期,客體與內攝的過程兩者都扮演了重要角色。

也就是說,在自體情慾與自戀的議題上,我們發現了佛洛伊德不一致之處。我想,這類見於多處論點的不一致,清楚地顯示了在這些特定議題上,佛洛伊德未曾得到結論。在焦慮的理論方面,他在《抑制、症狀與焦慮》(1926,第八章)中,對於這一點有明白的表示。他體認到對他來說,關於發展的早期階段,仍有許多是未知或是模糊不清的,這一點在他提到女孩生命的第一年是「……(Freud, 1931)灰暗的年齡而且朦朧不明……」時,也得到了例證。

我不知道安娜‧佛洛伊德對於佛洛伊德在這方面論述的觀點如何,但是談到自體情慾與自戀的問題時,她似乎只將佛洛伊德如下的結論納入考慮:自體情慾和自戀的階段發生在客體關係之

52-1　第31頁。在同一頁中,佛洛伊德提出(仍舊談到這些最初的認同)它們是一種直接與立即的認同,發生在比任何客體灌注都要更早的時候。這個主張似乎意指內攝甚至比客體關係更早發生。

前，而不容許其他可能性，例如那些我在上文提及、隱含在某些
佛洛伊德論述中的可能性。這是為什麼安娜・佛洛伊德與我對於
早期嬰兒階段的觀點之歧異性，遠大於佛洛伊德（以整體來看）
與我的觀點之歧異性的原因之一。我如此聲明，是因為我相信釐
清安娜・佛洛伊德與我所代表的兩個精神-分析思想學派之間歧
異的程度與本質，是很基本且重要的事情；這種釐清是必要的，
不僅是在精神-分析訓練的興趣方面，也是因為它有助於開啟精
神-分析師之間豐碩的討論，因而對早期嬰兒階段的基本問題獲
得更多而廣泛的認識。

　　假設在客體關係發生之前有一個階段，並且延續了幾個月，
這個假設隱含的意思是：（除了依附在嬰兒自身的原慾之外）衝 53
動、潛意識幻想的焦慮、防衛，若非不存在於嬰兒身上，就是未
和一個客體發生關聯，也就是說，它們是憑空運作的。對幼童的
分析讓我了解到：每一種本能的衝動、焦慮的情境、心智過程都
牽涉到客體（外在或內在的）；換句話說，客體關係是情緒生活
最**核心**的部分，而且愛與恨、潛意識幻想、焦慮與防衛，也是在
生命一開始就展開運作，它們從最初就和客體關係密不可分地連
結在一起。這個洞視使我對許多現象有了新的了解。

　　我現在要提出本篇論文的結論，我主張移情源自於與最早階
段中決定客體關係的同樣過程。因此，我們必須在分析中一再地
回溯到客體（所愛的與被其嫉恨的、外在與內在的）之間的擺
盪，這種擺盪主導著早期的嬰兒階段。只有當我們探索早年愛與
恨之間的互動、攻擊性的惡性循環、焦慮罪惡感與升高的攻擊
性，還有這些衝突情緒與焦慮所朝向的客體之不同面向，我們才
能夠完全認識正向與負向移情之間的相互關聯性。另一方面，透

過對這些早年過程的探索，我確信對負向移情的分析（這點過去在精神-分析的技術方面得到相對較少的關注[53-1]）是分析深層心智的前提。分析正向移情之外，也分析負向移情以及它們之間的關聯性（如我多年來一貫主張的），是治療各種病患、兒童與成人時必須依循的原則。在我從1927年以後所寫的大部分著作中，我已經對這個觀點提出具體論證。

　　這種探索路徑在過去讓幼童的精神-分析成為可能，而且近幾年，在分析精神分裂患者方面被證實極為有效。　直到1920年以前，一般的假設是精神分裂症患者無法形成移情，因而無法接受精神-分析，從那一年以後，各種技術已經嘗試過對精神分裂症患者進行精神-分析。不過，在這方面的觀點，近期發生了最劇烈的改變，而且和對於最初嬰兒期運作之機制、焦慮與防衛的更多認知有密切關聯。由於已經發現了某些這類的防衛（發生在因應愛與恨的原初客體關係上），精神分裂病患具有發展正向與負向移情的事實已經被充分了解；如果我們一致將以下的原則應用在精神分裂症患者身上：[54-1]分析負向移情和正向移情是同樣必要的，而且事實上，若是欠缺其中任一要素，將造成另外一項無法被分析，那麼這個發現就可以被確認。

　　以回顧的角度來看，這些在技術層面的顯著進展，可以在佛

53-1　這主要是因為低估了攻擊的重要性。

54-1　這個技術在漢娜‧西格爾（Hanna Segal）的論文〈分析精神分裂病例的某些面向〉（Some Aspects of the Analysis of a Schizophrenic, 1950），以及羅森菲爾德的〈對於分析一名急性精神分裂病患之超我衝突的評註〉（Notes on the Analysis of the Super-ego Conflicts of an Acute Schizophrenic Patient, 1952a）與〈急性僵直型精神分裂病患的移情現象與移情之分析〉（Transference Phenomena and Transference Analysis in an Acute Catatonic Schizophrenic Patient, 1952b）中有所描述。

洛伊德對於生與死之本能之發現所提出的精神-分析理論中找到支持的論點，他的發現基本上增加了我們對於矛盾起源的了解。因為生之本能、死之本能以及相應的愛與恨，在根源之處有最緊密的互動，所以負向與正向移情基本上是互相連結在一起的。

　　對於最早期客體關係的了解及其所指出的過程，已經在根本上從各種角度影響了技術。我們早就已經知道，在移情情境中的精神-分析師，可能代表了母親、父親或是其他人，有時候在病人的心裡，諮商師也扮演了超我的角色，而在其他時候則是本我或自我的角色。我們目前的認知，讓我們能夠穿透到病人派發給分析師的各種角色之特定細節上。事實上，在小嬰兒的生活裡存在著極少的人，他對人的感受卻是眾多的客體，因為他看到的是人的各種不同面向。因此，分析師可能有時候代表了自體、超我的一部分，或是各種內化的人物形象之一。同樣地，如果我們只是認知到分析師代表了真實的父親或是母親，這樣的幫助並不大，除非我們了解是父母的哪一個面向被活化。在病人心中的父母圖像，經過了嬰兒期的許多投射與理想化過程之後，已經有各種程度的扭曲，並且經常保留了相當多嬰兒期的潛意識幻想本質。整體而言，在小嬰兒的心裡，每一個外在經驗都是與他的潛意識幻想交織在一起的，而且，從另外一方面來說，每一個潛意識幻想也包含了一些真實經驗的元素；只有透過對移情情境作深度的分析，我們才能夠發現關於過去的真實與潛意識幻想面向。也是這些最早嬰兒期之擺盪的根源，解釋了它們在移情中的強度，以及在父親與母親之間、在自大全能的客體與危險的加害者之間、在內在與外在形象之間的快速變化（有時候甚至在單次治療時段中）。有時候分析師看起來同時代表了雙親——在這種情 55

形下，通常以聯合起來的敵視態度對付病人，此時負向移情達到了極為強烈的程度。在移情情境中，受到活化或是表現出來的，是一種混合了病人潛意識幻想中雙親合而為一的形象，也就是我曾在他處描述的「聯合父母形象」（combined parent figure）。[55-1]這是在伊底帕斯情結最早期階段中，典型的潛意識幻想構成之一，而這一點若是繼續保持其強度，則會危害客體關係與性的發展。「聯合父母」這個潛意識幻想，從早期情緒生活的另外一個元素（也就是伴隨著口腔慾望受挫而來的強烈嫉羨）汲取其能量。透過對這些早期情境的分析，我們發現了在嬰兒的心中，當他受到挫折時（或是因為內在的一些原因而不滿足），他的挫折感會伴隨這樣的感覺：另外一個客體（不久將以父親為代表）從母親那裡接受了他所渴望而在當刻被拒絕的滿足與愛，而形成了以下潛意識幻想：雙親結合於一種具有口腔、肛門與性器性質的持續相互滿足，而且，在我看來，這點是嫉羨與嫉妒情境的原型。

關於移情的分析，還有另外一個面向需要一提，我們習於說**移情情境**，但是我們是否總是記得這個概念的基本重要性？我的經驗是：在解開移情的細節時，很基本的是要思考關於從過去轉移到當下的**整體情境**，而不只是情緒、防衛與客體關係。

許多年以來（這點在今天仍是真的），移情被理解為將病人的資料直接指涉到分析師上，我對這點的概念是：移情根源於發展的最早期階段及潛意識的深層，這個概念是更寬廣的，而且需要具備一種技術，藉由這個技術從所有呈現的資料中，將移情的**潛意識元素**演繹出來、找到其脈絡。例如病人關於日常生活、關

55-1　見《兒童精神分析》，特別是第八與十一章。

係、活動的報告，不只提供了對其自我功能的洞視，也顯露了
（如果我們探索它們的潛意識內容）其防衛，這些防衛是要應付
在移情情境中被激發的焦慮，因為病人必定會運用他過去所使用
的相同方法，來處理對分析師再次經驗到的衝突與焦慮。也就是
說，他撇開分析師，就如同他過去企圖撇開他的原初客體一樣；
他試圖分化與他的關係，讓自己保持為一個全好或全壞的形象：
他將某些對分析師的感覺與態度，轉向到他當時生活中的其他人 56
身上，而這是「行動化」（acting out）的一部份。[56-1]

綜合我的主題，我在本篇論文中主要討論了最早期的經驗情
境與情緒，它們都是移情的來源；不過，在這些基礎上，建立了
日後的客體關係以及情緒與智能的發展，這些需要分析師加以注
意的必要性，絲毫不亞於最早期階段的各種表現。也就是說，我
們探究的領域，涵蓋了存在於目前的情境與最早期經驗之間的**所
有資料**，事實上，除非藉由檢驗最早期的情緒與客體關係在日後
發展中所呈現的各種變遷產物（vicissitudes），否則不可能找到
逼近早期經驗的路徑。只有藉由一再將日後的經驗連結到早期經
驗，**反之亦然**（這意指需要耐心的艱困工作），只有靠始終如一
地探索它們之間的互動，當下與過去才能夠在病人的心中結合在
一起。這是整合過程的一個面向，隨著分析的進展，整合涵蓋了
病人心智生活的全部。當焦慮與罪惡感減少，且愛與恨能夠有比
較好的合成，分裂的過程（一個對抗焦慮的基本防衛）與潛抑也
減弱了。此時自我增長了力量與凝聚一致的程度，介於理想化客

56-1 病人可能有時候會試圖逃離當下、遁入過去，而不會體認到他的情緒、焦慮與潛意識幻
　　　想此刻正在全力運作中，並且將焦點集中在分析師上。在其他時候，如我們所知的，防
　　　衛主要是要應付再經驗到過去與原初客體們的關係。

體與加害客體之間的裂痕減少，客體的潛意識幻想面向也減弱了，這些都意指著潛意識的幻想生活（和心智之潛意識部分的區分較不清楚）比較能夠被運用在自我的活動上，導致廣泛地豐富了人格。我在這裡觸及了介於移情與最早的客體關係之間的相異處（對比於相同處），這些相異之處是分析程序的治癒效果。

我在上文中提出：引起重複性強迫的許多因素之一，是最早期焦慮情境作用之下所產生的壓力。當迫害焦慮與憂鬱焦慮以及罪惡感減少的時候，要一再重複根本經驗的迫切性也減弱了，於是早期的模式與感覺的表現方式，以較不頑固的方式保存了下來。會發生這些根本的改變，是藉由始終如一的移情分析，它們與深度再活化的最早客體關係有密不可分的關係，而且不只反映在對治療師的態度改變，也反映在病人目前的生活中。

【第五章】自我與本我在發展上的相互影響

在〈可結案與不可結案的分析〉（Analysis Terminable and 57
Interminable, S.E. **23**）中，包含了佛洛伊德對於自我的最後結
論，他如此假設：「……自我具有最初與天生的區辨特質，這是
重要的。」多年來我抱持著這個觀點，並且在我的《兒童精神-
分析》（1932）一書中如此表達：自我在生命一開始就運作了，
而其最早的活動包括應付焦慮的防衛，以及使用投射與內攝的過
程。在該書裡，我也提出自我在初期忍受焦慮的能力，是由它本
有的強度所決定，也就是說由先天的因素所決定的。我曾一再地
表達了這樣的觀點：自我從最早期與外在世界的接觸中，建立了
客體關係。最近，我界定了朝向整合的趨力為自我的另外一個原
初功能。[57-1]

我現在要來探討本能（以及特別是生之本能與死之本能之間
的掙扎）在這些自我功能中所扮演的角色。在佛洛伊德對生與死
之本能的概念中，存在著這樣的看法：作為所有本能匯聚之處的
本我，從一開始就運作著。我完全同意這個概念，不過我和佛洛
伊德不同之處，在於我提出的假設：最原初的引發焦慮因子，是
對於滅絕（死亡）的恐懼，而它們源自於死之本能的內在運作。
在生與死之本能之間的掙扎，源自於本我且涉及了自我。最初對
於被滅絕的恐懼迫使自我採取行動，因而發生了防衛。這些自我

57-1 〈對某些類分裂機制的評論〉。

活動的終極來源是在於生之本能的運作；自我朝向整合與組織化的衝動，明白地顯示了它是生之本能的衍生產物，如佛洛伊德說的：「……生之本能的主要目的是統合（uniting）與連結（binding）。」[57-2] 與朝向整合的趨力相對抗、而且與其交替運作的是分裂的過程，這些過程與內攝和投射一起代表了某些最根本的早期機制。這些都在生之本能的刺激推動下，從一開始就被迫成為防衛的作用。

58　　在此需要思考另一個來自本能趨力對於自我之原初功能的貢獻。和我對於最初嬰兒期的概念一致的是：根源於本能的潛意識幻想活動（以蘇珊・伊薩克斯的說法）是本能在心智的必然結果。我相信潛意識幻想從最初就開始運作了，如同本能一樣，而且它們是生、死本能活動的心智表現。潛意識幻想活動構成了內攝與投射機制的基礎，這些機制讓自我能夠進行上述許多基本功能之一，也就是建立客體關係。藉由投射將原慾與攻擊性轉向外界，並且將客體浸染於其中，於是嬰兒的最早客體關係發生了；我認為這個過程是促成客體灌注的基礎。由於內射的過程，這個最初客體同時也被攝取進入自體中。從一開始的時候，與外在客體以及和內在客體的關係就是互動的。這些我稱為「內化的客體」中，最早的是一個部分客體，也就是母親的乳房，從我的經驗看來，即使是用奶瓶餵養嬰兒，這點仍然是成立的，不過，我若是在此討論這些象徵性等同（symbolic equation）藉以發生的過程，就離題太遠了。乳房很快地被附加上其他的母性，成為一個內化的客體，強烈地影響著自我的發展。隨著與完整客體的關係

57-2 《自我與本我》（p. 45）。

發展，父母以及其他家族成員被內攝為好人或壞人，所依據的是
嬰兒不斷變化的感覺、幻想以及經驗，於是充滿好、壞客體的世
界於內在被建立起來，這個內在世界不僅是內在之富足與穩定的
資源，也是內在迫害的來源。在最早的三至四個月期間，迫害的
焦慮盛行並對自我施壓，嚴酷地考驗自我承受焦慮的能力，這種
迫害的焦慮有時候會弱化自我，有時候則具有推動自我朝向整合
與智能成長的效果。在四到六個月之間，嬰兒需要保存所愛的內
在客體，而這個需要受到他自己的攻擊衝動所威脅，再加上隨之
而來的哀慟，焦慮與罪惡感再次地對自我造成加倍的影響：它們
可能具有征服自我的威脅，也可能激發自我朝向修復與昇華。藉
由這些我只能在此稍加一提的各種不同方式，自我受到其與內在
客體的關係攻擊與滋養。[58-1]

　　以嬰兒內在世界為中心的潛意識幻想所具有的特殊系統，對
於自我的發展來說是無比重要的。小嬰兒感覺到活生生的內化客
體，其彼此之間以及與自我的關係是和諧共處、或是互相衝突
的，這些不同的結果是依據嬰兒的情緒與經驗而定，當嬰兒感覺 59
到他含有好的客體時，他經驗到信任、自信以及安全；當他感覺
到含有壞的客體時，他經驗到迫害與懷疑。嬰兒與內在客體的關
係好壞，和他與外在客體之關係是同步發展的，並且對後者的走
向有永久性的影響。而另外一方面，和內在客體的關係從一開始
就受到了挫折與滿足（這是嬰兒日常生活的一部分）影響，於
是，在內在客體世界（是以一種潛意識幻想的方式來反映獲取於
外界的印象）與外在世界（必然受到投射的影響）之間有持續的

58-1　關於這些早期過程的最新報告，見於我的多篇論文。

互動。

如我經常描述的，內在的許多客體也形成了超我的核心，[59-1] 而超我是在兒童期頭一年中持續發展起來的，它在（根據古典理論）超我繼承伊底帕斯情結的階段，達到了頂點。

由於自我與超我的發展和內射與投射的過程息息相關，它們從一開始就是密不可分的，而且由於它們的發展強烈地受到本能趨力的影響，自從生命開始起，心智的所有三個區域就是緊密互動的。我了解在此提到心智的三個區域，並不符合本篇所要討論的題旨，但是我對於最初嬰兒期的概念，使我不可能只考慮到自我與本我之間的相互影響。

因為生之本能與死之本能之間持續不斷的互動，以及源自於兩者對立（融合與去融合）的衝突主導了心智生活，在潛意識中存在著不斷改變的接續互動事件、情緒與焦慮之波動。我曾試圖提供一個關於多種過程的指標，焦點放在內在客體與外在客體的關係上，這些客體從最早階段開始就存在於潛意識中，我現在要提出幾點結論：

一、我在此明白概述的假說，代表了對於早期潛意識過程的一個觀點，它比佛洛伊德之心智結構概念所隱含的觀點更為寬廣。

二、如果我們假設超我是從這些早期潛意識過程中發展出來的，而這些潛意識過程同時也塑造了自我、決定了自我的功能，

59-1 形成了以下的問題：到什麼程度、以及在什麼條件下，內化的客體形成了自我的一部份？有多少形成了超我的部分？我想，這個問題引出了更多的問題，現在仍是不清楚的，需要進一步釐清。寶拉・海曼（1952）在這個面向上曾經提出了一些建議。

讓自我與外在世界的關係成形，那麼我們需要對自我發展以

及形成超我的基礎再加以檢視。

三、因此，我的假設將造成重新評估超我與自我的本質與範圍，

以及組成自體之心智各部分之間的關係。

作為結尾，我想重述一個為人所熟知的事實（不過，當我們

穿透心智愈深時，就愈是信服這個事實）：認知到潛意識是一切

心智過程的根源，決定了心智生活的全部，因此，只有藉由深入

而廣泛地探索潛意識，我們才能夠分析全部的人格。

【第六章】關於嬰兒情緒生活的一些理論性結論[61-1]

61　　我對於嬰兒心智所做的研究，使我愈來愈察覺到運作於早期發展階段的一些過程，它們大多是在同時運作的。在寫作本章之時，我企圖僅針對嬰兒生命第一年當中情緒生活的某些面向加以闡明，而且特別強調焦慮、防衛與客體關係。

生命的最初三或四個月
（偏執-類分裂心理位置）[61-2]

I

　　在產後之生命初期，嬰兒從內在與外在的許多來源經驗到焦慮。多年來，我一直認為死之本能的內在運作誘發了被滅絕的恐懼，而且這是迫害焦慮的原發原因。最早引發焦慮的外在來源是誕生的經驗，此經驗（根據佛洛伊德的看法）為所有日後的焦慮情境提供了一個模型，必然影響到嬰兒與外在世界的最初關係。[61-3]他承受的痛苦與不適，以及失去子宮內狀態的失落感，被他

61-1　在我為這本書（也就是《精神-分析的發展》——參見〈關於焦慮與罪惡感的理論〉的註解，本書第414頁）提供的論文中，我受到朋友羅拉·布若克（Lola Brook）很珍貴的協助，她仔細看過我的手稿，並且在資料的論述與安排都提供了許多有幫助的建議，我非常感激她對我的作品持續不減的興趣。

61-2　在〈對某些類分裂機制的評論〉中，對這個主題有更詳盡的討論。我提到我採用了費爾貝恩的詞——「類分裂」，加上我自己的詞「妄想心理位置」。

61-3　在《抑制、症狀與焦慮》中，佛洛伊德說：「比起我們所相信的：生產的過程是一種強烈的割斷，在子宮內的生命與最初的嬰兒期之間，其實具有更多的連續性。」（S.E. **20**, p. 138）。

感覺為受到外在敵意勢力的攻擊，也就是被迫害。[62-1] 於是，隨 62
著遭受剝奪，迫害的焦慮從一開始就進入了他與客體的關係中。

　　在本書中提出的幾個基本概念之中，有一個這樣的假設：嬰兒最早的餵食經驗以及感受到母親存在的經驗，開啟了與母親的客體關係。[62-2] 由於口腔-原慾以及口腔-破壞兩種衝動在生命剛開始時特別被導向母親的乳房，因此這關係在開始時是和部分-客體的關係。我們假定原慾與攻擊兩種衝動之間總是不斷地互動著，雖然兩者之比例會有變化，這種互動和生、死之本能之間的融合互相呼應著。可以想見；在免於飢餓與緊張的時候，原慾與攻擊衝動之間存在著最佳的平衡狀態；只要因為被剝奪了內在或外在的資源而使攻擊衝動增強的時候，這種平衡會被干擾。我認為，這種原慾與攻擊之間平衡狀態的改變，導致了一種貪婪的情緒，這種情緒是最早且最重要的口腔特質，只要貪婪增加，就會強化挫折感以及隨之而來的攻擊衝動。因此，破壞衝動在與原慾衝動互動時的強度，為貪婪的強度提供了體質上的基礎。不過，雖然在某些案例中　迫害焦慮可能增加貪婪，在其他案例（如我在《兒童精神分析》該書中所提出來的）中，迫害焦慮也有可能導致最早期的餵食抑制。

　　反覆發生的滿足與挫折經驗，強烈地刺激著原慾的衝動和破壞的衝動，以及愛與恨。結果是，當乳房滿足嬰兒時，它是被愛且被感覺為「好的」；而當它是挫折的來源時，則會被怨恨而且

62-1　我曾提出：生之本能與死之本能彼此的對抗，在出生的痛苦經驗中就已經存在了，而且加強了被此經驗所激發的被害焦慮。比較〈關於焦慮與罪惡感的理論〉。

62-2　[梅蘭妮‧克萊恩在此指的是伊薩克斯（1952）、海曼（1952）以及她自己的論文〈嬰兒的行為觀察〉（On Observing the Behaviour of Young Infants），這些論文皆在《精神-分析的發展》一書中發表。]

被感覺到是「壞的」。在好乳房與壞乳房之間的這種強烈對比，主要是因為缺乏自我的整合，也是因為在自我中以及在和客體的關係中，存在著分裂的過程所致。我們有理由假設，即使在生命最早的三到四個月當中，好的與壞的客體在嬰兒的心裡並非全然彼此有所分別的。母親乳房的好與壞面向對他而言，似乎也與她的身體存在合而為一，於是在最早的階段開始，與母親整個人的關係因而逐漸地建立起來。

除了來自於外在因素的滿足與挫折，還有各種精神內在的過程（主要是內攝與投射），導致了與最初客體的雙重關係。嬰兒將愛的衝動投射出去，並將它歸因於滿足的（好）乳房，就如同他將破壞衝動投射於外，並將它歸因於挫折的（壞）乳房一樣；在同一時間，藉由內攝，好的乳房與壞的乳房於內在被建立起來了。[63-1] 於是客體的圖像（不論是外在的或內化的）在嬰兒的心裡都被其潛意識幻想扭曲了，這些幻想和他投射在客體上的衝動息息相關。好的乳房（內在的與外在的）成為一切有助益的與滿足的客體原型，壞的乳房則成為所有外在與內在迫害客體的原型。各種影響嬰兒感覺被滿足的因素，諸如：解除飢餓、吸吮的愉悅、免於緊張與不舒服（也就是免於被剝奪）──這些都被歸因於好的乳房，相反地，所有挫折與不舒服則被歸因於壞的（迫害的）乳房。

首先我要描述嬰兒與壞乳房之關係的類別。如果我們思考存在於嬰兒心中的圖像（如我們在兒童與成人分析中回溯所見

63-1　這些最初被內射的客體形成了超我。以我的觀點來看，超我開始於最早期的內攝過程，而從好與壞的形象中建立起來，這些好與壞的形象在不同發展階段中的愛與恨中被內化，而且受到自我類化與整合。比較海曼（1952）。

的），我們發現了：當嬰兒處在挫折與怨恨的狀態時，被怨恨的乳房已經獲得了嬰兒自身衝動的口腔破壞品質，在他的破壞性潛意識幻想中，他咬嚙、撕裂乳房，吞噬、毀滅它，而且他感覺到乳房也會對他以牙還牙。當尿道以及肛門施虐衝動增強時，在嬰兒的心中，他用有毒的尿液與爆炸性的糞便來攻擊乳房，於是他也認為乳房對他而言是有毒的、會爆炸的。嬰兒之施虐潛意識幻想的細節，決定了他對內在與外在迫害者的恐懼，這些迫害者主要是報復的（壞）乳房。[63-2]

由於潛意識幻想中對客體的攻擊，基本上是受到貪婪的影響，且由於投射之故，恐懼客體的貪婪成為迫害焦慮的基本元素之一：如同他渴望吞噬乳房，壞乳房也將以同樣的方式吞噬他。64

不過，甚至在最早的階段，迫害焦慮在某種程度上是受到嬰兒與好乳房的關係所反制的。我已經在上文中指出：雖然嬰兒的感覺集中在餵食的母（由乳房所代表）嬰關係上，母親的其他面向也已經進入了這個最早的母嬰關係中，因為即使是很小的嬰兒，也會對母親的笑容、雙手、聲音、擁抱與照顧有所反應。嬰兒在這些情境中所經驗到的滿足與愛，都有助於對抗迫害焦慮，甚至對抗誕生經驗所誘發的失落和迫害感。在餵食中，嬰兒的身體與母親靠近（基本上是嬰兒與好乳房的關係），反覆地幫助他克服對先前失落狀態的渴望，解除迫害的焦慮，並且增加了對於好客體的信任（參見第114頁，註解一）。

63-2　與內化客體（主要是部分客體）的攻擊有關的焦慮，在我看來是慮病（hypochondria）的基礎，我在我的著作《兒童精神分析》之163、297、307頁有提及，我也在該處主張最早嬰兒期的焦慮是精神病的本質，也是日後發生精神病的基礎。

II

　　小嬰兒的情緒特徵是具有一種極端與強烈的性質，挫折的（壞）客體被感覺為一個恐怖的迫害者，好的乳房則容易變成「理想的」乳房，這個理想乳房會滿足其貪婪的願望——渴望無限制的、立即的、長久不輟的滿足，於是產生了一種完美而永不枯竭的乳房的感覺，這個乳房永遠存在、永遠會滿足他。另一個促使將好乳房理想化的因素，是嬰兒迫害恐懼的強度，因為迫害恐懼會產生被保護的需要，以免受到迫害者的傷害，於是增加了全能-滿足之客體的力量。因為迫害的乳房而發生了被理想化的乳房，而且，由於理想化是來自於一種被保護的需要，以免受到迫害客體之傷害，因此理想化是一種對抗焦慮的防衛方法。

　　幻覺性滿足（hallucinatory gratification）的例子，也許可以幫助我們了解理想化過程發生的方式，在此狀態下，來自於各種來源的挫折與焦慮被處理掉，失去的外在乳房被重新取得，再次活化了於內在擁有理想乳房（佔有它）的感覺。我們也可以假定，嬰兒在幻覺中感覺到渴望的產前狀態，因為幻覺中的乳房是永不枯竭的，他的貪婪也就在當下被滿足了（但是，遲早飢餓感會再次將嬰兒帶回外在世界，於是，他會再次經驗到挫折及其激發的所有情緒）。在滿足願望的幻覺中，有許多基本的機制與防衛在運作著，其中之一是對內在及外在客體的全能控制，因為自我以為它可以完全擁有外在及內在的乳房，而且，在幻覺當中，迫害性乳房和理想的乳房被遠遠地區隔開，受挫折的經驗與被滿足的經驗也是一樣地被分開。這樣的分裂（相當於將客體以及對

待它的感覺分裂）似乎與否認的過程有關，否認的最極端形式（我們在幻覺性滿足所見的）相當於消滅了任何挫折的客體或是情境，因而與來自生命早期階段強烈的自大全能感密切相關。如此一來，被挫折的情境、令其挫折的客體、挫折所帶來的壞感覺（以及裂解的客體碎片）都被感覺到不存在，已經被消滅，並且藉由這些方式獲得了滿足，並從迫害的焦慮中釋放出來。消滅迫害性客體以及加害的情境，與自大全能地控制客體的極端形式息息相關。我主張在某個程度上，這些過程也運作於理想化的過程中。

看起來早期的自我在願望滿足之幻覺以外的狀態，也會運用滅絕（annihilation）的機制，來消滅客體與情境裂解的某個面向。例如在迫害的幻覺中，客體與情境的**恐怖**面似乎佔優勢到某個程度，以至於好的面向在感覺上已被完全摧毀（我無法在此討論這個過程）。自我將兩個面向分開的程度，似乎是隨著狀態的不同而變化的，據此，決定了被否定的面向是否在感覺上已經完全不存在了。

基本上是迫害焦慮在影響著這些過程，我們可以假設當迫害焦慮減弱時，分裂的運作比較不活躍時，自我因此而能夠整合自己，並且多少將它對客體的感覺合成起來。很可能任何一個這樣的整合步驟，只有在對客體之愛超越了破壞性的衝動（基本上是生之本能超越死之本能）的那一刻，才有可能發生。我認為，自我整合自己的傾向可以視為生之本能的表現。

整合對於同一客體（乳房）之愛的感覺與破壞衝動，引發了憂鬱焦慮、罪惡感，以及想要修復遭受傷害的所愛客體（好乳房）的衝動，這意味了有時候會經驗到與部分客體（母親的乳房）66

66-1 有關的矛盾感。在生命的最初幾個月當中,這種整合的狀態是短暫的,在此階段,自我達到整合的能力仍舊是很有限的,而和這困難有關的原因,是迫害焦慮以及分裂過程的強度(它們正處於最活躍的高峰期)。似乎隨著發展的進行,合成的經驗以及隨著合成而發生的憂鬱焦慮經驗,變得更加頻繁且持久,這些都形成了整合成長的一部分。隨著整合與合成對於客體的對比情緒此方面的進展,藉由原慾來緩和破壞的衝動成為可能,66-2 導致焦慮**真正減少**,這是正常發展的根本條件。

如我過去所提出的,分裂的過程在其力度、頻率及持續時間方面,具有很大的變異性,不只是在個體之間有差異,在同一個嬰兒身上的不同時間也有差異存在。生命初期的情緒生活有一部分是如此的:許多過程快速地更替著,或甚至近乎同時進行。例如,當嬰兒將乳房分裂為兩個面向——被愛的與被恨的(好的與壞的)時,同時存在著一種不同性質的分裂,引發了一種感覺:自我與其客體處於四分五裂的狀態;這些過程導致了去整合的狀態,66-3 如我在上文指出的,這些狀態與其他過程交替進行著,在其中某種程度的自我整合與客體合成逐漸發生了。

早期的分裂方法,根本地影響了在日後發展階段中潛抑執行的方式,而這點也依次決定了意識與潛意識之間互動的程度,換句話說,心智各部分之間互相保持「通透性」(porous)的程

66-1　在我的論文〈論躁鬱狀態的心理成因〉中,我提到初次經驗愛恨交織的矛盾,是在憂鬱心理位置時與完整客體的關係上。隨著我對於發生憂鬱焦慮的觀點有所修正(比較〈關於焦慮與罪惡感的理論〉),現在我認為愛恨交織的矛盾,也在與部分客體的關係中就已經被經驗到了。

66-2　這種介於原慾與攻擊性之間的互動形式,對應於生、死本能之間一種特定的融合狀態。

66-3　比較〈對某些類分裂機制的評論〉。

度，主要是受到早期類分裂機制的強弱所決定的。[66-4]一些外在 67
因素在生命初期即扮演了重要的角色，因為我們有理由假設，任
何引起迫害恐懼的刺激都會增強類分裂機制（也就是自我分裂自
己以及客體的傾向）；然而每一個好的經驗則會強化對好客體的
信任感，並且促成自我的整合以及客體的合成。

III

　　佛洛伊德的某些結論暗示了自我是透過內攝客體而發展的。
關於最初期的階段，好乳房在滿足與快樂的情境中被內攝了，在
我看來，那成為自我的重要部分，並且強化了它整合的能力。因
為這個內在的好乳房（也形成了初期超我助人的以及仁慈溫和的
面向）強化了嬰兒愛與信任其客體的能力，更加刺激自我內攝好
的客體與情境，於是這也是對抗焦慮之再保證的基本來源，它成
為內在生之本能的表徵。不過，只有當好的客體未被感覺受損害
時，才能夠具備這些功能，這點隱含的意思是它主要是和滿足與
愛的感覺一起被內化的，這些感覺的前提是藉由吸吮所獲得的滿
足，大致未曾受到外在或內在因素的干擾。內在干擾的主要來源
是過度的攻擊衝動，提高了貪婪並且減弱了承受挫折的能力。換
句話說，當兩種本能融合的時候，生之本能超越了死之本能（而
且相對應的是原慾超越了攻擊），好乳房能夠在嬰兒心中更安全

66-4　我發現對於類分裂的病人而言，他們的嬰兒期類分裂機制的強度，基本上說明了他們進
　　　入潛意識的困難，這些病人朝向合成的進展受阻於以下的事實：在焦慮的壓力之下，他
　　　們反覆地無法保持住自體各部分之間的連結，雖然這些連結在分析的過程中曾被強化。
　　　憂鬱類型的病人在潛意識與意識之間的區分比較不顯著，這些病人因而較有能力獲得洞視。

地被建立起來。

不過，嬰兒的口腔－施虐願望（從出生開始就是活躍的，而且很容易被外在與內在來源的挫折所激發）無可避免會一再地引發一種感覺——乳房因為他貪婪吞噬的攻擊而被摧毀，而且在他體內成為碎片。內攝的這兩種面向是同時並存的。

在嬰兒與乳房的關係中，主導的是挫折還是滿足的感覺，無可置疑地主要是受到外在環境的影響，不過無疑地，也要考慮從一開始就影響著自我強度的體質因素。之前我曾提出自我承受壓力與焦慮的能力，也就是在某個程度上忍受挫折的能力，是一個體質上的因素。[68-1] 這個與生俱來對焦慮的較大忍受能力，似乎根本上是建立在原慾的盛行超越攻擊衝動的狀態上，也就是說，取決於在一開始當兩種本能融合時，生之本能所扮演的角色。

我假設在吸吮功能中所表現的口腔原慾，使得嬰兒能夠將乳房（及乳頭）內攝為一個大致沒有被毀壞的客體，和另外一個假設：破壞性衝動在最早期的階段是最強大的，這兩個假設並沒有衝突。影響兩種本能融合與去融合的因素仍是隱晦不明的，但是沒什麼理由懷疑，在和第一個客體（乳房）的關係中，自我有時候能夠藉由分裂的辦法將原慾與攻擊分開。[68-2]

我現在要將主題轉到投射在迫害焦慮的變遷中所扮演的角

68-1 比較《兒童精神分析》第三章，56頁註釋。

68-2 在我的論證（如我在本文以及之前的著作所發表的）中，隱含著這樣的意思：我不贊同亞伯拉罕關於前矛盾期（pre-ambivalent stage）的概念，因為它意味了破壞的（口腔施虐的）衝動最初是隨著長牙而發生的。不過，我們必須記得，亞伯拉罕也曾指出施虐性原本就存在於「如吸血鬼般」吸吮的行為中。無可置疑的，開始長牙以及影響牙齦的生理過程，是激發同類相食的衝動以及潛意識幻想的強烈刺激，但是攻擊性形成了嬰兒與乳房之最初關係的一部分，雖然它不常被表現在這個階段的嚙咬行為中。

色。我已在他處[68-3]描述了吞噬與掏空母親乳房的口腔施虐衝動，是如何被納入吞噬與掏控母親身體的潛意識幻想中。來自於所有其他來源的施虐攻擊，很快地和這些口腔攻擊發生關聯，於是發展出兩條主線的潛意識幻想，其中之一（主要是口腔施虐的，而且與貪婪息息相關）是掏光母親身體中任何想要的好東西；另外一種潛意識幻想之攻擊（主要是肛門的），是要在母親的身體裡填滿壞的東西，以及從自體裂解下來並且投射到母親體內的碎片。這些主要以排泄物為表徵，此時排泄物成為破壞、摧毀以及控制被他所攻擊之客體的工具；或者是，整個自體（被感覺是壞的自體）進入了母親的身體並控制它。在這些不同的潛意識幻想中，自我藉由對外在客體（首先是母親）的投射而獲取，佔有它，並使其成為自體的延伸，客體在某個程度上成為自我的一個表徵。在我看來，這些過程是藉由投射而認同，或是「投射性認同」[69-1]的基礎。藉由內攝而認同，與藉由投射而認同是互補的過程，導致投射性認同的過程，似乎在最早期與乳房的關係中就已經在運作了。「如吸血鬼般的吸吮」以及將乳房掏空，在嬰兒的潛意識幻想中發展成企圖進入乳房，並進一步進入母親的身體。於是，投射性認同會在貪婪的口腔-施虐內攝乳房時同時開始，這個假設和作者經常表達的觀點是一致的：內攝與投射從生命一開始的時候就在互動了。將一個加害客體內攝，如我們已經看到的，在某個程度上是由破壞衝動在客體上的投射所決定的。想要將壞東西投射（排出）的趨力，由於對內在加害者的恐懼而升高，當投射受到迫害恐懼所主導，被投射壞東西（壞自體）

69

68-3　比較《兒童精神分析》146頁。
69-1　〈對某些類分裂機制的評論〉。

的客體成為最佳加害者，因為它已被賦予該主體的所有壞品質，再內攝這個客體急遽增強了對內在與外在加害者的恐懼（死之本能或依附於它的危險，再次被轉入內在）。於是，和內在世界與外在世界有關的迫害恐懼，兩者之間不斷地互動著，在此互動當中，投射性認同所涉及的一些過程扮演了重要的角色。

我認為，愛之感覺的投射（導致原慾依附在客體上的過程）是找到好客體的前提，內攝好客體刺激了好的感覺之投射，而藉由再內攝強化了擁有內在好客體的感覺。自體好的部份或整個投射，與壞自體投射到客體及外在世界是互相呼應的。再內攝好的客體以及好的自體，減輕了迫害的焦慮，於是與內在和外在世界的關係同時改善了，而且自我在強度與整合程度上都獲得了提昇。

在整合上的進展（如同我在稍早的章節中提出來的），取決於愛之衝動暫時超越了破壞衝動而居於主導的位置，這個進展導致了一個過渡的狀態，在其中自我將對同一客體（最初是母親的乳房）的愛與破壞衝動加以合成。這個合成的過程開啟了在發展上進一步的重要階段（可能同時發生）：憂鬱焦慮與罪惡感的痛苦情緒發生了，攻擊性受到原慾所緩和，結果是迫害焦慮減弱了。與岌岌可危的外在和內在客體之命運有關的焦慮，導致了對此客體更強的認同，自我於是努力進行修復，並且抑制了感覺上會危及所愛客體的攻擊衝動。[70-1]

隨著與時俱增的自我整合，憂鬱焦慮的經驗在發生頻率和持

70

70-1 亞伯拉罕提到本能抑制，首次見於「……自戀並帶有同類相食之性目標的階段」（〈原慾發展簡論〉〔A Short Study of the Development of the Libido, p. 496〕）。由於對攻擊衝動與貪婪的壓抑經常也波及原慾渴望，憂鬱焦慮成為導致進食困難的原因，這些困難發生在嬰兒數個月大的時候，並且在斷奶時更為常見。關於最早期的餵食困難（在某些嬰兒從出生幾天就開始了），就我看來，是因為被害焦慮所造成的。

續時間上都增加了。同時，由於知覺的範圍增加了，在嬰兒心裡對於母親的概念，從與母親身體的局部以及人格之不同面向（例如：她的氣味、觸摸、聲音、微笑、腳步聲等等）的關係，發展為將她視為一個完整而獨特的人。憂鬱焦慮與罪惡感逐漸聚焦在被視為一個完整個體的母親身上，強度增加了，於是進入了憂鬱心理位置。

IV

　　到目前為止，我已經描述了在生命最初三到四個月間心智生活的某些面向（然而，必須謹記在心的是，由於個別的差異很大，我只能粗略估計發展階段的長短）。如我所報告的，在這個階段的圖像中，有些特定的特徵是很明顯而具有代表性的：偏執-類分裂心理位置居於主導的地位，內攝與投射過程兩者間的互動（再內攝與再投射）決定了自我的發展；與所愛及所恨的（好的與壞的）乳房的關係，就是嬰兒最早的客體關係；破壞衝動與迫害焦慮正是最強烈的時候，渴望無限制的滿足以及迫害焦慮，促使嬰兒感覺到理想的乳房與吃人的乳房是同時存在的，而這兩者在嬰兒心裡是被遠遠地區隔開的，母親乳房的這兩個面向被內攝，並且形成了超我的核心。在這個階段裡，主導的是分裂、全能自大、理想化、否認、控制內在及外在客體，這些初期的防衛方法具有極端的特質，以配合早期強烈的情緒以及自我承受急性焦慮的有限功能。雖然在某些方面，這些防衛阻礙了整合的進程，但對於整體自我的發展而言，它們仍然具有根本的重要性，因為它們一再地紓解了小嬰兒的焦慮；這種相對而短暫的安

全感，主要是藉由將加害的客體與好客體區分開來所達到的。心
中存有好的（理想的）客體，使自我能經常保持強烈的愛與滿足
的感覺，好客體也提供了保護來對抗加害的客體，因為它被感覺
到（例如實現願望的幻覺）取代了後者。我想這些過程導致了一
個可以觀察到的事實：小嬰兒如此快速地在完全滿足的狀態及極
大的痛苦狀態之間轉變著。在這個早期階段，自我容許對母親的
矛盾情緒（及相應而生的母親的兩個面向）同時存在，藉此來處
理焦慮，但這種能力仍然是很有限的。這點意指藉由對好客體的
信任，以緩和對壞客體的恐懼及憂鬱焦慮，只在短暫的經驗發
生。在分解與整合的過程交替發生之間，逐漸發展出比較整合的
自我，它具有更好的能力來處理迫害焦慮。嬰兒與母親身體局部
的關係（聚焦在她的乳房上），逐漸轉變為與母親整個人的關
係。

　　這些存在於最早嬰兒階段的過程，可以放在下列幾個標題之
下加以思考：

一、自我具有一些凝聚與整合的基質（rudiments），會逐漸朝向
　　那個方向進展。在誕生後它即開始展現某些基本的功能，它
　　運用分裂的過程以及壓抑本能的渴望，作為應付迫害焦慮的
　　若干防衛，從誕生時自我就經驗到迫害焦慮。

二、客體關係是由原慾與攻擊性、愛與恨所塑造，受到兩方面的
　　滲透，一方面是迫害焦慮，另一方面是迫害焦慮的必然結果
　　——來自於將客體理想化的自大全能之再保證。

三、內攝與投射與嬰兒的潛意識生活及情緒是密切相關的，它們
　　運作的結果是形成內化的好客體與壞客體，這些客體啟始了

超我的發展。

隨著自我愈來愈能夠承受焦慮，防衛的方法也有相應的改變，因為這樣，現實感提高了，滿足、興趣以及客體關係的廣度擴大，破壞衝動與迫害焦慮的力量也減弱了，憂鬱焦慮增強，並且在下個章節我將要描述的那個階段達到高峰。

嬰兒期的憂鬱心理位置

在第一年的四到六個月之間，嬰兒的智能與情緒發展方面有一些特定的變化變得顯著了，他與外在世界、其他的人以及事物 72
的關係愈來愈分化，他的滿足與興趣的範圍也擴大，表達情緒以及和他人溝通的能力提高了，這些可以被觀察到的改變都是自我逐漸在發展的佐證。整合、意識、智能、與外在世界的關係，以及其他的一些自我功能持續穩定發展中。同時嬰兒的性組織也在進展，雖然口腔衝動與渴望仍然是主導的，尿道、肛門與性器傾向的強度在增強中。於是原慾及攻擊性的許多不同來源匯聚在一起，賦予嬰兒的情緒生活獨特的風貌，並且明顯地帶來各種新的焦慮情境；潛意識幻想的範圍擴大了，它們變得更精細且更為分化，與此相對應的是在防衛的本質上發生了重要改變。

所有的這些發展都反應在嬰兒與母親的關係中（並且在某個程度上反應在與父親以及其他人的關係）上，和母親整個人的關係（當乳房仍然是主要的客體時，已經逐漸在發展這樣的關係了）更完全地被建立起來，而且，當嬰兒能知覺並且內攝母親整個人

（或者換句話說，被視為一個「完整的客體」）的時候，對她的認同增強了。

即使某個程度的整合是自我有能力將母親與父親整個人內攝的前提，但是在整合與合成這條路線上進一步的發展，是在憂鬱心理位置出現時才開始的。客體的不同面向（所愛的與所恨的、好的與壞的）可以靠近在一起，而且現在這些客體都是完整的人。合成的過程在整個外在與內在客體關係的場域上運作，它們組成了內在客體（早期的超我）以及外在客體的對比面向。但是自我也會被驅使去減少外在與內在世界之間的差異，或是更直接地說，是外在形象與內在形象之間的差異。與這些合成的過程同時發生的，是在自我的整合上有進一步的進展，結果是自我的裂解部分之間達到更大的凝聚。這些整合與合成的過程導致了愛恨之間的衝突達到最高點，隨之而來的憂鬱焦慮和罪惡感不僅是在量的方面改變，在質的方面也改變了。現在所經驗到的矛盾主要是對一個完整的客體，愛與恨已經遠比先前靠得更近了，「好的」與「壞的」乳房、「好的」與「壞的」母親無法如更早階段一般被遠遠地分開。雖然破壞衝動的力量減弱了，他覺得這些衝動會對他所愛的客體（現在被感知為一個人）構成很大的危險，由於怕失去無法挽回、不可缺少的所愛客體，這樣的焦慮會導致更多的貪婪。貪婪以及應付它的防衛在這個階段扮演了重要的角色，然而貪婪被感覺到是無法控制且具破壞性的，會危害他所愛的外在與內在客體，於是自我更加地抑制了本能的渴望，這樣一來可能導致了嬰兒在享受與接受食物時的嚴重困難，[73-1] 以及日後在

73-1　這些困難特別在斷奶期（也就是從乳房轉換到奶瓶餵奶，或是在奶瓶裡加入新的食物等）的嬰兒身上經常可以觀察到，它們可以被視為我們在憂鬱狀態的症狀學所熟知的憂鬱症

建立感情與性愛關係時的嚴重壓抑。

上述之整合與合成的步驟導致了更好的自我功能，可以面對愈來愈嚴酷的精神現實。與內化的母親（她被感覺到受傷、受苦、有被滅絕的危險，或是已經被滅絕且永久失去了）有關的焦慮，導致了對於受傷的客體更強的認同，此認同再增強了進行修復的趨力，以及自我壓抑攻擊衝動的努力。自我也一再地使用躁症防衛，如同我們所見的，自我為了要對抗迫害焦慮，使用了否認、理想化、分裂及控制內在與外在客體等防衛方式。當憂鬱心理位置發生時，這些自大全能的方法在某個程度上被維持著，不過它們現在主要是被用來對抗憂鬱焦慮。跟隨著整合與合成的腳步，這些防衛方式也有改變，也就是說變得不那麼極端，而且比較能配合成長中的自我能力來面對精神現實。由於這些在形式與目標上的改變，這些早期的防衛方法現在組成了躁症的防衛。

自我在面對這麼多焦慮的情境時，會傾向於否認它們，而當焦慮達到最高的時候，自我甚至會完全否認它愛這個客體的事實，結果造成了對愛的持續壓制以及背離最初的客體，且迫害的焦慮升高，也就是退行到偏執-類分裂心理位置。[73-2]

自我要控制內在與外在客體的各種嘗試（這個方法在偏執- 類分裂心理位置時主要被用來應付迫害焦慮）也發生了變化，當憂鬱焦慮升高時，自我想控制內在與外在客體，主要是為了防止 74

状。這一點在〈嬰兒的行為觀察〉中有更詳細的處理，也比較上文第90頁的註釋。

73-2　這種早期的退行可能導致發展的嚴重干擾，也就是心智匱乏（mental deficiency）（〈對某些類分裂機制的評論〉），它可能成為某些形式之精神分裂疾病的基礎。嬰兒期憂鬱心理位置修通失敗的另外一個後果是躁鬱症，或者可能導致嚴重的精神官能症。因此，我主張嬰兒期憂鬱心理位置是第一年發展中最重要的部分。

挫折、避免攻擊，以及隨之而來對所愛客體的危險——也就是遠離憂鬱焦慮。

對客體與自我使用分裂機制的方式也有不同，雖然先前所用的分裂方法仍然在某種程度上持續著，現在的自我將完整的客體分為未受傷的活客體，以及受傷危殆的客體（也許是瀕死或已經死亡的），因此，分裂主要成為應付憂鬱焦慮的防衛。

同時，自我發展的若干重要進展發生了，不僅使得自我能夠演化出更適當的防衛來應付焦慮，而且最終導致焦慮真正降低了。面對精神現實的持續經驗（隱含於憂鬱心理位置的修通當中）提高了嬰兒對於外在世界的了解，因此其父母影像（在最初被扭曲為理想化與恐怖化的形象）逐漸接近現實。

如同本章稍早所討論的，當嬰兒內攝了比較令他安心的外在現實，他的內在世界改善了，而這點又藉由投射而有助於改善他所感覺到的外在世界圖像，於是，當嬰兒一再地再內攝更為現實與令他安心的外在世界，並在某個程度上也於內在建立了完整與未受傷的客體時，超我的組織方面也發生了根本的發展。不過，當好與壞的客體彼此靠近在一起時（壞的向度被好的向度所緩解），自我和超我之間的關係改變了，也就是說，由自我所促成的超我之持續類化發生了（見116頁，註解二）。

在這個階段，修復受傷客體的趨力開始充分運作，如我們稍早已經知道的，這個傾向和罪惡感是密不可分的。當嬰兒感覺到他的破壞衝動與潛意識幻想是指向所愛客體的整個人，引發了強烈的罪惡感，伴隨著想將受傷的所愛客體修復、保存或復甦的迫切衝動。在我看來，這些情緒等同於哀悼的狀態，而且運作的防衛則等同於自我企圖克服哀悼。

　　由於修復的傾向基本上是來自於生之本能，它靠的是原慾的潛意識幻想與渴望，這個傾向進入了所有的昇華，並且從這個階段開始，一直是遠離憂鬱並使其減弱的良好方法。

　　似乎在早期的階段裡，心智生活中的每一個面向都被自我用來應付焦慮，修復的傾向（首先以自大全能的方式運作）也變成了一個重要的防衛。嬰兒的感覺（潛意識幻想）可以如此描述：「我的母親不見了，她可能永遠都不會回來，她在受苦、她死了。不，這是不可能的，我可以救活她。」

　　隨著嬰兒逐漸獲得對修復客體與自己的信心，自大全能減少了。[75-1] 他感覺到所有的發展進程及新的成就都為周遭的人們帶來喜悅，而且藉由這個方式表達了他的愛，反向-平衡了或抵消了他的攻擊衝動所造成的傷害，並且對受傷的所愛客體進行修復。

　　於是，正常發展的基石奠定了：與他人的關係開始發展，與內在和外在客體有關的迫害焦慮減輕了，好的內在客體更穩固地建立起來，隨之而來的是更多的安全感，這些都強化並豐富了自我的內涵。這個更為強壯而一致的自我（雖然它仍然使用相當多躁症防衛），一再地將客體與自體的裂解部分聚集在一起，並且加以合成；逐漸地，分裂與合成的過程被用在彼此區隔較不遠的面向，對現實的感知增加了，客體顯現出較合乎現實的樣貌，這些發展導致對外在現實及內在現實的適應能力都有所提升。[75-2]

　　在嬰兒對挫折的態度方面，也有相呼應的改變。如我們已經

75-1　在成人與兒童的分析中，可以觀察到：希望的感覺隨著完全體驗到憂鬱而一起升起了。在早期的發展中，這是幫助嬰兒度過憂鬱心理位置的許多因素之一。

75-2　如我們所知的，在矛盾的壓力之下，分裂在某個程度會持續一輩子，而且在正常的心智經濟學方面扮演了重要的角色。

知道的，在最早的階段，母親（她的乳房）加害的壞面向在孩子心中，代表了任何挫折他的邪惡東西（外在與內在的皆然）。當嬰兒在其客體關係的現實感以及對客體的信任增加時，他變得更有能力辨別來自於外在的挫折與潛意識幻想的內在危險之間的不同。因此，恨和攻擊與來自於外在因素的真實挫折或傷害更為密切相關，對於處理其攻擊性，這是朝向更合乎現實與客觀之方法的一步；這樣的方法引起較少的罪惡感，而且根本上讓孩子以自我能接受的方式，昇華並經驗自己的攻擊性。

76　　另外，這種對待挫折更合乎現實的態度（指和內在及外在客體有關的迫害恐懼已經減弱了），讓嬰兒在挫折經驗不再運作時，具有更大的能力來重建與母親和其他人的好關係。換句話說，對現實的適應增加（和內攝及投射運作的改變息息相關），帶來了和內、外在世界之間更安全的關係，導致矛盾與攻擊性的減弱，因而允許修復的趨力得以完全運作；藉由這些方式，發生於憂鬱心理位置的哀悼過程逐漸被修通了。

當嬰兒到達約三到四個月的關鍵階段，面臨了在憂鬱心理狀態中固有的衝突、罪惡感與哀傷時，他處理焦慮的能力在某個程度上是受到較早期發展所決定的，也就是依最初三到四個月之間，他能攝入並建立好客體、形成自我的核心到什麼程度而定。如果這個過程是成功的（沒有過度的迫害焦慮與分裂過程，而且若干整合已經發生了），迫害焦慮和類分裂機制就會逐漸減弱，自我便能夠內攝而且建立完整的客體，順利度過憂鬱心理位置。但是，如果自我無法處理在這個階段所引發的許多焦慮情境（這種失敗受到外在經驗與基本的內在因素決定），那麼將會從憂鬱心理位置強烈退行到較早期的偏執-類分裂心理位置，這也會阻

礙內攝完整客體的過程，並且強烈影響第一年與整個童年的發展。

II

　　我所提出的嬰兒期憂鬱心理位置的假說，是根據關於早期生命階段的基本精神-分析概念，也就是原初的內攝以及在嬰兒期佔優勢的口腔原慾和食人衝動。這些是佛洛伊德和亞伯拉罕的發現，對於了解心智疾病的原因有很大的貢獻，藉由發展這些概念，並且將它們連結到對嬰兒的了解上（當它浮現在兒童的分析時），我了解到早期過程與經驗的複雜性，以及它們對嬰兒情緒生活的影響，而這點必定有助於更了解心智障礙的原因。我的結論之一是：在嬰兒期的憂鬱心理位置和哀悼與憂鬱的現象之間，有特別密切的連結。[77-1]　　　　　　　　　　　　　　　　　　　　　77

　　亞伯拉罕接續佛洛伊德在重鬱症方面的工作，指出正常與不正常哀悼之間的根本不同處（參見第117頁，註解三）。在正常的哀悼，個體能夠成功地在他的自我中建立失去的所愛之人，但是在憂鬱以及不正常的哀悼中，這個過程是不成功的。亞伯拉罕也描述了某些決定成敗的根本因素：如果食人衝動過度強烈，內攝失去的所愛客體失敗了，就會導致疾病；在正常的哀悼也是一樣，個體被驅使將失去的所愛之人在自我當中重新復原，只是這個過程是成功的，不只是如同佛洛伊德所說的，依附於失去之所愛客體的原慾灌注被收回並且再投注，而且在這個過程中，失去

77-1　關於嬰兒期憂鬱心理位置與躁鬱狀態的關係，以及其與正常哀傷反應的關聯，比較我的論文〈論躁鬱狀態的心理成因〉及〈哀悼及其與躁鬱狀態的關係〉（兩篇都收錄在《全集1》）。

的客體會由內部建立起來。

在我的論文〈哀悼及其與躁鬱狀態的關係〉中，我發表了如下的看法：「我的經驗引導我如此做結論：雖然正常哀悼的特徵是個體於內部建立起失去的所愛客體，他並非第一次這麼做，而是藉由哀悼的工作，重新復原該客體以及所有他感到失去的所愛內在客體。」只要發生哀傷，就會干擾安全地擁有所愛之內在客體的感覺，因為它會重新喚起早期對於受傷與被破壞之客體的焦慮（關於碎裂的內在世界），罪惡感與迫害焦慮（嬰兒期憂鬱心理位置）被強烈地再活化。將被哀悼的**外在愛之客體**成功地重新復原，而且其內攝被哀悼的過程強化，意指所愛的**內在客體**被復原、失而復得，因此在哀悼過程中特別顯露的現實感，不只是更新與外在世界連結的方式，而且是**將瓦解的內在世界重新建立起來**。所以，哀悼涉及了重複嬰兒在憂鬱心理位置所經驗到的情境，由於處在害怕失去所愛的母親之壓力下，嬰兒努力建構與整合內在世界，於內在安穩地建立好客體。

在我的經驗看來，失去所愛的客體（因為死亡或其他原因）
78　究竟是會導致躁鬱症，或是能夠安然度過，其中許多決定因素之一，是在第一年生命中，憂鬱心理位置被成功修通以及內攝的所愛客體被穩當地建立於內部的程度。

憂鬱心理位置與嬰兒原慾組織的根本改變關係密切，因為在這段時間裡（大約第一年的中間），嬰兒進入了直接與反向的伊底帕斯情結。在此處我僅限定在最廣的概要來說明伊底帕斯情結的早期階段，[78-1] 這些早期階段的特徵，是部分-客體在嬰兒的心

78-1　見海曼（1952），第二部分。我已在《兒童精神分析》（特別是第八章）中對伊底帕斯發

智中仍然扮演著重要的角色,而他與完整客體的關係正在建立當中。而且,雖然性器渴望正要開始活躍,口腔原慾仍是主導的。強烈的口腔渴望,因為受到與母親關係的挫折經驗而升高,而從母親的乳房轉移到父親的陰莖。[78-2]男嬰與女嬰之性器慾望與口腔慾望結合,於是與父親的陰莖發生了具有口腔與性器性質的關係,性器的慾望也指向母親。嬰兒對父親陰莖的慾望和對母親的嫉妒密切相關,因為他覺得母親接收了他所渴望的客體,這些兩性皆有的各種情緒與願望,導致了反向與直接的伊底帕斯情結。

早期伊底帕斯階段的另外一個面向,和母親的「內在」與嬰兒的「內在」在嬰兒心裡所扮演的基本角色息息相關。在先前的階段裡,破壞性衝動佔優勢(偏執-類分裂位置),嬰兒想要進入母親身體並掌控其內容物的衝動,主要是屬於口腔與肛門的性質。這種衝動在接下來的階段(憂鬱心理位置)裡仍然是活躍的,不過當性器慾望升高的時候,它較被導向父親的陰莖(等同於嬰兒與糞便),他感覺這些東西是母親的身體所含有的,同時對父親陰莖的口腔慾望導致了它的內化,而這個內化的陰莖(既是好的也是壞的客體)在嬰兒的內在客體世界扮演了重要的角色。

伊底帕斯發展的早期階段是最為複雜的,各個來源的種種慾望交織在一起,這些慾望不只是朝向完整的客體,也朝向部分-客體。父親的陰莖既被渴望也被怨恨著,其存在不只是父親身體 79

展提出了詳盡的說明;另外也見於我的論文〈伊底帕斯衝突的早期階段〉,以及〈從早期焦慮的觀點看伊底帕斯情結〉。

78-2 在〈原慾發展簡論〉中(p. 490),亞伯拉罕寫道:「此外,有關被內攝進去的身體部分,陰莖通常被對等於女性的乳房,而其他身體部分,例如手指、腳、頭髮、糞便以及屁股,則可被視為這兩種器官的次級表徵……」

的一部分，同時也被嬰兒感覺存在於他和母親身體的內部。

　　嫉羨似乎天生就存在於口腔的貪婪中。我的分析工作已經顯示了嫉羨（與愛以及滿足的感覺交替發生）最初是指向哺育的乳房，當伊底帕斯情境發生時，此原初的嫉羨又加上了嫉妒。嬰兒感覺和父母的關係似乎是：當他受到挫折時，父親或母親享受著他渴望而被剝奪的客體（母親的乳房、父親的陰莖），而且一直是如此享受著它。小嬰兒強烈情緒與貪婪的特徵，是他認為父母處在持續互相滿足的狀態中，而且這種滿足具有口腔、肛門以及性器的特質。

　　這些性理論是聯合父母形象的基礎：母親包含了父親的陰莖或是整個父親，父親包含了母親的乳房或是整個母親；父母在性交時密不可分地融合在一起。[79-1] 這種性質的潛意識幻想也促成了「有陰莖的女人」這樣的觀念，更由於內化的過程，嬰兒於內在建立了聯合父母的形象，這一點已被證明為許多具有精神病性質之焦慮情境的基礎。

　　隨著嬰兒和雙親逐漸發展出比較合乎現實的關係，他可以將他們視為分開的個體，也就是說，原初的聯合父母形象的強度減弱了。[79-2]

　　這些發展和憂鬱心理狀態是互相關聯的。在兩性皆然，怕會

79-1　比較在《兒童精神分析》一書，特別是第八章中聯合父母形象的概念。

79-2　嬰兒能夠同時享受與雙親的關係之能力，這是其心智生活中的一項重要特徵，並且因為受到嫉妒與焦慮的刺激，而與想要分離他們的願望相衝突，這樣的能力乃是建立在他能夠感覺到父母是分開的個體上。和雙親有比較整合的關係（這種關係不同於基於強迫性的需要，想將雙親分開並且防止他們性交），代表嬰兒對於他們的關係有更好的了解，這也是一個前提，讓嬰兒希望自己可以將他們擺在一起，而且用一種快樂的方式結合他們。

失去媽媽（原初的所愛客體）的恐懼（也就是憂鬱焦慮）帶來了對於替代者的需求，於是嬰兒開始轉向父親（他在這個階段也是被當作完整的個人而內攝）來滿足這個需要。

　　透過這些方式，原慾以及憂鬱焦慮在某個程度上被轉向了，而這個分配的過程減輕了憂鬱感的強度，也刺激了客體關係；直接與反向之伊底帕斯情結的早期階段因而紓解了孩子的焦慮，並且幫助他克服了憂鬱心理位置。不過，由於對父母的伊底帕斯願望，隱含了嫉羨、競爭與嫉妒（在這個階段仍然強烈地受到口腔施虐衝動的激擾），這些在此時被經驗為針對兩個既愛又恨的人，此時新的衝突與焦慮發生了。修通這些最初發生於伊底帕斯情結早期階段的衝突，是緩和焦慮過程的一部分，這個過程延伸超過嬰兒期，進入頭幾年的兒童期。

　　總而言之，憂鬱心理位置是兒童早期發展中的重要部分，而且在正常的情況下，在五歲當嬰兒期精神官能症結束時，迫害與憂鬱焦慮已經進行了修正。不過，修通憂鬱心理位置的基本步驟是在嬰兒建立了完整的客體時發生的（也就是說，在第一年的下半年），而且我們可以如此主張：如果這些過程成功的話，就已經達成了正常發展的一個前提。在這個階段中，迫害與憂鬱焦慮被一再地活化，例如在經驗長牙與斷奶的時候；這種介於焦慮與身體因素之間的互動，是第一年之複雜發展過程中的一個面向（涉及了嬰兒的所有情緒與潛意識幻想），在某個程度上，這一點也適用於生命的所有階段。

　　我已經在本章一再強調，嬰兒的情緒發展與客體關係的改變是逐漸發生的。憂鬱心理位置逐漸發展的事實，解釋了為什麼通常此發展對於嬰兒的影響，並未以突如其來的方式表現出來。

80

[80-1]我們也必須記得：自我在經驗到憂鬱感時，同時發展了反制這些感覺的方法，依我看，這一點是經驗到精神病性質之焦慮的嬰兒，與患有精神病的成年人之間的許多基本差異之一，因為當嬰兒在經驗這些焦慮的同時，緩解這些焦慮的過程已經在運作了（參見第118頁，註解四）。

焦慮的進一步發展與緩解

I

81 　　嬰兒期精神官能症可以被視為某些歷程的組合，藉著這些歷程，連結、修通與緩解了一些精神病性質的焦慮。緩解迫害焦慮與憂鬱焦慮的基本步驟是第一年中發展的一部份。在我看來，嬰兒期精神官能症開始於第一年當中，直到進入潛伏期，並在早期焦慮已被緩解時進入尾聲。

　　發展的所有面向都促成了緩解焦慮的過程，因此，焦慮的各種變遷形式，只能由它們與所有發展因素之間的互動來加以了解，例如，獲得身體上的技能、遊戲活動、語言與智能的大致發展、清潔習慣、昇華的發生、客體關係範圍的增廣、兒童原慾組織的進展，這些成就都與嬰兒期精神官能症的許多面向（基本上是和焦慮的變遷形式，以及為了因應它們所演化而生的防衛）密不可分地交織在一起。在此處，我只能選擇這些交互作用因素中少數幾點，來說明它們是如何促成焦慮的緩解。

80-1　雖然如此，在仔細觀察之下，可以在正常的嬰兒身上看到再發憂鬱感的跡象。在特定的情境下，例如生病、突然與母親或褓母分離、改變食物等，嚴重的憂鬱症狀顯著地發生在小嬰兒身上。

我們已經討論過，最初的（外在的與內在的）加害客體是母親的壞乳房與父親的壞陰莖，而且，對內在和外在客體的迫害恐懼彼此互動。這些焦慮（最初是集中在父母身上）以早期的畏懼症表現出來，並且極度影響孩子與父母的關係。迫害焦慮與憂鬱焦慮根本上促成了發生於伊底帕斯情境[81-1]的衝突，而且影響了原慾的發展。

對雙親的性器渴望，啟動了伊底帕斯的早期階段（大約在第一年的中間），這些渴望最初和口腔、肛門及尿道的渴望以及潛意識幻想交織在一起，且有原慾的與攻擊的雙重性質。來自這些來源的破壞衝動引發具有精神病性質的焦慮，而此焦慮傾向於再增強這些衝動，而且，如果過度的話，會導致頑固地固著在前性器階段。[81-2]

原慾發展的每一個步驟都受到焦慮的影響，因為焦慮導致了在前性器階段的固著，以及一再地退行到這些階段；另一方面，焦慮、罪惡感以及隨之而來的修復意向，推動了原慾的渴望，並且刺激原慾的前進動向，因為給予以及經驗原慾的滿足紓解了焦慮，而且也滿足了進行修復的衝動。於是，焦慮與罪惡感通常不只是在於不同的個體會有所不同，而且隨著任一時刻介於內、外在因素之間糾結的互動，在同一個人身上也會不同。

在直接與反向伊底帕斯情結不斷波動擺盪的位置上，所有的早期焦慮被經驗著，因為在這些位置上的嫉妒、競爭與怨恨，會一再地激起迫害與憂鬱焦慮；當嬰兒從和外在父母的關係中獲得更

82

81-1　被害與憂鬱焦慮之間的相互關係以及閹割恐懼兩方面的議題，在我的論文〈從早期焦慮看伊底帕斯情結〉有詳細討論。

81-2　海曼與伊薩克斯（1952）。

多安全感的時候，針對內在父母形象的焦慮逐漸被修通而減弱。

在介於前行（progression）與退行的互動中（強烈受到焦慮影響），性器傾向逐漸升高，結果是修復的能力增加了，它的範圍也擴大了，而昇華的強度與穩定性增加，因為在性器層次，它們與人類最具有創造性的衝動密切相關。性器昇華在女性位置上，和受孕功能（生育能力）密切相關，因而也和再創造失落或受傷的客體有關；在男性位置上，由於「授精潛意識幻想」以及將受傷或被摧毀的母親復原或復甦，「給予生命」的元素因而被再增強。於是，性器不只是代表生殖器官，也代表了重新創造與修復的方式。

性器傾向的升高意指自我的整合有長足的進步，因為這些傾向取代了前性器期原慾的以及修復的渴望，而且出現了前性器期與性器期之修復傾向的合成，例如接受「好的事物」的能力，最基本的就是嬰兒所渴望的來自於母親的食物與愛，以及想要以餵食她來回報的衝動，將她修復（口腔昇華的基礎），這些是性器期成功發展的前提。

與逐漸增強的性器原慾（包括修復能力的進展）同時並進的，是逐漸減弱的（由破壞傾向所喚起的）焦慮與罪惡感；雖然在伊底帕斯情境之下，性器渴望是引起衝突與罪惡感的原因，自然地，性器首位代表口腔、尿道與肛門的傾向和焦慮都降低了。

83 在修通伊底帕斯衝突與達到性器首位的過程中，孩子變得能夠安穩地在內心世界裡建立其好客體，並且與父母發展穩定的關係，這些都代表他正逐漸修通並且緩和迫害與憂鬱焦慮。

以下的假設是有所根據的：只要嬰兒將興趣轉向母親乳房以外的客體（例如她身體的某些部位、其他周遭的客體、他自己身

體的某些部位等等），便開始了昇華與客體關係的成長所必經的一個基本過程。愛、願望（攻擊的與原慾的）與焦慮從最初獨一無二的客體（母親），轉移到其他的客體，而新的興趣發展起來，成為原初客體關係的替代物。不過，這個原初客體既是外在也是內在的好乳房，而這種情緒與創造的感覺（這些感覺和外在世界發生關聯）之轉向和投射密切相關。在這些過程中，象徵-形成與潛意識活動的功能是極具意義的。[83-1] 當憂鬱焦慮發生時，特別是在憂鬱心理位置發生時，自我感到被驅使將願望與情緒、罪惡感及進行修復的衝動，加以投射、轉向與分配到新的客體與感興趣的事物上，我認為這些過程是持續一生發生昇華的重要因素。不過，在願望與焦慮被轉向與分配的時候，能夠維持對最初客體的愛，是昇華（當然還有客體關係與原慾的組織）成功發展的一個前提，因為，若是充斥著對最初客體的怨恨，會危及昇華以及與替代客體的關係。

　　如果因為無法克服憂鬱心理位置，而導致修復的希望受阻，或者，換個方式說，如果對加諸於所愛客體的破壞感到絕望，將會發生另外一種修復與昇華能力的干擾。

II

　　如上文所提到的，發展的所有面向都與嬰兒期精神官能症息

83-1　在此我必須避免詳述象徵形成從一開始是如何和孩子潛意識幻想生活以及焦慮的更迭變化密不可分地結合在一起。參考伊薩克斯（1952）與我的論文〈關於嬰兒的行為〉（On the Behaviour of Young Infants，在本冊中），還有一些我先前的論文：〈早期分析〉（Early Analysis, 1926）和〈象徵形成在自我發展中的重要性〉。

84　息相關。嬰兒期精神官能症的一個典型特徵是早期的畏懼症，它開始於第一年，在孩童期的數年中，會以不同的形式與內容出現與再現。迫害焦慮與憂鬱焦慮兩者構成了早期畏懼症的基礎，這些畏懼症包括進食的困難、夢魘（pavor nocturnus）、與母親不在有關的焦慮、對陌生人的恐懼、與父母的關係以及一般客體關係上的困擾。外化加害客體的需要，是畏懼症機轉的一個固有要素，[84-1] 這個需要既源於憂鬱焦慮（針對內在加害者對於內在好客體具有威脅性的危險），也來自於（和自我有關的）迫害焦慮。對內在迫害的恐懼也以慮病的焦慮來表現，它們促成了許多身體疾病，例如幼兒經常性的感冒。[84-2]

口腔、尿道與肛門的焦慮（它們發生在衛生習慣的養成與抑制過程中），是嬰兒期精神官能症之症狀學中基本的特質，在第一年中各種症狀的再發也是一個特質。如我們在上文所見的，如果迫害與憂鬱焦慮被再增強，將退行到較早的階段以及相對應的焦慮情境，這種退行表現在例如破壞已養成的衛生習慣，或是顯然已被克服的畏懼症可能以稍微不同的形式再現。

在第二年中，強迫的傾向變得顯著，它們表現且結合了口腔、尿道與肛門焦慮。強迫特質可見於睡前的儀式、與清潔或食物等有關的規矩，以及普遍對於重複的需要（例如希望一再重複聽同一個故事，甚至於用同一種表現方式，或是反覆玩同樣的遊

84-1　比較《兒童精神分析》，143頁、175-82頁。

84-2　我的經驗已經對我顯示了：那些促成慮病的焦慮，也是歇斯底里性之轉換症狀的根源。兩者共有的基本因子，是與存在於體內之迫害（受到內化之迫害客體攻擊，或是個體的施虐性對內在客體的傷害，例如受到其危險排泄物的攻擊）有關的恐懼，這一切被感覺到是作用在自我上的身體傷害。揭露並闡明這些被害焦慮轉化為身體症狀的潛在過程，也許能夠讓我們更加瞭解歇斯底里的問題。

戲）。這些現象雖然是正常兒童發展的一部分，還是可稱之為精神官能症狀；這些症狀的緩解或是克服，相當於口腔、尿道與肛門焦慮獲得了緩和，也意指迫害與憂鬱焦慮得到緩解。

自我一步步發展出使它能夠修通焦慮的防衛能力，是緩解焦慮過程的基本部分。在最早的階段中（偏執-類分裂），焦慮受到極度強力的防衛所抵制，例如分裂、全能自大與否認；[85-1] 在接下來的階段中（憂鬱心理位置），如我們所見的，這些防衛發生了顯著的改變，其特質是自我具有更大的承受焦慮能力。當第二年自我發展有進一步進展的時候，嬰兒運用他與時俱增之適應外在現實以及控制身體功能的能力，藉由外在現實來測試內在的危險。

這些改變都是強迫性機制的特徵，而此機制也可被視為非常重要的防衛，例如，藉由學會衛生習慣，嬰兒對於其危險糞便（也就是他的破壞性）、內化的壞客體以及內在混亂的焦慮被一再地暫時減輕。對擴約肌的控制，使他相信自己可以控制內在的危險和客體，更且，真正的排泄物對他在潛意識幻想中恐懼糞便的破壞性提供了反證；這些排泄物現在可以配合母親或褓母的要求而被排出，母親或是褓母藉著對於排泄物被製造的情況表現出認可的態度，似乎也認可了糞便的品質，而這樣的態度使得糞便成為「好的」。[85-2] 結果是，嬰兒可能感覺到在潛意識幻想中，他的

85-1　如果這些防衛過度持續，超過了早期階段（在該階段其發生是恰當的），發展將會遭遇幾種不同的困難；整合受阻、潛意識幻想生活與原慾願望受到阻礙，結果是修復傾向、昇華、客體關係以及與現實的關係可能會有缺損。

85-2　認知到兒童有獲得衛生習慣的需要，而且這個需要與焦慮和罪惡感及對這兩者的防衛息息相關，這樣的認知帶來了以下的結論：如果進行衛生習慣的訓練時沒有施壓，而且是在此需要之迫切性變得顯著的階段（通常是在第二年當中），那麼如此的訓練可能有助於

排泄物對內、外在客體所造成的傷害可以被抵消，於是，養成衛生習慣也減弱了罪惡感，而且滿足了修復的趨力。[85-3]

86　強迫的機制形成了自我發展的一個重要部分，它們讓自我能夠暫時不受焦慮的侵擾，這依次幫助了自我達到更大的整合與強度，因而有可能逐漸修通、減弱並緩和焦慮。不過，強迫性的機制只是此階段的許多防衛之一，如果它們過度而成為主要防衛的話，可以作為一個指標，即自我無法有效處理具有精神病性質的焦慮，而且嚴重的強迫性精神官能症正在孩子身上發展中。

　防衛的另一個根本改變是「性器原慾增強階段」的特徵，如同我們已經瞭解的，當這個改變發生時，自我是比較整合的，對外在現實的適應改善了，意識的功能擴展，超我也較為整合。潛意識過程（也就是說在自我與超我的潛意識部分中）已經發生了更完整的合成，意識與潛意識之間的區分更加明顯。這些發展使得潛抑有可能在眾多防衛之中居於領導的位置；[86-1]潛抑的一個基本因子是超我的譴責與禁制面向，這個面向在超我組織發展的結果下被強化了，超我要求將特定的衝動與潛意識幻想（既是攻擊的也是原慾的性質）摒除在意識之外，而自我更容易達成此要求，因為它在超我的整合與類化方面已有進展。

發展。如果在更早期的階段就將這樣的訓練強加於孩子，則有可能具傷害性；甚且，不論在哪個階段，孩子應該只能被鼓勵、而不是強迫他學習衛生習慣。對於育兒的重要問題來說，這一點必然是不完整的參考。

85-3　佛洛伊德對於強迫性精神官能症過程的反向作用（reaction-formation）與「抵消」（undoing），是我的修復概念之基礎，而我的概念更包含了各種自我藉以抵銷在潛意識幻想中所造成的傷害，以及恢復、保存與復甦客體之過程。

86-1　比較佛洛伊德「……我們應該為了將來的考量，謹記這樣的可能性，即潛抑的過程與性器期的原慾組織有特別的關係，以及當自我必須穩固自己，以對抗在組織中其他層次的原慾時，它會訴諸其他防衛的方法。」（《抑制、症狀與焦慮》〔S.E., **20**, p. 125〕）。

　　我在前段曾如此描述：即使是在生命的最初幾個月當中，自我壓抑了本能的願望，剛開始時是受到迫害焦慮的壓力，稍後則是受到憂鬱焦慮的壓力影響。當自我能夠運用潛抑時，對本能的抑制便有了進一步發展。

　　我們已經了解自我在偏執-類分裂期當中，如何運用分裂的機制，[86-2] 分裂的機制構成了潛抑的基礎（如佛洛伊德的概念所隱含的），但是與導致分解的最初分裂形式相較之下，在於潛抑通常不會造成自體分解的狀態。由於在這個階段，心智之意識與潛意識的各部分有較好的整合，而且，由於在潛抑的作用下，分裂主要影響的是在意識與潛意識之間的分隔，自體的這兩個部分都不會遭遇先前階段會產生的碎裂程度。不過，在生命開始的最初幾個月中，訴諸分裂過程的程度，強烈地影響了在稍後階段中潛抑的運用，因為如果類分裂機制與焦慮尚未被充分克服，結果可能是在意識與潛意識之間，欠缺一個流動的界限，而產生了一道僵硬的阻隔，這點指出了潛抑是過度的，而且後果是發展受到了干擾。另一方面，在適度的潛抑之下，潛意識與意識較有可能保持互相通透，並且在某個程度上，衝動與其衍生產物因而被允許從潛意識中一再地浮現，受到自我的選擇與拒斥程序控制。衝動、潛意識幻想與思考如何被選擇加以潛抑，受到自我已更能接受外在客體標準所決定，這種能力與超我內部更大的合成及自我將超我更加類化有關。

　　超我結構上的改變是逐漸發生的，而且始終與伊底帕斯期的發展有關聯，這些改變在潛伏期開始時促成了伊底帕斯情結的式

86-2　比較〈對某些類分裂機制的評論〉。

微。換句話說，原慾組織的進展和自我在此階段能夠達到的各種調適，與迫害及憂鬱焦慮（這些焦慮和內化的父母有關）的緩解息息相關，這點意指其內在世界有更大的安全感。

就焦慮的各種變遷產物這方面來看，潛伏期開始時的典型改變可以摘要如下：與父母的關係比較安穩，內攝的父母比較接近真實父母的圖像，接受並內化了父母的標準、告誡與禁止，因此伊底帕斯願望的潛抑就更有效了。這些都代表了超我發展的高峰，而這是在第一年生命中持續之過程的結果。

結論

我已經詳細討論了克服憂鬱心理位置（生命第一年的下半年所具有的特徵）最初的幾個步驟。我們已知在最早的階段中，當迫害焦慮佔優勢的時候，嬰兒的客體具有原始且迫害的性質，它們會吞噬、撕裂、毒害、淹沒等等，也就是說，各種口腔、尿道與肛門的願望與潛意識幻想，既被投射到內化的客體，也被投射到外在的客體。當原慾的組織進步，且焦慮受到緩解之時，這些客體的圖像在嬰兒心中也逐步改變。

88　　他與內在及外在世界的關係同時改善了，這些關係之間的相互依賴狀態，表示內攝與投射過程發生了一些改變，這些改變是減輕迫害與憂鬱焦慮的基本因素。這些所導致的結果是自我具有更大的能力去類化超我，並因而提高了自我的強度。

當達到穩定的時候，有些基本的因子發生了改變。在此我關切的不是自我的進展（如我曾試圖呈現的，它在每個階段都和情緒發展以及焦慮的緩解息息相關），我要強調的是**在潛意識過程**

中的改變。我想，如果我們將這些改變與焦慮的起源做連結，會更容易了解它們，在此我指的是我之前所提出的論點：破壞的衝動（死之本能）是引起焦慮的原初因子；[88-1]貪婪因為怨恨（也就是破壞本能的外在表現）而升高，但是這些外在表現接著又受到迫害焦慮再增強。在發展的過程中，當焦慮減弱且比較安穩地被防護著的時候，怨恨與貪婪都減弱了，而這點基本上導致了矛盾的減輕。用本能的字眼來表達這一點：當嬰兒期精神官能症已經在進行的時候，也就是當迫害與憂鬱焦慮已經被減弱與緩解時，在融合生與死之本能（也就是性原慾與攻擊之間）這方面的平衡已經透過某些方式收變了；也就是說，潛意識過程中（也就是在超我的結構中，以及在自我的潛意識與意識之結構與領域中）發生了重要的改變。

我們已經知道在不同的原慾位置之間，於前行與退行之間的擺盪波動（這些是兒童期最初幾年所具有的特徵），與迫害及憂鬱焦慮（發生在早期嬰兒期）的變遷產物是密不可分的，因此這些焦慮不僅是固著與退行的基本因子，也長久地影響著發展的過程。

正常發展的前提之一，是在退行與前行之間的互動中，原來已經達到的進展之基本面向仍然可以維持住，換句話說，整合與合成的過程並未受到根本與永久性的干擾。如果焦慮逐漸被緩解，前行必然會超越退行，而且在嬰兒期精神官能症的過程中，心智穩定的基礎便得以建立。

88-1　比較〈關於焦慮與罪惡感的理論〉（本書）。

89　**註解一：**（83頁）

　　瑪格雷・麗寶（Margaret A. Ribble）曾報告對五百名嬰兒的觀察（〈與人格發展有關的嬰兒期經驗〉〔Infantile Experience in Relation to Personality Development, 1944〕），而且表達了她的看法，其中有一些補充了我在兒童精神分析上所獲得的結論。

　　關於生命初期嬰兒與母親的關係，她強調嬰兒有「被以母親的方式來對待」的需要，這種不只是滿足吸吮的需要，例如在第631頁，她說：「兒童人格的整合性與品質，大多奠基在對母親的情緒依附關係上，此依附關係（用精神-分析的字眼來說）或是對母親的灌注，由從母親那裡獲得的滿足經驗中逐漸發生。我們已經研究了這個發展中的依附關係之本質，它是如此的不易理解，但是其細微處卻具有根本的重要性。主要促成其形成的是三種感覺經驗：觸覺、動覺（或是對身體位置的感覺）與聲音，幾乎所有的嬰兒行為觀察者都提到了這些感覺能力的發展，但是未曾強調它們對於母親與嬰兒之間個人關係的重要性。」

　　她在不同的幾個地方強調了這種個人關係對於兒童身體發展的重要性，例如在第630頁，她說：「……在嬰兒照顧上最細微的不規律性，例如：太少和母親接觸、身體接觸太少、褓母換人或是常規的改變，經常會導致一些困擾，像是蒼白、呼吸不規則、餵食困難等。對於先天體質上敏感或缺乏組織的嬰兒來說，這些干擾如果太過頻繁，可能會永久性地改變精神（psychic）與身體（organic）方面的發展，而且威脅到生命的例子也不少見。」

　　在另外一段文字中，作者將這些干擾摘要如下（p. 630）：「嬰兒由於其腦與神經系統尚未發育完成，無時不處於功能解組

的潛在危險當中。外在的危險是與母親突然分離，母親在直覺上或是認知上必須要保持這種功能的平衡，實際上的忽視或缺乏愛，可能同樣具有災難性；內在的危險似乎是升高的張力，此張力來自於生物需求，以及生理上無法維持其內在能量，或是代謝的平衡與反射的活躍。**對氧氣的需求極為迫切，因為嬰兒的呼吸機制尚未發展妥當，不足以應付因快速的前腦發展而升高的內在需求。」**

根據麗寶的觀察，這些功能上的干擾可能等同於威脅生命的危險，可被視為死之本能的一種表達；而根據佛洛伊德的看法，死之本能是朝向有機體自身的（《享樂原則之外》〔*Beyond the Pleasure Principle*〕）。我曾主張：這種引發被滅絕恐懼的死亡危險，是導致焦慮的原初成因。麗寶的觀察所描述的事實是：生物、生理以及心理的因子從嬰兒出生時就是密切相關的，我想進一步作個結論，母親對嬰兒一致與關愛的照顧，強化了嬰兒與母親的原慾關係，而這個關係對「體質上敏感或是缺乏組織」的嬰兒來說，甚至攸關其生存；這一點支持了生之本能對抗死之本能。在本篇論文與〈關於焦慮與罪惡感的理論〉（本冊第二章）中，我對這一點有更充分的討論。

麗寶醫師的結論中，另外一個與我的結論相契合的議題，與她所描述大約發生在第三個月的改變有關，這些改變可以被視為我所描述在憂鬱心理位置發生時，對應於情緒生活特徵的生理反應。她說（p. 643）：「在此之前，呼吸、消化與血液循環的器質性活動開始表現相當的穩定性，表示自律神經系統已經掌控了其獨特功能。我們從解剖學的研究知道，胎兒的循環系統通常是在此時被阻斷的……大約在此時，典型的成人腦波模式開始在腦

90

電波圖上顯現……而它們可能意指一種比較成熟的大腦活動形式。觀察顯示情緒反應的發作（雖然不是常能區分清楚的，但是明顯地表現出正向與負向的方向）涉及了整個運動系統……眼睛聚焦良好，能夠跟隨著母親的移動；耳朵運作良好，能夠區別母親的聲音。母親的聲音或影像產生了正向的情緒反應，在以前，這樣的反應只能靠接觸來獲得，而且包含了適當的微笑，甚至是真正的喜悅反應。」

我想這些改變與分裂過程的減弱，以及與自我整合和客體關係之進展（特別是嬰兒能夠感知並將母親以完整的人內攝的能力）是息息相關的，我所描述的這些，是發生在三到六個月進入憂鬱心理位置的時候。

註解二：（第96頁）

這些在自我與超我之關係上的基本調適，如果在早期發展過程中沒有發生的話，就成了精神-分析程序所要達成的許多重要任務之一，也就是使病人能夠回溯性地完成它們。只有藉由分析發展的早期階段（還有稍後階段），並且不只分析正向移情關係，也對負向移情關係作徹底的分析，才有可能達成這樣的任務。在不斷變動的移情情境中，形成原初超我及客體關係的外在與內在形象（好的與壞的），被轉移到精神-分析師身上，於是，他必然常會代表恐怖的形象，而且只能藉由這樣的過程，嬰兒期的迫害焦慮才能被充分地經驗、修通且減弱。如果精神-分析師習於增強正向的移情關係，避免去扮演病人心智中壞形象的角色，而主要是被內攝為好的客體，那麼，在某些病例上，對好客體的信念可能被強化；但是這樣的好處可能很不穩定，因為病人

91

尚未能夠經驗恨、焦慮與懷疑，這些在早期階段中是與雙親的恐怖與危險面向有關的。只有藉由分析正向移情關係及負向移情關係，精神-分析師才能夠交替地以好、壞客體的角色顯現，時而被愛、時而被恨，被讚美與被懼怕。病人因而能夠修通並緩解早期的焦慮情境；好形象與壞形象之間的分裂減少了，它們變得比較能夠被合成在一起，也就是說攻擊性為原慾所緩和。換句話說，迫害焦慮與憂鬱焦慮在其根源上被減弱了。

註解三：（第99頁）

亞伯拉罕提到在口腔期層次的原慾固著，是重度憂鬱的許多根本原因之一。他用一個特別的病例來描述這種固著：「在憂鬱狀態中，他耽溺於對母親乳房的渴望，這樣的渴望是難以言喻的強烈，並且相異於任何其它的事情；如果個體長大後，原慾仍然繼續固著在這一點上，那麼就具備了發生重度憂鬱的要素之一。」（《論文選集》〔*Selected Papers*, p. 458〕）

亞伯拉罕的結論，讓我們更加瞭解重鬱與正常哀悼之間的關聯性，他用兩個病例的摘要片段來具體闡述他的結論，事實上是最早接受完整分析的兩個躁鬱症病例（這是在精神-分析發展上新的冒險），在那個時候以前，很少有發表的臨床資料是支持佛洛伊德對於重鬱症的發現。如亞伯拉罕所說的（上述引用文中，第433至434頁）：「佛洛伊德概要描述了發生在重鬱症的心-性過程（psycho-sexual processes），他能夠從偶然治療重鬱症病人的經驗中獲得有關這些過程的一種直覺性想法。但是直到現在，精神-分析文獻上並不多見支持這個理論的臨床資料。」

不過，即使只是由這少數幾個病例，亞伯拉罕已經瞭解了：

在兒童期（五歲時）就已經有過真正的重鬱狀態了，他說他想稱
其為「隨著伊底帕斯情結而來的『原初的似憂鬱症』（primal
parathymia）」，並且總結這段描述如下：「這就是我們稱為重鬱
症的心智狀態」（p. 469）。

　　桑多‧拉朵（Sandor Radó）在他的論文〈重鬱症的問題〉
（The Problem of Melancholia, 1928）中，更進一步地思考了：
在吸吮中的嬰兒的飢餓處境中，可以見到重鬱症的根源。他說：
「在被威脅失去愛（佛洛伊德）的情境（特別是正在吸吮的嬰兒
的飢餓處境）中，可以發現憂鬱氣質中最深層的固著點。」拉朵
提及佛洛伊德的陳述：自我在躁症狀態中再次與超我結合為一
體，他推論道：「這個過程是精神內在經驗（那種發生在吸吮母
親乳房時與母親融合的經驗）的忠實重複。」不過拉朵並未將這
點結論應用在嬰兒的情緒生活上，他只提到重鬱症的成因。

註解四：（第104頁）

　　我在這兩個段落中概要描述生命最初六個月之樣貌，意味著
對於發表在《兒童精神分析》中某些概念的修正，我在該書中描
述了來自各種來源之攻擊衝動的混合，我稱之為「極度施虐的階
段」。我仍然相信：攻擊衝動在迫害焦慮盛行的階段正達到高
峰；或者，換句話說，迫害焦慮是受到破壞本能激發而生，並且
不斷地因為將破壞衝動投射到客體而增強，因為迫害焦慮的本質
是增強了恨意以及對客體的攻擊，這個客體被感覺為具迫害性
的，而這點又再增強了迫害的感覺。

　　在《兒童精神分析》出版之後，我完成了憂鬱心理位置概念
的建構，依我現在所見，在三到六個月大時，隨著客體關係的進

展，破壞衝動與迫害焦慮都減弱了，憂鬱心理位置也發生了。雖然，我對於迫害焦慮與施虐性盛行兩者之間有密切關聯的觀點並未改變，對於日期方面卻必須有所更動：先前，我提到施虐性居於高峰的階段大約是第一年的中期，現在我認為這個階段跨越生命的最初三個月，而且對應於偏執-類分裂心理位置（在本章之第一段所描述的）。如果我們假定：小嬰兒因個別差異而具有不同而特定總量的攻擊性，那麼，我認為這個總量在剛出生時，不會比在食人衝動、尿道衝動、肛門衝動以及潛意識幻想強烈運作的階段更少。如果只是考慮量的方面（不過，這個觀點沒有將其他各種決定兩種本能之運作的因素納入考慮），可以這麼說：當攻擊性的更多來源被觸及，並且有可能表現出更多攻擊性的時候，會發生一個分配的過程。發展的本質是：愈來愈多的自然能力傾向（aptitudes）（身體的與心智的）漸漸地開始運作，而來自於各種來源的衝動與潛意識幻想，彼此交織重疊、互動、增強，這樣的事實也可以被視為表現了整合與合成的進展。甚且，對應於攻擊衝動與潛意識幻想之混合狀態的，是具有原慾本質之口腔、尿道以及肛門的潛意識幻想之混合狀態。這一點的意思是：原慾與攻擊性之間的掙扎在更廣泛的領域上發生了。如同我在我的《兒童精神分析》第169頁中所說的：

「我們所熟悉的組織化之各個階段一一浮現，我認為不只是對應於原慾在它和破壞本能之爭鬥中贏得並且建立的位置，且由於這兩種要素永遠互相對立、又互相結合，因此也是對應於在它們之間逐漸增強的適應性。」

　　嬰兒進入憂鬱心理位置，並且於其內在建立完整客體之能力，意味著他已不再像早期階段那樣，強烈地受到破壞衝動與迫

93

害焦慮所左右。不斷強化的整合促使其焦慮在本質上改變,因為當在客體關係中的愛與恨變得更加合成時,如我們已經瞭解的,會激起強烈的痛苦──激起了憂鬱的感覺與罪惡感。恨在某個程度上被愛所緩解了,而愛的感覺則受到恨的影響,結果是:嬰兒對於其客體的情緒在性質上改變了。同時,在整合與客體關係上的進展,使得自我能夠發展更有效的方法來處理破壞衝動,以及它們所引發的焦慮。不過,我們不可以忽視以下事實:施虐衝動(特別是由於它們在不同的區域運作)是嬰兒在這個階段所產生的衝突中最強烈的因子,因為憂鬱心理位置的本質包含了嬰兒的焦慮,他擔心所愛的客體會因他的施虐性而受傷或是被破壞。

生命第一年中,情緒與心智的過程(重複發生直到五或六歲)可以被界定為攻擊性與原慾鬥爭的成功或失敗;而憂鬱心理位置的修通,意味著在此鬥爭中(在每一次心智或身體之危機中重來一次)自我能夠發展適當的方法來處理,並且緩和迫害與憂鬱焦慮──根本地減少、避免攻擊性朝向所愛的客體。

我選擇「位置」這個詞用在偏執與憂鬱的階段上,是因為這些成組的焦慮與防衛雖然最初是發生在最早的幾個階段中,但並不侷限於這些階段,而是會發生且再現於兒童期的頭幾年中,或是在日後特定的情境中。

【第七章】嬰兒行為觀察

I

　　前幾章發表的理論性結論是得自於兒童精神-分析工作，[94-1] 94
我們應該會期待這樣的結論能夠藉由第一年的嬰兒行為觀察來加
以證明。不過，這種確定的證據有它的侷限，因為，如我們所知
道的，不論是嬰兒或是成人，潛意識的過程只部分顯露在行為
上。將這點保留處銘記在心，我們便能夠在對嬰兒的研究中，讓
精神-分析的發現得到某些確認。

　　之前未被注意的、或是仍然如謎般的許多嬰兒行為細節，因
為我們對早期潛意識過程有了更多知識，而變得更加能瞭解且有
意義；換句話說，我們在這個特殊領域的觀察能力已經更敏銳
了。無庸置疑地，我們對小嬰兒的研究，受阻於他們不能言語，
但是我們可以藉由語言之外的其他方式，獲得許多早期情緒發展
的細節。如果我們想要瞭解小嬰兒，我們不只需要更多的知識，
也需要對其有充分的同理，這些的基礎在於我們的潛意識與其潛
意識有緊密的接觸。

　　我現在要以各種近期論文所提出的理論性結論之角度，來思
考嬰兒行為的一些細節。由於我在此將不考慮存在於各種基本態
度之間的許多變異，我的敘述必然會過度簡化；而且，所有我將

94-1　成人的精神分析如果進行到心智深層，也能提供類似的材料，以及不僅是關於發展的後
　　　期階段、還有最早期階段的可信證據。

提出來作為進一步發展的推論，必須符合以下的考量：從出生開始以及在發展的每一個階段，外在的因素都影響著結果，甚至如我們所知，對於成人來說，態度與性格可能受到環境與情境好或不好的影響，而這一點更是適用於兒童。因此，將我從精神-分析經驗所獲得的結論，與小嬰兒的研究連結，我只是提出可能或可說是近乎確實的發展路線。

新生兒承受著生產過程所誘發的迫害焦慮，以及失去了子宮內處境的痛苦，延長的生產過程或是難產必然會強化這種焦慮，這種焦慮處境的另外一面是嬰兒必須被迫去適應整個新的狀態。

在某個程度上，這些感覺受到各種他用來帶給自己溫暖支持與舒適的方法紓解，特別是接收到食物與吸吮乳房時所感受到的滿足感。這些在初次吸吮經驗時達到高潮的經驗，如我們可能假設的，開啟了與好母親的關係，看起來這些滿足感在某個程度上也促成了修復失去的子宮內狀態。從初次的餵食經驗開始，失去與重獲所愛的客體（好的乳房）成為嬰兒期情緒生活的基本部分。

嬰兒與其最初客體（母親）以及食物的關係，從一開始就是密切相關的，因此研究對待食物之態度的基本模式，似乎是瞭解小嬰兒的最佳路徑。[95-1]

嬰兒最初對於食物的態度之差異，從完全不貪婪到極度貪婪都有，因此在這裡我要簡短地摘要一些我對於貪婪的結論：在前幾章裡，我曾提出在原慾與攻擊衝動的互動中，當後者受到再增

95-1　關於口腔期特質對性格形成的基本重要性，比較亞伯拉罕〈在原慾之性器層次的性格形成〉（Character-formation on the Genital Level of the Libido, 1925）。

強時，會激發貪婪；貪婪可能從一開始就因為迫害焦慮而升高。另一方面，如我所指出的，嬰兒最早的餵食壓抑也可以歸因於迫害焦慮，這意指在某些案例之中，迫害焦慮會增加貪婪，而在其他案例則是抑制它。由於貪婪是最初對乳房的渴望中固有的部分，它強烈地影響著嬰兒與母親的關係，以及一般的客體關係。

II

明顯可見的，嬰兒對吸吮的態度有相當的差異存在，在生命的最初幾天即是如此，[95-2] 而且隨著時間推進而變得更加明顯，我們當然必須將嬰兒如何受母親餵食與照顧的每個細節納入充分的考慮。我們可以觀察到，在開始的時候，對食物抱持希望的態度可能因為不利的餵食條件而受到干擾，不過，吸吮的困難有時候可以被母親的愛與耐心所緩解。[96-1] 有些兒童雖然容易餵食，但並不特別貪婪；他們在最早的階段就顯現了愛以及對母親發展出興趣的明確徵象，這是一種態度，包含了客體關係的某些基本元素。我見過只有三週大的嬰兒短暫停止吸奶、玩弄著母親的乳房或是看著她的臉，我也觀察到小嬰兒（甚至只有兩個月大）會

95-2　米歇爾・巴林特（Michael Balint）（在〈早期嬰兒期之個別差異〉〔Individual Differences in Early Infancy, pp. 57-79, 81-117〕）觀察一百個五天到八個月大的嬰兒，獲得的結論是：每個嬰兒的吸吮節奏都是不同的，每個嬰兒都有自己的節奏變化。

96-1　雖然如此，我們必須銘記在心：不論這些最初的經驗多麼重要，在兒童發展的每一個階段中，環境的影響才是最重要的；即使是最早期養育經驗的良好效果，也會在日後傷害性的經驗中受到某種程度的抵銷，就如同生命早期的困難可能因為接下來有利的影響而被減弱。同時我們必須記得，有些兒童似乎可以承受不充足的外在條件，而不致於嚴重傷害其性格與心智穩定；而對其他的兒童來說，雖然有良好的環境，嚴重的困難還是會發生並且持續著。

在餵食後醒著的時候，躺在母親的大腿上仰望著她、聽她的聲音，並且用臉部表情回應著這個聲音，就像是母親與嬰兒之間愛的交談。這種行為意味著滿足與供給食物之客體的關係，就像它與食物的關係一樣地重要。我想，早期階段客體關係的明顯指標，相當能預測未來與他人的關係以及整體情緒的發展。我們也許可以如此結論：相對於自我的強度，這些兒童的焦慮並不過度，也就是說，自我在某個程度上已經能夠容忍挫折與焦慮，並且去處理它們。同時，我們必須假定與生俱來、顯現於早期客體關係中的愛的能力，只有在焦慮沒有過度的情況下才能夠自由發展。

從這個角度來思考某些嬰兒在生命最初幾天的行為是有趣的，如彌都莫爾（Middlemore）在以「嗜睡而滿足的乳兒」為標題的段落中所描寫的。[96-2] 她以如下的字句來說明他們的行為：「因為他們的吸吮反射並未立即被誘發，他們可以很自由地用各種方式來接觸乳房。」這些嬰兒在第四天之前穩定地進食，而且對乳房非常溫柔，「……他們似乎喜歡舔與品嚐乳頭，不亞於對吸吮的喜愛；愉悅感的分布進展所帶來的一項有趣結果，是遊戲的習慣。一個愛睏的孩子在開始進食的時候，先做的是玩弄乳頭，而不是吸吮。在第三週，母親設法將熟悉的遊戲調整到餵食終了的時候；這在哺乳的十個月中持續著，母親與孩子都很喜歡這樣」（上述引用文中）。由於「嗜睡而滿足的乳兒」發展為易照養的孩子，並且繼續著玩弄乳房的遊戲，我的假設是：伴隨著這些，與最初客體（乳房）的關係，從一開始就和來自於吸吮與

97

96-2《育兒的夫婦》（*The Nursing Couple*, pp. 49-50）。

食物的滿足一樣重要。我們還可以再推進一步，可能是因為身體的因素，某些嬰兒的吸吮反射未能被立即引發，但是有很好的理由相信這其中也涉及了心智過程。我要提出來的是，在吸吮的愉悅之前對乳房有溫柔的接觸，可能在某個程度上也是因為焦慮所致。

我曾經在前一篇論文中提到我的假設：發生在生命剛開始時的吸吮困難與迫害焦慮是密不可分的。嬰兒對乳房的攻擊衝動，在其心裡傾向於將乳房轉變成吸血鬼般的、或是會將人吞噬的客體，而且這種焦慮可以壓抑貪婪，結果是壓抑了吸吮的願望。因此我要提出，「嗜睡而滿足的乳兒」可能藉由以下的方式來處理此焦慮，即約束吸吮的願望，一直到他透過舔與品嚐乳房來與其建立安全的原慾關係。這點意味了從出生後開始，某些嬰兒是藉由與乳房建立好的關係，以試圖抵制關於壞乳房的迫害焦慮。那些在這麼早的階段就能夠明顯地轉向客體的嬰兒，顯示出如上文所提出那強烈的愛的能力。

讓我們從這個角度來思考彌都莫爾描寫的另一群嬰兒，她觀察到在「活躍而滿足的乳兒」裡，七個之中有四個會咬乳頭，而且這些嬰兒並非「為了要把乳頭抓得更牢而咬它，最常咬乳頭的兩個嬰兒是易於接觸乳房的。不僅如此，最常咬乳頭的活躍嬰兒似乎有點享受嚙咬，他們悠閒地咬著乳房，和不滿足的嬰兒那種不安地嚙咬是很不一樣的……」[97-1] 這種來自嚙咬之愉悅的早期

97-1　彌都莫爾提出，咬的衝動加入了嬰兒對乳頭的攻擊行為，早於他長牙之前就已經發生了，即使他很少用他的牙齦來抓住乳房。就此而論（上述引用文中〔pp. 58-59〕），她提及沃樂（Waller）（在《職業者的助產術與女性疾病百科全書》〔*The Practitioner's Encyclopaedia of Midwifery and the Diseases of Women*〕中的「哺乳」一節），他「談到興奮的嬰兒生氣地咬乳房，而且帶著痛苦的活力攻擊它」。

98　表現，可能帶來以下的結論：破壞衝動在這些小孩身上是不受約
　　束的，因此貪婪與想要吸吮的原欲渴望並沒有被減損；不過，即
　　使是這些嬰兒也並不如他們可能顯現的那般不受約束，因為七個
　　之中有三個掙扎、尖叫地拒絕了幾次稍早之前的餵奶。當因空襲
　　而疏散時，有時即使是最溫柔的照顧和與乳頭的接觸，也會讓他
　　們尖叫；但是在下一次餵奶時，他們有時候會有意願吸吮。[98-1]我
　　想這顯示出貪婪可能因為焦慮而被再增強，這一點和「嗜睡而滿
　　足的乳兒」成為對比，後者的焦慮導致了貪婪被加以約束。

　　　　彌都莫爾提到了她所觀察的七個「嗜睡而滿足的嬰兒」中，
　　有六個受到母親非常溫柔的照顧，然而有些「不滿足的乳兒」，
　　會激發母親的焦慮而使她失去耐性，這樣的態度必然會增加孩子
　　的焦慮，而開啟了惡性循環。

　　　　至於「嗜睡而滿足的乳兒」，像之前我所提的，如果他們與
　　最初客體的關係被用來當作抵制焦慮的基本方法，那麼任何在他
　　與母親關係中的干擾都必然會激發焦慮，而且可能導致進食方面
　　極嚴重的困難。母親的態度對「活躍而滿足的乳兒」來說似乎較
　　不重要，但這可能是誤導的。在我看來，對這些嬰兒來說，危險
　　比較不存在於餵食的干擾（雖然即使是對非常貪婪的孩子，仍會
　　發生餵食的壓抑），而主要是在客體關係的損傷上。

　　　　結論是，對所有的孩子來說，從最初幾天開始，母親耐心、
　　體諒的照顧是最重要的時刻，這點因為我們對早期情緒生活的了
　　解增加而更加清楚可見。如我曾經指出的：「與母親及外在世界
　　保持好的關係，幫助了嬰兒克服早期的偏執焦慮，這樣的事實使

98-1　上述引用文中（pp. 47-48）。

我們對於最早期經驗的重要性有了新的了解。分析從一開始就強調兒童早期經驗的重要性，但是對我來說，似乎只有在我們知道更多關於嬰兒早期焦慮的本質與內涵，以及嬰兒真實經驗與潛意識幻想生活之間持續不斷的互動時，我們才能夠充分了解**為什麼**外在因素是如此的重要。」[98-2]

在每一個步驟，迫害與憂鬱焦慮可能受到母親態度的影響而減少，或是因為這個原因而增加。有幫助的或是迫害的形象在嬰兒的潛意識中孰佔優勢的程度，強烈地受到他與母親（但是很快地也受到父親以及其他成員）之真實經驗的影響。

III

小嬰兒與母親之間緊密的連結，是集中在和母親乳房的關係上，雖然，從最初期的幾天開始，嬰兒也對母親的其他特質（她的聲音、臉孔、雙手）有所反應；快樂、愛、挫折與恨等基本的經驗是與母親的乳房緊密相連的。這個早期與母親的連結，因為乳房被穩固地建立於內在世界而強化了，根本上影響了所有其他的關係，首先是與父親的關係；它是與另外一個人形成任何深度、強烈依附的基礎。

對於用奶瓶哺乳的嬰兒來說，奶瓶取代了乳房的位置，如果在近似於哺乳的情境中使用它，也就是說，如果嬰兒身體是靠近母親的，被照顧與餵食的方式是帶著愛的，在這樣的條件下，嬰兒可能得以在心裡建立一個客體，感覺上是具有好品質的原初來

98-2　比較〈論躁鬱狀態的心理成因〉。

源。就此意義而言，他攝入了好的乳房，這個過程是他與母親有穩固關係的基礎。不過，看起來好乳房（好母親）的內攝，在餵食母乳與奶瓶餵乳的嬰兒之間是不同的，本章的篇幅未能詳加討論這些不同處，以及它們對心智生活的影響（見第150頁，註解一）。

在我對於最早期客體關係的描述中，我曾經提到有一些孩子容易餵養而未顯現過度的貪婪。有些非常貪婪的嬰兒也表現出對人們產生興趣的早期徵象，不過在這種興趣中，可以看出一種與對食物的貪婪態度相似之處，例如，對於他人之存在的強烈需求，似乎和渴望得到注意有關，而不是和那個人有關。這些孩子很難忍受孤單，而且顯得不斷需要食物或是注意的滿足。這點指出了貪婪是因為焦慮而被再增強，而且在其內在世界中未能穩固地建立好的客體，也未能與作為外在好客體的母親建立信任的關係。這樣的失敗可能預示了未來的困難，例如貪婪而焦慮地需要陪伴，通常伴隨著對孤單的恐懼，而且可能導致不穩定與短暫的客體關係，這樣的關係可以用濫交（promiscuous）來加以描述。

IV

現在來討論難餵養的孩子。進食很慢經常意味著缺乏享受——也就是原欲的滿足，這一點如果伴隨著早期明顯對母親與他人的興趣，暗示了客體關係有部分是被用來逃離依附在食物上的迫害焦慮。雖然這些孩子可能與他人發展出好的關係，但是以這種對食物的態度所表現的過度焦慮，依然會持續危及情緒穩定，日後可能發生的各種困難之一，是抑制了攝取昇華的食物，也就

是在智能發展上的障礙。

　　明顯的拒食（和緩慢進食比較）顯然是嚴重障礙的一項指標，雖然對某些兒童來說，這個困難在接觸新的食物時（也就是奶瓶取代了乳房，或是固態食物取代了液體時）會減輕。

　　無法享受或是完全拒絕食物，如果結合了客體關係發展上的缺陷，表示偏執與類分裂的機制（它們在生命最初三到四個月間最為活躍）過度，或是沒有受到自我適當地處理。這又暗示了破壞衝動與迫害焦慮是盛行的、自我防衛不適當，以及焦慮的緩解不足。

　　另外一種缺損的客體關係，是某些過度貪婪的兒童所具有的特徵，對這些兒童來說，食物幾乎成為唯一的滿足來源，而且這些小孩對於他人沒有什麼興趣；我歸納他們沒有成功地修通偏執-類分裂心理位置。

V

　　小嬰兒對挫折的態度是具有啟示性的，有些嬰兒（包括好餵養的嬰兒）在食物延遲來到時，可能會拒絕食物，或是顯現出在他和母親之關係上的其他干擾徵象。表現出享受食物以及愛母親的嬰兒，比較能夠忍受食物方面的挫折，隨後在他與母親之關係上的干擾較不嚴重，而且其影響不會持續這麼久，這表示對母親的信任與愛已經相對地建立妥當。

　　這些基本的態度也影響著嬰兒接受奶瓶餵奶（補充母乳不足或是取代母乳）的方式，甚至對很小的嬰兒亦然。有些嬰兒在剛開始用奶瓶時，會經驗到很強烈的憤恨，他們感到失去了原初的

好客體,而且是被壞母親強行剝奪。這樣的感覺不一定會以拒絕新食物來表現,但是迫害焦慮以及被這種經驗所激發的不信任感,可能會干擾到與母親的關係,並且因而升高了畏懼性的焦慮,例如恐懼陌生人(在此早期階段,新的食物在某種意義上算是一個陌生的物體)、在日後顯現對食物方面的困難,或在接受昇華形式的食物(例如知識)時可能產生阻礙。

101　　　其他嬰兒可以較不憤恨地接受新的食物,這意味了更能真正忍受剝奪,這和明顯地屈服於它是不同的,而且是源自於與母親有相對穩固的關係,使得嬰兒在保持對母親的愛時,能夠接受新的食物與客體。

　　下面的例子描寫了一個嬰兒接受用奶瓶補充母奶的方式。女嬰A是個好餵養且不過份貪婪的嬰兒,而且很快就顯出我在上文所描述的那些發展客體關係的指標。她與食物以及與母親的好關係,顯示在她攝取食物的輕鬆方式,伴隨著明顯的享受。當她只有幾週大的時候,在餵食偶然中斷時,她會仰望母親的臉或是乳房,稍後甚至會在吃奶時友善地注意到其他家人。在第六週餵食晚餐時,因為母奶不夠而必須開始用奶瓶,她毫無困難地接受了。不過,在第十週有兩個晚上在用奶瓶喝奶時,她表現出不願意的徵象,但是她把奶喝完了。在第三個晚上,她完全拒絕了奶瓶,當時並沒有任何身體上或是精神上的干擾,睡眠與食慾都是正常的;她的母親不想強迫她,在餵奶後將她放在小床裡,心想她可能會入睡。這個孩子飢餓地哭著,所以母親沒有把她抱起來,而給了她奶瓶,她現在熱切地將奶喝光。同樣的事情發生在之後的連續幾個晚上,當嬰兒在母親懷裡時,她拒絕奶瓶,但是在小床裡時,她會立即接受它。幾天後,當這個嬰兒仍在母親懷

裡時就接受了奶瓶，並且立即吸吮了起來，以後用到其他的奶瓶時，沒有再發生困難。

我的假設是憂鬱焦慮已經在增強當中，並且在這一點上導致了嬰兒對於餵食母乳之後就緊接著給予奶瓶的反感。這點暗示了相對早期發生的憂鬱焦慮，[101-1] 與以下的事實是相符的：這個嬰兒與母親的關係發展得很早而且顯著，在拒絕奶瓶餵食之前幾週中，這個關係的改變是非常明顯的。我的結論是：因為憂鬱焦慮的增加，靠近母親的乳房及其氣味，提高了嬰兒想要被餵母奶的願望，以及因為乳房耗竭所導致的挫折。當她躺在小床裡的時候，她接受了奶瓶餵食，因為如我所提出的，在這個處境中，新的食物與被渴望的乳房是分開的，在這個時刻，這個乳房已經變成了挫折她且已受傷的乳房。藉由這個方式，她可能已經發現比較容易保持與母親的關係不受到因挫折而激起的恨意所損害，也就是保持好母親（好乳房）的完整。

我們仍然要解釋為何在幾天以後，這個嬰兒在母親懷裡接受了奶瓶，而且自此之後就不再對以奶瓶餵食感到困難。我想：在這些日子當中，她已經成功而充分地處理她的焦慮，所以能夠較不懷怨忿地接受替代客體與原初客體同時並在；這點意指了一個早期的步驟，發展出區辨食物與母親的能力。一般來說，可以確定的是，這個區別對於發展具有根本的重要性。

我現在要摘錄一個例子，在其中與母親關係的干擾之所以發生，並不是立即與來自於食物的挫折有關。有一個母親告訴我，當她的嬰兒B五個月大時，曾被放任哭泣比往常來得久，最後當

102

101-1 如前一章所說的，就我看來，在生命最初三個月，憂鬱焦慮就已經在某個程度上開始運作了，而且在四到六個月之間達到高峰。

媽媽回來抱她時，發現她處在一種「歇斯底里」的狀態，這個嬰兒看起來嚇壞了，明顯地害怕母親，而且似乎認不得她，一直到過了一段時間以後，她才能完全與媽媽重新接觸。有意義的是，這件事情發生在白天，當時孩子是醒的，而且剛餵食過不久。這個孩子平常睡得不錯，但不時會無明顯原因地醒來。我們有很充足的根據可以假設：造成白天哭泣的同一個原因也干擾了睡眠。我的想法是，因為媽媽在被渴望時並未出現，她在孩子心中轉變成壞的（迫害的）媽媽，而且因為這個緣故，孩子似乎未能認出她，而且變得懼怕她。

以下的例子也同樣具有啟示性：一個十二週大的女嬰C被留在花園裡睡覺，她醒來時哭著要媽媽，但是她的哭聲因為風聲而未被聽見。當媽媽終於過來將她抱起來時，她顯然已經哭了好久，臉上佈滿了淚水，而且她平常的訴苦式哭聲已經變成了失控的尖叫。她被帶到屋內後仍尖叫不止，母親怎麼安撫她都沒有用。最後，雖然離下次餵奶時間還有一個小時，媽媽仍為她哺乳，這是以往孩子鬧情緒時屢試奏效的特效藥（雖然她從未如此持續而激烈地尖叫過）；這個嬰兒接受了乳房並且飢渴地吸吮起來，然而，只吸了幾口她就拒絕了乳房，並且又開始尖叫。這個情況持續著，一直到她將手指放進嘴巴並且開始吸吮它們時才停止。她時常吸吮手指，而且好幾次在哺乳時將手指放入嘴巴裡，通常，媽媽只需要溫柔地將手指移開，代之以乳頭，然後小嬰兒就會開始吸奶。然而，這一次她拒絕了乳房，並且又大聲地尖叫起來，這狀況持續好幾分鐘，直到她再吸吮自己手指以後才停下來。母親讓她吸手指頭幾分鐘，同時搖動並安撫她，直到嬰兒完全鎮靜、能夠接受乳房，並且吸奶到睡著為止。看起來，對這個

嬰兒來說（和前一個例子有同樣的理由），母親（與其乳房）已經變成壞的、迫害的，因此不能接受乳房。在一次試圖吸吮之後，她發現了自己無法再建立與好乳房的關係，轉而尋求吸吮自己的手指頭，也就是訴諸自體情慾的愉悅（佛洛伊德所稱）。雖然如此，我要補充的是，這個例子的自戀性退縮（narcissistic withdrawal）是因為她與母親關係上的干擾所引起的，而嬰兒拒絕放棄吸吮自己的手指頭，是因為它們比乳房更值得信賴。她藉由吸手指頭來重建與內在乳房的關係，因而重新獲得足夠的安全感，能夠更新她與外在乳房及母親的好關係。[103-1] 我想，這兩個例子也讓我們更加瞭解早期畏懼症（也就是因為母親不在而激發的恐懼，佛洛伊德所稱）[103-2] 的機制。我要提出的是，發生在生命最初幾個月的畏懼症，是因為迫害焦慮所導致的，這種焦慮干擾了嬰兒與內化母親及外在母親的關係。[103-3]

　　下面的例子也描寫了好、壞母親之間的分割，以及與壞母親有關的強烈（畏懼的）焦慮。一名十個月大的男嬰D被祖母抱近窗邊，他充滿興趣地看著街道，當他四處張望的時候，突然在不遠處看見一個陌生訪客的臉孔，這是一個老婦人，她已經進入了他們家，而且就站在祖母旁邊。他突然緊張了起來，直到祖母將他帶離那個房間以後才緩和下來。我的結論是：在這一刻孩子感覺到「好」的祖母已經消失了，而陌生人代表了「壞」的祖母，這個分割的基礎在於將母親分裂為好的客體與壞的客體。稍後我會再談到這個例子。

103-1　見海曼的〈自體情慾、自戀及最早期的客體關係〉（Auto-Erotism, Narcissism and the Earliest Relations of Objects, 1952, Part 2, section (b)）。

103-2　《抑制、症狀與焦慮》（pp. 169-170）。

103-3　見「嬰兒情緒生活」及「焦慮與罪惡感的理論」。

104　　　對早期焦慮的如此解釋，也讓我們對於恐懼陌生人（佛洛伊德所稱）有新的瞭解。在我看來，母親（或是父親）的迫害面向，主要是源自於對他們的破壞衝動，被移轉到陌生人上。

VI

　　我所描述的這種在小嬰兒與其母親關係上的干擾，在生命的最初三或四個月之間就已經可以觀察到了。如果這些干擾非常頻繁而且持久，則可被視為一個指標，指出偏執-類分裂心理位置尚未被有效地處理好。

　　在這麼早的階段就持續對母親缺乏興趣，稍後又加上對一般人以及玩具也漠不關心，暗示了這類干擾是更嚴重的，這種態度在非難養型的嬰兒身上也可以觀察到，對於只看表面的觀察者來說，這些不大會哭的孩子可能顯得滿足與「好」。從成人與兒童的分析中，我可以追溯他們的嚴重困擾到嬰兒期，我獲得的結論是許多這類嬰兒事實上在心智方面是罹病的，他們因為強烈的迫害焦慮與過度使用類分裂機制而從外在世界退縮，結果造成憂鬱焦慮無法被成功地克服，潛意識幻想生活的能力、乃至於愛與客體關係的能力都被壓抑了；象徵形成的過程受到了阻礙，導致了興趣與昇華的壓抑。

　　這種被描述為沒有感情的態度，與真正滿足的嬰兒的行為是截然不同的，後者偶爾也會要求注意力、感到挫折時會哭、對人露出不同的表情，來傳達他的興趣以及與他們在一起時的快樂，然而在其他時候也可以快樂自處。這點表示了他對其內在與外在客體具有安全感，可以忍受母親暫時不在而不會焦慮，因為在他

心中好媽媽是相當穩固的。

VII

　　在其他段落裡，我已經從各種角度描述了憂鬱心理位置，現在來思考憂鬱焦慮的影響——首先是與畏懼症的關聯。到目前為止，我只將它們與迫害焦慮連結，並且用一些例子來描述這個觀點。因此，我假設那名五個月大的女嬰 B 懼怕母親，是因為在她心裡母親已經從好的變成壞的，而且此迫害焦慮也干擾了她的睡眠。我現在要提出的是，與母親關係上的干擾也會因為憂鬱焦慮而發生。

　　當母親沒有回來時，擔心會失去母親（因為其貪婪與攻擊衝動已經摧毀了她）的焦慮變得很明顯，這種憂鬱焦慮與迫害恐懼是密不可分的，而迫害恐懼是害怕好母親已經變成了壞的。

　　在下面的例子中，憂鬱焦慮也會因為嬰兒想念母親而產生。女嬰 C 從六到七週大的時候，已經習慣於傍晚吃奶前在母親的大腿上玩。當嬰兒五個月又一週大時，有一天母親有訪客，因為太忙而無法和小孩玩，不過，嬰兒卻從家人與訪客那裡得到許多的注意。母親傍晚時餵奶，一如往常將她放在床上，很快嬰兒就睡著了。兩小時後，她醒過來並持續地哭著，她拒絕喝奶（在這個階段，有時候被當作副食品而用湯匙餵食，通常她會接受）並且繼續哭泣，於是母親放棄了餵她的努力。嬰兒玩著媽媽的手指、在她的大腿上滿足而安靜了大約一個小時，然後在正常餵奶時間喝了晚上的奶之後，她很快就睡著了。這種干擾是非常不尋常的，有時候她可能會在餵過傍晚的奶之後醒來，但是只有一次在

105

她生病時（大約兩個月前）醒過來並哭泣，當時沒有飢餓或是身體不舒服的跡象；那一整天她都是快樂的，而且在這事件之後的那晚也睡得不錯。

我想提出來的是，這個嬰兒之所以哭泣，是因為她想念與母親玩的時光。C和母親有很強的人際關係，而且她總是非常享受這個特別的時間。在其他清醒的時候，她相當能自處，但是這個時候她變得躁動不安，而且明顯期待母親和她玩，直到傍晚餵食的時候。如果因為錯失這種滿足而干擾了她的睡眠，那麼我們將被帶往進一步的結論，我們必須假設：嬰兒對於這種在一天中特別的時間、特別的享受有所記憶；還有遊戲時間對嬰兒來說，不只是強烈滿足原慾願望，而且證明了她與母親有愛的關係——基本上是安穩地擁有好母親，而這一點帶給她入睡前的安全感，伴隨著遊戲時刻的記憶。她的睡眠受到干擾，不只是因為她錯失了這個原慾的滿足，也是因為此挫折激發了嬰兒的兩種焦慮：憂鬱的焦慮，害怕她會因為自己的攻擊衝動而失去了好媽媽，結果產生了罪惡感；[106-1] 還有迫害的焦慮，害怕媽媽會變成壞的與破壞性的。我的大致結論是：從大約三到四個月開始，這兩種焦慮是形成畏懼症的基礎。

憂鬱心理位置與某些重要的改變是密不可分的，這些改變可以在小嬰兒接近第一年中期時觀察到（雖然它們開始得稍微更早一些，而且是逐漸發展的）。在這個階段，迫害焦慮與憂鬱焦慮以各種方式表現出來，例如：比較會磨人、更需要被注意，或是

106-1 在稍微大一點的嬰兒身上，很容易觀察到：如果在睡覺時間，他們未被給予期待的特殊情感表露，則他們的睡眠有可能會受到干擾。而且：分離時對愛的需要變得強烈，這與罪惡感、希望被原諒，以及和母親和解的願望息息相關。

暫時不理媽媽、突然發脾氣、對陌生人的恐懼增加；還有，平常睡得好的孩子有時候在入睡時啜泣，或是突然哭著醒來，露出明顯恐懼與悲傷的表情等等。在這個階段，他們的臉部表情很顯著地改變，愈是有感知的能力，就愈是對人與物有興趣，而且與人接觸的即時反應完全從孩子的外表上反映出來。從另一方面來說，這個階段可觀察到悲傷與痛苦的徵候，雖然是短暫的，它讓臉部的情緒表達變得更豐富（既是更深層的本質，也是更廣的範圍）。

VIII

在斷奶時憂鬱心理位置達到高峰，如前文所述，雖然在與客體的關係中，整合以及相對的合成過程方面的進展激發了憂鬱的感覺，但這些感覺因為斷奶的經驗而更加強烈。[106-2] 在這個階段，嬰兒已經進入較早的失落經驗，例如，嬰兒強烈渴望的乳房（或是奶瓶）沒有立即再出現，他以為它將永遠不會回來。不 　　107

106-2 伯恩費爾德（S. Bernfeld）在其《嬰兒心理學》（*Psychology of the Infant*, 1929）中有一個重要的結論：斷奶與憂鬱的感覺息息相關。他敘述了斷奶期嬰兒的種種行為，從幾乎沒有任何渴望而悲傷的、到缺乏表情與完全拒絕餵食的都有；他也比較了焦慮與躁動不安，以及易怒與一種特別的無表情，這些情緒可能發生在具有與嬰兒類似狀態的成人身上。在克服斷奶之挫折感的許多方法中，他提到了藉由投射與潛抑，將原慾從令他失望的客體撤回。他認可從成人已經發展的狀態來借用「潛抑」這個詞。但是即使如此，他結論道：「……它的根本性質存在於這些過程中。」（就嬰兒來說）（p. 296）。伯恩費爾德認為斷奶是最早的明顯導因，也是萌發病態心智的起始點，而且，嬰兒的營養神經症（nutritional neuroses）是導致神經症的前置因子。他的結論之一是：由於嬰兒克服其因為斷奶而感到悲傷與失落的某些過程，無聲地運作著，關於「斷奶效應的結論，必須要取自於詳細的知識，也就是關於小孩對其世界與活動如何反應；孩子的反應是其潛意識幻想生活的表現，或者至少是其核心」（上述引用文中，第259頁，粗體字為我所標示）。

過，這與發生在斷奶時對於乳房（或是奶瓶）的失落不一樣；失去最初所愛的客體，在嬰兒的感覺中是確認了所有的迫害與憂鬱焦慮（見第153頁，註解二）。

下面的例子將會提供說明：嬰兒E在九個月大時最後一次餵母奶，他對食物的態度沒有顯示特殊的干擾，在此之前，他已經接受了其他食物並有所成長；但是對母親的存在與大致上的注意及陪伴，其需要升高了。在斷奶後一個星期，他在睡眠中啜泣，醒來時帶著焦慮與不快的神情，難以安撫。他的母親只好再次讓他吸吮乳房，他用與平常差不多的時間吸了兩邊乳房，雖然奶水明顯很少，他似乎極為滿足、快樂地入睡了，而且自此以後上述的症狀顯著地減少了。這顯示了與失去好客體（乳房）有關的憂鬱焦慮，因為乳房的再現而緩解。

在斷奶的時候，有些嬰兒顯得食慾較差，有些貪婪升高，而其他的則擺盪於這兩種反應之間，這樣的改變發生在斷奶的每一步驟。有些嬰兒享受奶瓶勝過哺乳，即使其中部份嬰兒在之前也有滿意的吸吮母奶經驗；對其他嬰兒來說，當新加入固體食物時食慾會大增，然而也有一些嬰兒在這個時候會發生飲食困難，這些困難在兒童期的早年中以各種形式持續存在著。[107-1] 許多嬰兒只能接受某些特定的味道或是固體食物的口感，而排斥其他的食物。當我們分析兒童時，會學到很多關於這些「嗜好」的動機，並且辨識出這些動機最深的根源，在於最早期與母親有關的焦

107-1 在其著作《幼童的社會發展》（*Social Development in Young Children*），特別是第三章、第二節A.i.中，蘇珊・伊薩克斯舉出幾個餵食困難的例子，並且討論它們與源自於口腔期的施虐性焦慮的相關性。在溫尼寇特（D. W. Winnicott）所著的《兒童疾病》（*Disorders of Children*），特別是第16至17頁中，也有一些有趣的觀察。

慮。我要藉由一個嬰兒的行為作為例了，來說明這個結論，這個
五個月大的女嬰Ｆ，她一直被餵母乳，但是從一開始也使用奶
瓶。她極為忿怒地拒絕母親給她的固體食物，像是蔬菜，然而當
父親餵她的時候，她卻非常平靜地接受了它們；兩星期後她接受
了母親給予的新食物。根據可靠的報告，這個孩子現在已經六歲
了，和雙親及兄弟的關係都很良好，但胃口一直不佳。

　　在這裡我們想到女嬰Ａ，以及她接受附加奶瓶的方式；嬰兒
Ｆ也是需要一些時間才能充分適應新的食物，並且從母親那裡拿
取。

　　在這篇論文中，我努力要呈現的是：對於食物的態度，基本
上是與母親的關係密切相關的，而且涉及了嬰兒情緒生活的全
部。斷奶的經驗激發了嬰兒最深層的情緒與焦慮，而較為整合的
自我則發展出強烈的防衛來應付它們。焦慮與防衛兩者都內含於
嬰兒對食物的態度中，在此我必須將我的討論侷限在關於斷奶時
對食物態度改變的幾個歸納之通則。對新食物的許多困難，根源
於害怕被母親的壞乳房吞噬、毒害的迫害恐懼，而這恐懼是源自
於嬰兒想要吞噬並毒害乳房的潛意識幻想。[108-1] 到了稍後的階

108 （頁邊）

108-1　先前我曾提出小嬰兒想用有毒的（爆炸性與灼熱的）排泄物攻擊母親身體的潛意識幻
　　　想，是他恐懼被母親毒害的根本原因，而且是妄想症的根源。同樣的，想要吞噬母親
　　　（與其乳房）的衝動，在嬰兒心裡將她變成了一個會吃人的危險客體（〈伊底帕斯衝突的
　　　早期階段〉、〈象徵形成在自我發展過程中的重要性〉以及《兒童精神分析》，特別是第
　　　八章）。
　　　佛洛伊德也提到了小女孩怕被媽媽謀殺或毒害的恐懼，他說這種恐懼「可能在日後形成
　　　妄想症的核心」（《精神分析新論》〔S.E. **22**, p. 120〕）。還有「怕被毒害的恐懼可能也和乳
　　　房的抽離有關，毒藥就是使人生病的營養」（上述引用文中，p. 122）。在佛洛伊德更早的
　　　論文〈女性性特質〉（Female Sexuality）中，他提到了女孩在前伊底帕斯階段，害怕「被
　　　母親謀殺（吞噬？）」，並提出：「這種恐懼是對應於一種敵意，而這是孩子針對母親的
　　　敵意，它是在訓練過程與照顧身體過程中，因為母親強加的種種限制而發生的。而投射

段，在原有的迫害焦慮之外又加上了憂鬱焦慮，後者是擔心貪婪與攻擊衝動會破壞他所愛的客體；在斷奶的過程中與之後，這種焦慮的可能效果是增加或是壓抑對新食物的渴望。[109-1] 如我們稍早已經知道的，焦慮可能對貪婪有不同的影響效果，它可能再增強它，或是可能導致強烈壓抑貪婪以及攝取養分的愉悅。

某些案例在斷奶時胃口增加，暗示了在哺乳期間，乳房壞的、迫害的那一面曾經超越了好的那一面；而且擔心會危及所愛客體的憂鬱焦慮，是造成壓抑食慾的原因之一（也就是說，迫害焦慮與憂鬱焦慮兩者以不同比例同時運作）。因此，奶瓶（在某個程度上，於嬰兒心中是脫離原初客體──乳房，而又象徵了它）和母親的乳房比起來，可以較不焦慮、較愉快地被接受；然而，有些嬰兒未能成功地以奶瓶象徵性地替代乳房，而且他們只有在給予固態食物時才會享受進食。

當乳房（或奶瓶）餵奶開始減少的時候，嬰兒的食慾經常會降低，這點清楚地指出和失去原初所愛客體有關的憂鬱焦慮，但是，我想迫害焦慮總是造成不喜歡新食物的原因之一。當嬰兒正在接受哺乳時，乳房壞的（吞噬的與有毒的）面向會受到他與好乳房的關係抵制，而這個壞的面向會因斷奶所帶來的剝奪而再增強，並且被傳遞到新的食物上。

如我在上文指出的，在斷奶的過程中，迫害焦慮與憂鬱焦慮

是兒童精神組織在早期階段喜歡使用的機制。」他也結論道：「在對母親的依賴中，我們找到了女人日後發生妄想症的根源。」在這段文字的前後文中，他提到了1928年布倫絲威克（Ruth Mack Brunswick）所報告的案例（〈一個妄想症病例的分析〉〔The Analysis of a Case of Paranoia〕），在這個例子中，疾病的直接來源是病人對她姊妹的伊底帕斯固著（S.E. **21**, p. 227）。

109-1 我們可以在此比較躁鬱症病人對食物的態度，如我們所知道的，有些病人拒絕食物，其他病人則顯示出暫時性增加的貪婪，還有其他人在這兩種反應之間擺盪。

強烈地影響著嬰兒與母親和食物的關係；不過，在這個階段中，各種因素（內在的與外在的）之間的複雜互動才是具有決定性的。我的意思是，不只是對客體與食物態度上的個別差異，更重要的在於是否能成功修通、或在某個程度上克服憂鬱心理位置。主要的關鍵在於更早的階段中，內在建構乳房的穩固程度，以及連帶在受到剝奪的狀態下，有多少對母親的愛可以保持住，這些有一部分是由母親與孩子的關係所決定的。如我曾經提出的，即使是很小的嬰兒也可以接受新的食物（奶瓶），幾乎沒有什麼抱怨（例子A），這種對挫折有比較好的內在適應能力（從生命最初幾天就開始發展的能力），是與區辨母親與食物的每一步發展密切相關的。這些根本的態度，特別是在被斷奶的過程中，大致決定了嬰兒接受（就字面上最完整的意義來說）原初客體之替代者的能力。在此，再一次可見母親對嬰兒的行為與感覺是最重要的：愛的關注，以及她奉獻在幫助嬰兒處理憂鬱感覺的時間。與母親有好的關係，可能在相當程度上抵制了他失去原初所愛客體（乳房）的感覺，因此對憂鬱心理位置的修通有正面的影響。

擔心失去好客體的焦慮在斷奶期間達到高峰，它也受到其他經驗的影響，例如：身體不適、疾病，以及特別是長牙齒這些經驗，必然會再增強嬰兒心中的迫害與憂鬱焦慮。換句話說，身體因素不可能完全說明在此階段中因疾病或長牙所引發的這些情緒困擾。

IX

我們在接近第一年中期所發現的重要發展中，有一項是客體

關係範圍的擴大，以及特別是父親對嬰兒的重要性增加了。我曾在其他文章裡呈現：在其他發展因素之外，憂鬱的感覺以及怕失去母親的恐懼，促使嬰兒轉向父親。伊底帕斯情結的早期階段以及憂鬱心理位置是密切相關、而且同時發展的。我只需舉出一個例子，她是曾經提及的小女孩B。

從大約四個月大的時候開始，她和大幾歲的哥哥的關係，在她的生命中扮演了明顯引人注目的角色。顯而易見地，這個關係在幾方面和她與母親的關係不同；她仰慕哥哥所說與所做的每一樣事情，並且持續不斷地對他示好，她盡其所能地迎合他以博得他的注意，並且對他表現出顯著的女性態度。那個時候父親多半是不在的，一直到她十個月大時才比較常見到父親，而且，從這時開始與他發展出非常親密與愛的關係；這件事基本上與他和哥哥的關係是並行的。在剛滿兩歲時，她常叫哥哥「爹地」，此時父親已經成為她的最愛了；當她見到父親時的歡喜、聽到他的腳步聲與說話聲時的興高采烈、當他不在時她一再提到他的方式，以及許多對父親的感覺的表達——這一切只有用戀愛中的狀態才能加以描述。母親清楚地認知到：在這個階段，這個小女孩在某些方面而言，是喜歡父親勝過她的。此處我們看到了一個早期伊底帕斯處境的例子，在這個案例中，她最初是從哥哥那裡經驗到伊底帕斯處境，然後轉移到父親。

X

憂鬱心理位置（如我曾在不同文章裡主張的）是正常情緒發展的重要部分，不過，孩子處理這些情緒與焦慮的方式，以及所

使用的防衛，是發展是否順利進行的指標（見第154頁，註解三）。

　　怕會失去母親的恐懼使得與母親分離（即使是短暫的）是痛苦的，各種遊戲的形式提供的既是表達這種焦慮的方式，也是克服這些焦慮的方法；佛洛伊德藉由觀察一個十八個月大的男孩玩棉花捲軸而指向了這個方向。[111-1]就我看來，孩子藉由這個遊戲所克服的不只是失落感，也是憂鬱焦慮。[111-2]有各種典型的遊戲形式與棉花捲軸的遊戲類似，蘇珊・伊薩克斯（1952）曾提到幾個例子，我現在要加上一些在這方面的觀察。兒童（有時候甚至於六個月大以前）會喜歡把東西從嬰兒車丟出來，樂此不疲，而且會期待這些東西回到身邊。我在G（一個十個月大的嬰兒，剛開始會爬）身上觀察到這種遊戲更進一步的發展，他從不厭倦將玩具丟開，然後爬過去抓回來。我被告知：他在大約兩個月之前開始玩遊戲，當時他嘗試往前移動。嬰兒E在六至七個月之間，有一次當他躺在嬰兒車裡、抬起腳的時候，他注意到一個他剛丟開的玩具滾了回來，他把這發展為一種遊戲。

　　在第五或第六個月時，已經有許多嬰兒對「找人遊戲」（peep-bo，見第156頁，註解四）有愉快的反應，我見過只有七個月大的嬰兒活躍地玩這個遊戲：把毯子拉起來蓋住頭、再放下來。嬰兒B的母親把這個遊戲當作就寢時間的習慣活動，因此讓孩子在快樂的心情下入睡，似乎這種經驗裡的**重複性**是幫助嬰兒克服失落與哀傷感的重要因素。另外一個我發現對小嬰兒有很大

111-1 《享樂原則之外》（1920），比較第三章，其中有關於這個遊戲的描述。

111-2 於〈在安排的情境中觀察嬰兒〉（The Observation of Infants in a Set Situation）中，溫尼寇特詳細地討論了棉花捲軸的遊戲。

112 的幫助與安慰效果的典型遊戲,是在就寢時揮著手說「拜拜」,慢慢離開房間。在母親離開房間時,使用「拜拜」和揮手,之後說「再回來」、「很快就回來」或是類似的字,這樣的方式通常證實具有幫助與撫慰的效果。我知道有些嬰兒最先學到的字是「回來」或是「再一次」。

回到女嬰B,「拜拜」是她最初學會的幾個字之一。我時常注意到當她母親將要離開房間時,孩子的眼睛會閃過一絲哀傷的神情,看起來幾乎要哭的樣子,但是當母親對她揮手說「拜拜」時,她顯得受到安慰並且可以繼續她的遊戲。當她在十到十一個月大之間的時候,我見到她在練習揮手的姿態,我的感覺是:這樣的行為不只變成興趣的來源,也是安慰的來源。

嬰兒逐漸增長感知與瞭解周遭事物的能力,不只提升了處理與掌控這些事物的自信,也提升了對外在世界的信任。嬰兒反覆地經驗外在現實,這個過程成為克服其迫害與憂鬱焦慮的重要方式。在我看來,這點就是現實感,而且是一種見於成人之心理過程的基礎,這個心理過程就是佛洛伊德曾經描述的哀悼工作的一部份。[112-1]

當一個嬰兒能夠坐起來或是站立在嬰兒車裡的時候,他可以看到人們,而且在某個程度上比較靠近他們,當他可以爬與行走時,靠近他人的程度就更大了。這樣的成就意味了嬰兒不只更有能力隨自己的意願靠近客體,而且也更能獨立於客體之外。例如,女嬰B(大約十一個月大時)非常享受在走道不停地爬上爬下幾個小時,非常自得其樂;但是她不時會爬進母親所在的房

112-1 〈哀悼與重鬱症〉(Mourning and Melancholia, 1917)。

間（房門是開的）看看她，或是想要對她說話，然後再回到走
道裡。

　　站立、爬行與行走在心理方面極大的重要性，有些精神-分
析作家已經描述過了。我在此處的重點是：所有這些成就，被嬰
兒用來當作重新獲得失去的客體，以及找尋新客體以替代失去客
體的方法，這些都有助於嬰兒克服其憂鬱心理位置。語言的發展
（開始於聲音的模仿）是另外一項讓兒童更靠近所愛之人的重大
成就，而且也使其可以找到新的客體。當獲得一種新的滿足時，
與早先情境相關的挫折感與怨忿感被減弱了，這又帶來更多的安
全感。另外一個獲得進展的要素，是來自於嬰兒嘗試著要控制其
客體以及其外在與內在世界；發展的每一步也是自我用來當作因 113
應焦慮的防衛，在這個階段主要是針對憂鬱焦慮。這說明了一個
時常可以觀察到的事實：隨同發展上的進展（例如行走與說
話），孩子變得更快樂而且活潑。從另一個角度來看，自我在克
服憂鬱心理位置方面的努力，推展了興趣與活動的深度與廣度，
不只是發生在生命的第一年當中，而是持續到兒童期的最初幾
年。[113-1]

　　下面的例子說明了我對於早期情緒生活的一些結論，男嬰 D
在三個月大時，對他的玩具（像是珠子、木環、搖鈴）顯示了非
常強烈而個人的關係，他熱切而專注地看著它們、反覆碰觸它
們、把它們放進嘴巴、聽著它們發出的聲響。當這些玩具不在他

113-1 如我在前一篇論文中曾經指出的，雖然感到憂鬱的困難經驗與因應這些經驗的防衛，是
　　　發生在生命的第一年中，但孩子需要好幾年的時間才能克服其被害與憂鬱焦慮；這些焦
　　　慮在嬰兒期精神官能症的過程中反覆地被活化與被克服，但是從來沒有被根除，因此持
　　　續一生都有可能再活化復甦，雖然程度較為緩和。

想要的位置時，他生氣地對它們尖叫；當它們被放回該放的位置時，他感到高興而又喜歡它們了。他的母親在他四個月大時評論道：他運用他的玩具而處理掉許多憤怒，就另一方面來說，在他感覺痛苦的時候，它們也是一種撫慰。有時候，他看到這些玩具時便會停止哭泣，而且在睡前它們也有安撫的作用。

在五個月大時，他可以清楚地分辨父親、母親與傭人，這一點準確地表現在他能辨識他們的神態，以及他期待和每一位玩的特定遊戲上；他的人際關係在這個階段已經非常明顯了。他也對他的奶瓶發展出非常特別的態度，例如，當空的奶瓶立在他旁邊的桌子上時，他對它發出聲音、撫摸它，並且不時吸吮著奶嘴，從他的表情可以推測，他正對著奶瓶表現出和對他所愛的人一樣的行為。在九個月大時，他被觀察到鍾情地看著奶瓶、對它說話，並且明顯地等待著回應。由於這個男孩從來就不是好餵養型的，而且沒有顯現任何貪婪，事實上是失去了攝取食物的特殊愉悅感，因此他與奶瓶的關係就更為有趣了。他幾乎從開始餵母奶時就有困難，由於母親沒有奶水，因此在幾週大時，完全改為用奶瓶餵奶；他的食慾一直到第二年才增加，而甚至在那時候，他的食慾大部分得仰賴他分享食物給父母的愉悅感。這提醒我們一個事實：在九個月大的時候，他對奶瓶的主要興趣似乎是在於其近似於人的性質，而不只是與其中所含的食物有關。

十個月大時他變得非常喜歡發聲陀螺（humming top，譯按：一種狀如陀螺、會旋轉並發出嗡嗡聲響的玩具），剛開始他是被它紅色的頭所吸引，他馬上就吸吮了起來，這麼做引發了很大的興趣，因為它會旋轉起來並且發出聲響。他很快就放棄吸吮它，但是仍舊對紅色的頭保持興趣。在他十五個月大時，當他在

玩另外一個他也很喜歡的發聲陀螺時，它掉在地板上、裂成兩半了；這個孩子對這件事的反應非常驚人，他哭了起來，無法接受安撫，並且不願再回到發生該事件的房間。最後母親終於成功地帶他回來，給他看那個已經又被組合起來的玩具，他拒絕看它，而且跑出房間，甚至到了第二天，他還是不想靠近放置那個玩具的儲物櫃，而且在該事件之後幾個小時，他拒絕喝茶。不過，稍後他的母親拾起他的玩具狗說：「多可愛的小狗狗啊。」男孩振奮起來，他拿起那隻狗，帶著它四處展示，期待他們說：「好狗狗。」很清楚地，他認同於那隻玩具狗，因此，對狗狗顯示的情感，使他從覺得對發聲陀螺造成傷害之中恢復信心。

有意義的是，在更早的階段時，這個孩子對破碎的東西就已經顯示了明顯的焦慮，例如在大約八歲時，當他不小心摔碎一個玻璃杯（另外一次是一個杯子）時，他哭了起來；不久以後，他會因為看到破碎的東西而非常困擾——不論是誰弄碎的，他的母親必須立即將它們從他的視線移開。

他在這些事件所感到的痛苦，指出迫害焦慮與憂鬱焦慮的存在；如果我們將他在八個月大時的行為與這件後來發生的發聲陀螺事件連結的話，這一點就很清楚了。我的結論是：奶瓶與發聲陀螺都象徵性地代表了母親的乳房（我們必須記得，在十個月大時，他對發聲陀螺的行為就像在九個月大時對待奶瓶的行為一樣），當發聲陀螺分裂為兩半時，對他來說意味著母親乳房與身體的破壞，這點可以解釋他對發聲陀螺破裂的焦慮、罪惡感以及哀傷的情緒。

我已將破裂的玩具與破碎的杯子和奶瓶連結起來，但是有一個更早期的關聯需要一提。如我們已知的，有時候孩子對玩具表

115　現出很強烈的憤怒，他用非常個人的方式來處理這種憤怒。我想提出的是：他在稍後階段被觀察到的焦慮與罪惡感，可以追溯到他對玩具所表達的攻擊上，特別是當無法取得這些玩具的時候。而與其母親乳房的關係，還有一個更早的連結，就是這個乳房未能滿足他並退縮了；因此，對於破碎的杯子或是玻璃杯的焦慮是罪惡感的表現，而此罪惡感是關於他的憤怒與破壞衝動——主要是要針對母親乳房的。因此，這個孩子藉由象徵形成將他的興趣置換到一系列的客體，[115-1] 從乳房到玩具：奶瓶－玻璃杯－杯子－發聲陀螺，並轉移人際關係以及情緒，例如：憤怒、怨恨、迫害與憂鬱焦慮，以及對這些客體的罪惡感。

在前文中我描述了孩子與陌生人有關的焦慮，並且透過那個例子來說明母親的形象（在此是祖母的形象）分裂為好與壞的母親；對壞母親的恐懼以及對好母親的愛是很明顯的，這些強烈表現在他的人際關係中，我認為人際關係的這兩個面向進入了他對破碎事物的態度裡。

他混雜了迫害與憂鬱焦慮的感覺，是表現在以下的事件中：發聲陀螺破裂、拒絕進入那個房間，與稍後甚至不願意靠近儲物櫃。這些迫害與憂鬱焦慮，顯示了害怕客體因為受到傷害而變成了一個危險客體（迫害焦慮）；不過，無庸置疑地，也在這個時刻同時運作的憂鬱感是很強烈的。當代表他自己的小狗狗是「可愛的」，也就是好的，而且他仍然為父母所愛，他因而獲得再保證，此時這些焦慮也都被抒解了。

115-1　關於象徵形成對於心智生活的重要性，比較伊薩克斯（1952）以及我的論文〈早期分析〉與〈象徵形成在自我發展過程中的重要性〉。

結論

　　我們對於體質因素以及其互動的知識仍是不足的，在本書的篇章裡我曾觸及某些因素，我現在要作些摘要。自我固有的忍受焦慮能力，可能因出生時自我凝聚程度之多寡而定，這點也隨而決定了類分裂機制活動的多寡。其他從出生時即存在的因素是愛的能力、貪婪的強度，以及對抗貪婪的防衛。

　　我認為這些相互關聯的因素，是生、死本能之間的特殊融合狀態之表現，這些狀態基本上影響了一些動力的過程，藉由這些過程，破壞衝動受到原慾的抵制與緩和，這些過程是形塑嬰兒潛意識生活的重要時刻。從出生開始，體質因素就和外在因素密切相關，從出生的經驗以及被照顧與餵奶的最初經驗開始。[116-1] 更且，我們有足夠的根據來假設：從早期開始，母親的潛意識態度即強烈地影響著嬰兒的潛意識過程。 116

　　於是，我們必然的結論是：體質因素不能與環境因素分開而單獨考慮，反之亦然；它們共同形成了早期的潛意識幻想、焦慮與防衛，這些雖然會落入某些典型的模式，卻有無窮的變化，這就是個人心智與人格萌生的土壤。

　　我已經努力呈現出：藉由仔細的嬰兒觀察，我們能夠獲得一些洞視——知悉他們的情緒生活，並且預測其未來之心智發展。

116-1　近來對於產前行為模式的研究，特別是葛塞爾（A. Gesell）所描述與摘要的行為（《胚胎學》〔 *The Embryology of Behaviour* 〕），提供了思考關於原初自我以及體質因素在胚胎狀態時運作程度的材料。以下也是一個開放性的問題：是否母親的心智與身體狀態在上述的體質因素方面影響了胚胎。

這樣的觀察（在上述侷限內），在某個程度上支持了我對於發展之最早階段的發現；這些發現是在兒童與成人的精神-分析過程中獲得的，因為我能夠將他們的焦慮與防衛追溯至嬰兒期。我們可以回想：佛洛伊德在其成人病患的潛意識中發現了伊底帕斯情結，使得兒童觀察更為進步了，而這些觀察又完全確認了他的理論性結論。在過去數十年來，伊底帕斯情結固有的衝突已經廣為認知，帶來的結果是對兒童情緒困難的瞭解增加了，但是這點主要是用於處於發展較後期的孩子，小嬰兒的心智生活對大部分的成人來說仍然是個謎。我大膽地提出以下的想法：更密切地觀察嬰兒（受到來自於幼兒精神-分析所得到更多關於早期心智過程的知識所刺激），必然在不久的將來為嬰兒的情緒生活帶來更多的洞視。

　　我的主張是（在本書某些篇章以及先前的著作中所表明的）：小嬰兒過度的迫害與憂鬱焦慮，在心智疾病的心因學中具有關鍵的重要性。在本篇論文中，我已反覆指出一位善解人意的

117　母親可能藉由她的態度減少嬰兒的衝突，因而在某個程度上幫助嬰兒更有效地因應焦慮。更充分、廣泛地瞭解小嬰兒的焦慮與情緒需求，將會減少嬰兒期的痛苦，並且為日後的生命奠定更多快樂與穩定性的基礎。

註解

註解一：（第128頁）

　　我想一提這個問題的一個基本面向，我的精神-分析工作讓我得到以下的結論：新生兒潛意識地感覺到一個具有獨特好品質

的客體存在著，從這個客體可以獲得最大的滿足，以及這個客體就是母親的乳房。而且我相信這些潛意識的知識，意指了與母親乳房的關係以及擁有乳房的感覺，甚至在非餵母奶的孩子身上也會發展。這點解釋了上文提到的一個事實：以奶瓶餵食的孩子也會內攝母親的乳房，包括其好的與壞的面向。這些嬰兒在內在世界穩固建立好乳房的能力有多強，是受到許多內在與外在因素所決定的，在其中，與生俱來之愛的能力扮演了重要的部分。

從剛出生時開始，潛意識裡關於乳房的知識即存在，並經驗到對乳房的感覺，以上事實只能被想像為一種種系的遺傳（phylogenic inheritance）。

現在來思考在這些過程中，個體發生學（ontogenetic）方面的因素所扮演的角色。我們有充分的理由假設：嬰兒那與口腔的感覺密切相關的衝動，導引他朝向母親的乳房，因為其最初本能所渴望的客體是乳頭，而且其目標是要吸吮乳頭。這一點意指奶瓶的奶嘴不能完全取代所渴望的乳頭，奶瓶也無法取代母親乳房之氣味、溫暖及柔軟。因此，儘管嬰兒可能容易接受並且享受奶瓶餵奶，特別是如果可以建立接近乳房哺乳的情境，他可能仍然會感覺到沒有得到最大的滿足，因而深切渴望能滿足他的特殊客體。

渴望無法獲得的理想客體，是心智生活的一種普遍現象，因為它來自於孩子在發展過程中所經歷的各種挫折，於必須放棄伊底帕斯客體的時候達到高峰。挫折與怨恨的感覺導致了倒退的潛意識幻想，並且經常回溯性地聚焦在與母親乳房之關係中受到剝奪的痛苦上，這種情形甚至會發生在曾經有滿足的乳房哺乳經驗者身上。不過，我在許多分析中，發現對沒有過乳房哺乳經驗的

人來說，他們對於無法獲得之客體的渴望，其品質顯示了特殊的
強度與性質；它們是如此地根深蒂固，很明顯地，這樣的性質是
起源於嬰兒期最初的哺乳經驗以及最初的客體關係。這些情緒的
118　強度在不同的個體間有所差異，而且對心智發展有不同的影響。
例如，對有些人而言，乳房被剝奪的感覺可能是促成強烈怨恨及
不安感的原因，對客體關係和人格發展來說具有各種不同的暗示
涵義；對其他人來說，對於一個獨特的客體（雖然他們不知道它
是什麼，但是感覺到它存在於某處）的渴望，可能強烈地激發昇
華的發展路線，例如追尋一個理想，或是個人成就的高標準。

　　我現在要將這些觀察與佛洛伊德的一段話作比較，佛洛伊德
在談到嬰兒與母親的乳房、以及與母親的關係之根本重要性時，
說道：

　　「系統發生（phylogenetic）的基礎遠遠凌駕於偶發的個人經
驗之上，因此孩子是否真的吸吮到乳房，或者是由奶瓶餵養而從
未享受到母親照顧，並沒有什麼差別，他的發展在兩種情況下是
相同的；**可能發生的是：在後者的情況下，他在日後的渴望會更
大。**」（《精神-分析綱要》〔*An Outline of Psycho-Analysis,*
p. 56〕，粗體為我所標示）。

　　在此處佛洛伊德賦予系統性因素這麼絕對的重要性，使得嬰
兒真正的哺乳經驗變得相對的不重要，這點超過了我的經驗所帶
給我的結論。然而，在我加粗體字的文句中，佛洛伊德似乎考慮
到這樣的可能性：錯失了乳房哺乳的經驗被感覺為一種剝奪，要
不然我們無法解釋對母親乳房的渴望「會更大」。

註解二：（第138頁）

　　我已經清楚地闡明，整合的過程（表現在嬰兒合成對母親的對比情緒上）以及隨而將客體好與壞的面向聚合在一起，構成了憂鬱焦慮與憂鬱心理位置的基礎，這意味著這些過程從一開始就和客體有關。在斷奶的經驗中，感到失去的是原初所愛的客體，因此與此客體有關的迫害與憂鬱焦慮被再增強了。於是，開始斷奶成為嬰兒生活中主要的危機，他的衝突在斷奶的最後階段達到了另一個高峰。進行斷奶的方式，每一個細節都影響了嬰兒之憂鬱焦慮的強度，提高或是減弱其修通憂鬱心理位置的能力；因此，最好是小心而緩慢的斷奶，因為驟然斷奶會突然再增強其焦慮，可能會損害情緒發展。在這裡有許多重要的問題需要探討，例如在生命最初幾週或甚至數月，以奶瓶代替乳房餵奶的影響是什麼？我們有理由假設這個處境和正常的斷奶（開始於大約五個月大時）是不同的。是否這點意味了迫害焦慮由於早期斷奶而升高了？因為在最初三個月中這種焦慮是佔優勢的。還是這種經驗使得嬰兒的憂鬱焦慮更早發生？這兩種後果以何者為主？部分取決於外在因素，例如何時真正開始斷奶，以及母親處理這個處境的方式；另一部份則是取決於內在因素──大致可歸納為固有的愛與整合能力的強度，而這又意指了在生命開始時自我固有的強度。如我反覆主張的，這些因素構成了嬰兒安穩建立好客體的基礎，即使從來沒有乳房哺乳的經驗，也可以達到某個程度。

　　另外一個問題是晚期斷奶（常見於原始人類以及某些特定的文明社群）的影響，我沒有足夠的資料能回答這個問題。不過，從我的觀察與精神-分析的經驗來判斷，我會說大約第一年的中段是開始斷奶的最佳時機，因為嬰兒在這個階段正經歷憂鬱心理

位置，斷奶會在某方面幫助其修通無法避免的憂鬱感覺。在這個過程裡，他受到了在此階段發展而擴大範圍的客體關係、興趣、昇華以及防衛的支持。

至於斷奶的完成——也就是完全從吸吮改為用杯子喝，比較難對其最佳時機作概略性的建議。在這個問題上，孩子的個別需求（在這個階段比較容易藉由觀察來判斷）應該被當作決定的標準。

對某些嬰兒來說，在斷奶的過程中有更進一步的階段需要加以考慮，也就是放棄吸吮大拇指或是手指頭。有些嬰兒因為來自母親或褓母的壓力而放棄了，但是，根據我的觀察，即使嬰兒看起來是自己放棄吸吮手指頭（同樣地，在此外在的影響不能被完全抹煞），仍然不可避免地會帶來典型斷奶期的衝突、焦慮以及憂鬱的感覺，有些嬰兒甚至會失去食慾。

斷奶的問題與更一般性的問題有關連——挫折，挫折如果沒有過度（在此我們應該記得，某種程度的挫折是無可避免的），甚至可能幫助孩子處理其憂鬱的感覺，因為克服挫折的經驗會強化自我，也是哀悼工作的一部份，這份工作支持了嬰兒處理其憂鬱。更確切地說，母親的再現重覆證明了她未被摧毀，也沒有變成壞母親，這意指嬰兒的攻擊性並未導致他所害怕的結果。因此，在挫折的傷害性與助益性之間，存在著一個極具個別差異性的、細緻的平衡狀態，這個平衡狀態是受到各種內在與外在因素所決定的。

註解三：（第143頁）

我的主張是偏執-類分裂心理位置與憂鬱心理位置都是正常

發展的一部分。我的經驗讓我有如下的結論：如果早期嬰兒期的
迫害與憂鬱焦慮在比例上超過了自我能夠逐步處理的能力時，可
能會導致孩子病態的發展。在前一章中，我曾經描述了與母親
（好的與壞的母親）關係上的分割——這是尚未充分整合之自我
的特徵，還有分裂的機制（它們在生命最初三到四個月時達到了
高峰）。正常的情況下，與母親關係上的波動以及暫時的退縮狀
態（受到分裂過程的影響）是不容易被測量到的，因為在這個階
段，它們和自我不成熟的狀態有密切的關聯。不過，當發展的進
行不如人意時，我們可以得到這種失敗的某些特定指標。在這一
章裡，我已提到某些典型的困難，這些困難指出了偏執-類分裂
心理位置尚未被滿意地修通；這些例子的表現方式雖然在某些方
面有所不同，它們都具有一項重要的共同特徵：在客體關
係發展上的障礙，在生命最初的三到四個月大時就已經可以觀察
到了。

　　我要再說一次，有些困難是修通憂鬱心理位置正常過程的一
部份，例如煩躁、易怒、睡眠困擾、需要較多注意、改變對母親
與食物的態度，如果這些困擾過多而且持續過久，可能表示修通
憂鬱心理位置的失敗，而且可能成為日後躁鬱症的基礎。不過，
無法修通憂鬱心理位置可能導致一個不同的結果：退縮、不理母
親與其他人等症狀，且可能穩定發展為常態，而不只是過渡或局
部的現象。如果再加上嬰兒變得更為情感淡漠、無法發展更廣泛
的興趣並接受替代物——這些通常與憂鬱症狀同時存在，而且部
分是克服憂鬱症狀的方式，那麼我們可以推測憂鬱心理位置並未
成功地修通，而且退行到前一個位置——偏執-類分裂位置，我們
必須賦予這個退行極大的重要性。

120

　　再重複一次我在稍早的論文中所表達的結論：迫害與憂鬱焦慮如果過度，可能會導致嚴重的兒童期精神疾病以及心智功能缺損，這兩種焦慮的形式，也為成人期的妄想症、精神分裂症以及躁鬱症提供了固著點。

註解四：（第143頁）

　　佛洛伊德提到嬰兒與媽媽玩遊戲（遮住臉然後再出現）時的快樂（佛洛伊德沒有說他指的是嬰兒期的哪一個階段，但是從這個遊戲的本質來看，我們或許可以假設他提到的嬰兒是在第一年的中後期，或許更大一些），關於這點，他說嬰兒「無法分辨暫時的與永久的失去，當嬰兒看不見母親的時候，就表現得像是永遠不會再見到她似的，有必要藉由相反經驗的反覆撫慰，來使嬰兒了解母親消失之後通常會再出現。」（S.E. **20**, p. 169）。

　　更進一步的結論是：在這一點上存在著同樣的觀點差異，就如同稍早提到對於棉花捲軸遊戲的詮釋一樣。根據佛洛伊德的說法，嬰兒在思念母親時經驗到的焦慮產生了「……一個創傷的處境，如果嬰兒在當時正好感覺到必須由母親來滿足的需要；如果這個需要在當時不存在的話，這會變成一個危險的處境。因此，焦慮的最初決定因子是自我自行引介的，也就是失去了對客體的感知（相當於失去了客體自身）。此時還沒有失去愛的問題，後來的經驗教導孩子：客體可以是存在、但卻對孩子感到生氣的，然後，失去來自客體的愛成為一個更持久的新危險，也成為焦慮的決定因子（同一出處，p. 170）。我曾在不同的文章中提到並在此摘要闡述的觀點是：小嬰兒經驗到對母親的愛與恨，當嬰兒思念她而其需要沒有被滿足時，她的不在被感覺為是嬰兒的破壞

121

衝動所造成的後果，因此發生了迫害焦慮（害怕好母親可能變成了生氣而迫害的母親），以及哀悼、罪惡感與焦慮（害怕所愛的母親會被他的攻擊摧毀）。這些焦慮構成了憂鬱心理位置，藉由如具有安撫本質的遊戲被一再地克服。

　　思考過關於小嬰兒的情緒生活以及焦慮之見解的若干不同處以後，我想把注意焦點放在上述引用文中同一段落中的一段文字上。在此處佛洛伊德似乎認可了他對於哀悼議題的結論，他說：「……和客體分離何時會產生焦慮？何時產生哀悼？何時有可能只產生痛苦？我馬上要說的是，絕不可能得以回答這些問題。我們必須滿足於作一些區別，並且預示一些可能性。」（同一出處，p. 169）。

【第八章】精神分析遊戲技術：其歷史與重要性

I

122　　在提供一篇主要關於遊戲技術的論文以作為這本書的引言[122-1]時，我受到了以下考慮的鼓勵：我和兒童與成人的工作，以及我對精神分析理論整體的貢獻，基本上是來自於與幼兒工作時所發展的遊戲技術。這並不意指我後來的工作是遊戲技術的直接應用，但是我對早期發展、潛意識過程，以及能夠觸及潛意識之詮釋的本質所獲得的洞識，已經在我對於較大的孩子及成人的工作上有了深遠的影響。

　　因此，我將要簡短概述我的工作從精神分析遊戲技術發展出來的步驟，但是我將不會提出我的發現之完整摘要。在1919年，當我開始第一名個案時，已經有人進行了對兒童的精神分析工作——特別是胡賀慕斯醫師（Hug-Hellmuth, 1921），不過她沒有作六歲以下兒童的精神分析，而且，雖然她利用圖畫、偶爾以遊戲作為媒介，但並未將遊戲發展為特殊的技術。

　　在我開始工作的時候，有一個已經建立的原則：必須很節制地給予詮釋。除了少數的例外，精神分析尚未探索潛意識的深層；對兒童來說，這種探索被認為具有潛在的危險，此謹慎的觀點反映在一個事實，即在當時以及之後的幾年中，精神分析被認

122-1 《精神-分析的新方向》（*New Directions in Psycho-Analysis*）。

122-2 在安娜‧佛洛伊德的《兒童的精神分析治療》（*The Psycho-Analytic Treatment of Children*, 1927）中，有對此早期方法的描述。

為只適合潛伏期之後的兒童。[122-2]

　　我的第一名病人是一個五歲大的男孩，在我最早出版的論文 [122-3] 中，我用弗立茲（Fritz）這個名字稱呼他。在開始的時候，我以為只要影響母親的態度就足夠了，我曾建議她應該鼓勵孩子 123 自由地與她討論許多未說出口的問題，這些問題明顯存在於他內心深處，而且阻礙了他的智能發展。這麼做有了好的效果，但是他的神經症困難並未被充分緩解，很快地，我決定應該要對他作精神分析。這麼做時，我偏離了某些已經建立的法則，因為在孩子呈現的材料中，我詮釋了我認為最急迫的部分，並且發現我的興趣專注在他的焦慮以及對抗這些焦慮的防衛上。這種新的路徑很快使我面臨了嚴重的問題，我在分析這個第一名病人時，所遭遇到的焦慮是非常急迫的，而且，雖然我觀察到焦慮一再因為我的詮釋而緩解，以至於確信我工作的方向是對的，但是有時候我會因為被表面化的新焦慮之強度感到不安。在這個時候，我向亞伯拉罕醫師請教，他回覆說：既然到目前為止，我的詮釋經常帶來舒緩的效果，而且分析明顯有進展，他不認為需要改變處理的方式。我受到他的支持鼓舞，在之後的幾天裡，孩子的焦慮從原先的高峰大幅地減弱，達到更進一步的改善。從這個分析所獲得的信念，強烈地影響了我全部的精神分析工作。

　　當時的治療在孩子的家中進行，用的是他自己的玩具。這個分析是精神分析遊戲技術的開始，因為從一開始，這個孩子主要就是透過遊戲來表達他的潛意識幻想與焦慮，而且我始終一致地

122-3　〈兒童的發展〉（The Development of a Child, 1923）、〈學校在兒童原慾發展中的角色〉（The Role of School in the Libidinal Development of the Child, 1924）與〈早期分析〉。

對他詮釋遊戲的意義，結果是在他的遊戲中有更多的材料浮現出來。也就是說，基本上我已經在這個病人身上使用了詮釋的方法，而這個方法成為我的技術之特色。這種處理方法符合精神分析的一項基本原則，也就是自由聯想；當我詮釋的不只是孩子的話語，也詮釋他玩玩具的活動時，我將這個基本的原則應用在兒童的心智上，而孩子的遊戲與各種活動（事實上也就是他的整體行為），是他們用來表達成人藉由言語所表達之內容的方法。整個治療過程中，我也受到佛洛伊德所建立的兩個法則指引，從一開始我就將它們視為基本的法則：探索潛意識是精神分析工作的主要任務，而分析移情關係則是達到這個目標的方法。

在1920年與1923年之間，我從其他兒童案例獲得了更進一

124 步的經驗，但是遊戲技術發展確切的一步，是我在1923年治療一個兩歲九個月大的孩子時所作的精神分析。我已經在我的書《兒童精神分析中》中，以莉塔（Rita）之名提供了這個兒童案例的細節。[124-1] 莉塔的困擾是夜驚（night terrors）及動物恐懼症，她對母親的態度非常矛盾，同時她黏母親到無法被單獨留下的程度；她有明顯的強迫性精神官能症，而且有時候非常憂鬱；她的遊戲受到壓抑，無法忍受挫折，這使她愈來愈難養育。我當時很懷疑該如何處理這個案例，因為分析這麼小的孩子，完全是一項新的試驗。第一次治療似乎印證了我的擔憂，當莉塔被單獨與我留在育嬰室時，立即顯現了我認為是負性移情的徵象：她當時焦慮而沉默，隨即要求出去外面的花園，我同意了，並且隨她

124-1 也見《養兒育女》（*On Bringing Up of Children ed. Rickman*, 1936）與〈從早期焦慮的觀點看伊底帕斯情結〉。

同去（我要補充的是，在她的母親與阿姨的注視之下，她們認為
這是失敗的徵象）。在十到十五分鐘後，當我們回到育嬰室時，
她們很訝異莉塔對我相當和善。對這種轉變的解釋是：當我們在
外頭的時候，我曾經詮釋她的負向移情，這再一次違反了一般的
做法。從她說的一些事情，以及她在開放空間裡比較不那麼害怕
的這個事實，我的結論是當她單獨與我在房間裡的時候，她會特
別懼怕我可能對她做的某些事情。我詮釋了這一點，並提及她在
夜裡的驚嚇，我將她懷疑我是一個具有敵意的陌生人連結到她的
恐懼：夜裡有壞女人會在她落單時攻擊她。在這個詮釋之後幾分
鐘，當我提議回去育嬰室的時候，她立即同意了。如我之前提到
的，莉塔在遊戲方面的抑制是明顯的，首先她幾乎什麼都不做，
除了強迫性地幫她的洋娃娃穿脫衣服；但很快我開始了解在她的
強迫症底下隱藏的焦慮，並且詮釋了它們。這個案例加強了我那
正茁壯的信念：對兒童進行精神-分析的前提，是要了解並且詮
釋潛意識幻想、感覺、焦慮，以及透過遊戲所表達的經驗，或者
是（如果遊戲被壓抑了）造成壓抑的原因。

　　如同對弗立茲一樣，我在這名小孩的家中作分析，並且用她
自己的玩具，但是在這僅僅維持數個月的治療過程中，我得到的
結論是：不應該在孩子的家中進行精神分析，因為我發現雖然她
非常需要幫忙，而且她的父母決定了我應該試試精神分析，但她
的母親對我的態度是非常矛盾的，而且整個氣氛對治療帶有敵 125
意。更重要的是，我發現移情的處境——也就是精神分析程序中
最重要的部分，只有在病人能感覺到治療室或遊戲室（事實上是
整個分析）是與其日常家庭生活分開的，才能被建立起來並且加
以維持。因為只有在此條件下，病人才能克服他對於經驗及表達

不符合常軌之思想感覺和慾望的阻抗，對兒童來說，他們感覺這些不符常軌的事情與許多被教導的事情相牴觸。

　　也是於1923年，在分析一名七歲的女孩時，我作了更有意義的觀察。她的神經症困難並不嚴重，但是她的父母關心她的智能發展已經有一段時間了；她雖然相當聰明，但是跟不上其他同年齡的孩子，她不喜歡學校而且有時候會逃學。以前她與母親的關係是有感情與信賴的，但自從她開始上學以來就改變了，她變得羞怯而沉默；我對她作了幾次治療都沒什麼進展。已經很清楚的是她不喜歡學校，從她膽怯地說出來的事情以及其他的意見，我已經能夠進行一些詮釋，這些詮釋衍生了一些材料，但是我的感覺是自己無法用這個方法獲得更多進展。有一次我又發現這個孩子沒有反應並退縮，我離開她，告訴她我稍後會回來；我到我孩子的嬰兒房拿了一些玩具、車子、小人物、幾塊積木、一輛玩具火車，把它們放進箱子裡，再回到病人那裡。這個小孩之前不曾畫畫或是從事其他活動，她立即對這些小玩具產生興趣，開始玩起來。從這次遊戲中，我推斷兩個玩具小人代表了她自己與一個小男孩（他是我之前曾聽她提過的一個同學），看起來這兩個小人的行為有不為人知之處；其他玩具人偶被認為是在干預與監視，被厭惡地放置在一旁。她玩這兩個玩具的方式帶來了一些災難，例如摔倒或是撞到車子，這與焦慮升高的徵象重複著。這時候我提到她遊戲中的細節而作出詮釋：在她與她的朋友之間似乎曾經發生一些性活動，而之前她非常恐懼這一點會被發現，因而不信任其他人。我指出她在遊戲時曾經變得焦慮，而且似乎就要停止遊戲。我提醒她，她不喜歡學校這點，可能與她害怕老師會發現她與同學的關係而處罰她有關，最重要的是她很害怕，而且

不信任她母親，現在她可能對我有同樣的感受。這個詮釋對孩子 126
的影響是很顯著的，她的焦慮與不信任剛開始時升高了，但是很
快就轉變為明顯的釋然；她的臉部表情改變了，而雖然沒有承認
或否認我的詮釋，接著她藉由製造新的材料以及變得更自由地玩
耍與說話，顯示了她的贊同，她對我的態度也變得更為友善而較
不懷疑。當然，與正向移情交替發生的負向移情一再地浮現，但
是從這一次治療以後，分析開始順利地進展。如我被告知的，同
時還有一些好的改變發生在她與家人的關係上，特別是和她母親
的關係。她對學校的排斥減弱了，對學業變得更有興趣，但是她
在學習方面的壓抑，根源於很深的焦慮，只能在治療過程中逐漸
地消解。

II

　　我剛剛敘述了使用我特別為兒童病人保留在箱子裡的玩具
（我將玩具裝入這個箱子，第一次帶到治療室），證實對她的治療
是非常重要的。這個經驗以及其他的經驗，幫助我決定哪些玩具
最適合精神-分析遊戲技術。[126-1] 我發現一件很基本的事，就是
要用小的玩具，因為它們的數量與多樣性，讓兒童能表達各種廣
泛的潛意識與經驗。為了這個目的，這些玩具必須是非機械性
的，而且人形只有顏色與大小的分別，不應該顯示任何特定的行
業，它們非常簡單的形式可以讓小孩根據在遊戲中所浮現的材

126-1　主要是小的木頭男人與女人（通常有兩種大小）、車子、獨輪手推車、鞦韆、飛機、動
　　　物、樹木、磚塊、房子、籬笆、紙、剪刀、刀子、鉛筆、粉筆或水彩、膠水、球與彈
　　　珠、可重複使用的黏土與線。

料，將它們用在許多不同的處境。他因此能夠同時呈現各種經驗與潛意識幻想，或是真正的處境，這也讓我們有可能對於其心智運作獲得一個比較連貫、有條理的圖像。

與玩具的單純、簡單一致，遊戲室的設備也是簡單的，不需包括任何精神-分析所不需要的東西。[126-2] 每一個孩子的玩具被鎖放在一個特定的抽屜裡，因此他知道只有分析師和自己知道他的玩具與遊戲（相當於成人的自由聯想）。上文所提到那個我第一次用來拿玩具給那名小女孩的箱子，轉變成個別抽屜的前身，而個別的抽屜則是分析師與病人之間私密與親密關係的一部份，代表了精神-分析的移情情境。

我不認為精神-分析的遊戲技術必須完全仰賴我特別挑選的遊戲材料，在任何情況下，兒童會自發地帶來自己的東西，而與這些玩具的遊戲很自然就進入了分析的工作。但是，我相信由分析師提供的玩具，大致上必須符合我所說的那一類玩具，也就是簡單而非機械性的小玩具。

不過，玩具不是遊戲分析的唯一必需品。許多的兒童活動不時會在洗手台附近進行，洗手台那裡應備有一兩條小毛巾、杯子與調羹。有時他會畫畫、寫字、著色、剪紙、修理玩具等等，有時則會玩遊戲，在其中他分派角色給分析師和自己，例如玩商店的遊戲、醫生和病人、學校、母親與孩子等等。在這種遊戲中，兒童時常會扮演成人的角色，不只表達了他想要倒轉角色的願望，也顯示出他如何感受父母或是其他權威者對待他的方式，或

127

126-2 要有可清洗的地板、自來水、一張桌子、幾把椅子、一張小沙發、幾個靠墊以及一個抽屜櫃。

是**應該表現**的方式。有時候他會藉由扮演父母的角色，對由分析師所代表的孩子施虐，以發洩攻擊性以及憤怒。不論潛意識幻想是藉由玩具或是戲劇化來代表，詮釋的原則是一樣的，因為不論使用什麼材料，都必須在技術層面下應用分析的原則。[127-1]

在兒童的遊戲中，有各種直接或是間接的方式來表達攻擊性，經常是玩具壞了，或是當孩子更具有攻擊性時，會使用刀子或剪刀攻擊桌子或木片；水和顏料飛濺四處，使治療室變成了戰場。讓孩子能夠釋放其攻擊性是必要的，但是，最重要的是瞭解為什麼在這個特別時刻的移情情境中，破壞衝動會浮現，並且要觀察這些破壞衝動在孩子心智中發生的後果。例如當孩子弄壞了一個小人之後，罪惡感可能很快會尾隨而來，這種罪惡感不只歸因於真正的傷害，也歸因於該玩具在孩子潛意識中所代表的人物，例如小弟弟、妹妹或是父母；因此，詮釋也必須處理這些更深的層次。有時候從孩子對分析師之行為，我們可以推斷出不只罪惡感，迫害焦慮也是其破壞衝動的後果，以及他害怕被報復。　128

我通常能夠對孩子傳達：我不能忍受對我身體的攻擊。這樣的態度不僅保護了精神-分析師，對分析來說也是很重要的，因為如果沒有對這種攻擊加以約束，容易激發孩子過多的罪惡感與迫害焦慮，因此而增加了治療的困難。有時候我會被問到如何防止身體攻擊的發生，我想答案是我非常小心不去壓抑孩子的攻擊潛意識幻想，事實上，孩子被給予機會用其他方式將這些潛意識幻想行動化，包括對我口頭上的攻擊。我愈是能立即詮釋孩子攻

127-1　上述玩玩具與遊戲的例子，可見於《兒童精神分析》（特別是第二、三、四章），也見於〈兒童遊戲中的擬人化〉（Personification in the Play for Children, 1929）。

擊的動機，就愈能夠掌控處境，但是對某些精神病的兒童，有時候難以保護自己免於他們的攻擊。

III

我發現孩子對於他所損壞的玩具的態度是非常具有啟示性的，通常他會將這樣的玩具（代表手足或是父母）放置在一邊，忽略它一段時間，這點顯示他不喜歡損壞的客體，由於他有被迫害的恐懼——怕被他攻擊的人（由玩具所代表）變得具報復性而危險。迫害感可能非常強烈，因而掩蓋了罪惡與憂鬱的感覺，這些感覺也是因為他所造成的傷害而引發的；或者是，罪惡感與憂鬱可能強烈到導致迫害感被再增強。不過有一天這孩子可能會在他的抽屜中尋找這個損壞的玩具，這暗示了在那個時候我們已經能夠分析某些重要的防衛，於是減弱了迫害的感覺，並且使得他們經驗到罪惡感與想修復的衝動。當這件事發生時，我們也能夠注意到，孩子與特定手足（由玩具所代表）之間的關係或是其一般的關係，都已經發生了改變。這個改變證實了我們的印象：迫害焦慮已經減弱了，而且隨同罪惡感與修復的願望，愛的感覺在之前因為過度焦慮而被減弱，現在則已經變得明顯了。對另外一個小孩、或是同一個小孩在分析的稍後階段，罪惡感與修復的願望可能很快會發生在攻擊行為之後，而且對於在潛意識幻想中已被他傷害的兄弟或姊妹所表現的溫柔相當明顯。這種改變對於性格形成、客體關係以及心智穩定的重要性，是再高估也不為過的。

詮釋工作中一個基本的部分，是必須要亦步亦趨地跟隨愛與

恨之間的波動——一方面是快樂與滿足，另一方面是迫害焦慮與
憂鬱。這意味了分析師不應該對孩子弄壞玩具表現出不贊同，不
過，他也不該鼓勵孩子表達其攻擊性，或是暗示他玩具可以被修
復。換句話說，他應該要讓孩子能夠在其情緒與潛意識幻想浮現
時去經驗它們。我的作法中始終如一的部分，是不使用教育或是
道德上的影響力，而是完全恪守精神-分析的程序，簡而言之，
包括瞭解病人的心智，並且向他傳達在其中發生了什麼。

　　遊戲活動可以表達無限多樣的情緒處境，例如：挫折與被拒
絕的感覺，對父母或是兄弟姊妹的嫉妒、伴隨嫉妒的攻擊性、擁
有玩伴以及對抗父母之盟友的快樂、對於新生兒或腹中胎兒的愛
與恨，及隨後的焦慮、罪惡感、想要修復的衝動等。我們也在兒
童的遊戲中，發現日常生活的真實經驗與細節的重複，經常與其
潛意識幻想交織在一起。具有啟發性的是：有時候生活中非常重
要的真實事件未能進入其遊戲或是自由聯想中，而且，所強調的
重點完全在明顯為次要的事情上；但是，這些次要的事情對兒童
來說格外重要，因為它們激發了情緒與潛意識幻想。

IV

　　有許多兒童在遊戲方面受到了抑制，這種抑制並未完全阻礙
他們遊戲，而可能是很快會中斷他們的活動。例如：一個小男孩
被帶來作單次的面談（在未來有可能進行分析，但是在當時父母
親要帶他一起出國），我在桌上放了一些玩具，他坐下來之後開
始玩，很快地，遊戲發展成許多意外事件、衝撞、玩具人摔倒，
以及他想要再將它們直立起來等等。在這整個過程中，他顯現了

非常多的焦慮,然而因為當時並未準備要治療,我沒有給予詮
釋。數分鐘後,他悄悄地溜下椅子,說道:「玩夠了。」然後走
了出去。從我的經驗來看,我相信如果這曾是治療的開端,而且
我詮釋了他在對玩具的行動上所表現的焦慮,以及對我的相對應
負向移情關係,那麼我應該能夠充分化解他的焦慮,讓他可以繼
續遊戲。

130　　下一個例子可以幫助我展示造成遊戲抑制的一些導因。有一
名三歲九個月大的男孩(我曾在《兒童精神分析》中使用「彼得」
這個名字),他非常的神經質,[130-1] 其困難是無法遊戲、不能忍
受任何挫折、羞怯而哀愁、不像男孩子,然而有時候具有攻擊性
而且傲慢,對家人的態度非常矛盾,特別是對於母親。她告訴我
彼得在一次夏日的假期之後就明顯地變得更糟,在該假期中,十
八個月大的他和父母同房,而且有機會觀察到他們的性行為。在
假期中,他變得非常難以照顧,睡得很差,而且夜裡再次遺便在
床上——在這之前,他已經好幾個月沒有這樣了。在此之前他可
以自在地遊戲,但是夏天以後,他停止了遊戲,並且對玩具非常
具破壞性,他對玩具除了破壞之外,什麼都不做。不久之後他的
弟弟出生了,這又更增加了他的困難。

　　第一次治療時,彼得開始遊戲,他很快就讓兩匹馬撞在一
起,而且對不同的玩具重複同樣的動作;他也提到他有了一個小
弟弟。我對他詮釋說:馬匹與其他互相撞在一起的東西代表了一
些人,他剛開始時排斥這個詮釋,之後就接受了。他又將馬匹撞
在一起,說牠們要睡覺了,然後用積木將牠們蓋起來,又說:

130-1　這個孩子的分析開始於1924年,他是幫助我發展遊戲技術的案例之一。

「現在牠們死了，我把牠們埋起來。」他將汽車頭尾相接排成一列（在後來的分析中，這種排列方式清楚地象徵了他父親的陰莖），讓它們成列行駛，然後突然發起脾氣，將它們丟到房間四處，說道：「我們總是把我們的耶誕禮物直接甩掉，我們不需要任何禮物。」因此，捧掉他的玩具在其潛意識中代表了捧他父親的生殖器；在這第一次治療中，他真的弄壞了幾個玩具。

　　在第二次治療中，彼得重複了第一次治療中的某些材料，特別是將汽車、馬匹等撞在一起，並且再次提到他的弟弟。因此，我詮釋說他在向我顯示他的媽咪和爹地是如何將他們的生殖器撞在一起（當然我是用他自己的話來說生殖器），還有他認為他們這麼做導致了小弟弟的出生；這個詮釋引發了更多的材料，幫助說明他對弟弟與父親非常矛盾的關係。他放了一個玩具男人在一塊積木上，叫這塊積木是「床」，他把玩具丟下，說它「死了、完蛋了」。接著他用兩個玩具男人（他選擇了他已經弄壞的玩具）重演了同樣的事情，我詮釋第一個玩具男人代表了他的父親，他想把他從母親的床上丟開，並殺了他；而兩個男人之一也是他的父親，另外一個則代表他自己，父親會對他做一樣的事情。他會選擇兩個損壞人偶的原因是：他感覺如果他攻擊父親的話，父親和他自己都會受傷。

　　這些材料說明了許多重點，我只提出其中一兩點。因為彼得目睹雙親性交的經驗，已經在他的心裡造成了很大的衝擊，而且激發了強烈的情緒，例如嫉妒、攻擊性與焦慮，這是他在遊戲中最早表達出來的事情。毫無疑問的，他對此經驗不再有任何意識層面的認知，也就是說這個經驗被潛抑了，而且他只可能透過象徵性的表現傳達該經驗。我有理由相信，如果我未曾詮釋那些撞

131

在一起的玩具是一些人的話，他也許不會產生在第二次治療中所出現的材料，而且如果我無法在第二次治療時，藉由詮釋他對玩具的破壞來顯示他抑制遊戲的某些理由，他將很有可能像他在日常生活中所表現的一樣，在破壞玩具以後就停止遊戲了。

有些兒童在治療開始的時候，可能就像彼得或是那位只面談一次的小男孩一樣無法遊戲，然而很少見到一個孩子會完全忽視擺在桌上的玩具，即使他不理會這些玩具，他仍然經常會讓分析師洞視他不想玩的動機。兒童分析師也可以用其他方法來收集資料並加以詮釋；任何活動，例如在紙上塗鴉、剪紙，以及任何行為的細節，例如姿勢或臉部表情的改變，能夠提供關於孩子心中發生了什麼事的線索，這有可能與分析師從孩子的父母那裡聽到關於其困難的事情有關。

我已經說了很多在使用遊戲技術時提出詮釋的重要性，並且提出某些例子來說明它們的內容。這帶來一個常被問到的問題：幼兒在智能上能夠理解這樣的詮釋嗎？我和同儕們的經驗是這樣的：如果詮釋與材料中的明顯部分有關聯的話，這些詮釋是可以被充分理解的；當然，兒童分析師在給予詮釋時，必須盡可能地簡明與清楚，也應該運用孩子的表達方式。只要將孩子呈現的材料之基本要點轉譯為簡單的話語，就能夠觸及那些在當下最為明顯的情緒與焦慮。孩子在意識上與理智上的了解，通常是一種接續的過程；對於新手兒童分析師來說，一個有趣而令人訝異的經驗是，即使在非常小的幼兒身上，也能發現獲得洞識的能力，而且這種能力通常遠比成人來得好。在某個程度上，這一點可以由以下的事實來加以解釋：幼兒潛意識與意識之間的連結比成人更為接近，而且嬰兒期的潛抑比較不那麼強烈。我也相信嬰兒的智

能經常被低估了，事實上他們瞭解的比被認定的更多。

　　我現在要藉由一個幼童對我的詮釋的反應，來說明我剛才提出的論點。彼得（我已經提供關於其分析的一些細節）曾強烈地反對我這樣的詮釋：被他從「床」上摔下來的玩具男人（他認為「死掉了、完蛋了」）代表了他的父親（詮釋對所愛的人的死亡願望，通常會引起兒童極大的阻抗，與成人一樣）。在第三次治療中，彼得再一次帶來類似的材料，但是現在接受我的詮釋，並深思地說：「如果我是爸爸，有人想把我丟到床後面去，並且讓我死掉，我會怎麼想呢？」這顯示他不只修通、瞭解、接受了我的詮釋，而且也已經認知了更多。他瞭解自己對父親的攻擊感覺是造成他害怕父親的原因，還有，他曾經將自己的衝動投射在父親身上。

　　遊戲技術的要點之一向來就是移情的分析。如我們所知的，病人在對分析師的移情中重複了早期的情緒與衝突。我的經驗是：藉由在我們的移情詮釋中，追溯病人的潛意識幻想與焦慮到它們的起源處（也就是嬰兒期以及他與最初客體的關係上），我們就能在根本處幫助病人。因為藉由再經驗早期的情緒與潛意識幻想，並且瞭解它們與其原初客體的關係，病人能夠在根源上改變這些關係，因此能有效地減弱焦慮。

V

　　回顧我最初幾年的工作，我想挑出一些事實來加以討論。在本篇論文開頭處我曾提到：在分析我最早的兒童病例時，我發現我的興趣集中在其焦慮以及對這些焦慮的防衛上，這帶領我更深

入地進入潛意識以及孩子的潛意識幻想生活中。這種特別的強調背離了精神-分析的觀點——詮釋不該進入潛意識太深，而且不應該經常給予詮釋。即使這樣做涉及了技術上的徹底改變，我仍然持續我的處理方式，這樣的方式帶領我進入了新的領域，因為它開啟了對於早期嬰兒期潛意識幻想、焦慮與防衛的瞭解，這些在當時大多仍然是尚未加以探索的部分；當我開始將我的臨床發現作理論性的闡述時，我覺得這一點變得清楚了。

133

在對莉塔的分析中，令我驚訝的現象之一是她的超我之嚴峻。我曾經在《兒童精神分析》一書中描述了莉塔如何慣於扮演嚴厲與懲罰性的母親，這個母親對待孩子（由洋娃娃或是我所代表）非常殘酷；而且，她對母親的矛盾、她極度需要被懲罰、她的罪惡感及夜驚，讓我認知到嚴峻而冷酷的超我在這個兩歲九個月大的孩子（很清楚是倒退到更早的年齡）心中運作著。這個發現在其他幼兒的分析中得到了證實，我得到的結論是：超我發生於較佛洛伊德所假設更早的階段；換句話說，我發現他所構想的超我，其實是延續好幾年發展的最終產物。更進一步觀察的結果是：我認識到超我被孩子感覺為一種以具體的方式運作於心中的存在，它包含了各種從其經驗與潛意識幻想所建立起來的形象，源自於他已經內化（內攝）了父母的階段。

這些觀察接著在分析小女孩時帶來了一個發現，即主要的女性焦慮處境（female anxiety situation）：母親被感覺為原初的迫害者，她是外在與內化的客體，攻擊孩子的身體並從孩子身上拿取她想像的小孩。這些焦慮是源自於女孩潛意識幻想中對母親身體的攻擊，目的在搶奪其內容物，也就是糞便、父親的陰莖以及孩子們，這導致了害怕受到類似攻擊的報復。我發現這種迫害焦

慮與很深的憂鬱及罪惡感結合，或是交替發生者。這些觀察帶領我發現了修復傾向在心智生活中所扮演的重要角色，在這個意義上的修復，比佛洛伊德對於「強迫性神經症」之「抵銷」以及「反向作用」的概念更為寬廣，因為它包括了各種過程，藉由這些過程，自我感覺自己抵銷了在潛意識幻想中所造成的傷害，且恢復、保存並復活了客體。這種傾向的重要性與罪惡感息息相關，對於所有昇華以及心智健康也提供了主要貢獻。

　　我在研究潛意識幻想中對母親身體的攻擊時，很快就發現了肛門以及尿道的施虐衝動。上文中我曾提到，在莉塔的案例（1923）中，我認識到超我的嚴峻，對她的分析大力幫助我了　　134解：對母親的破壞衝動如何成為罪惡感與迫害感的導因。有許多案例使我更加清楚破壞衝動的肛門與尿道施虐性質，其中之一就是我在1924年分析的一個三歲又三個月大的女童楚德（Trude），[134-1]當她來找我治療時，她受苦於各種症狀，諸如夜驚與大小便失禁等。她在分析早期時，要求我假裝在床上睡覺，然後她會說要攻擊我，要看我的屁股裡有沒有大便（我發現大便也代表了孩子們），她要將它們取出來。在這種攻擊之後，她蜷縮在角落，假裝她在床上，自己蓋上抱枕（這是要保護她的身體，而且也代表了孩子們），在此同時，她真的尿濕了，而且清楚顯示她非常害怕會受到我的攻擊。她對於已內化的危險母親的焦慮，證實了我最初在莉塔的分析中所獲得的結論。這兩個分析都是短期的，部分原因是父母們認為已經達到足夠的進步了。[134-2]

134-1　比較《兒童精神分析》。
134-2　莉塔有八十三次，楚德有八十二次。

之後不久，我確信這種破壞衝動與潛意識幻想可以追溯到口
腔－肛門衝動與潛意識幻想，事實上，莉塔已經非常清楚地顯示
了這一點。她曾經塗黑一張紙，然後把它撕碎，把碎紙丟進一杯
水中，並將嘴湊上前去，狀似要喝下它，同時小心輕聲地說道：
「死掉的女人。」[134-3]這種撕紙與弄髒水的行為，我曾將其理解
為表達了潛意識幻想中對母親的攻擊與謀殺，而這樣的潛意識幻
想又引發了怕遭受報復的恐懼。我已經提過，是因為楚德這個案
例，我才注意到這種攻擊中特別的肛門與尿道施虐性質。不過在
1924與1925年間所做的其他分析案例中（露絲〔Ruth〕與彼
得，兩者都在《兒童精神分析》中有所描述），我也注意到口腔
施虐衝動在破壞性的潛意識幻想與相應的焦慮中所扮演的基本角
色，因此在幼童的分析中所找到的資料，充分地證實了亞伯拉罕
的發現。[134-4]因為這些分析比莉塔和楚德的分析持續更久，[134-5]
135 它們提供我更進一步的觀察範圍，讓我對口腔期的願望與焦慮在
正常與不正常的心智發展中所扮演的基本角色，獲得了更完整的
洞視。[135-1]

如我之前提到的，我已經在莉塔與楚德的分析中認識了被內
化、受攻擊而恐怖的母親——也就是嚴峻的超我。在1924與
1926年之間，我分析了一個病得非常嚴重的孩子，[135-2]透過她

134-3 見〈從早期焦慮的觀點看伊底帕斯情結〉（p. 404）。
134-4 比較〈原慾發展簡論——心理病理觀點〉（A Short Study of the Development of the Libido, Viewed in the Light of Mental Disorders, 1924）。
134-5 露絲分析了一百九十次，彼得兩百七十八次。
135-1 由於我更加確認亞伯拉罕的發現之重要性，導致了我找他做分析；我的分析開始於1924年，在十四個月後因為他的疾病與死亡而被迫中斷。
135-2 在《兒童精神分析》第三章中，是以「厄娜」（Erna）這個名字來描述的。

的分析，我得知了許多關於這些內化的特別細節，以及構成偏執焦慮與躁鬱焦慮之基礎的潛意識幻想與衝動。由於我了解她內攝過程的口腔期與肛門期性質，以及它們所造成的內在迫害處境，我也更加注意到內在迫害如何藉由投射的方式來影響與外在客體的關係。其嫉羨與恨的強度完全顯示了其源自於與母親乳房的口腔施虐關係，而且與其伊底帕斯情結的開始交織在一起。在1927年第十屆國際精神分析大會上，厄娜的案例對奠定我所報告的許多結論之基礎有很大的幫助，[135-3]特別是以下這個觀點：在口腔施虐衝動與潛意識幻想達到高峰時所建立的早期超我，構成了精神病的基礎。兩年之後，我將這個觀點加以擴展，強調口腔施虐性對於精神分裂症的重要性。[135-4]

以我到目前為止所描述的分析案例，我也能在一些男童身上進行關於焦慮處境的有趣觀察。對男孩與男人所作的分析，充分證實了佛洛伊德的觀點，即閹割焦慮是男性首要的焦慮。不過我認識到由於早年對母親的認同（在這個女性位置上進入了伊底帕斯情結的早期階段），男人與女人一樣，對身體內部遭攻擊的焦慮是非常重要的，這種焦慮以各種方式影響並形塑了他們的閹割恐懼。

在潛意識幻想中，對母親身體與她所包含的父親之攻擊所產生的焦慮，在兩性都被證實是構成幽閉恐懼症（claustrophobia）的基礎（包括害怕被拘禁或是埋葬在母親體內的恐懼）。舉例來說，這些焦慮與閹割恐懼的關聯，可以見於失去陰莖或是幻想陰

135-3　比較〈伊底帕斯衝突的早期階段〉。
135-4　比較〈象徵形成在自我發展過程中的重要性〉。

莖在母親體內被毀滅的潛意識幻想，而這可能會導致陽萎。

136　　　我發現有關攻擊母親身體以及被外在與內在客體攻擊的恐懼，具有特別的性質與強度，這種性質與強度暗示了它們的精神病本質。在探索兒童與內化客體的關係時，各種內在迫害及其精神病性質的內容變得清楚了。我也認識到對被報復的恐懼，源自於個體自身的攻擊性，因此我認為，自我的最初防衛是要應付因為破壞衝動及潛意識幻想所激發的焦慮。當追溯這些精神病性質的焦慮至其起源處時，一再發現它們是來自於口腔施虐性。我也了解到與母親的口腔施虐關係，以及內化那被吞噬因而具吞噬性的乳房，創造了所有內在迫害者的原型。而且，一方面是內化受傷而可怕的乳房，另一方面是內化滿足的與有幫助的乳房，兩者形成了超我的核心。另外一個結論是：雖然來自所有來源的口腔焦慮先發生，但施虐衝動與渴望在非常早期階段就已經開始運作了，而且與口腔焦慮重疊著。[136-1]

我在上文已經描述嬰兒期焦慮的重要性，這也會顯示在病情嚴重的成人身上，其中有些是邊緣性精神病（border-line psychotic）案例。[136-2]

136-1 這些與其他的結論，見於我曾提及的兩篇論文中：〈伊底帕斯衝突的早期階段〉及〈象徵形成在自我發展過程中的重要性〉，也見於〈兒童遊戲中的擬人化〉。

136-2 可能是這樣的：在分析一個妄想型精神分裂症的男病患時（只分析一個月），我瞭解了精神病性質的焦慮，以及需要詮釋這些焦慮的迫切性。在1922年，一個準備去度假的同事要求我幫他照顧一名精神分裂病患一個月。從第一個小時開始，我就發現我不該讓病人有任何時間保持沈默，我感覺到他的沈默意味著危險。每一次這樣的狀況發生時，我就會詮釋他對我的懷疑，例如：我和他的叔叔共謀要設計他，使他再度受到被禁制的處分（他最近才被解除禁制）；這些材料是他在其他場合曾經表達的。當我如此詮釋他的沈默（將其與先前的材料連結）時，他坐了起來，以威脅的語氣問我：「妳想把我送回療養院是嗎？」不過他很快就安靜下來，開始更自由地說話。這顯示了我的方向是正確的，應該繼續詮釋他的懷疑以及被害的感覺。在某個程度上，對我的正向與負向移情發生了。

　　有其他經驗幫助我獲得更進一步的結論，比較我在厄娜（無 137
疑是妄想症）與一些病情較輕（只能被稱為精神官能症）的兒童
身上所發現的潛意識幻想與焦慮，使我相信精神病性質的（妄想
與憂鬱的）焦慮構成了嬰兒期精神官能症的基礎。在成人精神官
能症患者的分析中，我也有類似的觀察，這些不同的探索途徑帶
來的結果是以下的假設：在某個程度上，精神病性質的焦慮是正
常嬰兒期發展的一部份，而且，這種焦慮在嬰兒期精神官能症過
程中被表達與修通。[137-1] 不過，為了要揭開這些嬰兒期的焦慮，
分析必須進入潛意識的深層，這點適用於成人與兒童。[137-2]

　　在本論文的引言中曾指出，我從一開始就集中注意兒童的焦
慮，而且我發現透過詮釋可以減輕這些焦慮，為了要這麼做，必
須充分使用遊戲的象徵性語言，我認為遊戲是兒童表達方式的基
本部分。如我們已經知道的，積木、小人、車子不只代表了兒童
所感興趣的東西，而且在他們玩這些玩具的時候，它們總是具有
各種象徵的意義，這些意義和他的潛意識幻想、願望及經驗是密
切相關的；這種古老原始的表達方式也是我們在夢中所熟悉的語

　　但有一度，當他對女人的恐懼感非常強烈地浮現時，他要求我告訴他一位可以幫助他的
　　男分析師的名字，我告訴他一名分析師的名字，但是他從未與這位同僚聯絡。在那一個
　　月當中，我每天見這個病人；那位要我照顧這個病人的分析師回來時發現有些進展，希
　　望我繼續分析，我拒絕了，因為我非常清楚在沒有任何保護與其他適當的安排下，治療
　　一個妄想症病患是具有危險性的。當我在分析他的期間，他經常在我的房子對面站立好
　　幾個小時，仰望我的窗口，只有少數幾次他按了門鈴要見我。我要提出的是，不久以後
　　他再度受到禁制處分。雖然我在當時沒有從這次經驗中獲得任何理論性的結論，我相信
　　這個分析的片段也許促成了我日後對嬰兒期焦慮之精神病本質的洞識，以及我的技術之發展。

137-1　如我們所知的，佛洛伊德發現了在正常與精神官能症之間並沒有結構上的不同，這個發
　　　現對於瞭解一般心智過程已經是最重要的了。我的假設是：在嬰兒時期，精神病本質的
　　　焦慮是無所不在的，而且構成了嬰兒期精神官能症的基礎，這延伸了佛洛伊德的發現。

137-2　我在上一段落中曾經陳述的結論，可以在《兒童精神分析》中找到完整的闡述。

言，我發現藉由佛洛伊德詮釋夢的方式來接觸兒童的遊戲，能夠觸及兒童的潛意識。但是我們必須考慮每個兒童使用象徵的方式與其特定的情緒與焦慮，以及與分析中呈現的整個處境之間的關聯，單是概括性地轉譯象徵是毫無意義的。

138　　由於我認定了象徵的重要性，隨著時間的推進，使我獲得了關於象徵過程的理論性結論。對遊戲的分析已經顯示，象徵讓兒童不僅能夠將興趣從人轉移到物體，也能轉移潛意識幻想、焦慮與罪惡感。[138-1] 因此在遊戲中可以經驗到很大的釋放，對兒童來說，這是遊戲如此重要的因素之一。例如我之前提到的彼得，當我詮釋他破壞一個玩具人偶是代表對弟弟的攻擊時，他對我指出：他不會對他**眞正的**弟弟做這樣的事情，他只會對**玩具**弟弟做這種事。我的詮釋當然使他清楚他想攻擊的是真正的弟弟。不過，這個例子顯示只有藉由象徵的方式，他才能夠在分析情境中表達破壞傾向。

我也獲得了這樣的觀點：在兒童身上，嚴重地抑制象徵的形成與使用，以及抑制潛意識幻想生活的發展，都是嚴重困擾的徵象。[138-2] 我認為這種壓抑及其所導致與外在世界與現實關係上的干擾，是精神分裂症的特徵。[138-3]

我要稍加一提的是，從臨床與理論的觀點來看，我發現我同時分析成人與兒童是很有價值的，我因而能觀察到嬰兒的潛意識幻想與焦慮在成人身上仍在運作，而且能夠評估幼兒的未來發展

138-1 就此而論，比較恩斯特‧鍾斯醫師的重要論文〈象徵的理論〉（The Theory of Symbolism, 1916）。

138-2 〈象徵形成在自我發展過程中的重要性〉（1930）。

138-3 這個結論已經影響了對精神分裂症之溝通方式的瞭解，也在精神分裂症的治療上佔有一席之地。

可能會如何。藉由比較病情嚴重的兒童、精神官能症兒童與正常
的兒童，並且了解具有精神病本質的嬰兒期焦慮是成人精神官能
症的導因，我獲得了上述的結論。[138-4]

VI

在分析成人與兒童時，追溯其衝動、潛意識幻想與焦慮至它
們的起源，也就是追溯到其對母親乳房的感覺（即使對未曾接受
乳房哺乳的兒童亦然），我發現客體關係幾乎是從出生就開始
了，發生在第一次餵食的經驗，而且心智生活的每一個面向都與
客體關係密切相關。我也發現兒童對外在世界的經驗（不久即包
括了與父親以及其他家庭成員的矛盾關係），始終受到兒童所建
構的內在世界影響，而且前者又依次影響了後者；另外，由於內　139
攝與投射從生命一開始就共同運作著，外在與內在處境一直都是
互相依存的。

在嬰兒心中，母親主要以彼此分離的好乳房與壞乳房來顯
現，而且，在幾個月內，隨著自我整合逐漸增長，對比衝突的面
向開始被合成在一起，這樣的觀察幫助我瞭解分裂的過程與分開
好、壞形象的重要性，[139-1]以及這些過程對自我發展的影響。自
我合成了客體好與壞的（被愛與被恨的）面向，導致憂鬱焦慮的
發生，從這樣的經驗所獲得的結論，接著又帶領我到憂鬱心理位
置的概念（憂鬱心理位置在第一年的中段達到高峰）；在此之前

138-4 正常、精神官能症與精神病三者之間，除了共同的性質以外，其根本不同之處是我在此
　　　無法加以討論的。

139-1〈兒童遊戲中的擬人化〉（1929）。

是偏執心理位置，這個位置跨越最初的三到四個月，其特徵是迫
害焦慮與分裂的過程。[139-2] 後來在1946年，[139-3] 我重新闡述我
對於最初三到四個月的觀點時，我稱這個階段為（依費爾貝恩
〔Fairbairn W. R. D.〕所提議的）[139-4] 偏執-類分裂心理位置，而
且為了要建構完成其意義，我試圖將我對於分裂、投射、迫害與
理想化的發現統合起來。

　　我對兒童的分析工作，以及從中所獲得的理論性結論，愈來
愈影響著我對成人所用的技術。「起源於嬰兒期心智的潛意識，
必須要在成人加以探索」，一直是精神分析的教義。我對兒童的
經驗，在這個方向上已經將我帶向比以往更深的地方，也導致了
一種技術，使得觸及這些層次成為可能。特別是我的遊戲技術，
已經幫助我看出哪一種材料是當下最需要加以詮釋的，以及最容
易向病人傳達詮釋的方式，我可將某些這方面的知識運用在成人
身上。[139-5] 如同前文曾經指出的，這不表示用在兒童的技術與用
在成人的方法一樣，在分析成人時，雖然我們往回追溯到最早的
階段，但非常重要的是要考慮成人的自我，就如同在兒童的分析
中，我們注意到嬰兒自我當時所處的發展階段。

140

139-2 〈論躁鬱狀態的心理成因〉（1935）。

139-3 〈對某些類分裂機制的評論〉（1946）

139-4 費爾貝恩〈再修訂精神病與精神官能症之精神病理〉（A Revised Psychopathology of
　　　Psychoses and Neuroses, 1941）。

139-5 遊戲技術也影響了其他領域的兒童工作，例如兒童導護與教育方面。在英國，由於蘇
　　　珊・伊薩克斯在馬汀之家學校（Malting House School）所進行的研究，教育方法的發展
　　　因而獲得了新的動力。她關於這方面工作的書廣受閱讀，並且已經對本國的教育技術產
　　　生了持續的影響，特別是與幼兒有關的領域。她的方法強烈受到她對兒童精神分析（特
　　　別是遊戲技術）有深入認識之影響；在英國，精神-分析對兒童的瞭解於教育發展有所貢
　　　獻，主要是因為她的關係。

　　更充分瞭解最早的階段，以及潛意識幻想、焦慮與防衛在嬰兒情緒生活中的角色，也已經對成人精神病的固著點提出了說明，因而開啟了藉由精神-分析來治療病人的新方向。這個領域——特別是對精神分裂症病患的精神-分析，需要更多進一步的探討，但是某些精神分析師（本書所描述的）在這個方向上已經完成的工作，似乎肯定了未來的希望。

【第九章】論認同

簡介

141 　　在〈哀悼與重鬱症〉[141-1]一文中，佛洛伊德（1917）顯示了
認同與內攝之間的內在相關性，他在稍晚對於超我的發現，[141-2]
即認為超我是由內攝並認同父親而形成的，這導向了這樣的認
知：隨著內攝而發生認同是正常發展的一部份。自從這個發現以
來，內攝與認同已經在精神-分析的思考與研究上扮演了重要的
角色。

　　在開始進入本章要旨之前，我想先摘要我在這個主題上的主
要結論，會有幫助。超我的發展可以追溯到嬰兒期最早階段中所
發生的內攝，原初內化客體形成了複雜的認同過程之基礎。發生
於出生經驗的迫害焦慮是焦慮的最初形式，很快地憂鬱焦慮接著
發生。內攝與投射從出生時即開始運作，並且不斷地互動著，這
樣的互動建立了內在世界，而且形塑了外在現實的樣貌。內在世
界包含了許多客體，最主要的是母親，她的各種不同面向以及情
緒處境被內化，這些內化形象彼此之間的關係，還有它們與自我
之間的關係，（當迫害焦慮盛行時）容易被經驗為主要是帶有敵

141-1　亞伯拉罕關於重鬱症的著作與這方面的關聯也是極為重要的：最早是在1911年（〈關於躁
　　　鬱精神病與相關病情之精神-分析研究與治療的簡短評論〉〔Notes on the Psycho-
　　　Analytical Investigation and Treatment of Manic-Depressive Insanity and Allied
　　　Conditions〕）與1924年（〈原慾發展簡論——心理病理觀點〉）。
141-2　《自我與本我》。

意而危險的；當嬰兒得到滿足且快樂的感覺佔優勢的時候，這些
內化的形象被感覺為關愛的和好的。這個內在世界可以用內在的
關係與事件來加以描述，它是嬰兒自身的衝動、情緒與潛意識幻
想之產物，當然，它也受到外在環境之好與壞的經驗深深影響。
[141-3] 但是在同時，內在世界影響著他對外在世界的感知，這對於
其發展的影響並未稍減。母親（主要是她的乳房）是嬰兒內攝與
外射過程的原初客體，愛與恨從一開始就被投射給她，同時她與
這些對比的原始情緒一同被內化，嬰兒因這些情緒而感受到母親
（乳房）是好的與壞的。凡親與其乳房被灌注愈多（灌注的程度
受到內在與外在因素共同決定），內化的好乳房（好的內在客體
之原型）就愈能夠穩固地在嬰兒的心智中建立起來，這點接著又
影響到投射的性質與強度，特別是它決定了在投射中佔優勢的是
愛的感覺或是破壞的衝動。[142-1]

　　我曾經以各種不同的連結方式，描述嬰兒對於母親的施虐潛
意識幻想，我發現攻擊的衝動與潛意識幻想，發生在最初與母親
乳房的關係上，例如：將乳房吸乾、將它掏空，旋即發展為進入
母體，而且搶奪她體內東西的潛意識幻想；同時，透過將排泄物
放進母體裡，嬰兒經驗到攻擊母親的衝動與潛意識幻想。在這些
潛意識幻想中，身體的產物與自體的局部在感覺上被裂解、投射
進入母體，而且在她體內持續存在著，這些潛意識幻想不久即擴
及父親與其他的人。我也主張源自於口腔、尿道與肛門施虐衝動

141-3 在生命剛開始時的外在環境中，母親的態度是最為重要的，而且在兒童的發展上一直是
　　　主要的因素。比較，例如《精神-分析的發展》（Klein et al., 1952）。
142-1 用兩種本能的角度來看，這個問題是這樣的：在生死本能之間的爭鬥中，是否生之本能
　　　佔優勢。

的迫害焦慮與被報復的恐懼，是發展為妄想症與精神分裂症的基礎。

不只是被感覺為具破壞性的「壞」部分自體被裂解、而且投射進入另外一個人，還有被感覺為有價值的好部分亦然。稍早我曾經指出，從生命剛開始的時候，嬰兒的最初客體（母親的乳房與母親）為原欲所投注，這點強烈地影響了母親被內化的方式，接著又對嬰兒與母親作為外在與內在客體的關係有極大的重要性；母親被原欲投注的方式，與投射好的感覺與好的部分自體進入母體有密切的關係。

在更深入工作的過程中，我也認知到確認某些特定投射機制的重要性，而這些機制是附加在內攝機制之上的；這個過程是對他人發生認同感覺的基礎（因為將自己的特質與態度加諸於他人之上），一般來說，它被視為理所當然，甚至在精神-分析理論尚未建立相關的概念之前即是如此。例如，作為神入（empathy）基礎的投射機制是我們在日常生活中很熟悉的，精神醫學所熟知的一些現象，如：病人感覺自己事實上是基督、神、國王、名人等，都和投射有密切的關聯。在我的論文〈對於某些類分裂機制的評論〉中，我提出「投射認同」[143-1]這個詞來代表那些形成一部分偏執-類分裂心理位置的過程，不過，這些現象的根本機制尚未被詳加研究。雖然如此，我在那篇論文中作出的結論是根據某些我在早期的發現，[143-2]特別是關於以多種方式攻擊母體（包

143

143-1 在這個連結上，我參考：賀伯特‧羅森菲爾德的論文〈一個併發人格失真之精神分裂狀態的分析〉、〈對於男同性戀與妄想症、妄想性焦慮及自戀之關聯的評論〉（Remarks on the Relation of Male Homosexuality to Paranoia, Paranoid Anxiety, and Narcissism, 1949）及〈評論慢性精神分裂病人意識混亂狀態之病理〉，這些論文和這裡討論的問題有關。

143-2 比較我的《兒童精神分析》，例如第146頁以後。

括將排泄物與自體的某些部分投射進入母體）的嬰兒期口腔、尿
道與肛門施虐潛意識幻想與衝動。

　　投射認同與發生在生命最初三到四個月（偏執-類分裂心理
位置）的發展過程息息相關，在這段期間，分裂正處於高峰，而
且迫害焦慮佔了優勢；自我仍處於大部分尚未整合的狀態，因此
易於分裂自己，以及其情緒與內、外在客體，但是，分裂也是一
種應付迫害焦慮的基本防衛。其他發生於這個階段的防衛是：理
想化、否認、對內在與外在客體的自大全能控制。藉由投射的認
同，意味著結合了以下兩個過程：部分自體的裂解，以及將其投
射到（或是進入）另外一個人。這些過程有許多分歧的路徑，而
且在根本上影響了客體關係。

　　在正常發展過程中，第一年的四到六個月時，由於自我具有
較大的整合自我與合成客體的能力，結果是迫害焦慮減弱了，憂
鬱焦慮則顯現出來；這含括了關於他對客體造成傷害（在他自大
全能的潛意識幻想中）的哀傷與罪惡感，而這個客體現在被感覺
為既是被愛又是被恨的。這些焦慮與應付焦慮的若干防衛機制，
代表了憂鬱心理位置的狀態。在這個關聯點上來看，為了要逃離
憂鬱狀態，可能會退行到偏執-類分裂位置。

　　我也要提出內化對於投射的過程是極為重要的，特別是好的　144
內化乳房在自我中的功能，如同一個凝聚點，來自於這一點的好
感覺能夠被投射到外在的客體，它強化了自我、反制了分裂與破
碎、增強整合與合成的能力；因此，好的內化客體是整合而穩定
的自我以及良好客體關係的一個前提。我認為在最早的嬰兒期，
整合的趨向與分裂同時存在著，是心智生活的主要特質。形成整
合的需要，其主要因素之一是個體如下的感覺：整合意味著存

活、愛著，而且被內在與外在客體所愛；也就是說，在整合與客
體關係之間，存在著很密切的關係。相反地，我認為混亂、分解
及由於分裂而導致缺乏情緒的感覺，和死亡的恐懼有密切的關
係。我曾主張（在「類分裂機制」論文中）怕被內在的破壞力滅
絕的恐懼，是所有恐懼之最。應付這種恐懼的最初防衛（分裂）
具有以下的效果：它分散了焦慮，而且切斷了情緒；然而在另一
方面，它是失敗的，因為它導致了一種近似死亡的感覺——伴隨
的分解與混亂感即相當於這種感覺。我想精神分裂病人的痛苦是
未被充分了解的，因為他們顯得毫無情緒。

在此我希望比我的論文「類分裂機制」更加深入，我認為一
個穩固建立的好客體（意味著與該客體有穩固建立的愛），給予
自我豐饒的感覺，允許原欲往外流出，並且將自體好的部分投射
到外界，不會發生枯竭的感覺。自我也能夠感覺到它不僅能夠從
其他資源攝入好的品質，也能夠再內攝它之前給出去的愛，於是
自我因為這整個過程而更豐富了；換句話說，在這些狀態下，給
出與攝入、投射與內攝之間是平衡的。

而且，只要在滿足與愛的狀態中攝入了未受傷的乳房，就會
影響到自我分裂與投射的方式。像我先前所提出的，分裂的過程
有很多種（關於這點仍然有許多尚待發現之處），而且它們的本
質對於自我的發展是極為重要的。涵容未受傷的乳頭和乳房的感
覺（雖然並存著乳房被吞噬為碎片的潛意識幻想），造成這樣的
影響：分裂與投射主要並未涉及人格的碎裂部分，而是自體更凝
聚的部分。這意味著自我沒有暴露在因為碎裂而發生的致命弱化
下，並且因此更能反覆地抵消分裂的效果，並且在與客體的關係
上達到整合與合成。

145

　　相反地，摻雜著恨而被攝入的乳房，因而被感覺到是具破壞性的，成為所有壞內在客體的原型，驅使自我更嚴重地分裂，而成為內在之死亡本能的表徵。

　　我曾經提到，將好乳房內化的同時，外在母親也受到原慾的灌注。佛洛伊德曾經在數個不同關聯處描述了這個過程及其隱含之意：例如，提到愛的關係中之理想化，他說：[145-1]「客體受到如同我們的自我所受到的對待，所以當我們愛的時候，相當程度的自戀原慾流溢到客體……我們愛它是因為我們一直努力想要為我們的自我達到完美……」[145-2]

　　以我的觀點來看，佛洛伊德描述的過程，意味著這個被愛的客體被感覺涵容了自體之裂解、被愛與被珍視的部分，藉由這種方式，自體得以繼續在客體內部存在，於是該客體成為自體的延伸。[145-3]

　　以上是簡短摘要發表我在〈對某些類分裂機制的評論〉中的發現。[145-4] 不過，我並未將自己侷限在那篇文章所討論的論點上，而是加上了一些更深入的建議，並且將該文中隱含而未明顯陳述的部分加以擴大強調。我現在要藉由分析法國小說家朱力

145-1《團體心理學與自我的分析》（*Group Psychology and the Analysis of Ego*, 1921, S.E. **18**, p. 112）。

145-2 安娜・佛洛伊德曾經在其「利他的臣服」（altruistic surrender）的概念中描述了投射的另一個面向，這種投射是朝向所愛的客體，並對它發生認同。《自我與防衛機制》（*The Ego and the Mechanisms of Defence*, 1937）第十章。

145-3 最近我閱讀佛洛伊德的《團體心理學與自我的分析》，看起來他注意到藉由投射而認同的過程，雖然他並未用特別的字詞區分它與藉由內攝而認同（這是他主要關注的）的過程。愛理奧・賈克（Elliott Jaques, 1955）引述了《團體心理學與自我的分析》的某些片段，認為它們隱指藉由投射而認同的過程。

145-4 也比較（本書第六章）〈關於嬰兒情緒生活的一些理論性結論〉（Some Theoretical Conclusions Regarding the Emotional Life of the Infant , 1952）。

安‧格林（Julian Green）所寫的一個故事，以舉例說明這些發現的其中幾點。[145-5]

一部描寫投射性認同的小說

主角法比安‧艾斯培叟是一名年輕的公務員，他不快樂，而且對自己不滿意——特別是對他的外表，他無法得到女人的歡心、貧窮，以及令他自己感到無可救藥的低下工作。他覺得母親要求的宗教信仰是個沉重的負擔，但是卻無法擺脫。他的父親在生前賭博而揮霍掉所有的錢，而且與別的女人們過著淫蕩的生活，當他仍在就學時父親就因為心臟衰竭過世了，人們認為是因為生活放蕩所致。法比安對命運明顯的怨恨與反叛，和他對父親的怨恨有密切的關係，因為父親的不負責剝奪了他有更好的教育與前程的機會；看起來，這些感覺導致了法比安對財富與成功的無窮渴望，並且對於比他擁有更多的人懷著強烈嫉羨與恨意。

這個故事的要旨是：藉由和惡魔的契約，法比安獲得了變成他人的魔力，惡魔利用假的承諾（快樂）來引誘他接受這個不祥的禮物。惡魔教法比安一種可以變成另外一個人的秘方，這個秘方包括了他自己的名字：法比安，而且非常重要的是，不論發生了什麼事，他都必須記住這個秘方還有自己的名字。

法比安選中的第一個對象是一名端咖啡給他的侍者，咖啡是他僅能負擔的早餐。這次投射的企圖沒有任何結果，因為此刻他仍然顧慮到受害者的感覺，而且這個侍者在被問到是否願意交換

145-5 《如果我是你》（*If I Were You*，英譯者馬普安〔J. H. F. McEwen〕，Lodon，1950）。

身分時，拒絕了他。法比安下一個挑選的對象是他的雇主普架
（Poujars），他強烈地嫉羨這個人，他有錢，能夠充分享受生活
（法比安認為），而且擁有凌駕他人的權力——特別是凌駕了法比
安。作者用以下的字句描述了法比安對普架的嫉羨：「噢！太
陽，他似乎常常以為普架將它藏在自己的口袋當中。」法比安也
很怨恨他的雇主，因為他覺得被他羞辱並拘禁在辦公室裡。

在法比安對著普架的耳朵輕聲唸出密語之前，他對普架說話
的態度，就像普架經常對他說話的樣子一般——鄙視與侮辱的方
式。轉換的過程會使他的受害者進入法比安的身體並昏倒；法比
安（現在在普架的身體內）開出一張以法比安為抬頭的鉅額支
票，他在法比安的口袋中找到了地址，然後小心地把它寫下來
（在後來的兩次轉換時，他帶著這張寫著法比安名字與地址的小
紙片）。他也安排法比安（在他的口袋裡放著那張支票）被帶回
家，由他的母親來照顧他。法比安－普架的心裡非常惦念著自己
身體的命運，因為他覺得有一天他也許會想要回到原來的自我，
於是，他不想見到法比安恢復意識，因為他害怕在自己原來的臉
上見到普架驚恐的眼神（他已經和普架交換位置了）。看著仍不
省人事的法比安，他一邊思量著是否有任何人曾愛過他，一邊感
到高興能擺脫平庸的樣子及寒酸的衣服。

很快地，法比安－普架就發現了這種轉換的缺點，他感覺到
被這個肥胖的新身體壓迫，並失去了食慾，而且注意到原先困擾
著普架的腎臟問題。他不悅地發現自己不只接收了普架的外表，
也接收了他的個性；他已經和舊有的自我隔離，不大記得任何關
於法比安的生活與處境。他決定不想多逗留在普架的軀體內超過
任何必要的時間。

147

　　在帶著普架的皮夾離開辦公室時，他逐漸理解到他讓自己陷入了一個極為嚴重的處境，不只是不喜歡這種個性、外表，以及他所獲得的不愉快回憶，他也很擔心在普架的年齡會發生的缺乏意志力與自發性。當他想到他可能無法凝聚能量來轉換為另外一個人時，他充滿了恐懼。他決定下一個對象必須選一個年輕又健康的人，當他在一家咖啡廳看見一名強壯的年輕人，雖然長得醜又高傲，而且愛爭論，但是整體而言，那個年輕人顯現出自我肯定、活力與健康。法比安－普架因為愈來愈擔心他也許永遠無法擺脫普架，於是決定和這名年輕人接觸，雖然年輕人非常怕他。他給這個年輕人一疊鈔票，以便法比安－普架在轉換後能繼續擁有，同時分散年輕人的注意，讓他可以趁機輕聲對著他的耳朵念密語，並且將寫有法比安姓名和地址的紙條放入年輕人的口袋。不一會兒，法比安剛離開的普架昏倒了，而法比安進入了這個叫做鮑爾·愛司蒙納的年輕人的身體，他充滿著感覺年輕、健康與強壯的極度喜悅。比起第一次轉換，他失去了更多原本的自我，而轉變為新的人格。他很訝異地發現手上有一疊鈔票、口袋裡有一張紙，上面寫著法比安的名字和地址。不久他想起了貝兒絲，就是鮑爾·愛司蒙納一直想要追求而未能如願的女孩。在貝兒絲告訴他的一些不愉快的事情中，有一件是他的臉長得像殺人兇手，令她害怕。他口袋裡的錢讓他充滿信心，他直接走到她家，決心要她配合自己的願望。

　　雖然法比安已經潛入了鮑爾·愛司蒙納體內，他對於在紙條上看到的法比安這個名字感覺愈來愈困惑，「無論如何那個名字保留在他存在的核心。」他感覺到被囚禁在一個陌生的身體內、負荷著巨大的雙手以及運作緩慢的大腦，他想不出一個所以然，

148

以他的愚笨，再努力也是枉然，他不解想要自由對他而言到底是什麼意思。在他前往貝兒絲住處時，這些思緒在他的腦海中閃過；即使她試圖將他鎖在外頭，他仍強行進入她的房間，貝兒絲尖叫起來，他用手搗住她的嘴使她安靜，在接下來的掙扎中，他勒死了她；很慢地他才逐漸瞭解自己做了什麼事情，他嚇壞了，不敢離開貝兒絲的公寓，因為他聽到有人在房子裡走動。忽然間他聽到有人敲門，他打開門，看見了惡魔——現在他不認識他了，惡魔帶他離開，再教他一次法比安－普架已經忘記的密語，並且幫助他記住關於他原本自我的一些事情。惡魔也警告他，以後他不可以進入一個笨到不會使用密語的人身上，以至於無法繼續轉換。

　　惡魔帶法比安－愛司蒙納進入一間閱覽室，找尋他可以轉換的對象，他們挑中了艾曼紐‧傅瑞傑；傅瑞傑和惡魔立刻認出了彼此，因為傅瑞傑一直都在對抗惡魔——惡魔總是盤桓在不安的靈魂周圍。惡魔指示法比安－愛司蒙納對著傅瑞傑的耳朵輕聲唸出密語，轉換隨即發生，當法比安進入了傅瑞傑的身體與人格，他的思考能力恢復了。他思索上個受害者的命運，多少關切著傅瑞傑（現在在愛司蒙納的身體內），他會被指控法比安－愛司蒙納所犯的罪，他感到對該罪行有部分責任，因為正如惡魔所指出的，犯下凶案的手在幾分鐘前還是屬於他的。在與惡魔分開前，他也詢問了法比安與普架的情況。他恢復了一些原來自我的記憶，注意到自己愈來愈像傅瑞傑，接收了他的人格；同時，他察覺到他的經歷已經提昇了他對人們的瞭解，因為現在他比較能夠瞭解普架、鮑爾‧愛司蒙納與傅瑞傑的心理狀態了，他也感覺到同情，這是一種他不曾知道的情緒。他再一次回去瞭解傅瑞傑的

狀況。然而他所享受著的思緒，不只是自己的脫逃，還有他的受害者在他的角色上會受到什麼苦。

　　作者告訴我們：法比安原來本性的某些元素進入了這次轉換，比過去兩次轉換更多，特別是法比安個性中好探詢的那一面，影響了法比安－傅瑞傑發現到更多傅瑞傑的人格。還有他發現自己被一些猥褻的明信片吸引，那是他從一個開小雜貨店的老婦人那兒買的，在她店裡，那些卡片藏在其他物品後面。法比安對於他新特質的這一面感到噁心，他討厭放置卡片的旋轉架轉動的噪音，覺得這些噪音會持續干擾他。他決定擺脫傅瑞傑，他現在能夠透過法比安的觀點來對傅瑞傑作相當程度的評斷了。

　　不久，一個大約六歲的小男孩喬治走進了這家小店，他的模樣是所謂的「雙頰紅潤如蘋果般的天真無邪」，法比安立刻強烈地被他吸引，喬治讓他想起在那個年齡的自己，他對這個小孩昇起了疼愛的感覺。法比安－傅瑞傑尾隨男孩離開小店，很有興趣地觀察著他，忽然間，他想要轉換進入這個男孩，由於他以前從未對抗過任何引誘，他反抗著這樣的引誘，因為他知道竊取這個孩子的人格與生命是一種罪行；雖然如此，他還是決定將自己變成喬治，他跪在孩子身旁，對著男孩耳裡輕聲念密語，他處在極度的情緒化與懊悔的狀態。然而什麼事都沒有發生，法比安－傅瑞傑才知道魔法對孩子是沒有作用的，因為惡魔對其沒有影響力。

　　法比安－傅瑞傑很害怕無法離開他愈來愈不喜歡的傅瑞傑，他覺得自己是傅瑞傑的囚犯，努力想保持法比安自己那一面的存在，因為他明白傅瑞傑缺乏幫助他脫逃的主動性。他試了幾次、接觸了一些人，但是都失敗了，很快地他陷入了絕望，害怕傅瑞

傑的身體將成為他的墳墓，他得留在那兒一直到死。「他一直有
這樣的印象：他被緩慢而確定地關起來，本來開著的門現在慢慢
關上了」。最後，他還是成功地轉換進入一名英俊又健康的年輕
人，二十多歲的他名字叫做卡密爾。在這裡，作者初次為我們介
紹了一個家族，包括卡密爾的太太斯德凡妮、她的堂姊妹愛麗
絲、卡密爾自己、他的弟弟、還有小時候就收養他們的老叔父。

　　當法比安－卡密爾進入屋子裡時，他似乎在找尋什麼，他上
樓到各個房間探視，直到進入了愛麗絲的房間。當他見到鏡子裡
的影像時，他非常高興地發現自己是如此英俊與強壯；但是不久
以後，他發現事實上自己是轉換到一個不快樂、軟弱、無用的人
身上。他決定要離開卡密爾，同時他已經注意到愛麗絲對卡密爾
熱情而不求回報的愛。愛麗絲進來了，他告訴她他愛她，而且之
前應該娶她，而不是娶她的堂姊妹史蒂芬妮。愛麗絲既訝異又驚 150
恐，因為卡密爾從來就沒有表現出一點愛她的訊息，她跑開了。
被獨自留在愛麗絲房間裡的法比安－卡密爾同情地想著這個女孩
的痛苦，並且想著他可以愛她、使她快樂。然後他突然想到，如
果真是這樣的話，他可以藉由將自己變成愛麗絲而感到快樂，不
過，他排除了這個可能性，因為他不確定如果把法比安變成愛麗
絲的話，卡密爾是否會愛她，他甚至也不知道他自己（法比安）
是否愛愛麗絲。當他正在思索這些事情的時候，他察覺到他喜歡
愛麗絲的部分，是她的眼睛，那似乎是他熟悉的。

　　在離開那個房子之前，法比安－卡密爾報復了叔父──一個
偽善又暴虐的人，為的是他曾對這個家造成的所有傷害；他也特
別地替愛麗絲對她的情敵史蒂芬妮報復，懲罰、羞辱她。法比安
－卡密爾在侮辱了老人家之後，留下處於無力而盛怒狀態的他就

離開了,他知道他再也不可能用卡密爾的外表回到這間房子。不過在離開前,他堅持愛麗絲(她仍然對他感到害怕)應該再聽他說一些話,他告訴她自己並不真的愛她,她應該放棄對卡密爾不幸的熱情,要不然會一直不快樂。

　　和先前一樣,法比安對他轉換進入的人感到厭惡,因為他發現了這個人是無用的,於是他高興地想像著在離開卡密爾之後,他的叔父與妻子將會如何對待他。他捨不得離開的人是愛麗絲,忽然間他發現她像誰了,她的眼睛裡具有「永遠無法被滿足之渴望的悲劇」,剎那間,他知道那是法比安的眼睛。當這個他已經完全忘記的名字回到腦海裡,而他將它大聲念出來的時候,他模糊地想起一個過去只有在夢中才知道的「遙遠國度」,因為他對法比安的真實記憶已經完全消失了。而且在他匆忙逃離傅瑞傑、轉換到卡密爾的時候,他並未帶著法比安的名字與地址或是錢。從此刻開始,對法比安的渴望攫住了他,他努力想恢復舊有的記憶;是一個小孩子幫助他認出自己是法比安,因為當這個孩子問他叫什麼名字時,他直接回答「法比安」。現在,法比安－卡密爾在身體與心理兩方面,都愈來愈朝著能夠找到法比安的方向移動著,如他所說的:「我想要再成為自己。」他在街上一邊走一邊呼喊這個名字,這個舉動具體化了他極度的渴望,他等待著回應;他想起了已經遺忘的密語,希望自己能夠記起法比安的姓。

151　在回家的路上,每一棟建築、每一顆石頭、每一棵樹對他都有特別的意義,他感覺到它們「帶著某些給他的訊息」;在一股衝動的驅使下,他繼續走著,就這樣他來到那位老婦人的小店裡——這是傅瑞傑一直很熟悉的,他感覺到在陰暗的小店裡,當他四處瀏覽時,也是「在探索他記憶中的一個秘密角落,在自己的心中

瀏覽，就像是真正的自己一樣」，他充滿著「無盡的憂鬱」。當他
推動置放明信片的旋轉架時，嘎吱作響的噪音奇妙地影響著他。
他匆忙地離開小店，下一個地標是那間閱覽室，在那裡，法比安
－艾司蒙納在惡魔的協助下轉換進入了傅瑞傑。他大喊「法比
安」，但是沒有得到回應。接著，他經過法比安－艾司蒙納殺死
貝兒絲的那棟房子，感到被驅使而走進去瞭解在那扇一群人指指
點點的窗子後面發生了什麼事。他懷疑這裡也許是法比安住的房
間，但是當他聽到人們談論著三天前發生的兇殺案，而兇手尚未
找到時，他感到恐懼而偷偷地離開了。當他繼續走著，他感到周
圍的房子和商店更加熟悉了；到達當初惡魔企圖收買他的地方
時，他深受感動。最後，他來到法比安住的房子，門房讓法比安
－卡密爾進去，當他開始爬樓梯時，一陣痛攫住了他的心。

　　在所有這些事件發生的三天當中，法比安一直躺在床上、不
省人事，由媽媽照料著。當法比安－卡密爾來到這個房子並上樓
時，他開始回神並變得不安。法比安聽到法比安－卡密爾在門後
叫著他的名字，起身到門邊，但是無法打開門，法比安－卡密爾
透過鑰匙孔念了密語之後，隨即離開。母親發現法比安不省人事
地躺在門邊，不過他不久即回神過來，並且恢復了一些力氣。他
非常想要知道這幾天裡，當他不省人事的時候，發生了什麼事，
特別是關於遇見法比安－卡密爾的事。但是他被告知並沒有任何
人來訪，而且從他在辦公室裡昏倒開始，他已經不省人事地躺著
三天了。當母親坐在床邊時，他充滿著被她愛的渴望，而且能夠
表達對她的愛意，他希望碰觸她的手，投入她的懷抱，但是感覺
到她沒有反應。即使如此，他瞭解到如果自己過去對她的愛更強
烈一些，她會更愛他的。他對母親所經驗到的強烈感情，忽然擴

展到整體的人性，他感到充滿著無限的快樂。他的母親建議他應
該要禱告，然而他只能記得「我們的天父」這幾個字，然後他再
次充滿著這種神秘的快樂，隨即死去。

詮釋

I

152 　　這個故事的作者對於潛意識的心靈有很深的洞視，這點可以
從他描述事情與人物的方式看得出來；在此最有趣的是他所選擇
作為法比安投射對象的人。我對法比安人格與冒險的興趣，說明
了某些關於投射認同複雜而仍不明的問題，這使我想要分析這樣
豐富的材料，就如同他是病人一樣。

　　在討論投射認同（對我而言是本書的主題）之前，我必須思
考內攝與投射過程之間的互動。我認為，這點在這部小說中也有
所描繪，例如，作者描述了不快樂的法比安有凝視星星的衝動：
「只要他像這樣凝視著籠罩四野的夜空時，他就感到輕飄飄地昇
起來，在世界之上……就像藉由努力凝視夜空，他內在的深淵
（對應著他的想像所窺視到令人暈眩的深度）正在被打開。」我
認為這意指法比安同時觀看遠處及自己的內在；他將他所愛的內
在客體與自己好的部分投射到天空與星星裡，也攝入了天空與星
星。我也要詮釋他熱切凝視著星星的行為，是想要重新獲得他感
到失去或是遠離的好客體。

　　法比安內攝認同的其他面向，有助於說明他的投射過程。曾
經，當他夜裡在自己的房間中覺得孤單的時候，他經常渴望「從
這棟樓裡的其他住家那兒聽到某些生命的徵象」。法比安將父親

的金錶放在桌上，他對它有很深的感情，因為「它的豐富與光滑，還有錶面上清楚標記的數字」而特別喜歡它，隱然這隻錶也帶給他信心的感覺。當它躺在他桌上的文件當中時，他感覺到整個房間有一種更有秩序與嚴肅的氣氛，也許是因為「它細碎而又令人感覺舒緩的聲音，在一片死寂中具有安慰的作用」。看著這隻錶並聽著它的滴答聲，他默想著他父親一生中的歡樂與不幸——這些都已在它滴答之間逝去了，而它看起來仍然是活的，似乎獨立於它已經死去的前任主人。在一段較早的段落中，作者說自從孩提時代開始，法比安「一直被一種時常出現的內在存在感困擾著，他難以描述這種存在的狀態，這從來就不是他的意識所能達到的……」我的結論是：那隻手錶具有某些父性的特質，例如秩序與嚴肅，它將這些性質傳遞到他的房間，並且在更深的層次傳遞給法比安本人；換句話說，這隻錶代表了好的內化父親，那是他希望感到永遠存在的。超我的這個面向，和他母親高度道德的與講究秩序的態度相連結，這一面和他父親熱情而「淫蕩」的生活恰成對比。手錶的嘀咯聲也讓法比安想起了這一點，他也認同這輕浮的一面，這點可以從他為了征服女人而做的許多準備看得出來，雖然這些成功還是無法讓他覺得滿足。

　　然而內化父親的另外一面是以惡魔的形式表現，我們讀到：當惡魔走向法比安時，他聽到迴盪在樓梯間的腳步聲，「他開始感到那些沈重的腳步聲就像是拍打在兩側太陽穴上的脈衝」。稍後，在面對惡魔的時候，似乎「在他眼前的形象會一直升高、一直擴展到像是一片黑暗，遮蔽了整個房間」，我認為這點表達了惡魔（壞父親）的內化，黑暗指的也是他對於攝入這樣一個邪惡客體所感覺到的恐懼。後來，當法比安和惡魔一起坐馬車旅行的

153

197

時候，他睡著了，夢見「他的同伴沿著椅子靠近他」，而且他的
聲音「似乎將他包裹起來，綁住了他的手臂，用它像油一般的流
動性使他窒息」。我在這裡看到法比安對於壞客體侵入他的恐
懼，在我的論文〈對某些類分裂機制的評論〉中，我描述了這種
害怕。在那篇論文中，這種害怕是想要侵入他人之衝動（也就是
投射認同）的一個結果，侵入自體的外在客體與被內攝的壞客
體，兩者有很多相似之處，這兩種焦慮關係密切，而且傾向於互
相增強。我認為這種與魔鬼的關係，重複了法比安早期對於父親
這一面的感覺——感覺誘惑的父親是壞的。另一方面，其內化客
體的道德成分，可見於惡魔對於「肉慾」[153-1]具有禁慾主義的蔑
視態度，這方面是受到法比安對於道德與禁慾的母親之認同，因
此，惡魔同時代表了雙親。

　　我已經指出法比安所內化的父親的某些面向，它們之間的不
相容，是他心裡永不休止之衝突的來源，這個不相容性因為雙親
之間真正的衝突而增加，而且因為他內化了相處不愉快的雙親而
持續存在著。如我想要呈現的，他認同母親的各種方式是同樣複
雜的。來自於這些內在關係的迫害與憂鬱，促成了法比安孤單不
安的情緒，以及想要逃離他所恨之自體的衝動。[154-1]在前言裡，
作者摘錄了米爾頓（Milton）的詩句「你是自己的牢房」（Thou

153-1　父親與母親所具有的各種不同而且互相矛盾的特質，既是理想的，也是壞的，在兒童的
　　　客體關係發展中是熟悉的特徵。同樣地，這些衝突的態度也促成了某些形成超我的內在
　　　形象。
154-1　我曾經提到（〈對某些類分裂機制的評論〉）：投射性認同來自於以分裂過程為特徵的偏
　　　執-類分裂心理位置。在上文中，我曾指出法比安的憂鬱以及無價值感，加重了他想要逃
　　　離自體的需要；升高的貪婪與否認是抵制憂鬱的躁症防衛之特徵，它們和嫉羨都是投射
　　　認同的重要因素。

art become〔O worst imprisonment〕the Dungeon of thyself）。

有個晚上，當法比安漫無目的在街上遊蕩的時候，想要回到自己住所的想法使他感到非常恐懼，他知道他在那裡只能找到自己；也不能逃進一段新的感情中，因為他知道他會像平常一樣，很快就再次感到厭煩。他思索著：為什麼他如此難以取悅？他想起來某人曾告訴他，他想要的是「象牙與黃金的雕像」；他想，這種過分挑剔的態度可能是承襲自他的父親（唐璜〔Don Juan〕的主題）。他渴望逃離自己，即使只有一個小時，離開在他心裡那永不停止的爭吵，看來他內化的客體對他有矛盾的要求，這些就是令他感到非常被迫害的、永不停止的爭吵。[154-2]他不只恨內在迫害者，也會因為含有這樣的壞客體而感覺到無價值感，這是罪惡感的結果，因為他感覺到他的攻擊衝動與潛意識幻想已經將雙親變成了報復的迫害者，或是已經將他們摧毀了；於是，恨自己（self-hatred）雖然是朝向壞的內在客體，根本上其焦點是在個體自身的衝動，這些衝動一直被感到具有破壞性，而且對自我及其好客體是危險的。

貪婪、嫉羨與怨恨——也就是攻擊之潛意識幻想的主要推動者，是法比安人格中主要的特徵。作者讓我們看到這些情緒驅使法比安去拿取他人擁有的東西（包括物質的與精神上的），它們驅使他、令他難以抵擋地走向我所描述的投射認同。故事裡有個 155

154-2　在《自我與本我》中，佛洛依德如此寫著（S.E. **19**, pp. 30-31）：「如果它們 [客體認同] 佔優勢，並且過多、過於強大而彼此不相容的話，不久之後就會發生病理的結果。不同的認同之間，由於阻抗而彼此切斷，所導致的結果是自我可能瓦解，也許所謂「多重人格」案例的祕密，在於不同的認同隨後掌控了意識。即使沒有進展到這種程度，自我分裂為不同的認同，其之間的衝突仍然是存在的，而這樣的衝突不能全然被描述為病態的。

情節是：當法比安已經和惡魔達成協議，並且即將試驗他剛獲得
的能力時，他喊出：「人性，偉大的一杯，我很快就要啜飲了！」
這點指出了想要啜飲不耗竭之乳房的貪婪願望。我們可能如此假
設：這些情緒以及藉由內攝與投射而來的貪婪認同，最初是在法
比安與其原初客體（即父親與母親）的關係上經驗到的。我的分
析經驗已經顯示生命後期的內攝與投射過程，在某個程度上重複
了生命最初期的內攝與投射模式。外在世界一再地被攝入又釋放
出來——再內攝與再投射。（如我們在故事中所發現的）法比安
的貪婪因為他的自恨與逃離自己人格的衝動而被再增強了。

II

　　我對這部小說的詮釋，意味了作者在兩個層面上呈現出情緒
生活的根本面向：嬰兒的經驗及其對於成人生活的影響。在前幾
頁中，我已經觸及了某些嬰兒期的情緒、焦慮、內攝與投射，我
拿這些來解釋法比安成人的人格與經驗。

　　我將要藉由討論某些我在故事大意說明中沒有提及的片段，
來證明這些假設。從這個角度來匯整各種事件的時候，我將不會
依照書本或是法比安發展的時間順序，反倒是將它們視為嬰兒期
發展之特殊面向的表現。而且我們必須記得，特別是在嬰兒期，
情緒的經驗不只是接續的，而且相當程度上是同時發生的。

　　我認為小說中有個插曲，對於了解法比安早期的發展具有根
本的重要性：法比安—傅瑞傑曾經在入睡時，為了他的貧窮、無
能而非常沮喪，而且充滿著害怕，唯恐他無法轉變成另外一個
人。醒來時，他發現那是一個明亮、陽光燦爛的早晨，他比平常

更仔細地著裝外出；坐在陽光下，他變得昂然自得起來，所有在他身旁出現的臉孔都顯得美麗，他也以為這樣欣賞著美景的當下，沒有「任何慾望的貪求存在——這種貪求在過去是如此容易毒化他真正嚴肅思考的時刻；相反地，他只是讚美著，帶著一點幾近於宗教的尊敬」。不過，他很快就感到飢餓了，因為他未進早餐，他認為是這個緣故使他感到有點頭昏眼花，同時伴隨著希望與得意的感覺；他發現這種快樂的狀態也是危險的，因為他必須打起精神、採取行動，將自己轉變為另外一個人。然而，現在最重要的是飢餓驅使他去尋找食物。[156-1] 他走進一家麵包店，想買一條麵包；麵粉的香氣與溫熱的麵包總是讓傅瑞傑想起小時候假日時，在充滿小孩子的鄉下房子，我相信整個麵包店在他心裡變成了哺育的母親。他正專注地看著一大籃新鮮的麵包捲，正朝它們伸出手時，這時他聽見一個女人的聲音，問他需要什麼，這當兒他跳了起來，「就像是一個夢遊者突然間被叫醒似的」；她的氣味也很好——「像是麥田」。他渴望觸摸她，並訝異於自己不敢這麼做。他為她的美麗神魂顛倒，而且感覺願意為她放棄一切信念與希望。當她拿麵包給他時，他愉快地看著她的每一個動作，他專注在她的乳房上，他可以看見它們在她衣服下的輪廓。她白皙的皮膚迷惑了他，使他充滿了難以抵擋的渴望——想要用他的手去環抱她的腰部。他一離開麵包店就被悲慘的感覺淹沒了，忽然間他有強烈的衝動，想要將麵包摔在地上，並且用「他那閃亮的鞋子踐踏它……為了要羞辱麵包本身的神聖性」。他隨而想到那女人曾碰觸了它，「在一陣對於受阻渴望的激情之下，

右側頁碼：156

156-1　我認為：這種昂然自得的狀態可以和達成願望之幻覺（hallucination）（佛洛伊德）相比較，在嬰兒處在現實的壓力之下——特別是飢餓的時候，這樣的幻覺就無法繼續保持。

他狂暴地咬了麵包最厚的部分」。他甚至攻擊殘留的部分，將它們擠壓入他的口袋，而且在同時似乎有一小塊麵包像一粒石頭卡在喉嚨一般，他陷入了痛苦，「某種東西在跳動拍打著，像是第二個心臟，就在他的胃上方，但是又大又重」。當他又想到那個女人時，他得到了令他感到痛苦的結論：他從來沒有被愛過，所有他與女孩子的感情都是骯髒下流的，他從未遇到過一個女人擁有「如此豐滿的乳房，這個念頭以及揮之不去的乳房影像，正在折磨著他」。他決定回到店裡，至少再看她一眼，因為他的渴望似乎「使他狂熱起來」。他發現她更令他渴求了，而且覺得看著她就幾乎等於在觸摸她，那時他見到一名男子和她講話，他的手深情地放在她那「乳白」的手臂上，那女人對著男人微笑，他們討論著當天晚上的計畫。法比安—傅瑞傑確定他永遠不會忘記這一幕景象，「每一個細節都具有悲劇性的重要性」，男人對女人說的話仍在他的耳際迴響著，他無法「壓制那個從內在某處持續不斷說著的聲音」，他絕望地用雙手蓋住了自己的眼睛，記不得過去有任何時刻他曾經如此強烈地因為渴望而受苦。

在這段故事中，我看到了法比安對母親乳房的渴望被強烈喚醒，以及隨之而來的挫折與怨恨。他想要用他的黑皮鞋踐踏麵包，表達了他的肛門施虐攻擊，而他狂暴地咬入麵包則是他的食人慾望以及他的口腔施虐衝動。整個情境似乎被內化了，而且他所有的情緒以及隨之而生的失望與攻擊也適用於內化的母親，這一點顯示在法比安—傅瑞傑狂暴地將殘餘麵包塞進口袋，也顯示在他的感覺上——一塊麵包像一顆石頭卡在他的喉嚨裡一般，以及（之後立即）在他胃上方有第二個較大的心臟拍打跳動著。在同一段落中，從乳房那兒以及最早與母親的關係中經驗到的挫

折，看起來跟與父親的競爭息息相關，這點代表了最早期的處境：被剝奪了母親乳房的嬰兒，感覺到第三者（尤其是父親）拿走了母親的乳房，並且享用著它，這是一個嫉羨與嫉妒的處境，在我看來是伊底帕斯情結最初階段的一部份。法比安－傅瑞傑強烈嫉妒那名他認為在夜裡擁有麵包店那個女人的男子，也和一種內在的處境有關，因為他感覺到可以在心裡聽見那名男子對女人說話的聲音。我的結論是：他所見到那些令他產生強烈情緒的事件，代表了他在過去已經內化的原初場景（primal scene），當他在此情緒狀態下用手蓋住眼睛時，我認為他正喚醒了小嬰兒的願望，也就是希望不曾見到並且攝入這個原初場景。

　　這一章接下來的部分處理了法比安－傅瑞傑對於其渴望的罪惡感，他覺得必須摧毀這些渴望，「就像是將垃圾燒成灰燼一般」。他進入一座教堂，卻發現聖水盆裡沒有水了，那個盆子「乾透了」，他對於如此忽視聖職感到非常憤怒。他跪了下來，陷入憂鬱的狀態中，他需要奇蹟來紓解他的罪惡感與哀傷，並且解決他在此刻對於宗教重新浮現的衝突。很快地，他的抱怨與控訴轉向了上帝，為什麼祂將他創造成「像一隻中毒的老鼠一般病態而狼狽」。然後他想起有一本舊書談到關於許多靈魂，它們可能獲得生命，但是停留在未出生的狀態，那是上帝的選擇。這個念頭讓他覺得安慰，甚至變得昂然自得了，因為他是活著的，而且「他用雙手環抱住自己，就像是要向自己確定心臟在跳動著」。然後他察覺到這些念頭是孩子氣的，但是得到了這樣的結論：「真相本身」是「孩子的受孕」。之後，他立刻在燭台的每一個空位上放了許願的蠟燭，內在的聲音再度引誘著他，說著：若是能夠在這麼多小蠟燭的燭光下看到那個女人，該是多美的一件事啊。

158

　　我的結論是：他的罪惡感與絕望，和潛意識幻想中破壞外在與內在母親及其乳房有關，而且和他父親的謀殺性競爭有關，也就是說和他感覺到自己的好內在與外在客體已經被他摧毀有關，這種憂鬱焦慮與迫害焦慮是有關聯的。由於上帝（代表了父親）被指控造成他變成一個壞的、中毒的怪胎，他在這種控訴與滿足感之間擺盪著。令他感到滿足的是：比起那些未出生的靈魂，他被優先創造出來，而且活著。我認為那些從未獲得生命的靈魂，代表了法比安未出生的兄弟姊妹；他是獨子的事實既是罪惡感的原因（因為他被選中得以出生，而他們則沒有），也是對父親感到滿意與感恩的原因。「孩子的受孕」這個宗教的想法因此含有另外一個意義——最偉大的創造行為就是創造一個孩子，因為它意指延續生命。我認為當法比安─傅瑞傑在燭台上所有的空位放滿蠟燭，並將它們點燃，這點意味著使母親受孕，並且讓未出生的嬰兒獲得生命。於是想要在燭光下見到麵包店的那名女人此願望，表達了想要見到她懷孕，而且是懷他給予的所有孩子。此處我們發現了以母親為對象的「罪惡」亂倫願望，以及藉由給予她所有他曾摧毀的嬰兒來修復的意向。與此相關的是他對於「乾透的」聖水盆感到憤怒，不只是宗教的基礎，在其中我看見了一個孩子對於母親受到父親挫折與忽視（而不是被愛與受孕）所感到的焦慮。這種焦慮在老么與獨子身上特別強烈，因為沒有其他孩子出生，似乎確認了這樣的罪惡感：他們藉由恨、嫉妒以及對母親身體的攻擊，阻礙了父母的性交、母親受孕以及其他嬰兒的降臨。[158-1] 由於我假設法比安─傅瑞傑用攻擊麵包店女人給他的麵

158-1　此處我觸及了在嬰兒心智中產生罪惡感與不快樂的根本原因之一，小嬰兒以為他的施虐

包，表達了他對母親乳房的破壞，我得到的結論是那個「乾透的」
聖水盆也代表了那個在嬰兒期被他貪婪吸乾而且摧毀的乳房。

III

　　有意義的是法比安第一次與惡魔的相會，是發生在他正因為　159
下述的事件而感到挫折之時──他母親堅持他隔天應該去教會，
而阻礙了他在當晚開始的一段新戀愛關係。然而當法比安反抗而
去找那女孩的時候，她卻沒有出現，就在這個當兒，惡魔進來
了。我認為在這個情境中，惡魔代表了母親挫折小嬰兒時所激
起的危險衝動，就這個意義來說，惡魔就是嬰兒破壞衝動的擬
人化。

　　不過，這點僅觸及了他與母親之複雜關係的一個面向而已，
這個面向是如此被描寫的：法比安企圖將自己投射進入端給他寒
酸早餐的侍者，在小說裡，這是他第一次企圖僭取他人的人格。
如我已經重複評論的，受到貪婪主導的投射過程是嬰兒與母親關
係的一部分，不過它們在挫折經常發生處最為強烈；[159-1] 挫折再
增強了想要無限制滿足的貪婪願望，以及想要掏空乳房、進入母
親身體，以便強力奪取她所保留之滿足的渴望。在法比安─傅瑞
傑與麵包店女人的關係上，我們已經見到他對於乳房的激烈渴
望，以及挫折在他心裡所喚起的恨意。法比安的整個人格以及他

　　衝動與潛意識幻想是全能的，因此已經、正在、將要發生效果。對於他的修復願望與潛
　　意識幻想，他的感覺也是類似的，但是，對於自身破壞力的信念，似乎經常強過對於自
　　身建設力的信心。
159-1 如同我在不同的地方所指出的，投射認同之衝突的來源除了貪婪之外，還有其他的原因。

強烈的怨恨與匱乏感支持了以下的假設：他在最早期的哺育關係
中，曾經感到非常挫折，這種感覺在他與侍者的關係上被喚醒；
如果侍者代表了母親的一個面向（那個餵他但是並沒有真正滿足
他的母親），於是法比安想要侵入侍者的企圖就代表了想要侵入
母親體內，以便能從她身上奪取更多食物與滿足的渴望。也很有
意義的是，該名侍者（法比安企圖轉換進入的第一個客體）是唯
一一個他有徵求同意的人，不過侍者拒絕了，這點意味著在與麵
包店女人的關係中如此明白表達的罪惡感，也存在於他和侍者的
關係中。[159-2]

在麵包店女人的情節中，法比安─傅瑞傑經驗了他與母親的
關係中所有的情緒，也就是口腔期的渴望：挫折、焦慮罪惡感，
以及想要修復的衝動；他也重新經歷了伊底帕斯情節的發展。身
體的渴望、情感與讚美三者的結合，表示從前法比安的母親曾經
對他呈現兩種母親形象：使他經驗到口腔與性器渴望的母親，以
及理想的母親（也就是應該在許願蠟燭的燭光下欣賞、崇拜
的），事實上他無法在教堂裡完成這種崇拜，因為他覺得無法克
制自己的渴望。雖然如此，有時候她代表了不該有性生活的理想
母親。

對比於那個被如聖母般崇拜的母親，她還有另外一個面向。
我將轉換為殺人者艾司蒙納視為弒母的嬰兒期衝動，因為母親與
父親的性關係不僅被感覺是背叛了嬰兒，對母親的愛也同時被感
覺到是壞的與不值得的。這種感覺是在潛意識裡將母親等同於妓

159-2 在提出這個詮釋的時候，我知道這點並非唯一能夠解釋這一段情節的方向，侍者也可以
被視作未能滿足他口腔期期待的父親；麵包店女人的情節因此意指更進一步回到與母親
的關係中，及其所有連帶的渴望與失望。

女的基礎，這是青春期的特徵；貝兒絲（顯然被視為水性楊花的
女人）在法比安一傅瑞傑心中幾乎就像是妓女一樣。另一個母親
被視為壞的性愛形象的例子，是那名在黑暗店裡的老婦人，她販
賣的猥褻明信片，隱藏在其他物品後面，法比安一傅瑞傑在觀看
這些明信片時，經驗到噁心與愉悅，同時他也感到被旋轉架的噪
音所困擾著，我相信這點表達了嬰兒想要觀看與傾聽原初場景的
渴望，以及他對這些渴望的強烈反感。這些真正的或是潛意識幻
想的觀察（在其中經常有一部分是竊聽到的聲音）所附帶的罪惡
感，是來自於針對在此情境之父母的施虐衝動，而且也和經常伴
隨著這種施虐潛意識幻想的自慰有關。

　　另外一個代表壞母親的形象是卡密爾家中的女傭，她是一個
偽善的老女人，和壞叔叔一起設計年輕人。法比安的母親在堅持
要他去告解時有類似的表現，由於法比安敵視聽人告解的神父，
而且痛恨對他告解自己的罪，於是，母親的要求對他來說，注定
代表了雙親聯合起來壓制其攻擊與性渴望的陰謀。法比安與母親
的關係由這些不同的形象所代表，顯示了理想化以及貶低與恨。

IV

　　關於法比安在早期與父親的關係只有少數的線索，但是它們
是有意義的。在談到法比安的內攝認同時，我曾提到他對父親的　161
手錶的強烈依附，以及因那隻手錶而生的思想（關於父親的生平
以及過早結束的生命），顯示了對父親的愛與憐憫，還有對他的
死亡所感到的哀傷。參考作者的評論：法比安自從孩提時代起
「就已經被一種心裡的存在所困擾著……」我的結論是：這個心

裡的存在代表了被內化的父親。

我認為想要為父親的早逝做補償、並且在某個意義上使他繼續活著的衝動，促成了法比安想要過一種完整人生的動力以及貪婪的渴望；我要說的是，他也是在代替他父親貪婪。另一方面，在法比安不顧健康而不斷找尋女人的過程中，他也重演了父親的命運──被認為是因為淫亂的生活而早逝，這樣的認同因為法比安惡化的健康而被再增強，因為他跟父親一樣有心臟病，而且他常常被警告不要太勞累。[161-1] 如此看來，法比安有一種走向死亡的趨力，它和一種想要（藉由進入其他人，事實上是偷取他們的生命）延續生命（及其內化的父親之生命）的貪婪需求是衝突的；這個介於尋求以及反抗死亡的內在掙扎，是他那不穩定與不安之心理狀態的一部份。

就如我們剛才所見的，法比安與其內化父親的關係，焦點是集中在想要延續父親的生命，並且使他復活的需要上面，我想要提出死亡之內在父親的另外一個面向：與父親死亡有關的罪惡感（由於希望他死亡的願望），容易將死亡的內化父親轉變為迫害者。在格林的小說中，有一段情節指出了法比安與死亡及死者的關係：在法比安與惡魔達成協議之前，惡魔在夜裡帶他前往一棟邪惡不祥的房子，在那兒聚集了一群奇怪的人，法比安發現他成為強烈矚目與嫉羨的中心，從他們的喃喃低語中聽到「就是因為天分……」，指出了他們嫉羨的東西。如我們所知道的，這個「天分」就是惡魔的神奇密語，它具有讓法比安轉換進入他人（而且對他而言是無限延長其生命）的效力。法比安受到惡魔的

161-1 這是身體（可能是遺傳的）與情緒因素相互影響的一個例子。

「跟班」（惡魔非常誘惑的一面）所歡迎，經不起其魅力的誘惑而被說服接受了這個「天分」。聚集在那裡的人似乎代表了那些亡靈：它們未能接收到這種「天分」，或是無法妥善使用它；惡魔的「跟班」輕蔑地談論那些亡靈，透露的觀感是它們一直無法好好地過它們的生活，也許他因為它們將靈魂出賣給惡魔而鄙視它們，卻仍是枉然。可能的結論是：這些不滿的與嫉羨的人們也代表了法比安死去的父親，因為法比安可能認為他的父親（他事實上浪費了自己的生命）具有這種嫉羨與貪婪的感覺。因恐懼內化的父親會想吸乾他的生命而產生的焦慮，使得法比安更想逃離自己，而且更加強了他想要搶奪他人生命的貪婪願望（認同其父親）。

早年喪父相當程度上促成了他的憂鬱，但是這些焦慮的根源也同樣可以在他的嬰兒期發現到，因為如果我們假設法比安衝著麵包店女人之愛人而來的強烈情緒，是他早期伊底帕斯感覺的重複，我們得到以下結論：他經驗到針對著父親的強烈死亡願望，如我們所知道的，對如同競爭者般的父親懷有死亡願望與恨意，不僅導致了迫害焦慮，也因為它們與愛與憐憫相互衝突，而導致了小嬰兒嚴重的罪惡感與憂鬱。有意義的是，法比安能夠將自己轉換為任何人，卻從來就沒有想到要將自己變成那個他所嫉羨的心儀女人之愛人；似乎如果他真的做了這樣的轉換，他會感覺篡奪了父親的位置，並且釋放他想殺父親的恨意。對父親的恐懼以及愛與恨之間的衝突（也就是迫害及憂鬱的焦慮），會導致他從不加掩飾的伊底帕斯願望退卻。我已經描述過他對母親的衝突態度（也是愛與恨之間的衝突），促成了他離開了作為愛之客體的母親，而且潛抑了他的伊底帕斯感覺。

162

　　法比安與父親的困難，必須要放在與他的貪婪、嫉羨以及嫉妒的關聯上來考量。他轉換為普架的動機是來自於暴力的貪婪、嫉羨與恨，這些就如同嬰兒對父親所經驗到的，因為父親是有力量的成人，並且在孩子的潛意識幻想中擁有一切，因為他擁有母親。我參考了作者用以下的文字描述法比安對普架的嫉羨：「噢！太陽，他常常以為普架把它藏在口袋裡。」[162-1]

163　　因為挫折而被再增強的嫉羨與嫉妒，造成嬰兒對雙親產生憤恨感，而且激發了一種願望，就是想要倒轉角色並剝奪他們。從法比安的態度看來，當他已經和普架替換位置，並且用一種混合了輕蔑與可憐的眼光來看先前那個不討喜的自己，我們推斷他是如何地享受著角色替換。法比安懲罰壞父親形象的另外一個情境，發生在當他是法比安─卡密爾時：在離開那個房子之前，他羞辱並且激怒了卡密爾的老叔父。

　　如同在與母親的關係，在法比安與父親的關係中，我們可以發現理想化的過程以及它的結果，也就是害怕迫害的客體。當法比安轉換為傅瑞傑時，這一點變清楚了；傅瑞傑內在介於對上帝之愛與對惡魔著迷之間的掙扎是非常急迫的，上帝與惡魔明白地代表了理想的以及全然的壞父親。對父親矛盾的感覺也顯示在法比安─傅瑞傑對上帝（父親）的指控：將他創造成像這樣的可憐蟲，然而，他承認祂給予生命的感恩。從這些徵候我得到了這樣的結論：法比安一直在尋找他的理想父親，而且這一點是促使他

162-1　太陽在他的口袋裡，可能的一個意義是被父親佔有的好母親。如我稍早所指出的，因為小嬰兒感覺到被剝奪了母親的乳房時，是父親接收了它。感覺父親包含了好母親，因此是從嬰兒那裡搶走了她，這樣的感覺激發了嫉羨與貪婪，而且也是發展為同性戀的重要刺激。

投射認同的強烈刺激。但是在尋找理想父親這件事上，他失敗了，他注定會失敗，因為他受到貪婪與嫉羨的驅使。所有被他轉換進入的人結果都變得卑鄙下賤而軟弱，法比安因為對他們失望而恨他們，他對其受害者的命運感到高興。

V

　　我曾提出從發生在法比安轉換時的一些情緒經驗，可以窺見他最早期的發展。我們從他還是要廬之前的階段——也就是說，在他還是原來的法比安時，獲得他成年期性生活的樣貌。我曾說過法比安的性關係都是短暫的，並且以失望收場，他似乎沒有能力對女人有真正的愛。我將他與麵包店女人那段插曲詮釋為早期伊底帕斯感覺的復甦。他未能成功處理這些感覺與焦慮，構成了日後性發展的基礎；他並非變得性無能，而是發展出分開的兩個方向，也就是佛洛伊德描述的（1912）「神聖的與世俗的（或是動物性的）愛」。

　　即使是這種分裂過程也無法達到其目的，因為他事實上從未找到他能理想化的女人；但是，他揣想那個能夠完全滿足他的老婦人是「象牙與黃金打造的雕像」，這一點顯示了有這樣的一個人存在於他心中。如我們所知道的，在法比安—傅瑞傑的角色上，他經驗到對麵包店女人熱情的讚美（相當於理想化）。我應該說：潛意識裡，他終其一生都不斷地在尋找他已經失去的理想母親。

　　法比安將自己轉換為富有的普架、強壯的艾司蒙納，或是最後進入一個已婚男人（有一個美麗妻子的卡密爾），指出了他對

164

父親的認同，其基礎在於想要和他一樣，並且得到他身為一個男人的位置之願望。在小說中沒有暗示法比安是同性戀，不過從惡魔的「跟班」（一個年輕英俊的男子，說服了法比安，使他能夠克服和惡魔進行協議的懷疑與焦慮）對他有強烈的身體吸引力，可以看出一項同性戀的指標。我曾經提及，法比安想像惡魔會對他在性方面有越軌的動作而感到害怕，但是想要成為父親之愛人的同性戀願望，更直接地顯現在他與愛麗絲的關係上；如作者指出的，他之所以被愛麗絲（她的雙眼）吸引，是因為對她有所認同，有一刻他被引誘將自己轉變為她，只要他可以確定英俊的卡密爾會愛她，但是他明白這件事不會發生，於是決定不要變成愛麗絲。

在這個情境下，愛麗絲不求回報的愛似乎表達了法比安的反向伊底帕斯情境（inverted Oedipus situation）：把他自己置於被父親所愛的女人角色上，意味著置換或是摧毀母親，並且激起強烈的罪惡感。事實上，在故事中愛麗絲所恨的情敵，是卡密爾那位不快樂但美麗的太太，我想她也是另一個母親形象。有趣的是，直到最終，法比安才經驗到想變成女人的願望，這點可能與被潛抑的渴望與衝動之再現有關，也和針對其早期女性、被動同性戀衝動之強烈防衛的減弱有關。

從這個材料可以得到一些關於法比安所承受的嚴重功能障礙的結論：他與母親的關係根本上是困擾的。如我們所知，她是個盡責的母親，關心她兒子的身體與精神健康超過一切，但是卻缺乏感情與溫柔；有可能在他還是嬰兒時，她以同樣的態度對待他。我曾提到法比安的性格（也就是貪婪、嫉羨與怨恨的性質），指出了他的口腔期怨恨是很強烈的，而且從未能加以克

服。我們可以假設，這些挫折感延伸到他的父親，因為在小嬰兒
的潛意識幻想中，父親是第二個被期待提供口腔滿足的客體；換
句話說，法比安同性戀的正向那一面，根本上是受到干擾的。

　　無法緩解基本的口腔期渴望與焦慮，導致了許多後果，根本
上它意味著偏執-類分裂心理位置尚未被成功地修通。我想，對 　　165
法比安來說，這點是真的，因此他也尚未能適當地處理憂鬱心理
位置。因為那些原因，他的修復能力受到損傷，而無法在日後因
應其迫害與憂鬱的感覺，結果是他與父母親以及他人的關係大致
上都是非常不能令他滿意的。就我的經驗所顯示的，這些都意味
了他無法於內在世界中[165-1]穩固地建立好的乳房，也就是好的母
親，這是一個在起始點的失敗，連帶地使他無法發展出對一個好
父親的強烈認同。法比安過度的貪婪，在某個程度上是源於他對
於內在客體的不安全感，影響了他的內攝與投射過程，以及（由
於我們也是在討論成人的法比安）再內攝與再投射的過程。這些
困難都導致了他無法與女人建立愛的關係，也就是在他性發展方
面造成干擾的原因。從我的觀點看來，他在強烈被潛抑的同性戀
與不穩定的異性戀之間擺盪著。

　　我已經提到許多在法比安不愉快的發展過程中，扮演了重要
角色的外在因素，例如父親的早逝、母親缺乏感情、貧窮、不滿
意的工作、他與母親在宗教信仰方面的衝突、他的疾病（很重要
的一點）。我們可以從這些事實中獲得進一步的結論，法比安雙
親的婚姻明顯地是不愉快的，這可以從他的父親在外面找樂子看

165-1　好母親被穩固地內化（具有根本重要性的過程）有不同程度的變化，而且永遠不會完整
　　　到不因源自於內在或外在的焦慮而受到動搖。

得出來。母親不僅無法表現溫暖的感覺，而且如我們所假設的，她也是一個不快樂的女人，她在宗教中尋求慰藉。法比安是唯一的孩子，他無疑是寂寞的。法比安的父親在他求學階段時過世，剝奪了他繼續就學的機會以及成功創業的前景，這一點也挑起他受迫害與憂鬱的感覺。

我們知道，從他開始轉換到回家的所有事件，應該是發生在三天的時間當中，在這三天裡，如我們所看到的，最後當法比安──卡密爾與他原來的自我重聚時，法比安已經是昏迷臥床，一直被他媽媽照顧著。正如她告訴他的，他在雇主的辦公室裡行為失常之後就昏倒了，被送回家，而且從那以後一直不省人事。當他提到卡密爾來訪的事時，她以為他已經神智不清了。也許作者想要我們將整個故事視為代表了法比安臥病臨死期間的潛意識幻想。這意味著所有故事中的人物都是他內在世界中的形象，而且再一次地說明了內攝與投射在他心裡以最密切的互動運作著。

166

VI

作者用非常具體的方式描寫了形成投射認同基礎的過程。法比安的一部分真的離開了他自己，而進入了他的受害者，這件事對雙方都伴隨著強烈的身體感覺。我們被告知：法比安裂解的部分以不同的程度潛入了他的客體中，並且失去了屬於法比安原本的記憶與特徵，因此我們可以如此結論（與作者對於投射過程非常具象的概念一致）：法比安的記憶及其人格的其他面向被留在遺棄的法比安身上，而當分裂發生時，法比安應該已經保存了相當多的自我；法比安的這一部份停留在休眠的狀態，一直到他人

格裂解的部分回來。就我的觀點看，那代表了自我的一個成分，這個成份是在其他部分被投射到外在世界而失去時，病人潛意識裡感覺到保存下來的部分。

　　作者用來描述這些事件的空間與時間用語，事實上就是我們的病人經驗這些過程的方式，病人感覺其自體的某些部分不再是可以取用的、遠離的，或是都不見了。當然，這是一種潛意識的幻想，而這樣的幻想是構成分裂過程的基礎，然而這種潛意識幻想會有影響深遠的後果，並且強烈地影響自我的結構。它們的影響在於那些他感覺被隔絕的自體之某些部分（通常包括了他的情緒），在當下是無法被分析師或是病人觸及的。[166-1] 感覺到不知道自己某些分散到外在世界的部分在何方，是極度焦慮與不安全感的來源。[166-2]

　　接下來我要從三個角度來思考法比安的投射認同：一、其人 167 格裂解的以及被投射的部分，與那些他留在原處的部分之關係；二、他選擇投射進入哪些客體的潛在動機；三、在那些過程中，其自體被投射的部分潛入或是掌控客體的程度。

　　一、法比安的焦慮（因為他裂解自我的某些部分、並且將它們投射進入他人，而將使自我空虛）是在他開始轉換之前，表現

166-1　這些經驗有另外一面，如寶拉‧海曼在她的論文中描述的（Paula Heimann, 1955）：病人意識到的感覺也能夠表達他的分裂過程。

166-2　我在〈對某類分裂機制的評論〉中提出，害怕因為投射認同而被拘禁在母親體內，是各種焦慮情境的基礎，幽閉恐懼症即為其一。我現在要補充的是，投射認同可能導致害怕自體失落的部分將被埋在客體當中，永遠無法復原。在故事中，法比安在轉換進入普架與傅瑞傑之後，感覺到他被埋葬而將永遠無法脫逃，這點意味了他會死在他的客體中。我想要在此提出另外一點：除了害怕被囚禁在母親體內之外，我發現另外一個促成幽閉恐懼症的因素，是與個人身體內部有關的（及在其中有危險威脅的）恐懼；再一次引用彌爾頓的詩句：「你是自己的牢房」。

在看著雜亂堆疊在一張椅子上的衣服：「他看著它們，有一種恐怖的感覺——他正看著自己不過是一個被暗殺或是以某種方式被破壞的自體；他外套的空袖子鬆垮地垂在地上，絕望地暗示著悲劇」。

我們也發現：當法比安進入普架時，也就是當分裂與投射的過程才剛剛發生時，他非常關切先前的那個人；他認為自己可能希望回到原來的自體，並且因為掛念著法比安應該要被送回家，而開了一張給法比安的支票。

與法比安的名字有關的重要性，也指出了他的認同與他那些被留下的部分是密切相關的，而且它們代表了他的人格之核心。名字是密語的基本要素，以下這點具有相當意義：當法比安在愛麗絲的影響之下，經驗到想要回復到他原來的自體之衝動時，他第一個想到的就是「法比安」這個名字。我想，因為忽略並丟棄了自己人格的珍貴部分而感受到的罪惡感，是造成法比安渴望再度成為自己的因素；在小說最後，這個無法抗拒的渴望驅使他回家。

二、如果我們假設（如我在上文所提及的）那個侍者代表了法比安的母親，那麼他第一次試圖選擇侍者為受害者是可以理解的，因為母親是嬰兒藉由內攝與投射而認同的第一個客體。

我們已經討論了迫使法比安將自己投射進入普架的某些動機，我認為他希望將自己轉變為富裕而有權力的父親，所以他搶奪了所有屬於普架的東西並懲罰他。在這麼做的時候，他也受到一個動機的激勵，這是我在此處想要強調的，我想法比安的施虐衝動與潛意識幻想（表現在想要控制與懲罰父親的願望上），是他感覺與普架相同之處，普架的殘酷（如法比安所想的）也代表了法比安自己的殘酷與對權力的慾望。

　　在普架（他後來因病而苦）與強壯而年輕的艾司蒙納之間的對比，只是促使法比安選擇後者作為認同客體的因素之一。我相信，法比安決定轉換為艾司蒙納的主要原因（即使他既缺乏吸引力又討人厭），是因為艾司蒙納代表了法比安自體的一部份；而且促使法比安—艾司蒙納殺死貝兒絲的恨意，是法比安在嬰兒期經驗到的一種情緒之復甦，這是在嬰兒期當母親挫折他（如他在口腔或是性器上所感覺到的）時，他對母親所產生的情緒。艾司蒙納對任何貝兒絲所愛的男人的嫉妒，將法比安的伊底帕斯情結與和父親強烈的競爭，以一種極端的形式重新開啟。他這個具有謀殺傾向的潛在部分，是由艾司蒙納加以擬人化；法比安藉由變成艾司蒙納而投射到這個人身上，並且實現他自己某些破壞性的傾向。惡魔在法比安轉換成傅瑞傑之後對他的提醒（勒殺貝兒絲的手在片刻之前仍是他自己的），指出了法比安在謀殺事件的參與共謀。

　　現在我們來看看傅瑞傑這個選擇，法比安與傅瑞傑有許多相似處，只不過在傅瑞傑身上，這些特質更加明顯可見。法比安傾向於否認信仰（這也意味了上帝—父親）對他的支配，而且認為他對於信仰的衝突是因為母親的影響所致；傅瑞傑關於信仰的衝突是很激烈的，而且如作者所描述的，他很清楚上帝與惡魔之間的鬥爭主導了他的生命。傅瑞傑不斷對抗對於享樂與財富的渴求，他的良知驅使他極度節制；法比安很明顯希望像他所嫉羨的人一樣富有，但是他沒有試圖去約束它。這兩個人在智性的追求與非常明顯的求知慾這些方面是相似的。

　　這些共同的特徵決定了法比安選擇傅瑞傑作為投射認同的對象，不過，我想另外一個動機是惡魔（在此扮演了導引的超我角

色）曾幫助法比安離開艾司蒙納，並且警告他要小心潛入一個人太深而永遠無法再逃離。法比安因為曾將自己變成殺人兇手而感到恐懼，我想，將自己變成殺人兇手意味著屈服於自己最危險的部分——破壞衝動；於是，他藉由與先前選擇的對象完全不同的人交換角色來逃脫。我的經驗顯示了：與難以抵擋的認同（不管是內攝的還是投射的）對抗，時常會驅使人們認同具有相反特徵的客體（這種鬥爭的另外一個結果，是未加區辨地逃入許多更進一步的認同，並且在它們之間擺盪。這樣的衝突與焦慮通常會被持續保持，而且進一步弱化自我）。

169

法比安的下一個選擇對象卡密爾，與他幾乎沒有任何共同之處，但是看起來，法比安透過卡密爾而認同了愛麗絲，那個不愉快地愛著卡密爾的女孩。如同我們所知道的，愛麗絲代表了法比安的女性面向，而她對卡密爾的愛意則代表了對他父親未能實現的同性之愛，同時愛麗絲也代表了其自體有能力去渴望與愛的好的部分。在我看來，法比安對父親的嬰兒期之愛，就像兒時一樣，與他的同性戀願望以及女性位置息息相關，在其根源就已經受到干擾了。我也指出了他無法將自己變成女人，是因為這將代表他實現了與父親的反向伊底帕斯關係中，那被深度潛抑的女性願望（在此我未處理其他阻礙女性認同的因素，其中最主要的是閹割恐懼）。隨著愛的能力甦醒，法比安能夠認同愛麗絲對卡密爾不快樂的迷戀；在我看來，他也變得能夠經驗對父親的愛與渴望。我的結論是愛麗絲代表了他自體中好的部分。

我要進一步提出，愛麗絲也代表了想像中的姊妹。我們都知道孩子們會有想像的伴侶，特別是在獨生子的潛意識幻想中，他們代表了未出生的兄弟姊妹，或是一個孿生兒。有人可能推測身

為獨子的法比安將會因姊妹的陪伴而得到很多，這樣的關係也會幫助他將伊底帕斯情結處理得更好，並且可以更獨立於母親。在卡密爾的家庭裡，事實上，這樣的關係存在於愛麗絲與卡密爾正在就學的兄弟之間。

我們應該要記得，法比安—傅瑞傑在教堂中感到那難以抵擋的罪惡感，看起來也和他被選中而其他靈魂從未能獲得生命有關。對於他點上許願蠟燭，並且想像麵包店女人被這些蠟燭環繞的景象，我的詮釋是兩者皆為對她的理想化（如聖女般的母親），以及表達了他想要藉由帶給未出世的兄弟姊妹生命以修復的願望。特別是老么與獨子，時常會有強烈的罪惡感，因為他們感覺自己的嫉妒與攻擊衝動使母親無法再生更多的孩子。這樣的感覺也和害怕報復與迫害的恐懼息息相關，我一再發現：對同學或是其他孩子的害怕與疑心，和這樣的潛意識幻想有關聯——未出世的兄弟姊妹最後還是獲得了生命，而且以任何顯得具有敵意的小孩來代表。對於友愛的兄弟姊妹之渴望強烈受到這種焦慮的影響。

到目前為止，我尚未討論為何法比安在一開始的時候會選擇認同惡魔——這是整個故事的開端。稍早時我曾指出惡魔代表了誘惑的、危險的父親，他也代表了法比安心智的某些部分——本我與超我。在小說裡，惡魔對他的受害者漠不關心，極度貪婪與無情；他看來如同懷有敵意與邪惡的投射認同之原型，而投射認同在小說裡是以粗暴地侵入他人來描寫的。我要說的是：他用一種極端的形式顯示了嬰兒情緒生活（受到自大全能、貪婪與施虐性的主導）的該成分，而且，這些是法比安與惡魔所共有的特徵，因此法比安認同了惡魔，並且執行了惡魔所有的指令。

　　當法比安將自己變成一個新的人時，他在某個程度上保留了先前的投射認同，這一點是有意義的，而且我認為表達了認同的一個重要面向。我們可以從法比安—傅瑞傑對先前受害者的命運、以及他感覺到終究該為他以艾司蒙納的身份犯下的命案負責的強烈興趣（這個興趣摻雜著輕蔑）看出來。這點在故事終了時清楚地顯示了，因為過去他將自己轉換為他人的經驗，在死前都存在於他的心中，他關切著他們的命運。這意味著他不僅投射了自己進入他們，而且內攝了他的客體，這個結論與我在本篇論文的引言中重述的觀點相符合，也就是投射與內攝在生命開始時就彼此互動著。

　　在挑出選擇認同之客體的重要動機方面，我曾經（為了報告的目的）描述其發生的兩個階段：一是有共同的基礎，二是有認同發生。不過，就我們在分析工作中所看到的，這個過程並非如此被分割的，因為，「一個個體感覺到他與另外一個人有許多共同之處」，與「他投射自己到這個人身上」是同時發生的事情（同樣適用於內攝）。這些過程在強度與持續的時間上有所不同，而且這些不同處決定了這些認同及其變遷產物的強度與重要性。就此而論，我想要關注以下的事實：由於我所描述的過程通常是同時間運作著的，我們在每一個狀態或是處境上，必須小心考量（例如）投射認同是否比內攝的過程更為佔優勢，還是相反過來。[170-1]

170-1 在技巧方面，這一點是極為重要的，因為我們必須選擇去詮釋當下最為迫切的材料。而且，就此而論，我認為有些分析的片段，在其中病人甚至完全被投射或內攝所支配。另一方面，記得以下這件事是很重要的：相反的過程總是在某個程度上保持運作著，因而早晚會再次地進入圖像，成為主要的因素。

　　我曾經在我的論文〈對某些類分裂機制的評論〉中提到：將自體已投射的部分再內攝的過程——包括了將發生投射之客體的一部分內化，病人可能感覺這個部分是有敵意的、危險的，也是最不希望再內攝的。另外，由於投射自體的一部分，包括了投射內在客體，這些也被再內攝進來，這些全都和個體心智中被投射的部分自體能夠在他們侵入的客體中保留多少強度有關。我現在要提出幾點關於此問題的這個面向，也就是我要說的第三點。

　　三、在故事裡，如同我稍早曾經指出的，法比安屈服於惡魔並且變成認同於他。雖然法比安似乎缺乏愛的能力，甚至更基本的關懷能力，當他一追隨魔鬼的引導時，立刻就完全被殘忍無情所左右著；這意味著在認同惡魔的時候，法比安完全屈服於其自體貪婪、全能自大以及破壞性的部分。當法比安將自己轉變為普架之後，他保留了某些自己的態度，特別是對他所進入的那個人的批評。他害怕在普架內部會完全失去自己，這都是因為他保留了一些法比安的進取精神，而使他能夠進行下一次轉換。不過，當他將自己轉換為殺人者艾司蒙納時，幾乎完全失去了他原來的自體，然而由於惡魔（我們假設它也是法比安的一部分，在此是他的超我）警告他、幫助他逃離殺人者，我們應該如此作結論：法比安並未完全陷入、消失在艾司蒙納裡頭。[171-1]

　　與傅瑞傑的情況則是不同的，在這個轉換中，原來的法比安保持在更為活躍的狀態；法比安對傅瑞傑有非常多批評，而且是

171-1 我想說的是：無論分裂與投射如何強烈地運作，只要是活著，自我永遠不會完全去整合，因為我相信朝向整合的衝動不論如何地受到干擾——即使是在其根源，在某個程度上是自我天生固有的；這和我以下的觀點是一致的：若是沒有擁有某個程度的好客體，沒有任何嬰兒能夠生存。是這些事實讓分析有可能帶來某些整合，有時候甚至是在非常嚴重的病例中。

這種較好的能力（在傅瑞傑內部，保持其原來自體的某些東西存活著）使他有可能逐漸與其枯竭的自我重聚，並且再次成為自己。一般說來，我主張對於客體關係的發展而言，個體所感覺到其自我藉由內攝或投射而潛入所認同的客體的程度，是最為重要的，而且這一點也決定了自我的強韌或脆弱。

在轉換進入傅瑞傑之後，法比安重新獲得他人格的某些部分，而同時發生了一件非常重要的事情：法比安—傅瑞傑注意到他的經驗已經使他對普架、艾司蒙納、甚至於傅瑞傑有更多的了解，而且他現在能夠對其受害者感到同情。也是透過喜歡小孩的傅瑞傑，法比安對小喬治的愛意甦醒了，如作者所描述的，喬治是一個天真無邪的孩子，喜歡自己的媽媽而且渴望回到她身旁。在法比安—傅瑞傑心裡，他喚醒了傅瑞傑兒時的記憶，熱切渴望將自己轉換進入喬治。我相信他渴望能夠恢復愛的能力，換句話說，就是恢復理想的童年自體。

這種愛的感覺之復甦，以不同的方式顯示出來：他經驗到對麵包店那名女人的熱情，就我看來，這點意指其早期愛的生命之復活。關於這個目標的另外一步，是轉換進入一個已婚的男人，因而進入了家庭關係中，但是讓法比安覺得可愛而且喜歡的人是愛麗絲。我曾經描述過愛麗絲對他所具有的不同意義，特別的是他在她身上發現了自己的一部分，這個部分是有能力去愛的，而且他深深地被自己人格的這一面吸引著，也就是說他也發現了一些對自己的愛。藉由重新追尋在其多次轉換中曾經走過的軌跡，他在身體上與心理上受到愈來愈升高之迫切感驅使而往回走，愈來愈接近他的家以及生病的法比安——他曾經被拋棄，而現在代表其人格好的部分。我們已經知道，同情其受害者、對喬治的溫

柔疼愛、對愛麗絲的關心並認同她與卡密爾的不快樂戀情、想要有一個姊妹的願望，這些過程都是在開展其愛的能力。我認為這樣的發展是法比安熱切需要再找回舊有的自體（也就是整合）的前置條件。甚至在所有轉換發生之前，想要復原其人格最好的部分（這一部分因為已經遺失了而顯得理想化）之渴望，如我曾經主張的，已經成為導致其孤單與坐立難安的原因。這樣的渴望也刺激了他的投射認同，[172-1] 成為他自恨的部分原因，而自恨是迫使他強行侵入他人的另外一個因素。找尋失落的理想自體[173-1] 是 **173** 心智生活的一個重要特質，無可避免地包括找尋失落的理想客體，因為在人格中，好的自體被感覺與其好客體處於愛的關係中，這種關係的原型是嬰兒與母親之間的連結。事實上，當法比安與其失落的自體重聚時，他也恢復了對母親的愛。

對法比安來說，我們注意到他似乎無法認同於好的或是被他所讚美的客體，關於這點有許多不同的理由必須加以討論，但是我想挑選出一個可能的解釋。我曾經指出，為了要強烈地認同另外一個人，必須要感受到在自體內與該客體有足夠的共同部分。由於法比安似乎已經失去了其好自體，他未感覺到在他心裡有足夠的好品質來認同於一個非常好的客體；也有可能是有一種焦慮（這種心智狀態的特徵），擔心萬一他所讚美的客體被攝入一個被過度剝奪好品質的內在世界，於是好的客體被留在外界（對法比安來說，我想是那些遙遠的星星）。但是當他再度發現了他的好

172-1 感覺到已經將好的東西以及自體好的部分散佈到外在世界，加重了對他人的怨恨與嫉羨，因為這些人被認為擁有了他失去的好東西。

173-1 如我們所知道的，佛洛伊德的理想自我概念，是其超我概念的前趨，但是有些理想自我的特質，並未被納入他對超我的概念中。我認為我對於法比安試圖重新取得之理想自我的描述，比起佛洛伊德對超我的觀點，更接近他對理想自我的原本觀點。

自體時，他也發現了他的好客體，而且能夠認同於他們。

在這個故事裡，如我們已經知道的，法比安枯竭的部分也渴望與其自體被投射出去的部分重新結合。法比安─卡密爾愈是靠近法比安的家，臥病在床的法比安就愈加躁動不安，他恢復了意識，並且走向門，隔著這扇門，他的另外一半法比安─卡密爾唸出了魔法密語。根據作者的描寫，法比安的這兩半渴望重新結合，這意指法比安渴望整合他的自體。如我們所知，這種衝動與愛的能力之成長是息息相關的，這一點與佛洛伊德的理論是一致的──合成是原慾的功能（而原慾基本上就是生之本能）。

稍早時我曾提出，雖然法比安在尋找好的父親，他卻無法找到他，因為嫉羨與貪婪由於怨恨而升高了，並決定了他對父親形象的選擇。當他變得較不怨恨而且更能忍受時，他的客體對他來說顯得更清晰了；然而比起從前，他的要求也比較不那麼高了，174 看起來他不再要求父母必須要是理想的，而且能原諒他們的缺點。其愛的能力增加，配合著恨意的減弱，而這點又導致了迫害感的減輕，這些全都與貪婪與嫉羨減弱有關。自恨是其人格中一項突出的特徵，當他更能夠忍受與愛他人的同時，他的自體也擁有更多的容忍與愛的能力。

在最後，法比安恢復了他對母親的愛並與她和好。有意義的是，他知道她不夠溫柔，但是他覺得如果**他**曾經是更好的兒子，她可能會好些。他順從母親的指令而禱告，並且，似乎在經過所有的掙扎之後，他已經恢復了對上帝的信仰與信任。法比安臨終所說的話是「我們的天父」，在這個時刻裡，當他充滿了對人性的愛，似乎對父親的愛也回來了。那些因為死亡將臨而必然挑起的迫害與憂鬱焦慮，在某個程度上可以藉由理想化與昂洋自得來

加以抵制。

　　如我們所知道的，法比安─卡密爾受到一種無法抗拒的衝動所驅使而回家。看來，或許是死亡迫近的感覺，激發了他想要與被遺棄的部分自體重聚的衝動，因為我相信，被他所否定的死亡恐懼（雖然他知道自己的病情嚴重）已經完全顯現了；也許他否認了他的恐懼，因為其本質具有強烈迫害性。我們知道，他對於命運與父母是多麼地怨忿，他因為自己不滿足的人格而感到何等地被迫害。我的經驗是：如果感覺死亡是受到懷有敵意的內在與外在客體攻擊，或者當死亡喚起了憂鬱的焦慮──因為害怕好客體會被那些帶著敵意的形象破壞，則死亡恐懼會非常強烈。（這些迫害的與憂鬱的潛意識幻想當然有可能同時存在著）。具有精神病本質的焦慮是過度恐懼死亡的成因，而這樣的恐懼是許多人一輩子都在承受的痛苦；就如一些觀察所顯示的，有些人在臨終時所經驗到的強烈精神痛苦，在我看來是因為嬰兒期精神病性質之焦慮復甦所致。

　　當我們考量作者將法比安描寫為一個不安、不快樂、充滿著怨忿的人時，會期待他的死亡應該是痛苦的，而且會產生迫害焦慮，這是我剛剛提到的。不過，故事的發展並不是這樣的，因為法比安死亡的過程是快樂而平和的，對這種突如其來的結束，任何解釋都是假設性的。從藝術的觀點來看，這可能是作者最佳的解決辦法；但是，與我對於法比安之經驗（在本篇論文中提到的）的解讀一致，我想要用這個故事所呈現的法比安的兩面來解釋這種意外的結局。在轉換開始以前，我們遇見的是成年的法比安；在轉換的過程中，我相信我們遇見了代表他早年發展特徵的情緒──迫害與憂鬱的焦慮，不過，他在兒時未曾克服這些焦慮並達

175

成整合。在小說所提到的三天內，他成功地通過了情緒經驗的世界，以我的觀點來看，這點需要修通偏執-類分裂心理位置以及憂鬱心理位置。克服嬰兒期根本的精神病性質之焦慮，其結果是內在對於整合的原有需要完全顯現出來了。他達到了整合的同時，也獲得了好的客體關係，並且因此修復了他生命中曾經錯失的部分。

【第十章】嫉羨和感恩 [176-1]

多年以來，我一直對人們所熟知的兩種態度——嫉羨和感恩的最早來源感興趣。我得到一個結論：從根逐漸侵蝕愛和感恩的感覺，最強而有力的因素便是嫉羨，因為它影響所有關係中最早期的一種，也就是和母親的關係。此種關係對個人整體情緒生活的根本重要性，已經在一些精神分析的作品中具體闡述。而我認為，藉著進一步探索一個可能在此早期階段形成很大干擾的特定因素，我為我關於嬰孩化發展和人格形成的發現，增添了某些具有重要意義的東西。

我認為嫉羨是破壞衝動一種口腔施虐和肛門施虐的表達，從生命一開始就運作著，而且它有著一種體質上的基礎。這些結論之中有著某種重要的要素，和卡爾‧亞柏拉罕作品中的要素一樣，然而也蘊含著某些差異。亞柏拉罕發現嫉羨是一種口腔的特性，但是根據他的假說，他認定嫉羨和敵意在稍後的時期才開始運作，也就是在第二口腔施虐階段，這點與我的觀點不同。亞柏拉罕並未提到感恩，但是他形容慷慨（generosity）是一種口腔的特徵；他也認為在嫉羨中，肛門要素是一種重要的成分，並且強調它們是由口腔施虐衝動而來的衍生物。

176-1　我想對我的朋友蘿拉‧布若克表達深深的感激，她和我一起進行這本書 [《嫉羨與感恩》] 的整個準備工作，正如我的許多文章一樣。她對我的作品有罕見的了解，並且在每個階段幫助我作內容的摘要和評論。我也感謝愛理奧‧賈克醫師，當這本書還在手稿階段時，他提出了一些有價值的建議，也幫助我找證據。我對茱蒂絲‧費怡小姐（Miss Judith Fay）感到抱歉，她在做索引時承擔了很大的麻煩。

　　亞柏拉罕認為在口腔衝動的強度之中，有一種體質上的要素，我贊成這個進一步的根本觀點。而他也將躁鬱疾患（manic-depressive illness）的病因學與口腔衝動的強度相連接。

　　最重要的，亞柏拉罕和我自己的作品，都更全面而深入地帶出破壞衝動的重要意義。在他寫於1924年的〈原慾發展簡論──心理病理觀點〉一文中，雖然《享樂原則之外》已於四年前出版，亞柏拉罕並未提及佛洛伊德關於生、死本能的假說；然而，在他的書中，亞柏拉罕探索破壞衝動的根源，並且比之前所提的，更明確地將這樣的理解運用於心智障礙的病因學上。雖然他並未使用佛洛伊德生、死本能的觀念，但這對我而言，其作品的根基還是在該方向上的洞識，特別是在第一名躁鬱症患者的分析中。我認為亞柏拉罕的早逝，使他無法領悟他自身發現的全面複雜蘊涵，和這些現象與佛洛伊德所發現的兩種本能之間的重要關聯。

　　當我正要出版《嫉羨與感恩》時，正是亞柏拉罕逝世後三十年，亞柏拉罕之發現的極度重要性因我的作品而愈益受到肯定，對我而言，這是一個極大滿足的來源。

I

　　在這裡，我的意圖是對嬰孩最早期的情緒生活，作一些更進一步的建議，同時推論出關於成人時期和心智健康的某些結論。瞭解成人人格的前提，是探索個案的過去、童年和潛意識，這本來就在佛洛伊德的發現之中。佛洛伊德發現成人的伊底帕斯情結，從這類素材中，不只重構了伊底帕斯情結的細節，還有其時

177

間點。亞柏拉罕的發現，相當程度地補充了這種已經成為精神-分析方法特徵的取向。我們也應該記住，根據佛洛伊德的說法，心智的意識部份是由潛意識發展出來的。因此，我跟隨一種現今在精神-分析中所熟悉的步驟，追溯早期嬰孩素材，我最先是在小小孩的分析中發現這些早期嬰孩素材，隨後又在成人的分析中發現；對小小孩的觀察很快就確認了佛洛伊德的發現。我相信我關於一個更早階段（生命第一年）的某些結論，也同樣可以藉由觀察而獲得關鍵性的確認。藉由個案向我們呈現的素材來重構關於較早期階段的細節和資料，這種做法的正當性——實際上是必要性，佛洛伊德在以下的段落中，作了最令人信服的描述。

「我們所尋找的是個案所遺忘之歲月的一幅圖像，這幅圖像應該是同樣可信的，在各個本質層面上也應該是完整的……他的[精神-分析師的] 建構工作，或者稱為重構（reconstruction），很像是考古學家在挖掘某些已被破壞、掩埋的住處，或某些古代的建築。事實上考古和分析的過程是一樣的，但是分析師是在較好的情況下工作，因為他擁有更多任其處置的素材，也因為他所處理的不是一些已經破壞的東西，而是仍然存活的東西——或者還有其他的理由。但是正如考古學家從依舊矗立的基座中，建造起建築物的牆，從陷落的地層中決定圓柱的數量和位置，並從廢墟所發現的殘留物中重構壁飾和壁畫，分析師也是這樣進行的；他們從記憶的片斷、聯想和在分析過程中個體的行為，作出他們的推論。這兩者都有一種無可爭論的權利：藉由補充、組合倖存的殘留物來重構。更甚者，他們都很容易碰到相同的困難和錯誤來源……如我們所說過的，和考古學家比起來，分析師是在較佳的情況下工作，因為他有任其處置的素材，然而在考古學家的挖掘

178

中卻沒有這樣的材料可供對應參考，比如說可以溯及嬰兒期的重複反應，以及所有與這些反應有關而藉由移情來反映的現象。……所有的本質都被保留下來，即使似乎是完全被遺忘的事情，也總是會以某種方式、在某個地方出現，而且只是因為被掩埋，才導致個體無從接觸。誠然，如我們所知，也許我們可以質疑，是否有任何精神結構會真的遭到全面的破壞。我們能否成功地為完全被隱匿的部分帶來曙光，這只能倚靠分析的技術。」[178-1]

經驗教導我，已經完全成長的人格之複雜，只能藉由我們從嬰兒心智所獲得的洞識，並追蹤其進入後期生命的發展來瞭解。也就是說，分析的進行是從成人期回溯到嬰兒期，再經由一些中繼階段返回成人期，這種反覆地來來回回的動作，是依據遍在的移情情境。

在我全部的作品中，我賦予嬰孩的第一個客體關係（對母親的乳房和對母親的關係）根本的重要性，並且得到結論：如果這個被內攝的原初客體帶著相當程度的安全感而植根於自我，就奠立了一種令人滿意的發展基礎，這種連結牽涉到天生的因素。在口腔衝動的主導下，乳房被本能地感覺為滋養的來源，更深層的意義則是生命的來源。如果事情進行順利，在心智和身體親近這179 種令人滿足的乳房，在某種程度上復原了那種出生前與母親的一體感（unity）和伴隨其中的安全感。這大部分取決於嬰孩充分地灌注於乳房或其象徵之表徵（奶瓶）的能力；以這樣的方式，母親被轉為一個所愛的客體。很有可能是在出生前，嬰孩所擁有的一些母親已成形的部分，影響了他們天生的感覺：在他之外有

178-1 〈分析中的建構〉（Constructions in Analysis, 1937）。

某個東西，將會提供他一切所需要和欲求的。好乳房被納入，成為自我的一部分，而一開始在母親裡面的嬰孩，現在他自己的內在有了母親。

出生前的狀態無疑地意味著一體感和安全的感覺，這種狀態有多麼不受干擾，取決於母親心理和身體的狀況。但確定的是，在未出生嬰孩的內在，仍然可能有其他未經探討的因素。因此，我們可以視對出生前狀態的普同渴求，是理想化驅策力的一種表達。如果我們以理想化的角度研究這樣的渴求，會發現其來源之一是因出生所引起的強烈受害焦慮。我們可以審視，這第一個焦慮形式也許可以擴展到未出生嬰孩的不愉快經驗，同時伴隨著在子宮中安全的感覺，預示了對母親的雙重關係：好的和壞的乳房。

在對乳房的初始關係之中，外在的周遭環境扮演一個不可或缺的部分。如果出生的過程遭遇困難，特別是若導致了併發症，例如缺氧，就會造成一種適應外在世界的困擾，而對乳房的關係就會在很不利的狀況下開始。在這種情形中，嬰兒經驗滿足之新來源的能力有所缺損，結果無法充分地內化一個真正好的原初客體。更進一步，不論這個小孩是否被足夠地餵食和撫養，不論母親是否全然地享受對小孩的照顧，或是感到焦慮、在餵食上有心理的困難——這些因素都影響了嬰孩享受乳汁和內化好乳房的能力。

乳房所造成的挫折要素，注定會進入嬰孩和它最早的關係之中，因為即使是快樂的餵食情境，也無法完全取代和母親在產前的一體感。同樣地，嬰孩渴求一種無窮盡和永存的乳房，無疑地只是根源自對食物的熱望和原慾慾望（libidonal desires）。因為，即使是在最早的階段，想得到母愛之持續證明的驅策力，根

本地植基在焦慮之上。生、死本能之間的掙扎，自體和客體受破
壞衝動滅絕的持續威脅，是嬰孩與母親初始關係的根本因素，因
為他的慾望意味著乳房（很快變成是母親）應該處理掉這些攻擊
衝動，以及受害焦慮的痛苦。

　　無可避免的委屈伴隨著快樂的經驗，增強愛恨之間與生俱來
的衝突，事實上，基本是在生、死本能之間的衝突，並且導致好
乳房和壞乳房同時存在的感覺。結果早期的情緒生活在某種意義
上，以失去和重新獲得好客體為特徵。說到愛恨之間天生的衝
突，我意指在某些程度上，愛和破壞衝動兩者的能力是體質性
的，雖然其強度在不同個體間有所差異，且從一開始便與外在情
境互動。

　　我重覆地提出以下假說：原初的好客體──即母親的乳房，
形成了自我的核心，對其成長有不可或缺的貢獻，我也常常描述
嬰孩如何感覺到他具體內化了乳房和它所給予的乳汁。同時，在
他的心智中，乳房和母親的其他部位和層面，已經有了某些模糊
的關聯。

　　我並不認定對嬰兒而言，乳房只是一個身體上的客體。其全
部的本能慾望和潛意識幻想，使乳房充滿了遠超過它所提供的實
際營養的性質。[180-1]

　　在我們對個案的分析中，發現乳房在其好的層面是母性美

180-1 這些都被嬰孩以比語言所能表達的更原始方式感覺。當這些前語言的情緒和潛意識幻想
　　在移情的情境中被檢視，它們以「感覺中的記憶」出現，正如我所說的，在分析師的幫
　　助下，它們被重構而化為詞語（words）中。相同的方式，當我們正在重構和描述其他屬
　　於發展早期階段的現象時，必須使用詞語。事實上，要將潛意識的語言翻譯成意識的語
　　言，一定要運用從我們意識疆域而來的詞語。

好、無窮盡的耐心和慷慨大方的基模（prototype），也是創造力的基模。正是這些潛意識幻想和本能需要，如此地豐富了此原初客體，使其仍舊是希望、信任和相信美好的基石。

這本書處理最早期客體關係和內化過程，一個植基於口腔特質（orality）的特殊層面。我會提到嫉羨對感恩和快樂能力發展的影響。嫉羨造成嬰孩難以建立其好客體，因為他覺得他被剝奪的滿足，被讓他感到挫折的乳房獨占。[180-2]

我們必須區辨嫉羨、嫉妒（jealousy）和貪婪（greed）。嫉羨是一種憤怒的感覺：另一個人擁有、享受某些所欲求的東西——嫉羨的衝動是要去奪走它或毀壞它；更甚者，嫉羨意指只介於主體和某人之間的關係，且返回最早與母親的排他關係。嫉妒植基於嫉羨，但是參與這種關係的至少有兩個人；它主要關切的是主體感覺應該是自己應得的愛，卻被對手從自己身上奪走，或陷入被搶走的危險中。日常生活中常見的嫉妒概念，是一個男人或女人覺得被其他人剝奪了所愛之人。

貪婪是一種貪得無饜的強烈渴求，遠超過主體的需要和客體

181

180-2 在我的一些作品中：《兒童精神分析》、〈伊底帕斯情結的早期階段〉（Early Stages of the Oedipus Complex）以及〈嬰孩的情緒生活〉（The Emotional Life of the Infant），我已經提到過嫉羨發生在伊底帕斯情結最早的階段，源自於口腔、尿道和肛門施虐的來源，並且將它和毀壞母親擁有物的慾望連結；特別是在嬰孩的潛意識中，母親之涵容物是父親的陰莖。在我的論文〈一個六歲女孩的強迫精神官能症〉（An Obsessional Neurosis in a Six-Year-Old Girl，這篇論文於1924年朗讀，但當時並未出版，後來它在《兒童精神分析》中出現）已經提過，和對母親身體之口腔、尿道和肛門施虐攻擊有關的嫉羨，扮演著顯著而重要的角色。但是，在那篇文章中，我並沒有特別把這種嫉羨與拿走、毀壞母親乳房的慾望連接，雖然我已經非常接近這些結論。在我的論文〈論認同〉（On Identification, 1955）中，我討論了嫉羨在投射式認同中是一個很重要的因素。再回到我的《兒童精神分析》，我提出不只是口腔施虐，其他尿道施虐和肛門施虐的傾向，也在每個小嬰孩身上運作著。

所能夠和願意給的。在潛意識的層次，貪婪的目標主要在於完全
地掏空、吸乾、狼吞虎嚥地吃光乳房，也就是說，它的目標是破
壞的內攝；然而，嫉羨不只是尋求這種方式的搶奪，也是把壞東
西放入母親體內，主要是壞的排泄物和自體壞的部分，而且最重
要是把這些東西放入她的乳房，以便毀壞、摧毀她，在最深層的
意義上，這意味著摧毀她的創造力。這樣的過程源自於尿道和肛
門施虐衝動，我在其他地方已經將之定義[181-1]為一種開始於生命
之初[181-2]的投射式認同之破壞層面。雖然貪婪和嫉羨是如此緊密
地相關，但是並無法嚴格地區分它們，基本的差異在於：貪婪主
要是和內攝連結在一起的，而嫉羨則是和投射一起。

182　　　根據《簡短牛津字典》（*Shorter Oxford Dictionary*），嫉妒意
味著某個人拿走或被給予「好東西」，而這「好東西」照理說應
該是屬於另一個人的。在這樣的脈絡下，基本上我會將「好東西」
詮釋為是好乳房、母親、所愛的人，這好東西已經被其他人拿
走。根據奎博（Crabb）所著的《英文同義詞》（*English
Synonyms*）：「……嫉妒是害怕失去所擁有的；嫉羨是因為看到
另一個人擁有他想要的東西而痛苦……嫉羨的人厭惡看到別人享
受，只有在別人的悲慘中才覺得自在。因此，所有想要滿足嫉羨
者的努力都是徒勞無功的。」根據奎博的說法，嫉妒是「根據客
體而來的一種高貴或卑鄙的熱情；前者是因害怕而尖銳化的競
爭，後者是迫害怕激起的貪婪。嫉羨永遠是一種卑劣的熱情，導

181-1　〈對某些類分裂機制的評論〉。

181-2　愛理奧‧賈克醫師讓我注意到嫉羨的語源學字根在拉丁文是「*indivia*」，來自於動詞的
　　　「*invideo*」──斜眼地看（look askance at）、惡意和懷恨地窺視、投以邪惡的眼光、嫉羨
　　　和吝嫉任何事。早期於西賽羅（Cicero）的片語中使用，翻譯為：「藉由他邪惡的眼睛製
　　　造不幸」。這點確認了我在嫉羨和貪婪之間所作的分辨，我強調嫉羨的投射式特徵。

致了最壞的熱情。」

對嫉妒的一般態度不同於對嫉羨的態度，事實上，在某些國家（特別是在法國），因嫉妒而謀殺的判決較輕。這種差異的原因，可以在下列這種普遍的感覺中找到：謀殺對方，意味謀殺者仍愛著那個背叛自己的人。以上述所討論的詞彙而言，這意味著對「好東西」的愛存在著，而且所愛的客體不會像在嫉羨中一樣被損壞或毀壞。

莎士比亞筆下的奧賽羅，在嫉妒的影響下摧毀了他所愛的客體，而以我的觀點，這就是牽博所形容的一種「嫉妒之卑鄙熱情」的特徵──迫害怕激起的貪婪。嫉妒作為一種心智的天生素質，在相同的劇作中有一段重要的論述：

> 可是多疑的人是不會因此而滿足的；
> 他們往往不是因為有了什麼理由而嫉妒，
> 只是為了嫉妒而嫉妒，
> 那是一個憑空而來、自生自長的怪物。

我們可以說：非常嫉羨的人是貪得無厭的，他永遠不會被滿足，因為他的嫉羨源自於內在，因此總是會尋找一個可以聚焦的客體。這裡也顯示出嫉妒、貪婪和嫉羨之間密切的關聯。

莎士比亞似乎並沒有一直都區別嫉羨和嫉妒；以此處我所定義的層面而言，下面奧賽羅所說的文句，充分地顯示出嫉羨的重要意義：

> 哦，主帥，你要留心嫉妒啊；

那是一個綠眼的妖魔，

誰做了它的犧牲，就要受它玩弄……

這讓人想起一句諺語：「咬囓餵養他的那隻手」，咬、摧毀、毀壞乳房，幾乎是同義詞。

II

183 我的工作教導我：第一個受到嫉羨的客體是餵養的乳房，[183-1]因為嬰孩感覺它擁有每件他所欲求的東西，乳房流出無限的乳汁和愛，它保留這些以滿足自身。這種感覺加上他的怨懟（grievance）和怨恨感，結果就是與母親之間產生一種困擾的關係。如果嫉羨是過度的，以我的觀點，這意味著偏執和類精神分裂的特質異常強烈，這樣的嬰孩可以視為是生病的。

在這一整段中，我所說的是對母親乳房的原發嫉羨，而這應該與原發嫉羨後來的形式（女孩想要取代母親地位的天生慾望，和男孩天生的女性心理位置〔feminine position〕）作分辨；在後來的形式中，嫉羨不再聚焦於乳房，而是聚焦於母親接受了父親的陰莖、有嬰兒在她體內、可以生下嬰兒和餵養嬰兒。

我通常描述對母親乳房的攻擊，是受到破壞衝動所決定。在這裡我希望補充一點：嫉羨給了這些攻擊特別的推動力。這意味著當我寫到貪婪地掏空乳房和母親的身體、破壞她的嬰兒，以及

183-1 瓊恩・黎偉業在她的〈嫉妒作為一種防衛機制〉（Jealousy as a Mechanism of Defence, 1932）論文中，追溯女性的嫉羨到嬰孩化的慾望：要搶奪母親的乳房並毀壞它們。根據她的發現，嫉妒奠基於這種原初嫉羨。她的論文包含了闡示這些觀點的有趣素材。

把壞的排泄物放入她體內，[183-2] 這樣的描繪就是我後來所確認的嫉羨地毀壞客體。

在嬰孩的心智中，有一種他最欲求的無竭盡乳房之潛意識幻想，所以就算嬰兒未被足夠地餵養，如果我們考慮到剝奪會增加貪婪和迫害焦慮，則可以理解嫉羨是如何產生的。嬰孩的感覺似乎是這樣的：當乳房剝削他時，乳房就變成是壞的，因為它保留了和好乳房相關的乳汁、愛和照顧，全部都留給它自己。他怨恨、嫉羨那被他視為卑劣和惡意的乳房。

滿足的乳房也同樣被嫉羨，這點可能更容易被理解。乳汁來到時所伴隨的極度心安，雖然嬰孩感到滿足，卻也造成了嫉羨，因為這份禮物似乎是某種得不到的東西。

我們發現這種原始的嫉羨在移情的情境中再度復甦。例如：分析師作出一個詮釋，為個案帶來釋放，並產生由絕望到希望與信任的情緒改變。而對於有些個案，或者是同樣的個案，但在不同的時間時，這個有助益的詮釋很快會變成是破壞性批判的客體。於是他不再感覺那是他曾經接受和經驗過的一種豐富的好東西，他的批判會附著在微不足道的小事上，例如：應該更早一點詮釋；詮釋太長了，干擾了他的聯想；或者詮釋太短了，這表示他尚未充分地了解。這名嫉羨的個案既嫉妒又吝於肯定（grudge）分析師成功的工作，如果他覺得分析師及其提供的幫助被毀壞，也被自己嫉羨的批判所貶抑，他就無法充分地將分析師內化為一個好客體，也無法真正信服地接受、消化吸收他的詮釋。正如我們常在嫉羨較少的個案身上看到的，真正的信服意味著對一份禮

184

183-2 參考我的《兒童精神分析》，這些觀念散見於此書中的一些段落中。

物的感恩。而因為對貶抑那些別人給予的幫助有罪惡感，嫉羨的個案也會覺得他是不值得從分析中獲益的。

不消說，我們的個案為了各式各樣的理由批判我們，有時候甚至具有正當性。但是當一名個案需要去貶抑被他經驗為有幫助的分析，這就是嫉羨的表達。如果追溯那些我們在早期階段所遭遇的情緒情境，一直回到很原發的時期，我們會在移情中發現嫉羨的根源。破壞性的批判在妄想的個案身上特別明顯，即使分析師所做的曾經減輕他們的症狀，他們仍沉溺於貶損分析工作的施虐愉悅之中。這些個案的嫉羨性批判是十分公開的；而其他個案，這點也許扮演著同樣重要的角色，只是沒有被表達出來，甚至還處於潛意識中。依照我的經驗，我們在這些案例中所看到的進步緩慢，也同樣和嫉羨有關，我們發現他們持續對分析的價值感到懷疑和不確定。個案已經把自體那些嫉羨和敵意的部分分裂出來，而一直呈現在分析師面前的，是他覺得比較能接受的部分。然而在本質上，分裂的部分仍影響著分析的歷程，只有當分析達到整合和處理人格的整體時，最終才可能是有效的。其他的個案藉由變得混淆困惑來試著避免批判，這種混淆困惑不只是一種防衛，也表達一種不確定：分析師是否仍是一個好的形象，或者他以及他正給予的幫助，是否已經因為個案的敵意批判而變成壞的。我會將這樣的不確定追溯到混淆困惑的感覺，而這種感覺是最早與母親乳房的關係產生困擾的後果之一。由於偏執和類分裂機制的強度，加上嫉羨的推動力，嬰孩無法成功地讓愛和恨（接著是好的和壞的客體）分開並保持距離；嬰孩很容易在其他的關聯中，對何謂好壞感到混淆困惑。

185　　　在這些形式中，除了佛洛伊德所發現的因素，以及瓊恩‧黎

偉業[185-1]進一步發展的因素之外，嫉羨和對抗嫉羨的防衛，也在負向治療反應中扮演重要的角色。

在移情的情境中，嫉羨和它所產生的態度，干擾了逐漸建立一個好客體的過程。如果在最早的階段，好的食物和原初的好客體無法被接受和消化吸收，這點會在移情中重覆，分析的過程則會有所損害。

在分析素材的脈絡中，經由修通較先前的情境，來重構個案在身為嬰兒時對母親乳房的感覺，這是可能的。舉例而言，嬰孩可能會怨懟乳汁來得太快或太慢，[185-2]或是他最熱望乳房時卻得不到，因此，當提供乳房時，他再也不想要了，他別開臉，以吮他的手指代之。當他接受乳房時，他可能喝得不夠多，或餵食過程被干擾。有些嬰孩很明顯難以克服這類的怨懟，而其他的嬰孩對這些感覺，即使是基於真實的挫折，也能夠很快地克服；乳房會被納入，充分享受餵食的過程。我們在分析之中發現，根據他們被告知的，這些個案小時候很滿意地享用他們的食物，沒有明顯的徵候顯示我剛剛所描述的態度。他們分裂了他們的怨懟、嫉羨和怨恨，無論如何，這形成了他們性格發展的一部分。這些過程在移情情境中變得十分清楚，想要取悅母親的初始願望、被愛的渴求，以及對他們的破壞衝動之後果尋求保護的迫切需要，在分析中都可以發現這些潛在於那些病患的合作態度之下，而這

185-1 〈論負向治療反應的分析〉（A Contribution to the Analysis of the Negative Therapeutic Reaction, 1936），也見佛洛伊德的《自我與本我》。

185-2 嬰兒可能事實上接受到太少的乳汁、沒有在最想要的時候得到乳汁，或者沒有用對的方式得到，例如乳汁來得太快或太慢。嬰孩被抱持的方式舒適與否、母親對餵食的態度、母親在餵食中感到愉悅或焦慮、透過奶瓶或乳房餵食──這些因素在每一個案例中都有極大的重要性。

些個案的嫉羨和怨恨被分裂,卻是形成負向治療反應的一部分。

我常常提及嬰孩想要一個無竭盡、永存的乳房,但是正如在之前的段落中所提出的,不只是他所想要的食物,他也想要從破壞衝動和迫害焦慮中被釋放。母親是全能的,是否能夠防止所有來自內在和外在來源的痛楚和邪惡,全部取決於她,在成人的分析中也發現這樣的感覺。順便一提,在餵食小孩上,相較於根據時間表的僵化方式,最近幾年發生了令人可喜的改變,但是這樣的改變也不能全然防止嬰孩的困難,因為母親無法消除他的破壞衝動和迫害焦慮。另外要考慮到一點,母親的態度若太焦慮,只要嬰孩一哭就提供他食物,這對嬰孩是沒有助益的,他會感覺到母親的焦慮,而增加他自己的焦慮。我也遇到一些成人對不被允許好好哭個夠感到怨懟,因為那讓他們錯失了表達焦慮和哀傷(因而得到釋放)的可能性,以致攻擊衝動和憂鬱焦慮都無法充分地找到一個出口。亞伯拉罕提到有趣的一點:過度的挫折和太大的耽溺都是躁鬱疾患底下的因素。[186-1] 因為只要不是過度的,挫折也能夠刺激對外在世界的適應和現實感知的發展;事實上,在特定量的挫折之後,隨之而來的滿足會使嬰孩感覺可以克服焦慮。我也發現,嬰孩未被滿足的慾望——某種程度而言也是無法滿足的,也是促成他昇華和創造活動的一個重要貢獻因素。讓我們想像這個假設的狀況:如果嬰孩內在沒有衝突,這會剝奪使他人格豐富和強化自我的一個重要因素,因為衝突和克服衝突的需要,是創造力的一個基本元素。

186-1〈原慾發展簡論〉(A Short History of the Development of the Libido, 1924)(編按:應為 A Short Study of the Development of the Libido)之誤植。

　　嫉羨毀壞了原初好客體，並更加推動對乳房的施虐攻擊，從這個論點開始，有了進一步的結論。受到如此攻擊的乳房已經失去了其價值，被咬噬和被尿液及糞便毒化，它已經變壞了。過度的嫉羨增加了這類攻擊的**強度**和**持續期間**，因此，嬰孩要重新獲得失去的好客體變得更加困難了；而對乳房的施虐攻擊，如果較不由嫉羨所主導，則會更快地度過，因而在嬰孩的心智中，就不會如此強烈、持續地摧毀客體的美好，因為重返而可被享用的乳房，被感覺為證明乳房沒有被傷害、仍然是好的。[186-2]

　　嫉羨會毀壞享受能力，這在某種程度上解釋了為何嫉羨如此持久，[187-1] 因為正是所產生的享受和感恩緩和了破壞衝動、嫉羨和貪婪。從另一個角度檢視：貪婪、嫉羨和迫害焦慮彼此密不可分，無可避免地也彼此增長。嫉羨所造成的傷害感覺與由此而來的巨大焦慮，以及所導致對美好客體的懷疑，這些都影響了貪婪和破壞衝動的增長。每當客體終究被感覺為好的，就會產生更貪婪的慾望想要將其納入，這點也適用於食物。在分析中，我們發現當個案對其客體、分析師及分析的價值感到極大懷疑時，他會緊抓住可以釋放焦慮的詮釋，並且傾向於延長會談時段，因為他想要盡可能地將此時他覺得好的東西納入（有些人是如此懼怕自己的貪婪，以致於他們特別敏銳地準時離開）。

　　對擁有好客體的懷疑，以及對自身好感覺的相對不確定，也

186-2　對嬰兒的觀察顯示了某些這類潛在的潛意識態度。正如我之前所說的，有些嬰孩暴烈地哭喊，但當他們開始被餵食時，很快就顯得十分快樂，這點顯示他們暫時失去他們的好客體，但是又重新獲得。而其他一些嬰孩的持續怨懟和焦慮（雖然在餵食的瞬間會減少），可以被細心的觀察者觀察、收集到。

187-1　很清楚地，剝奪、不滿足的餵食和不利的情境強化了嫉羨，因為它們干擾了全然的滿足，創造了一個惡性循環。

造成了貪婪和未加區分的認同;這樣的人很容易被影響,因為他們無法信任自身的判斷。

因為嫉羨而無法安全建立一個內在好客體的嬰孩,與對愛和感恩有很強能力的小孩相比較,後者和好客體有一種深厚的關係,因為沒有受過根本的傷害,他可以承受暫時的嫉羨、怨恨和怨懟狀態(即使是被愛和受到妥善撫育的孩童,也會產生這樣的狀態)。因此,當這些負向的狀態是短暫的,好客體會一再被重新獲得。在建立和舖設穩定、強壯的自我根基之過程中,這是一個核心的因素。在發展的過程中,與母親乳房的關係,變成熱愛人、價值和理想的基礎,對原初客體初始所經驗到的某些愛被吸收了。

愛的能力的一個重要衍生物是感恩的感覺。在與好客體建立關係的過程中,感恩是基本的,而感恩底下則是對他人和自己的美好感到欣賞與感激。感恩植基於在嬰孩最早階段所升起的情緒和態度,在這最早階段之中,對嬰兒而言,母親是單一和唯一的客體,我已經提過,這種早期的連結[187-2]是後來與所愛之人建立關係的基礎。雖然這種和母親的排他關係,在時間和強度上會因人而異,但我相信在某個程度上,它存在於大部分人之中。它可以多不受干擾,部分需端賴外在情境,但是潛藏於其中的內在因素似乎是天生的,尤其是愛的能力。破壞的衝動(特別是強烈的嫉羨)會在早期階段干擾和母親的這種特殊連結。如果強烈嫉羨餵食的乳房,就會妨礙全然的滿足,正如我已經描述過的,因為它是嫉羨的特徵,意味著搶奪客體所擁有的並毀壞它。

188

187-2〈嬰孩的情緒生活〉(1952)。

　　只有當愛的能力被充分發展，嬰孩才能經驗到完整的享受，而正是享受奠定了感恩的基礎。佛洛伊德形容在被哺乳時，嬰孩的無上喜樂是性滿足的基模。[188-1]以我的觀點而言，這些經驗不只構成了性滿足的基礎，也是後來所有幸福快樂的基礎，使個體與他人成為一體的感覺成為可能；這種一體感意味著被全然地瞭解，而這對每一種幸福快樂的愛或友誼關係而言，都是非常重要的。在最好的狀況下，這樣的了解不需要用文字去表達，這顯示了它來自於在前語言階段與母親最早的親密關係。可以全然享受和乳房這最早關係的能力，構成了能夠從不同的來源經驗到愉悅的基礎。

　　如果餵食過程中，經常經驗到未受干擾的享受，對好乳房的內攝會伴隨著相當的安全感。對乳房全然的滿足，意味著嬰孩覺得已經收到來自愛的客體的一份獨特禮物，而他想保留這份禮物，這是感恩的基礎；感恩密切連結於對好形象的信任。這首先包含了接受和吸收愛的原初客體（不只作為食物的來源）的能力，其中貪婪和嫉羨沒有造成太多妨礙；因為如果是貪婪的內化，就會干擾對客體的關係。個體會感覺到他正在控制、耗竭客體，因此對客體是一種傷害。然而在對內在和外在客體的良好關係中，主導的是想要保存它、使它倖免於難的願望。我已經在其他相關作品中[188-2]形容過這樣的過程，此過程背後是對好乳房的信任，而這樣的信任則源自於嬰孩將原慾投資於第一個外在客體的能力。以這樣的方式，一個好的客體被建立了，[188-3]客體會愛

188-1 《性學三論》（*Three Essays on the Theory of Sexuality*）。

188-2 〈嬰兒的行為觀察〉（1952）。

188-3 也比較溫尼寇特「幻覺乳房」（illusory breast）的觀念，和他認為在一開始，諸多客體是被自體所創造（《精神病和小孩照顧》（Psychoses and Child Care, 1953）的觀點。

著自體並保護它，且受到自體所愛和保護，這是一個人信任自身美好的基礎。

189 　　愈是經常經驗到和全然地接受對乳房的滿足，就愈會經常感覺到享受和感恩，以及隨之想要返回愉悅的願望。這種重覆的經驗使得最深層次的感恩成為可能，並且在修復的能力和所有的昇華中扮演重要的角色。透過投射和內攝的過程，透過釋出內在的資產和重新內攝，一種自我的豐富和深化產生了。以這樣的方式，可以一再地重新擁有有益的內在客體，感恩能夠全然地發揮影響。

　　感恩與慷慨大方有十分密切的連結。內在的資產是源自於已經消化吸收的好客體，所以個體變得可以和別人分享禮物，這點也促使個體內攝一個更友善的外在世界，一種豐富的感覺隨之發生。即使事實上，慷慨大方經常未受到充分地感激，但這不一定會侵蝕給與的能力；相反地，有些內在資產和強度未被充分建立的人，幾回的慷慨大方之後，隨之而來的通常是過度需要感激和感恩，後續緊跟著的就是被耗盡和搶奪的迫害焦慮。

　　對餵食之乳房的強烈嫉羨，妨礙了完整享受的能力，因此侵蝕了感恩的發展。在心理學上有非常適切、中肯的理由，說明為何嫉羨列於七條「重罪」之中。我甚至認為它是所有潛意識感覺得到的罪裡面最嚴重的，因為它毀壞、傷害了生命來源的好客體，這個觀點和喬叟（Chaucer）在《教區牧師的故事》（*The Parsons Tale*）中所描述的觀點一致：「很肯定地，嫉羨是最壞的罪，因為所有其他的罪，都只是違反一項美德的罪，然而嫉羨違反了所有的美德和美好。」傷害和摧毀了原初客體的感覺，減少了個體對後來的關係的真誠信任，也使他懷疑自己對愛和美好的能力。

我們經常會發現：主要還是藉著罪惡感來表達感恩，少部分才是藉由愛的能力（最後變得具有鼓舞作用）。我認為這類的罪惡感和感恩，在最深層次上的區分是重要的；這並不意味罪惡感的某些元素不涉及感恩最真誠的感覺。

我的觀察顯示，性格的重大改變（更嚴密地看，會呈現為性格衰退）似乎常發生在那些未安全建立他們第一個客體，以及無法維持對第一個客體之感恩的人們身上。當因為內在或外在的理由，造成這些人的迫害焦慮增加時，他們完全失去原初的好客體，或甚至失去它的替代品──可以是個人或價值。這種改變底下的過程，是一種退化到早期的分裂機制和失去整合，這類失去整合並不必然會導致明顯的疾病，因為這是程度的問題，雖然它最終會強烈地影響性格。對權力和名望的熱望，或者不計代價平息迫害者的需要，都屬於我心中所謂性格改變的一些層面。 190

我在一些案例中看到，當一個人的嫉羨升起時，來自最早來源的嫉羨感也會被活化。因為這些原發的感覺有一種全能的本質，這反映在對替代形象所經驗到的嫉羨感上，因此造成了由嫉羨所引發起的情緒，以及意氣消沉（despondency）和罪惡感。似乎這種由平常經驗所活化的最早嫉羨，對每個人而言都是常見的，但是這種感覺和全能破壞的感覺，在程度和強度兩方面卻因人而異。這個因素可以被證明在嫉羨的分析中具有重大的重要性，因為只有當它可以觸及、深入其較深的來源時，分析才有可能造成全然的影響。

無疑地，每個人終其一生，挫折和不幸的情境會喚起某些嫉羨和怨恨，但是這些情緒的強度和個體適應它們的方式，卻有相當大的差異，這就是為何對所接收之美好的感恩感覺以及享受的能力，在人們之間會有極大差異的理由之一。

III

　　為了澄清我的論點，我似乎需要提及我某些關於早期自我的觀點。我相信自我從分娩前生命的一開始就存在著，雖然是一種原初的形式，而且大部分缺乏凝聚。在最早的階段，自我已經執行著重要的功能。也許這種早期自我接近於佛洛伊德所主張的自我潛意識部分，雖然他並未認定自我從一開始就存在了，但是他賦予有機體一種我認為只能由自我人執行的功能。內在死之本能所造成的滅絕威脅，以我的觀點來看是初生的焦慮——在這個關鍵點上和佛洛伊德的觀點不同；[190-1] 而為生之本能而運作的自我
191　（甚至是經由生之本能召喚而運作），某種程度地把那樣的威脅向外轉向。佛洛伊德賦予有機體這種對死之本能的基本防衛，而我將此過程視為自我最初的活動。

　　以我的觀點，因為迫切需要處理生死本能之間的掙扎，因此促成了自我的其他原初活動，這些功能的其中之一是逐漸整合，它根源於生之本能，而表現為愛的能力。相反的傾向是自我分裂了自己和客體，部分是因為出生時自我非常缺乏凝聚，部分是因為它構成了一種對抗初生焦慮的防衛，因此是一種保存自我的方法。多年來，我賦予分裂中的一個特定過程很大的重要性：將乳房分隔成一個好的客體和一個壞的客體，我認為這點表達了愛和恨的天生衝突與繼起之焦慮。然而，和這種分隔並存的似乎是分裂的不同過程，只有在最近幾年，我們才更清楚地瞭解其中某些

190-1　佛洛伊德說：「潛意識似乎不含有提供我們生命滅絕概念的內容。」《抑制、症狀與焦慮》
　　　（S.E. **20**, 129）

過程。例如，我發現和貪婪、狼吞虎嚥地內化客體（首先是乳房）同時發生的，是自我在不同的程度上碎裂了自己和客體，以這樣的方式紓解破壞衝動和內在的迫害焦慮。這樣的過程在強度上有所差異，並且或多或少決定了個體的正常性，它發生在偏執-類分裂心理位置期間，屬於各種防衛之一；而我相信偏執-類分裂心理位置延伸至生命的前三到四個月。[191-1]我並不是說在該期間嬰孩無法全然地享受食物、與母親的關係，以及身體舒適和安好的常見狀態，但是不論何時焦慮升起，它主要就是一種偏執的本質，而對抗它的防衛以及所使用的機制，主導的都是類分裂的。在以憂鬱心理位置為特徵的期間，這同樣也可以加以必要的更改而適用於嬰孩的情緒生活。

回到分裂的過程，我視它為小嬰孩之相對穩定的先決條件；在前幾個月期間，他主導地將好客體和壞客體分開，因此以一種根本的方式保存了好客體——這也意味著自我的安全感被增強。同時，只有在具備足夠愛的能力和相對強壯的自我時，這種原初的分隔才會成功。因此，我的假設是：愛的能力推動了整合傾向，也促成了愛恨客體之間成功的原初分裂，這點聽起來是矛盾的。但是如我所說的，因為整合是以一個奠基深厚的好客體為基礎，這樣的好客體形成自我的核心，因此一定量的分裂對整合而言是不可或缺的；因為它保存了好客體，後來自我才可以合成它的這兩個層面。過度的嫉羨（一種破壞衝動的表達）妨礙了好、壞乳房之間的原初分裂，便無法充分地建立好客體，因此完整發展和整合的成人人格之基礎未被鋪設，好和壞之間後來的分化在

192

191-1 參考我的〈對某些類分裂機制的評論〉；也參考賀伯特・羅森菲爾德〈一個併發人格失真之精神分裂狀態的分析〉（1947）。

不同的環節中被干擾。至此,這種發展的干擾是由於過度的嫉羨,它在最早的階段又是源自於普遍的偏執和類分裂機制;根據我的假設,這些機制形成了精神分裂的基礎。

在探索早期分裂的過程中,如何分辨好客體和理想化客體是非常重要的,雖然我們無法明確地作出這樣的區分,但是在客體的兩個層面之間,如果是很深的裂隙,代表了被分開的不是好的和壞的客體,而是一個理想化的和一個極度壞的客體。如此深層和明確的區隔,顯示出破壞衝動、嫉羨和迫害焦慮非常強烈,而理想化僅是作為對抗這些情緒的一種防衛。

如果好客體是根深蒂固的,這樣的裂隙根本上會有不同的本質,而且會允許自我整合和客體合成等非常重要的過程去進行。於是藉著愛,可以相當程度地緩和恨,憂鬱的心理位置可以被修通。結果,足以更安全地建立對一個完整好客體的認同;這也會帶給自我力量,使自我可以保留它的身分認同,也可以保留一種擁有自身美好的感覺。自我變得比較不易毫無區辨地認同各式各樣的客體,其為脆弱自我的一個特徵。更進一步,對一個好客體全然的認同,是伴隨著自體擁有自身美好的感覺。當事情不對勁時,自體分裂開來的部分被投射於客體,過度的投射式認同導致自體和客體之間一種強烈的混淆困惑,但這也是為了支持自體。[192-1]和這種現象繫縛一起的是一種自我的虛弱化,與客體關係之中一種嚴重的干擾。

比起那些受到破壞衝動和迫害焦慮主導的嬰孩,愛之能力強

192-1　在早一點的作品當中,我處理過這種過程的重要性,在這裡我只想要強調,對我而言,它似乎是偏執-類分裂心理位置的基本機制。

盛的嬰孩覺得比較不需要理想化；過度的理想化象徵著迫害感是主要的驅力力量。正如許多年前在我與小小孩的工作中所發現的，理想化是被迫害焦慮的一個必然結果──一種對抗它的防衛，而理想的乳房是狼吞虎嚥的乳房之相對應的部分。

　　比起好的客體，理想化的客體在自我之中是更少整合的，因為它主要根源於迫害焦慮，而較少源自於愛的能力。我也發現理想化源自於天生就感覺存在著一個極度好的乳房，這種感覺導向對好客體以及對愛好客體的渴求，[193-1] 這似乎是生命本身的一種狀況，也就是生之本能的一種表達。因為對好客體的需要是普世的，所以理想化客體和好客體之間的區分不能被視為是絕對的。

　　有一些人處理自己無能（源自於過度的嫉羨）擁有一個好客體的方法，就是將它理想化，這種首先的理想化是靠不住的，因為對好客體所經驗到的嫉羨，勢必會擴展到其理想化的層面。對更進一步客體的理想化和對它們的認同也一樣，都是不穩定而未加區辨的。在這些未加區辨的認同中，貪婪是一個重要的因素，因為想要從每個地方得到最好的東西，妨礙了選擇和區辨的能力。這種無能也和在原初客體關係中對好與壞產生混淆困惑有關。

　　當人們能夠帶著相當的安全感建立好的客體，即使好客體有缺點，他們也能夠留住對它的愛，而對另外一些人而言，理想化是他們愛的關係和友誼的特徵。這通常會失敗，於是一個愛的客體常常需要換成另一個，因為沒有客體可以全然地符合期望。先前理想化的人通常會被感覺為一個迫害者（這顯示出理想化的起

193-1 我已經提過，理想化出生前的情境，這是一種與生俱來的需要。另一個理想化常見的領域是嬰兒與母親的關係，特別是那些在該關係中無法經驗到充分幸福快樂的人，他們會在回顧時將它理想化。

源是作為迫害感的對應物），主體嫉羨和批判的態度被投射到他裡面。這點非常的重要，在內在世界中，相同的過程運作著，用這樣的方式極為特殊地保留了危險的客體，這些都導致了關係中的不穩定性。這是自我脆弱的另一個層面，之前我已經提過這點和未加區辨之認同的關係。

即使在安全的母子關係之中，和好客體相關的懷疑也很容易會升起，這不只是因為嬰孩非常依賴母親，也是因為他的貪婪和破壞衝動將會勝過他的重覆焦慮──這種焦慮是在憂鬱狀態中的一個重要因素。然而，在生命中的任何階段，在焦慮的壓力下，對好客體的信服和信任會被動搖，但是懷疑、沮喪和迫害感這類狀態的**強度**和**持續時間長度**，決定了自我是否能夠重新整合它自己，並安全地恢復它的好客體。[194-1] 正如可以在日常生活中觀察到的，對美好之存在的希望和信任，幫助人們度過重大的逆境，有效地抵制了迫害感。

IV

過度嫉羨的後果之一似乎是一種早發的罪惡感。如果在自我尚未能忍受時就經驗到過早的罪惡感，它就會被感覺為迫害感，喚起罪惡感的客體就會被轉變成迫害者。於是嬰孩既無法修通憂鬱的焦慮，也無法修通迫害焦慮，因為它們彼此混淆了。當憂鬱心理位置升起之後的幾個月，更整合、強壯的自我有更大的能

194-1 在此我要提及我的相關論文〈哀悼及其與躁鬱狀態的關係〉，其中我將正常哀悼的修通，定義為一種早期好客體重新恢復的過程。我認為這樣的修通第一次發生在嬰孩成功地處理了憂鬱的心理位置。

力去忍受罪惡感的痛楚，以及發展相對的防衛，主要就是修復的傾向。

在最早階段（即在偏執-類分裂心理位置），過早的罪惡感增加迫害感和失去整合的事實，帶來的後果就是憂鬱心理位置的修通同樣也失敗了。[194-2]

我們可以在小孩和成人個案兩者之中觀察到這樣的失敗：只要一感覺到罪惡感，分析師就會變成是害人的，基於很多理由遭到控訴。在這類個案中，我們發現他們像嬰孩一樣，他們在經驗罪惡感的同時，一定同時導向迫害焦慮及其相對應的防衛；這些防衛後來才出現，把迫害感投射到分析師和全能的否認上。 195

我的假設是：罪惡感的最深層來源之一，總是和嫉羨餵食的乳房有關，也和覺得嫉羨的攻擊已經毀壞了乳房的美好有關。如果在早期嬰孩時期，原初客體已經相當穩定地建立，便能更成功地適應這類感覺所喚醒的罪惡感，因為此時嫉羨更加的短暫，且更不容易危害和好客體的關係。

過度的嫉羨妨礙了充分的口腔滿足，因此刺激、加強了性器慾望和趨向。這意味著嬰孩太早轉向性器的滿足，後果就是口腔

194-2　儘管我沒有改變我的觀點，認為憂鬱心理位置大約開始於生命第一年的第二個四分之一，而在大約六個月時到達巔峰，我發現有一些嬰孩似乎在生命的頭幾個月中，短暫地經驗到罪惡感（參考〈關於焦慮和罪惡感的理論〉〔On the Theory of Anxiety and Guilt〕），但這點並不意味著罪惡感已經升起。我在其他地方已經形容作為憂鬱心理位置特徵的過程和防衛的各種樣貌，例如和整體客體的關係、內在和外在現實更強固的確認、對抗憂鬱的防衛（特別是修復的驅策力）以及客體關係的擴展，導致了伊底帕斯情結的早期階段。談到生命開始階段所短暫經驗到的罪惡感，當我寫《兒童精神分析》時，我更接近我所抱持的觀點，書中我描述了非常小的嬰孩所經驗到的罪惡感和被害感。當後來我定義憂鬱心理位置時，我更清楚地（或許太綱要了）將罪惡感、憂鬱和相對應的防衛區隔在一邊，偏執的階段（後來我稱為偏執-類分裂心理位置）放在另一邊。

的關係變得性器化,而性器趨向沾染了太多口腔怨懟和焦慮。我
經常主張性器知覺和慾望可能從出生起就開始運作了,例如,我
們都知道小男嬰在很早的階段就已經會勃起。但是我所說的這些
知覺過早地喚起,是指性器趨向在正常口腔慾望全盛的階段妨礙
了口腔趨向。[195-1] 在這裡我們要再度考慮早期混淆困惑的影響,
這樣的混淆困惑表現在模糊了的口腔、肛門和性器衝動及潛意識
幻想中。原慾和攻擊兩者的各種來源有所重疊是正常的,但是當
這種重疊造成無法充分地經驗到這些趨向之一(在其恰當的發展
階段)的主導時,後來的性生活和昇華都受到了不良的影響。性
器特質如果是基於逃離口腔特質,就會是不安全的,因為附著於
不足的口腔享受上的疑心和失望,會被帶入性器特質。藉著性器
趨向而妨礙了以口腔為首要(oral primacy),逐漸毀壞性器領域
中的滿足,也經常是強迫自慰和雜交的原因。因為缺乏原發的享
受,會在性器慾望中引入強迫行為的要素,正如我在一些個案之
中看到的,也會因此導致性知覺進入所有活動、思考過程和興趣
之中。對一些嬰孩而言,逃入性特質中也是一種防衛,避免怨
196　恨、傷害那有矛盾感覺的第一個客體。我發現過早出現的性
器特質必定和早期發生的罪惡感有關,是偏執和類分裂案例的
特徵。[196-1]

　　當嬰孩進入憂鬱心理位置,而且變得更能面對他的精神現

195-1 我有理由相信這種過早的性慾化,通常是強烈精神分裂症特質或全面發作之精神分裂症
　　的一項特徵。參考比昂(W. Bion)的〈論精神分裂症理論的短評〉(Notes on the Theory
　　of Schizophrenia, 1954)和〈分辨精神病和非精神病的人格〉(Differentiation of the
　　Psychotic from the Non-Psychotic Personalities, 1958)。
196-1 參考〈象徵形成在自我發展中的重要性〉(1930)和〈論躁鬱狀態的心理成因〉(1935),
　　也見《兒童精神分析》。

實，他也能感覺到：客體的壞大部分是來自於他自身的攻擊和繼之而起的投射。正如我們在移情情境中所看到的，當憂鬱心理位置在其高峰時，這樣的洞識會引發巨大的心智痛楚和罪惡感，但是它也同樣帶來釋放和希望的感覺，結果減少了將客體和自體兩個層面重新合一以及修通憂鬱心理位置的困難。這種希望是基於對潛意識知識的增長，知道內在和外在的客體並不像在其分裂層面時所感覺到的那麼壞。經由愛而緩和了恨，在嬰孩的心智之中客體改善了，不再那麼強烈地感覺到在過去已經被摧毀，在未來被摧毀的危險也減低了；客體不會被傷害，同樣地在現在和未來也不再感覺那麼脆弱。內在客體獲得一種限制和自我保存的態度，它的更大力量是其超我功能的一個重要層面。

在對克服憂鬱心理位置的描述中，克服憂鬱心理位置和對內在好客體有更大的信任有關，但我並非意圖表達這類的結果不會暫時被抵消，一種內在或外在本質的勞累很容易在自體及客體引發憂鬱和不信任。然而以我的觀點而言，掙脫這類憂鬱狀態的能力，重新獲得個人內在安全的感覺，是一種人格發展良好的評斷標準。相反地，麻木自己的感覺和否認憂鬱這些處理憂鬱的常見方式，是一種退化到嬰孩化憂鬱心理位置期間所使用的躁症防衛。

對母親乳房所經驗到的嫉羨與嫉妒之發展，兩者之間有一個直接的關聯。嫉妒是基於對父親的疑心和敵對，父親被指控拿走了母親及其乳房。這種敵對標示了直接和反向伊底帕斯情結的早期階段，一般是在生命第一年的四分之二時，和憂鬱心理位置同時升起的。[196-2]

196-2 我在其他地方曾經指出（即在〈嬰孩的情緒生命〉中）：在憂鬱心理位置發展的時期和伊底帕斯情結早期階段之間密切的關聯。

　　伊底帕斯情結的發展強烈地受到和母親的第一個排他關係之更迭變化的影響，當這樣的關係太快受到干擾，就會過早進入對父親的敵對。陰莖在母親裡面或在她的乳房裡面的潛意識幻想，把父親轉變成一個有敵意的入侵者。當嬰孩尚未享有可提供他充分享受和快樂的早期母子關係，也尚未安全地納入第一個好客體時，這種潛意識幻想會特別強烈。這樣的失敗部分取決於嫉羨的強度。

　　在早期的作品中我描述了憂鬱心理位置，我指出在該階段，嬰孩逐步地整合愛和恨的感覺、合成母親好和壞的層面、通過與罪惡感有關的哀悼狀態。他也開始更瞭解外在世界，體會到他無法保留母親作為他獨占的擁有。嬰孩是否能找到協助，對抗在與第二個客體（父親）或周遭其他人建立關係過程中的哀傷，大部分取決於他對所失去的唯一獨特客體經驗到的情緒。如果那個關係奠基良好，則失去母親的害怕較不強烈，且也較有能力分享她，於是他也可以經驗到更多對其對手的愛。這些都意味著他能夠令人滿意地修通憂鬱心理位置，這也必須取決於對原初客體的嫉羨並未過度。

　　正如我們知道的，嫉妒與生俱來就存在於伊底帕斯情境中，伴隨著恨和死亡的願望。然而，正常而言，獲得可以被自己所愛的新客體——父親和手足，以及發展中的自我取自於外在世界的其他補償，在某種程度上減緩了嫉妒和怨懟。如果偏執和類分裂機制非常強烈，則嫉妒就（最極致是嫉羨）不會減緩。伊底帕斯情結的發展核心根本上受到所有這些因素的影響。

　　伊底帕斯情結最早階段的這些特徵，包括母親的乳房和母親涵容了父親的陰莖，或父親涵容了母親的潛意識幻想，這是聯合

父母形象的基礎，我已經在稍早的作品[197-1]中闡釋這種潛意識幻想的重要性。聯合父母形象對嬰孩分辨父母以及分別和他們建立關係之能力的影響，受到嫉羨強度和伊底帕斯嫉妒強度左右。疑 198
心父母總是由彼此獲得性滿足，增強了「他們總是合併著」的潛意識幻想，這些幻想有著不同的來源。如果這些焦慮強烈地運作著，因而不適當地延長了，後果會是在與父母雙方的關係之中有一種持續的困擾。在病況相當嚴重的個體中，無法從與母親的關係中解開與父親關係的糾結，因為在個案的心中，它們是解不開的糾纏牽扯在一起，這樣的狀況在嚴重的混淆困惑狀態中扮演了重要的角色。

　　如果嫉羨並未過度，在伊底帕斯情境中，嫉妒變成是一種修通嫉羨的方式。當經驗到嫉妒時，敵意的感覺並非完全針對原初客體，而是對抗敵手——父親或手足，因而帶來干擾的要素。同時，當這些關係發展起來之後，愛的感覺升起，變成滿足的一個新來源。更進一步，從口腔慾望到性器慾望的改變，降低了母親作為口腔享受之給予者的重要性（如我們所知，嫉羨的客體大部份是口腔的）。就男孩而言，大量的恨被轉向到父親上，他因為擁有母親而被嫉羨，這就是典型的伊底帕斯嫉妒；就女孩而言，對父親性器的慾望使她能夠找到另一個愛的客體。因此，就某種程度來說，嫉妒取代了嫉羨；母親變成主要的對手，女孩欲求著母親的位置，想要擁有和照顧所愛的父親給予母親的嬰兒。對母

197-1　《兒童精神分析》（特別是第八章）和〈嬰孩的情緒生活〉。在那裡我已經指出，這些（潛）
　　　幻想正常地形成了伊底帕斯情結早期階段的部分，但是現在我要補充說明，伊底帕斯情
　　　結的全然發展強烈地受到嫉羨強度的影響，嫉羨強度決定了聯合父母形象的強度。

親此角色的認同，使一種更廣泛的昇華成為可能。同樣需要考慮的是：藉嫉妒的方式修通嫉羨的同時，嫉妒也是對抗嫉羨的重要防衛。嫉妒感覺上是更可以被接受的，而且比起摧毀第一個好客體的原發嫉羨，其所產生的罪惡感更少。

在分析中，我們常常看到嫉妒和嫉羨之間密切的關聯，例如，有一名個案非常嫉妒一位男士，他認為我和他有密切的個人接觸。下一步則是感覺無論在什麼情況下，我在私生活中可能是相當無趣和無聊的，然後，突然之間分析的一切對他而言似乎都是無聊的。將此詮釋為（在這個案例中是他自己的詮釋）一種防衛，使我們瞭解到這是因為嫉羨竄起而導致個案貶抑分析師。

野心是另一項對引發嫉羨高度有利的因素，這點經常和首次出現在伊底帕斯情境中的敵對和競爭有關，但是如果過度，很清楚地它會顯示出其根源是對原初客體的嫉羨。對破壞性嫉羨所傷害的客體做出修補的驅策力，和一種重新再現的嫉羨之間的衝突，通常會造成無法實現一個人的野心。

佛洛伊德所發現的女性之陰莖嫉羨（penis-envy），和其與攻擊衝動的關聯，是對瞭解嫉羨的一項基本貢獻。當陰莖嫉羨和閹割願望是強烈的，受嫉羨的客體（陰莖）會被摧毀，而擁有它的人會被剝奪。在他的〈分析的有盡和無盡〉（Analysis Terminable and Interminable）中，佛洛伊德（1937）強調在女性個案的分析中所面臨的困難，正是她們永遠無法獲得她們所欲求的陰莖這項事實。他陳述，一名女性個案感覺到「一種內在的信念，相信分析沒有用，沒有任何事能幫助她。當我們知道她來治療最強的動機，是希望到最後她可以獲得一個男性器官，缺乏此男性器官對她而言是這麼的痛苦，我們只能同意她是對的。」

有一些因素造成了陰莖嫉羨，我已經在其他的相關作品中討論過。[199-1] 在這次的脈絡裡我想要考慮的女性陰莖嫉羨，主要在於其口腔來源。陰莖強烈地等同於乳房（亞伯拉罕），在我的經驗中，女性的陰莖嫉羨可以追溯回對母親乳房的嫉羨。我發現，如果在這些軸線上分析女性的陰莖嫉羨，我們會看到其根源是在於和母親最早的關係中，對母親乳房根本的嫉羨以及連帶的破壞感覺。

佛洛伊德已經表明，女孩對母親的態度，在她後續和男人的關係中具有相當的重要性。當對母親乳房的嫉羨強烈地轉移到父親的陰莖上，結果可能是她的同性戀態度增強」。另一個結果是驟然地離開乳房而轉向陰莖，這是因為口腔關係所產生的過度焦慮和衝突。這基本上是一種逃離機制，因此並不會導向和第二個客體的穩定關係。如果這種逃離主要的動機是嫉羨和怨恨母親的經驗，這些情緒很快地會移轉到父親身上，因此對他無法建立一種持續和愛的態度。同時，對母親嫉羨的關係，表達在一種過度的伊底帕斯敵對關係中，這種敵對關係比較不是因為對父親的愛，而是因為嫉羨母親擁有父親和他的陰莖，對乳房的嫉羨經驗因此延續到伊底帕斯情境中。父親（或他的陰莖）變成母親的一

200

199-1　〈從早期焦慮的觀點看伊底帕斯情結〉（1945，《全集I》〔p. 418〕）。「在女孩的發展中，陰莖嫉羨和閹割情結扮演了核心的角色。但是也因為其正向伊底帕斯慾望的挫折，陰莖嫉羨和閹割情結大大受到增強。雖然在某個階段小女孩會認定她的母親擁有陰莖，就像男性的屬性一樣，這種觀念並沒有像佛洛伊德所認為的，在她的發展中扮演一個那麼重要的角色。在我的經驗中，關於她母親涵容了父親那令人欽慕、欲求之陰莖的潛意識理論，潛伏在很多佛洛伊德形容為「女孩和陽具母親（phallic mother）之關係」的現象下。女孩對父親陰莖的口腔慾望，融合在她首次要接納陰莖的性器慾望中，這些性器慾望意指從父親那裡收到小孩的願望，這也是出自於『陰莖＝小孩』的等式。內化陰莖和從她父親那裡接收一個小孩的女性慾望，無異前導著擁有她自己的陰莖的願望。」

個附屬物，基於這些理由，女孩想從母親那裡搶奪父親。因此，在往後的生命中，她和男人關係的每一次成功，變成贏過另一個女人的勝利。即使沒有明顯的對手，這點也是適用的，因為敵對關係會導向男人的母親，正如婆媳關係之間常見的困擾。如果這個男人對女人而言，主要的價值在於征服他等於戰勝另一個女人，那麼事情一旦成功，她很快就會失去對他的興趣。對那競爭者的態度意味著：「妳（代表母親）有那美妙的乳房，當妳扣留而不給我的時候，我就得不到，但我仍然想要從妳那裡搶走，因此我從妳那裡拿走妳珍愛的陰莖。」重覆戰勝一個可恨對手的需要，常常強烈地導致尋找一個又一個的男人。

無論如何，當對母親的怨恨和嫉羨並非如此強烈，失望和怨懟也會導致轉離母親，而對第二個客體（父親的陰莖和父親）的理想化，會因此較為成功。這種理想化主要是源自於要尋找一個好客體，這樣的尋找起初並未成功，因此可能會再度失敗，但是如果在嫉妒情境中對父親的愛是主導的，這樣的尋找就不會失敗；這樣一來，女性就可以合併某些對母親的怨恨和對父親的愛，以及後來對另一個男人的愛。在這種狀況下，對女性的友善情緒是可能的，只要她們不過於表徵為母親的替代者。因此對女性的友誼和同性戀，是植基於找尋一個好客體的需要，以取代所逃避的原初客體，於是這類人擁有好的客體關係的事實，通常都是虛假的（如同女性一樣，這點也適用於男性）。對原初客體潛藏著的嫉羨雖然被分裂出來，但是仍然運作著，很容易會干擾任何關係。

在幾個案例之中，我發現不同程度的性冷感，導因於對陰莖的不穩定態度，這種不穩定的態度主要源於逃離原初客體。全然

的口腔滿足根源於和母親之間滿意的關係，是經驗全然性器高潮　201
的基礎（Freud）。

在男性中，對母親乳房的嫉羨也是一個非常重要的因素，如
果它是強烈的，且口腔滿足因此減弱，怨恨和焦慮就會轉移到陰
道。雖然通常性器的發展使得男孩可以保留母親作為愛的客體，
然而在口腔關係中一種深層的干擾，造成對女性的性器態度有了
嚴重的困難。首先是與乳房一種干擾的關係，之後是對陰道；其
後續影響是多層次的，例如性器潛能的減弱、性器滿足的強迫需
要、濫交和同性戀。

似乎對同性戀之罪惡感的一個來源，是覺得帶著怨恨轉離母
親，藉著和父親的陰莖及父親結成聯盟而背叛她。背叛所愛的女
人這個要素，不論在伊底帕斯階段期間或在後續的生命之中，都
會有後續餘波盪漾的影響，例如一種和男人友誼之間的干擾，即
使這友誼沒有明顯的同性戀本質。換言之，我已經觀察到針對一
個所愛女性的罪惡感，和在那種態度之中隱含的焦慮，這些通常
促使了從她身邊逃離，也增加了同性戀的傾向。

對乳房的過度嫉羨，很容易擴展至對所有女性特性的嫉羨，
特別是對女性生育小孩的能力。如果發展是成功的，男性會從和
妻子或情人的良好關係中，以及從成為她為他生育的小孩之父親
中，補償這些未實現的女性渴望。這種關係開啟了許多經驗，例
如認同他的小孩，他的小孩在很多方面彌補了早期的嫉羨和挫
折；他也會感覺到他創造了這個小孩，可以反制男性對母親之女
性特質的早期嫉羨。

不論是男性或女性，在渴望拿走另一性別之特性中，正如渴
望擁有或毀壞同性別父母的那些特性一樣，嫉羨都扮演了重要角

色。緊接著是在直接和反向的伊底帕斯情境中，那種偏執的嫉妒和敵對，這些在兩性身上都存在，不論他們的發展多麼歧異，這都是基於對原初客體的過度嫉羨，也就是對母親或甚至是對其乳房的過度嫉羨。

「好」乳房餵養和啟發了對母親的愛之關係，這是生之本能的表徵，[201-1]「好」乳房也同樣被感覺為創造力的首次顯現。在這根本的關係中，嬰孩不只是接受到他所欲求的滿足，也感覺到他是受到照顧而活下來的。因為喚醒餓死恐懼的飢餓（可能甚至是所有身體和心智的痛苦），感覺像是死亡的威脅。如果可以持續認同一個好的和給予生命的內化客體，則會變成一種走向創造的推動力。雖然表面上這點可能顯現出覬覦他人已經獲得的名望、財富和權力，[202-1]但是它真正的目標是創造力。給予的能力和保存生命的能力，被當作是最好的禮物，因此創造力變成嫉羨最深層的理由。在嫉羨之中隱含著對創造力的毀壞，在彌爾頓（Milton）的《失樂園》（*Paradise Lost*）[202-2]中有所闡釋，在其中撒旦嫉羨上帝，因此決定篡奪天堂。他企圖毀壞神聖的生命，和上帝作戰，並且墮落而離開天堂。既已墮落，他和其他墮落的天使建造地獄，作為天堂的競爭對手，並且成為破壞的力量，企圖摧毀上帝所創造的。[202-3]這種神學的觀點似乎是從聖奧古斯丁（St Augustine）而來的，他形容生是一種創造的力量，對立於嫉羨──破壞的力量。和這有關聯的，在〈哥林多前書〉（the First

202

201-1 見〈嬰孩的情緒生活〉和〈關於嬰兒的行為〉。

202-1 〈論認同〉（1955）。

202-2 第一和第二冊。

202-3 但是藉著惡魔的嫉羨，死亡進入世界；作為他（譯按：應是指上帝）的一部分的他們，因而造成了審判（〈所羅門智訓〉〔Wisdom of Solomon, Ch. 3, v. 24〕）。

Letter to the Corinthians）中寫著：「愛是不嫉妒」。

　　我的精神-分析經驗顯示，嫉羨創造力是干擾創造過程的一個根本要素。去毀壞和摧毀美好之初始來源，很快會導向摧毀和攻擊母親所涵容的嬰兒，並導致好客體轉變成一個敵意、批判和嫉羨的客體。強烈的嫉羨被投射到超我的形象上，超我變得格外具迫害性，妨礙思考過程和每一種具生產力的活動，最後妨礙了創造力。

　　潛藏在破壞性批判底下的，是針對乳房的嫉羨和破壞的態度，通常被形容為「咬人的」和「有毒的」，創造力特別會變成這類攻擊的客體。因此，史賓賽（Spenser）在「仙后」（The Faerie Queene）中形容嫉羨是一隻狼吞虎嚥的惡狼：

> 他痛恨所有傑出的作品與高尚的德行
> …
> 著名詩人的智慧，他加以修修補補
> 他出言不遜，痳瘋的嘴噴出邪惡的[202-4]
> 毒液，撒向世人曾寫下的所有作品

　　建設性的批判另有不同的來源，它的目標是幫助他人和促進 203 其工作，有時候它是源自於強烈認同正在討論其工作的這個人。

202-4　在喬叟的作品中，我們可以發現更多對於這種嫉羨者的描寫，其特徵是中傷他人及破壞性的批評。他把這種背後誹謗的罪，描寫為導因於嫉羨者憎惡見到他人的美好和幸福，且樂於把快樂建築在別人的痛苦上。他如此描述此罪行的特徵：「他別有意圖地讚美他的鄰居，因為他總是會再加句『可是啊』，接著添上莫須有的指責。或者當有人好心說了或做了什麼，他就會惡意地徹底曲解對方的善意。當聽到別人在稱讚某個人，他就會說這個人的確很好，但指出有人比他更好而貶抑此人。」

母性或父性的態度也會參與，他們通常對自己用來反制嫉羨的創造力有一種信心。

　　導致嫉羨的一個特殊原因，是相對地對他人缺乏嫉羨。被嫉羨的人感覺像是擁有讓人打從心底最讚揚和欲求的東西——而這就是一個好客體，也意指一項好的特徵和心智健康。更甚者，可以不吝嫉地享受其他人的創造作品和快樂的人，可以免除嫉羨、怨懟和迫害感的折磨；因為嫉羨是嚴重不快樂的來源，在滿足和平靜之心智狀態——最終的心智健康底下，是從嫉羨中釋放的相對自由。事實上，這也是內在資源和復原力的基礎，有些人即使經歷巨大的逆境和心智痛苦之後，仍可以重新獲得心靈的平靜，我們可以在這些人身上觀察到這些。包括感恩過去的愉悅，和享受現在所給予的一切，這樣的態度會表達在寧靜之中。於是在老年人身上，他們能去適應年華不再，這使他們可以在年輕人的生命中得到樂趣和興趣。父母在他們的孩子和孫子們身上重新再活一次，這個眾所周知的事實（如果這不是一種過度的佔有和野心轉向的表達）闡釋了我所要傳達的。享受過生命經驗和樂趣的人，會更加相信生命的延續性。[203-1] 這類未伴隨過度苦楚的認命能力，且保留享受活著的力量，有其在嬰孩時期的根源，取決於嬰兒有多麼能享受乳房，而未過度嫉羨母親擁有乳房。我認為在嬰孩時期所經驗的幸福快樂，以及對好客體的愛（豐富了人格），潛藏於享受和昇華的能力之下，而且到了老年也會感覺得到。當哥德（Goethe）說：「他是最幸福快樂的人，他可以讓人

203-1　對生命延續性的相信，特別表現在一個五歲男孩的短論中。他的母親懷孕了，他希望這個是女嬰，而且補充說：「於是她以後也會有嬰兒，而她的嬰兒也會有嬰兒，可以永遠這樣繼續下去。」

生的終點幾乎和開始一樣。」我會將「開始」詮釋為早期與母親 204
幸福快樂的關係，終其一生，這樣的關係減輕了怨恨和焦慮，並
持續帶給老年人支持和滿足。一個安全建立好客體的嬰孩，在成
人的生命中，也可以為失落和剝奪找到彌補。嫉羨的人感覺像是
他從未得到過這些，因為他永遠不可能被滿足，因此他的嫉羨是
被增強的。

V

　　現在我想用臨床的素材來闡釋我的某些結論。[204-1]我的第一
個例子是取自於一名女性個案的分析，她小時候是喝母乳的，但
是現實的周遭環境卻不是那麼有利，她很確信她的嬰兒時期和餵
養過程整體都是未滿足的。她對過去的怨懟，連接著對現在和未
來的無望感。對餵養之乳房的嫉羨，以及在客體關係中繼之而起
的困難，已經被廣泛地分析過了。但我現在要提出以下的素材。

　　個案來電話，說她因為肩膀的疼痛而無法來治療；第二天，
她打電話告訴我她還是不舒服，但是期待隔天能看到我；第三天
她真的來了，卻抱怨連連。她的女傭照顧著她，但是其他人都漠
不關心。她向我形容，有一刻她的疼痛突然增加，伴隨而來的是
一陣極端寒冷的感覺，她感到一種迫切的需要，想要有人立刻過
來並且用衣物蓋住她的肩膀，如此一來肩膀才會變溫暖，但是一

204-1　我知道在下列案例素材中的一些細節會很有價值，包括個案的病史、性格、年齡和外在
　　　環境。但是由於會被認出來，所以我們不會討論這類的細節，我只能試著用從素材中摘
　　　要的部分闡釋我的主題。

旦那樣做之後，那個人一定會再度離開。在那片刻，她想到這一定是她嬰兒時期所感覺到的：當她想要被照顧時卻沒有人來。

這是個案對他人態度的特徵，並且闡明了她和乳房最早期的關係，她渴望著被照顧，卻同時排拒那個將要滿足她的客體。對所收到禮物的疑心，伴隨著她想要被關心的迫切需要，意味著想要被餵食的欲求，表達了她對乳房矛盾的態度。我曾經提及嬰孩對挫折的反應，是使餵食（即使是延遲的餵食）所能提供的滿足毫無用處。我臆測，即使他們沒有放棄想擁有令人滿足的乳房這樣的欲求，他們也不能享受它，並且因此會排拒它。我所討論的這個案例闡釋了這種態度的某些理由：對她希望收到的這份禮物感到疑心，因為客體已經被嫉羨和怨恨所毀壞，同時是對每個挫折的深層忿恨。我們也要記住：無疑地，很多失望的經驗，部分是出自於她自身的態度，這些失望的經驗使她覺得所欲求的照顧是無法讓人滿足的，這點也適用於其他明顯嫉羨的成人。

在這次會談時段的過程中，個案報告了一個夢：她在一間餐廳裡，坐在一張桌子旁，然而沒有人來為她服務。她決定加入排隊的行列，拿一些東西吃。在她前面的女人拿了兩三塊小蛋糕，然後和他們一起離開了，個案也拿了兩三塊小蛋糕。從她的聯想中，我選擇了以下的資料：這個女人似乎非常堅決，她的形象會讓人想起我。我突然對蛋糕的名字感到疑問（事實上是**小點心**〔petits fours〕），她第一個想到的是「小水果」（petit fru），這讓她想到「小太太」（petit frau），因此想到「克萊恩太太」（Frau Klein）。我詮釋的要旨是她對錯過分析時段的怨懟，這錯過的分析時段與未滿足的餵食經驗和嬰兒時期的不快樂有關。這「二或

三」裡的這兩塊蛋糕代表乳房，因為錯過的分析時段，她覺得被剝奪了兩次，會有「二或三」是因為她不確定她第三天是否可以來。這個女人是「堅決的」，以及個案在拿蛋糕時以她為範本，指出了她對分析師的認同，以及她將自己的貪婪投射到她身上這兩件事。在目前的脈絡下，夢的一個層面是最相關的。帶著二或三塊**小點心**離開的分析師，不只是代表被扣留的乳房，也代表要**餵養它自己**的乳房（和其他的素材合併來看，「堅決的」分析師不只代表一個乳房，也代表一個個案認同其好與壞特質的人）。

　　對乳房的嫉羨因此加入挫折之中。這樣的嫉羨造成苦楚的怨恨，因為母親被感覺為自私和卑劣的，她餵養並愛自己，而非她的嬰兒。在分析的情境中，她猜疑在她缺席期間，我自己一定很享受，或者我一定把時間給其他我比較偏愛的個案；個案決定加入的隊伍，和其他更被喜愛的對手有關。

　　個案對分析此夢的反應，是在情緒情境中一次令人驚訝的改變。比起以前的分析時段，她現在可以更活生生地經驗到一種快樂和感恩的感覺。她的眼中含著淚，這是不尋常的，她還說她覺得好像自己現在有了一次全然滿足的餵食。[206-1]她也突然想到自己的乳房餵食經驗和嬰孩時期，可能比她所認定的還要更快樂，同樣地，對未來和對分析的結果，她覺得更有希望。個案更全面

206

206-1　不只是在孩童時期，成人也是，在移情情境中，早期餵食經驗期間所感覺到的情緒全面地復甦。例如，在分析時段中，非常強烈地浮現一陣飢餓或口渴的感覺，然後在感到詮釋已經滿足了這些感覺之後就消失了。我的一位個案被這類感覺所征服，他從沙發上起來，把他的手臂環繞在我會談室的拱形隔間上。接近分析時段尾聲時，我重覆聽到這類表達：「我被很充分地被滋養了」。以照顧和餵養嬰兒之母親這樣的最早原始形態，好客體被重新獲得了。

地瞭解自己的一部分，對她而言，這在之前其他的相關事件中是絕對未知的。她覺察到她對不同的人感到嫉羨和嫉妒，但在和分析師的關係中，還是無法充分地確認它，因為經驗到她的嫉羨並毀壞分析師和分析的成功，都太過痛苦了。在這個分析時段中，提出詮釋之後，她的嫉羨減輕了，享受和感恩的能力出頭了，她可以將分析時段經驗為一次快樂的餵食。情緒情境已經一次又一次地修通，不論是在正向和負向的移情中，直到達到一個更穩定的結果。

藉著與分析師的關係，使她逐漸地把自體分裂開的部分集合在一起，以及藉著讓她了解到她是多麼嫉羨我，因此又是多麼的疑心，而最早初是對她的母親，這麼一來快樂的餵食經驗出現了。這點和感恩的感覺有密切關係，在分析的過程中，嫉羨減少了，感恩的感覺變成更加頻繁和持久。

我的第二個例子是取自於一名有強烈憂鬱和類分裂特徵的女性個案，她受苦於長期的憂鬱狀態。分析進行著並且有一些進步，雖然個案再三地表達她對分析的懷疑。我詮釋她對分析師、父母和手足的破壞衝動，分析成功地使她確認對母親身體有破壞性攻擊的特殊潛意識幻想。這類洞識通常都伴隨著憂鬱，但這種憂鬱的本質並非無法處理。

相當顯著地，在個案的治療早期，還無法看見其困難的深度207 和嚴重程度。在社交上，她給人一種開朗的印象，雖然易陷於憂鬱，她的修復傾向以及對朋友的助人態度是十分真誠的。然而，在某一個階段，她疾病的惡化變得明顯，部分是因為之前的分析，部份是因為某些外在的經驗。其間發生了好幾次的失望，但那卻是她專業生涯中一次非預期的成功，成功地揭露我已經分析

了多年的東西，也就是她與我的嚴重敵對，以及她可能在她的領域中變得和我平等，甚至有超越的感覺。她對我有破壞的嫉羨，我們雙方都確認了這點的重要性；通常，當我們達到這些深度層面時，那裡似乎總存在著破壞的衝動，它們感覺像是全能的，因此也是不能轉圜和無法解救的。直到那時，我已經廣泛地分析了她的口腔-施虐慾望，那也是為何可以使她部分理解她對母親和我的破壞衝動。分析也處理過尿道-施虐慾望和肛門-施虐慾望，但是在這個層面上，我並沒有促成太多進步，而她對這些衝動和潛意識幻想的瞭解，比較是一種智能本質上的瞭解。在我目前想要討論的這個特定時期，有關尿迫的素材開始出現且強度增加。

對自己的成功，她很快發展出一種非常得意洋洋的感覺，這種感覺藉著一個夢被引進來，夢中顯示她勝過我，潛藏在這背後的是對代表她母親的我所感到的破壞性嫉羨。在夢裡她在空中，坐在一張魔毯上，魔毯停在一棵樹的頂端。她個子夠高，可以從一扇窗戶看進一間房間裡面，那裡有一頭母牛正在大力咀嚼某個東西，那個東西好像是無止盡的毛毯長條。同一個晚上，她還做了一個片段的夢，夢中她的長褲濕了。

對這個夢的聯想使事情清楚了，在樹的頂端意味著凌駕於我，因為母牛表徵了我自己，而我是她輕蔑以視的人。在分析的早期，她也曾經做過一個夢，夢中以一個面無表情、母牛般的女人來表徵我，而她是一個小女孩，剛完成了一場出色、成功的演講。當時我的詮釋是：她讓分析師成為一個可輕蔑的人，而她，儘管年輕很多，卻有一次如此成功的演出。她只部分接受了我的詮釋，雖然她全然理解小女孩是她自己，而母牛-女人是分析師，這個夢逐漸導向她更強烈地理解自己對我和她母親的破壞和

嫉羨攻擊。從那之後，代表我的母牛-女人，在素材中成為一個相當穩固的特徵，因此在新的夢中，她所看到房間中的母牛很清楚地代表分析師。她聯想到，一條無止盡的毛毯表徵一條無止盡的詞語河流；她突然想到，這些都是我在分析中曾經說過的詞語，現在我要把這些都吞下去；那條毛毯是對我雜亂無章和無價值的詮釋進行抨擊。在這裡，我們看到對原初客體全然的貶抑，這樣的貶抑很明顯地以母牛做為表徵，正如對母親的怨懟，怨她的餵養沒有滿足自己。我必須吃下我所有的詞語以作為懲罰這件事，闡明了在分析過程中，她受到深層不信任和懷疑的再三攻訐。在我的詮釋之後，事情變得十分清楚，我的詮釋代表我是虐待人的分析師，不能被信任，於是在已經被她貶抑的分析中，她也同樣沒有信心。關於她對我的態度，個案是驚訝和震驚的，在這個夢之前，她有很長的一段時間拒絕承認其全然的衝擊。

夢中濕的長褲和對它們的聯想，表達了（在其他的意義中）對分析師歹毒的尿道攻擊、想要摧毀她的心智力量、把她變成母牛-女人。很快地，她做了另一個夢，闡釋了這個特殊的觀點：她正站在一座樓梯的最下面，往上看著一對年輕的夫妻，他們有些事很不對勁。她往上丟了一個羊毛線球給他們，她自己形容這是個「好魔法」；她的聯想顯示：因為壞魔法（更特定一點說，是毒藥）使得後來必須用好魔法。對夫妻的聯想讓我可以去詮釋她強烈否認目前的嫉妒情境，並且讓我們從現在回到早期的經驗，最終當然是追溯到父母。對分析師（在過去是對母親）的破壞和嫉羨的感覺，結果成為隱藏在夢中對夫妻的嫉妒和嫉羨。這個輕的球永遠無法被夫妻拿到的事實，意味著她的修復並未成功；在她的憂鬱中，這類的焦慮是一個重要的要素。

　　這只是素材中的一個摘要，很有說服力地向個案證明了她對分析師和原初客體歹毒的嫉羨。她陷入前所未有過的憂鬱中，這種憂鬱緊隨著她的高昂狀態而來，主要的原因是她瞭解到自己一個完全分裂開來的部分，那是到當時為止她都無法承認的。正如我早先所說的，幫助她理解自己的恨和攻擊是非常困難的。但是當我們遇到這種破壞力的特殊來源——她的嫉羨，推動了對分析師的損壞與羞辱，然而，在她心靈的另一部分，分析師卻受到她的高度評價，所以她不能忍受以那樣的角度看自己。她並不特別 209 誇耀或自負，但是藉著分裂過程和躁症防衛的多樣變化，她執著於對自己的一種理想化圖像。直到分析的那個階段，她不能再否認，認知這個事實的後續影響是她覺得自己又壞又卑劣，她的理想化破碎了，而且不相信自己，同時對過去和現在造成無可挽回的傷害感到罪惡。她的罪惡感和憂鬱聚焦於對分析師的忘恩負義，她知道分析師過去幫助過她，現在也正在幫助她；她的罪惡感和憂鬱也聚焦於她輕蔑和怨恨的人：最終是聚焦於對母親的忘恩負義，她潛意識地看到母親是被她的嫉羨和破壞衝動所毀壞和損壞。

　　對其憂鬱的分析導致情況的改善，但數個月之後，緊接著的是一種深層的憂鬱。這是因為個案更全然地認知到她對分析師惡意的肛門施虐攻擊，過去則是針對她的家人，並且確定她感到自己又生病又壞；這是第一次她可以看到尿道-施虐和肛門-施虐的特徵如何強烈地被分裂。這些都牽涉到個案人格和興趣的重要部分，在分析憂鬱之後，開始走向整合，意味著重新獲得這些失去的部分，並必須面對這些部份是造成她憂鬱的原因。

　　下一個例子是一名我會形容為非常正常的女性個案。隨著時

間過去，她愈來愈覺察到對姊姊和母親的嫉羨經驗。對姊姊的嫉羨被一種智能上的強烈優越感所反制（有其事實基礎），並被一種姊姊罹患極端精神官能症的潛意識感覺所反制；對母親的嫉羨，則受到強烈感覺愛和感激她的美好所反制。

個案報告了一個夢，夢中她一個人在火車的車廂中，還有一個她只能看到背部的女人，正靠在隔間的門上，有快要掉出去的危險。個案隻手用力地抓住她的皮帶，用另一隻手寫了一個告示：在這車廂中有一位醫師正在處置一個個案，請勿干擾，她把這個告示貼在窗戶上。

從對這個夢的聯想中，我選擇了下列這些資料：個案有一種強烈的感覺，她緊緊抓住的那個人是她自己的一部分——瘋狂的一部分。在夢中，她相信她不會讓那個女人跌出門外，而是應該讓她留在車廂中並且處理她。夢的分析揭露了車廂代表她自己，對只能從背後看到的頭髮，她聯想到的是她姊姊，進一步的聯想使她了解她和姊姊關係中的敵對和嫉羨。時間回到個案還是小孩時，已經有人向她姊姊求婚了。接著她提到一件母親所穿的衣服，作為一個小孩，個案感到既愛慕又覬覦。這件衣服可以很清楚地顯露出胸部的形狀，但在她的潛意識幻想之中，她原本嫉羨和毀壞的是母親的乳房；雖然這些並非從未發生，但變得前所未有地清楚。

這樣的確認造成了對她姊姊和母親的罪惡感增加，進一步地修改了她最早期的關係。她對姊姊的缺陷更憐憫了，而且感覺到她對姊姊的愛並不夠，她也發現姊姊在童年早期比她現在記得的更愛她。

我對個案的詮釋是她覺得必須緊捉住自己一個瘋狂、分裂開

來的部分，這也和她內化了精神官能症的姊姊有關聯。個案本來有充分的理由覺得自己相當正常，在夢的詮釋之後，她現在感覺到強烈的驚訝和震驚。這名個案闡釋了一個日益熟悉的結論——即使是正常人身上，也存在著一種偏執和類分裂之感覺、機制的殘餘（residue），通常這和自體的其他部分是分裂開來的。[210-1]

　　個案覺得她必須緊緊抓住那樣的形象，這意味著她也應該幫助她姊姊更多，預防她像在夢中一樣墜落；而現在姊姊作為一個內化的客體，這種感覺在和姊姊有關的事件中被重新經驗。她最早關係的修改註定會改變她對原初內攝客體的感覺。她的姊姊表徵了她自己瘋狂部分，事實上是她自身類分裂和偏執感部分投射到姊姊身上，伴隨著這樣的理解，她自我中的分裂減少了。

　　現在我想要提及一名男性個案並報告一個夢，這個夢強烈地影響了他，不只讓他確認了對分析師和母親的破壞衝動，也讓他確認了在和她們的關係中，嫉羨是一個非常特殊的因素。直至當時為止，帶著強烈的罪惡感，他已經在某種程度上確認了他的破壞衝動，但是尚未理解指向分析師和母親之創造力的嫉羨和敵意。然而他能覺察到自己對其他人的嫉羨，而和父親的良好關係之中，卻同時也有敵對和嫉妒的感覺。他對分析師的嫉羨，在下面的夢境中有更加強烈的洞識，也闡明了他早期想要擁有母親的所有女性屬性（female attributes）。

　　在夢中個案在釣魚，他猶豫著是否該殺了抓到的魚來吃，但是他決定把魚放入一個籃子中，讓牠死去，他裝魚的籃子是一個

211

210-1　佛洛伊德的《夢的解析》（Interpretation of Dreams）清楚地顯示，這種瘋狂的殘跡在夢中找到了表達，它們是心智健康最有價值的防護。

女人的洗衣籃。突然之間魚變成一個很漂亮的嬰兒，而嬰兒的衣服上面有某些綠色的東西。接著他注意到——在那個關鍵點上他變得非常關心：嬰兒的腸子是脫出的，他受到魚鉤的傷害，他在還是魚的狀態時把魚鉤吞下去了。對綠色的聯想是《國際精神-分析叢書》（*International Psycho-Analytical Library*）系列書籍的封面，個案陳述在籃子中的魚代表我的一本書，顯然是他偷的。然而，更進一步的聯想顯示，魚不只代表了我的作品和嬰兒，也代表我自己，我吞下魚鉤，意思是我已經吞下了魚餌，這表達了他的感覺：我給他的評價比他應得的更高，而且我尚未認知到他的自體也同樣有破壞力相當大的部分，在與我的關係中運作著。雖然個案無法全然承認他對待魚、嬰兒和我的方式，正意味著出於嫉羨而破壞我和我的作品，但是他潛意識地理解它。我也詮釋在此關聯中，洗衣籃表達了他想成為一個女人、擁有嬰兒、剝奪母親所擁有的嬰兒等慾望，這個步驟在整合中所帶來的影響是一次強烈的憂鬱發作，因為他必須面對他人格中攻擊的成分。雖然這點在他分析的早期已有了前兆，他現在卻經驗到一陣驚訝和對自己的戰慄。

　　第二天夜晚，個案夢到一隻梭子魚（pike），他聯想到鯨魚和鯊魚，但是在夢中他並未覺得這梭子魚是危險的生物，它看起來蒼老而疲倦，非常筋疲力竭。在它上面是一隻吸盤魚，他立刻認為吸盤魚並不是在吸食梭子魚或鯨魚，而是將自己吸附在其表面上，因此得到保護，免受其他魚的攻擊。個案認知到這個解釋是在防衛他是吸盤魚的感覺，而我是那隻蒼老而筋疲力竭的梭子212魚，因為我在前一晚的夢中遭受到惡劣的對待，也因為他覺得我已經被他吸乾了，所以會是那樣的狀態，這點使我成為一個受傷

害的危險客體。換言之，迫害和憂鬱焦慮浮現上來；從梭子魚聯想到鯨魚和鯊魚，顯示這迫害的層面，而其蒼老和筋疲力竭的樣貌，表達了個案覺得已經和正在對我做的傷害之罪惡感。

在這洞識之後的強烈憂鬱持續了好幾個星期，幾乎沒有中斷，但是這些並未妨礙個案的工作和家庭生活。他形容這次憂鬱不同於他之前所經驗過的，是更深層的。在身體和心智工作中所呈現對修復的驅策力，因為憂鬱而增加了，舖下了通往克服憂鬱之路。在分析中，這個時期的結果是非常顯著的。即使當憂鬱已經在修通之後消除了，個案相信他不會再用以前的方式看待自己，這意味著不再是沮喪的感覺，而是對自己有更多的了解，對他人也有更大的包容。分析所達到的是整合之中很重要的一步，個案必定要能面對他的精神現實，然而，在其分析的歷程中，有些時候這種態度無法維持。也就是說，正如在每一個案例中，修通是一種漸進的過程。

雖然先前他對人的觀察和判斷十分正常，但是在他治療的這個階段之後，結果仍確定會有改善。更進一步的後續影響，是童年時期對手足的記憶和態度以更大的強度出現，並且返回到與母親的早期關係。在我所提及的憂鬱狀態期間，如他所認知到的，他大幅度地失去了對分析的愉悅和興趣；但是當憂鬱消除之後，他又完整地重新獲得這些。不久後他帶來了一個夢，認為這個夢有一點矮化分析師，但在分析中，結果是它其實表達了更強烈的貶抑。在夢中他必須處理一個不良少年，但是他不滿意自己處置的方式。男孩的父親提議要用車載個案到他要去的地方，他注意到車子開往離他的目的地愈來愈遠的地方，過了一陣子之後，他謝謝這個父親並且離開他的車；但是他並沒有迷路，因為他像往

常一樣，維持著一般的方向感。路程上，他看著一棟相當出色的
建築，他想著，這棟建築看起來很有趣而且適合作展示場，但是
如果住在裡面不會愉快；他對此的聯想是我外貌的某些層面。之
後他說到，那棟建築有一對翅膀，並且想到「讓某人在其羽翼下」
的表達。他認知到自己納入了這名不良少年男孩的一項有趣特點
來代表他自己，夢的後續顯示他為何是不良少年：表徵分析師的
父親載著他，離他想去的地方愈來愈遠，這點表達了懷疑，為了
貶抑我，他部分利用了這樣的懷疑，他質疑我是否帶他往正確的
方向，是否需要分析得如此深入，以及我是否正在傷害他。當他
提及他還維持一種方向感，並未感覺迷路時，這意味著相反於對
男孩父親（分析師）的控訴——他知道分析對他而言是非常有價
值的，是他對我的嫉羨增加了他的懷疑。

　　他也了解，這棟他不會想要進去住的有趣建築物，表徵了分
析師。換言之，他覺得藉由分析他，我把他放在我的羽翼下，保
護他去對抗他的衝突和焦慮。在這個夢中對我的懷疑和指控，用
來作為一種貶抑，不只是和嫉羨有關，也和對嫉羨的沮喪和由於
他的不懂感恩所帶來的罪惡感有關。

　　這個夢有另一個詮釋，根據後來的資料而確認；這個詮釋是
基於在分析情境中，我常常代表父親，迅速又變成母親，有時候
同時表徵了父母雙方。這個詮釋是：對父親把他帶往錯誤方向的
指控，連結於他早期對父親的同性戀吸引力，在分析期間，這種
吸引力證明與強烈的罪惡感連結，因為我能向個案顯示他對母親
和她的乳房強烈分裂出嫉羨和怨恨，這點造成他轉向父親，而他
的同性戀慾望，感覺像是一種對抗母親的敵意聯盟。指控父親帶
他往錯誤的方向，連結於在被誘惑而變成同性戀的個案中，經常

發現的一般感覺。在這裡，我們看到了個人自身的慾望投射到父母身上。

分析他的罪惡感之後有不同的影響；他對父母經驗到一種更為深層的愛，也理解到（這兩件事實是緊密連結的）在他想要修復的需要之中，有一種強迫的要素。在潛意識幻想中，對受傷害的客體（初始是母親）有一種過度強烈的認同，已經損害了他全然享受的能力，因此也在某種程度上貧瘠了他的生命。事情變得相當清楚：即使在他與母親最早的關係之中，並沒有理由懷疑他 214 在吮吸的情境中是快樂的，但是因為他對耗竭和剝奪乳房的害怕，他並不能完全地享受。換言之，妨礙他的享受成為他怨懟的理由，並且加深了他被迫害的感覺。前一段落中我所描述的過程是一個例子，在罪惡感發展的早期階段——特別是和對母親和分析師的破壞嫉羨有關的罪惡感，怎麼經由這樣的過程很容易變為迫害感。透過對原發嫉羨的分析，和憂鬱及迫害焦慮對應式地減輕，在深度層次上，他對享受和感恩的能力增加了。

我現在應該要提一下另一名男性個案的案例，他的憂鬱傾向同樣伴隨著一種想要修復的強迫需要，與他性格上許多良好特性並存的野心、敵對和嫉羨都被逐漸地分析。無論如何，那是在個案可以全然經驗到被嚴重分裂開來的部份，以及對乳房及其創造力的嫉羨和破壞慾望之前的某一年。[214-1] 早先在他的分析中，有一個他自己形容為「荒唐」的夢：他抽著他的煙斗，煙斗裡填滿

214-1 經驗告訴我，當分析師變得全然相信情緒生活一個新層面的重要性時，或許他就可以在分析中早一點詮釋它。藉由如此，每當素材允許時，他也會給予充分的強調，他可以更快地帶領個案理解這類的過程；用這樣的方式，分析的效率可以被提升。

了我的論文，那是從我的一本書中撕下來的，關於這個夢，他首先顯得非常地驚訝，因為「一個人不可能用印刷的紙張來抽煙」。我詮釋這只是這個夢裡的一個小特徵，主要的意義是他撕了我的作品，並且正在摧毀它。我也指出，破壞我的論文，把它們當作煙抽掉的動作中，意味著一種肛門-施虐的本質，他當時否認了這些攻擊，因為伴隨著分裂過程的強度，他否認的能力更大。這個夢的另一個層面是迫害的感覺出現了，而且和分析有關；之前的詮釋是個案所忿恨的，感覺像是某種他必須「放入他的煙斗、把它抽掉」的東西。分析他的夢，幫助了個案確認對分析師的破壞衝動，它們同時受到前一天出現的一個嫉妒情境所刺激：他感覺我對某個人的評價比對他的評價好。雖然我已經向他詮釋過這點了，但是他所獲得的洞識並未使他瞭解自己對分析師的嫉羨。然而，我毫不懷疑，此處是為一些後來的素材鋪路，在215 後來的這些素材中，破壞衝動和嫉羨會變得愈來愈清楚。

　　在稍後的分析階段中，當和分析師有關的所有感覺全力地撼動個案，分析到達一個高潮。個案報告了一個夢，他再次形容它是「荒唐的」：他快速前進著，好像是在一輛車子中。他站在一個新奇的半圓形機械上，這機械可能是鐵絲構成的，或是某種「原子物件」，當他操作它時，「這東西使我往前走」。突然間，他注意到他所站立的這東西捽成碎片，他非常苦惱。半圓形的東西讓他又聯想到乳房和陰莖的勃起，意味著他的潛能。對於未善加利用他的分析，以及對我產生破壞衝動的罪惡感進入了這個夢中。在憂鬱中，他覺得我無法被保留，有許多連結到相似的焦慮上，甚至有部分是意識的。在戰爭期間和後來的日子，當他父親離家時，他無法保護母親；他對母親和我的罪惡感，當時已經被

廣泛地分析了，但是最近，他更特定地感覺到他的嫉羨對我具有破壞力，他的罪惡感和不快樂更嚴重了，因為他一部分的心靈對分析師是感激的。「這東西使我往前走」這句話意指著分析對他而言是多麼的重要，就最廣泛的意義而言，分析是他潛能的前提，也就是他所有的抱負可以成功的前提。

理解他對我的嫉羨和怨恨，是一種衝擊，緊跟著強烈的憂鬱和一種無價值的感覺。我相信，現在我在幾個案例之中所報告的這一類衝擊，是療癒自體各部分之分裂這個重要步驟的結果，因此也是在自我整合中進步的一個階段。

在第一個夢之後的一次會談時段中，他對他的野心和嫉羨有更全面的理解；他談到他知道自己的限制，並且，如他所說的，他並不預期誇耀自己及其專業。在這個時刻，他仍然在夢的影響之下，他瞭解自己陳述的方式顯示了他的野心和與我嫉羨地比較的強度。在剛開始驚訝的感覺之後，這樣的認知使人全然地信服。

VI

我經常描述我對焦慮的取向，這是我的技術的焦點。然而，從一開始，只要遭逢焦慮，就一定會伴隨對焦慮的防衛，如我在早先的段落中所指出的，自我第一個和最早先的功能就是處理焦 216慮。我甚至認為，似乎由內在死之本能的威脅所引發的初生焦慮，可以用來解釋為什麼自我從出生那一刻起就開始活動。自我持續地保護它自己，對抗焦慮所產生的痛苦和張力，因此從出生後就運用著防衛機制。多年來我一直秉持著這樣的觀點，自我忍

受焦慮的能力是一種體質（constitutional）的因素，體質因素強烈地影響著防衛的發展；如果自我適應焦慮的能力是不足的，它就會退化地返回更早的防衛，或甚至被驅使著過度使用那些在該階段中恰當的防衛。結果是，迫害焦慮和處理它的方法相當強烈，於是接下來憂鬱心理位置的修通就會有所損害。在某些案例中，特別是精神病的類型，從一開始我們就遭遇到防衛，而且是一種本質上似乎無法穿透的防衛，於是有時候似乎不可能去分析他們。

現在我將列舉一些在我工作的歷程中所遭遇過對抗嫉羨的防衛，這些最早防衛的其中一些，通常在以前都描述過了，例如全能、否認和分裂，它們都受到嫉羨所增強。在早先的段落中，我已經提過，**理想化**不只是作為一種對抗迫害感的防衛，也對抗著嫉羨。在嬰孩身上，如果好、壞客體之間正常的分裂起先並未成功，這樣的失敗勢必和過度的嫉羨有關，通常也會導致一個全能理想化的原初客體和一個非常壞的原初客體之間的分裂。強烈地抬舉客體和客體的才能，是企圖要減低嫉羨，然而，如果嫉羨非常強烈，遲早會轉變為反對原初理想化客體，和反對其他在發展歷程中代表原初客體的人。

如同先前所提出的，當基本的正常分裂——分成愛和恨以及好和壞的客體並未成功時，會引發好、壞客體之間的**混淆困惑**。[216-1]我相信這會是任何混淆困惑的基礎，不論是嚴重的混淆困惑狀態，或是較輕微的形式，例如猶豫不決，也就是獲得結論的困難和清晰思考能力的干擾。但是混淆困惑也會被防衛性地使用：

216-1 參考羅森菲爾德〈慢性精神分裂症者混淆困惑狀態之精神病理學的短論〉（Notes on the Psychopathology of Confusional States in Chronic Schizophrenias, 1950）。

這點可以在所有的發展層次中看到。藉著對原初形象的替代者變得混淆困惑，不知道是好的或壞的，因嫉羨而毀壞和攻擊原發客體所產生的迫害感，正如罪惡感一樣，在某種程度上被中和了。當伴隨著憂鬱心理位置的嚴重罪惡感開始增長時，對抗嫉羨的戰鬥呈現出另一種風貌。即使是那些並未過度嫉羨的人，對客體的關注和認同，以及對失去它和傷害其創造力的害怕，在修通憂鬱心理位置的困難中是一個重要的因素。

　　為了避免對那最重要的、最受嫉羨的客體（乳房）產生敵意，從母親逃離去其他人——到那些被愛慕和理想化的人，這變成保留乳房的一種方式——也是保留母親的方式。[217-1]我經常指出，從第一個客體轉離到第二個客體（父親）這種方式的實行，具有重大的重要性。如果嫉羨和怨恨為主導，這些情緒某種程度地轉移到父親或手足，後來又轉移到其他人，從此逃離的機制便失敗了。

　　在發展較後期的階段，與轉離原初客體連結的是對原初客體感覺的擴散，這樣的擴散可能會導致濫交；在嬰孩中，客體關係的擴展是正常的過程。就與新客體的關係而論，某部分而言，它是對母愛的一種替代品，並非由逃離對她的恨所主導，新的客體是有幫助的，它補償了對獨特的第一客體無可避免的失落感——一種伴隨憂鬱心理位置而升起的失落。於是愛和感恩以不同的程度保留在新關係之中，雖然這些情緒或多或少從對母親的感覺中被切割開來。然而，如果情緒的擴散主要是被用來作為對抗嫉羨和怨恨的一種防衛，而因為這樣的防衛被對第一個客體持續的敵

217-1　參考〈嬰孩的情緒生活〉。

意所影響，就不會是穩定客體關係的基礎。

　　對抗嫉羨的防衛通常採取**貶抑客體**的形式。我已經提過毀壞和貶抑在嫉羨中是與生俱來的。已經被貶抑的客體就不再需要被嫉羨了，這點很快會用在理想化的客體，被貶抑了因此不再是被理想化的；這種理想化多快會破滅，端賴嫉羨的強度。但是在發展的每個層次，貶抑和不知感恩是常見的，用來作為對抗嫉羨的防衛，對某些人而言，這些仍然是其客體關係的特徵。我已經提過一些個案，他們在移情情境中，在受到某個詮釋的決定性幫助之後，他們會批評它，直到最後它的好處蕩然無存。我可以舉一個例子：一名個案在一次分析時段中，對一個外在的問題找到解決之道，在下一個時段開始時，他說對我感到很生氣：在前一天，我讓他去面對這個特殊的問題，挑起他很大的焦慮，他覺得

218　好像被我控訴和貶抑，因為在問題被分析之前，他都沒有想到解決之道。在反省後，他才承認分析真的是有幫助的。

　　特別針對更憂鬱類型的一種防衛，是**對自體的貶抑**。某些人無法發展他們的才能、以一種成功的方式運用它們，在其他的案例中，這樣的態度只出現在特定的時機——當和一個重要形象的敵對造成危險時。藉著貶抑他們自身的才能，他們既否認了嫉羨，也因為嫉羨而懲罰了自己。然而在分析中可以看到的是，對自體的貶抑再度引發對分析師的嫉羨，特別是因為個案已經強烈地貶抑了自己，他們感覺分析師是更優越的。當然，一個人剝奪自己、不讓自己成功，有著很多決定因子，這點也適用於我所提及的所有態度。[218-1] 但是我發現由於嫉羨而無法保留好客體，這

218-1　參考佛洛伊德〈在精神-分析工作中所遇到的某些性格類型〉（Some Character-Types Met with in Psycho-Analytic Work, 1915）。

所造成的罪惡感和不快樂，是這種防衛最深的根源之一。那些好客體建立得岌岌可危的人，受到焦慮所苦，擔心好客體會遭到競爭和嫉羨的感覺毀壞而失去，因此必須避免成功和競爭。

另一個對抗嫉羨的防衛和貪婪有密切的關聯。藉著**非常貪婪地內化乳房**，在嬰孩的心中，乳房變成全然為他所擁有和控制，他覺得所有他賦予乳房的美好，都會是自己的，這點被用來反制嫉羨。內化在進行時所附帶的此等貪婪，包含著失敗的種子。如我早先所說過的，一個建立得很好的好客體是同化的（assimilated），客體不只是愛主體，也被主體所愛，我相信這點是一個良好客體關係的特徵，但是並不適用於理想化的客體，或者適用的程度很小。經過強力、暴烈的擁有，好客體被感覺轉變成一個摧毀的迫害者，且無法充分地預防嫉羨的後續影響；相對地，如果可以經驗到容忍一個所愛者的感覺，這經驗也同樣會投射到其他人身上，於是這些人就會變成友善的形象。

一種常見的防衛方式是用自身的成功、擁有物和好運來**挑起別人的嫉羨**，因此可以反轉經驗到嫉羨的情境，因此方式而生的迫害焦慮會導致它的無效。嫉羨的人，特別是嫉羨的內在客體，被感覺是最壞的迫害者。為什麼這種防衛會岌岌可危的另一個理由，最終是源自於憂鬱心理位置。想要使其他人，特別是所愛之人嫉羨，並向他們誇勝的慾望，產生了罪惡感和傷害他們的害怕，被引發的焦慮損害了一個人對他自身擁有的享受，然後再度增加了嫉羨。 219

有另外一種不常見的防衛，即**愛之感覺的僵化和相對地強化恨**，因為比起承受由愛、恨和嫉羨融合而成的罪惡感，這種防衛的痛苦會比較少。這種防衛不會以恨的方式表現，而是以冷漠的

方式呈現，一種連帶的防衛是從與人的接觸中退縮。如我們所知的，獨立的需要是發展的一個正常現象，但獨立的需要會為了逃避感恩、或逃避因不知感恩和嫉羨所產生的罪惡感而增強。在分析中，我們潛意識地發現這種獨立實際上是假性的（spurious）：個體仍然依賴著他的內在客體。

賀伯特・羅森菲爾德[219-1]描述過一種特殊的處理方法，使人格分裂的部分（包括最嫉羨和破壞的部分）合併在一起，讓邁向整合的步伐開始。他顯示「行動化」（acting out）是為了避免分裂的抵消；以我的看法，**行動化**以這樣的方式被用來避免整合，因為接受自體的嫉羨部分會產生焦慮，它成為一種對抗這種焦慮的防衛。

我絕非要描述所有對抗嫉羨的防衛，因為其變異是無窮盡的。它們和對抗破壞衝動和迫害及憂鬱焦慮之防衛密切地連結在一起，其成功的程度視很多外在和內在因素而定。正如已經提到過的，當嫉羨是強烈的，它很有可能會在所有客體關係中重新出現，對抗它的防衛似乎是岌岌可危的；那些用來對抗破壞衝動的防衛（不是由嫉羨主導）則似乎更加有效，雖然它們可能意味著抑制和人格的限制。

當類分裂和偏執的特徵佔優勢，那麼對抗嫉羨的防衛就不會成功，因為對主體的攻擊導致迫害感增加，只能用新一輪的攻擊去處理，也就是增強破壞衝動，以這樣的方式造成了惡性循環，損害了反制嫉羨的能力。這點特別適用於精神分裂症的案例，並

219-1 〈探究分析期間精神官能症和精神病個案行動化之需要〉（An Investigation of the Need of Neurotic and Psychotic Patients to Act Out during Analysis, 1955）。

且多少解釋了治癒他們的困難。[219-2]

　　當和一個好客體的關係存在時，結果或多或少會是更加有利的，因為這也意味著憂鬱心理位置被部分修通。憂鬱和罪惡感的經驗代表了想要讓愛的客體倖免於難，並限制嫉羨。　　220

　　我所列舉的這些防衛和很多其他的防衛，形成負向治療反應的部分，因為這些防衛對納入分析師所必須給予的東西的能力，是一種強而有力的阻礙。早先我已經提及某些對分析師的嫉羨所採用的形式；當個案有能力經驗到感恩——這點意味著在這樣的時刻他是較少嫉羨的，他便處於一個更佳的心理位置，可以藉由分析得到益處，並鞏固已經得到的收穫。換言之，愈多憂鬱的特徵優於類分裂和偏執特徵，治癒的遠景就愈好。

　　修復的驅策力和幫助被嫉羨之客體的需要，也是反制嫉羨非常重要的方式，這最終包含了藉由動員愛的感覺來反制破壞衝動。

　　既然我已經數次提到混淆困惑，總結某些混淆困惑的重要狀態可能是有幫助的。在發展的不同階段，它們通常會以不同的關聯出現。我經常指出，[220-1]從出生後，尿道和肛門（甚至性器）原慾的慾望和攻擊慾望就運作著——雖然是在口腔原慾的主導之下，而在幾個月之內，和部分客體的關係與和整體個人的關係重疊在一起。

　　我已經討論過那些因素，特別是強烈的偏執-類分裂特徵和過度的嫉羨，從一開始那些因素就模糊了好、壞乳房之間的區辨，消滅了成功的分裂，因此嬰孩的混淆困惑被增強了。我相信

219-2　一些分析精神分裂症案例的同事告訴我，去強調個案現在正處於嫉羨中，而嫉羨是一種毀壞和破壞的因素，這樣的強調證明對於理解和治療他們是很重要的。

220-1　參考《兒童精神分析》，第八章。

在分析中，對我們的個案，即使是最嚴重的精神分裂症者，去追溯所有混淆困惑的狀態到這種早期無法區辨好和壞的原初客體，是非常重要的；雖然防衛式地使用混淆困惑以對抗嫉羨和破壞衝動，也是必須加以考慮的。

列舉一些這類早期困難的後續影響：罪惡感的過早出現、嬰孩無法分別經驗罪惡感和迫害感，和所導致的迫害焦慮增加，這些都已經在前面提過了；我也曾經把注意力放在對父母之間混淆困惑的重要性上，這是來自於嫉羨聯合父母形象的一種強化。我將性器特質過早出現和逃離口腔特質連結起來，這導致在口腔、肛門和性器趨向和潛意識幻想之間一種增加的混淆困惑。

221 　在非常早期，造成心靈混淆困惑和茫然狀態的其他因素，是投射和內攝的認同，因為它們可能有暫時模糊自體和客體、內在和外在世界之間區分的效果。這類的混淆困惑妨礙了對精神現實的確認，而精神現實造成對外在現實的理解和實際感知。不信任和害怕納入心智食物，可以推回到不信任那嫉羨和毀壞的乳房所提供的東西。如果在原初時期，好的食物和壞的食物之間有混淆困惑，後來的清晰思考能力和發展價值標準的能力就會有所缺損。所有這些干擾，以我的觀點來看，與對抗焦慮和罪惡感的防衛有密切的關係，而這些是由怨恨和嫉羨所喚起的，以抑制學習和智能發展作為表達的方式。在這裡我並不討論造成這類困難的另外一些不同因素。

正如我已經簡短總結的：混淆困惑的狀態，是由破壞（恨）和整合（愛）趨向之間的強烈衝突所造成的，這狀態會到達一個正常的關鍵點。因為漸增的整合和成功地修通憂鬱心理位置（包括內在現實更大的澄清），對外在世界的感知才會變得更加實際

——一種通常發生在生命第一年的後半和第二年開始[221-1]的結果。這些改變和投射式認同的減少有重要的密切關聯，形成偏執-類分裂機制和焦慮的部分。

VII

現在我將試著簡短描述，在分析期間要找出進步之特徵的困難，只有在長時間和不辭辛勞的工作之後，使個案面對原發嫉羨和怨恨，才會變得可能。雖然競爭和嫉羨的感覺對大多數人而言是熟悉的，但是在移情情境中經驗到它們最深和最早的糾葛，是極端痛苦的，因此對個案而言很難以接受。分析伊底帕斯嫉妒和敵意時，在男性和女性案例中，我們所發現的阻抗雖然非常強烈，卻不如我們在分析對乳房的嫉羨和怨恨時所遇到的阻抗。幫助個案修通這些深層的衝突和受苦，是促進其穩定和整合最有效的方法，因為藉由移情的方式，使他可以更安全地建立他的好客體和對好客體的愛，並獲得對自己的某些信心。不消說，對最早期關係的分析，包括對後期關係的探索，使分析師可以更全然地理解個案的成人人格。

222

在分析的過程中，我們必須有心理準備，會遇到改善和退步之間的起伏波動。這點會以很多方式顯現，例如：個案經驗到對分析師之技巧的感恩和欣賞，很快地又被嫉羨所打敗；嫉羨會受到自傲於有一位好的分析師所反制。如果驕傲引發了擁有感，可

221-1　我已經提出（參考我1952年的論文）：在生命中的第二年，強迫的機制開始出現，在肛門衝動和潛意識幻想的主導下，自我組織出現了。

能有一種嬰孩化的貪婪會復甦，並以下列的言詞表達：我有了每一件我想要的東西，我有全屬於我的好媽媽。這類的貪婪和控制的態度，很容易毀壞和好客體的關係而產生罪惡感，罪惡感很快會導致另一種防衛：例如：我不想傷害分析師－母親，我寧願避免接受她的禮物。在這種情境下，關於拒絕母親所提供的愛和乳汁的早期罪惡感復甦了，因為分析師的幫助未被接受。個案也會經驗到罪惡感，因為他正在剝奪自己（他自體好的部分）的改善和幫助，他斥責自己，藉著不充分合作而把太大的負擔加諸在分析師身上；在這樣的方式中，他覺得他正在剝削分析師，這樣的態度又交替著迫害焦慮，擔心他的防衛、情緒、思想和所有想法都被搶奪了。在嚴重的焦慮狀態中，似乎存在於個案心靈的，除了搶奪和被搶奪之外，沒有其他的替代。

正如我曾提出的，即使當更多洞識出現時，防衛仍然運作著。每一個更接近整合的步驟，和受到這個步驟引發的焦慮，可能導致早期防衛帶著更大的強度出現，甚至導致一些新的防衛。我們也必須預期原發嫉羨將會一再地出現，因此在這種情緒的情境中，我們遭遇了重覆的起伏波動。舉例而言，當個案覺得自己是卑劣的，因此不如分析師，在那個時刻他把美好和耐心歸給分析師，很快地，對分析師的嫉羨再度出現。他自身所經歷的不快樂、痛苦和衝突，對比於他所感覺到分析師心靈上的平靜——事實上是他的心智健康，這是嫉羨的一個特殊原因。

雖然個案了解到這個詮釋在他心靈中的某些部分是有幫助的，他還是無法帶著感恩接受詮釋，這便是負向治療反應的一個層面。同樣的主題之下，有很多其他的困難，我現在要提及其中223 的一些。我們必須有心理準備會發現，無論何時，當個案在整合

上有進步時，也就是當人格之嫉羨、怨恨和被怨恨的部分，已經更緊密地和自體其他的部分結合時，強烈的焦慮就會浮上檯面，並且增加個案對其愛之衝動的不信任。我將把愛窒息了形容為一種在憂鬱心理位置期間的躁症防衛，它根源於破壞衝動和迫害焦慮的威脅危險中。以一個成人而言，對所愛之人的依賴，喚醒了嬰孩的無助感，這會被感覺為一種羞辱。但是關於依賴這點，還有比嬰孩化的無助感更多的東西：如果孩童擔心自己的破壞衝動會使母親轉變成一個迫害的或受傷害的客體，當這樣的焦慮太大時，孩童可能會過度地依賴母親，而這種過度依賴在移情的情境中會被喚醒。擔心萬一屈服於愛，貪婪將會摧毀客體的焦慮，是窒息愛之衝動的另一個原因；也害怕愛會導致太多的責任，客體將會提出太多的要求。潛意識地知道恨和破壞衝動正在運作著，這會使個案更誠心地不承認對他自己和他人的愛。

由於任何焦慮的發生，都會伴隨著自我使用所能產生的任何防衛，所以分裂過程扮演了一個重要的角色——作為避免經驗迫害和憂鬱焦慮的方法。當我們詮釋這類的分裂過程，個案更加意識到自己的一部分，因為他覺得這部分表徵了破壞衝動，所以對這部分感到恐懼。那些早期分裂過程（常常和類分裂和偏執的特徵有關聯）主導性較弱的個案，其衝動的**潛抑**（repression）是較強烈的，也因此有不同的臨床圖像。也就是說，我們所處理的是更精神官能症類型的個案，他們或多或少成功地克服了早期分裂，對他們而言，潛抑變成對抗情緒干擾的主要防衛。

另一個會長時間阻礙分析的困難，是個案攀附於強烈正向移情的執著，這樣的現象也許多少是欺瞞的，因為它是基於理想化而掩蓋了被分裂的恨和嫉羨。它的特徵是口腔焦慮經常被逃避

掉，而性器的要素成為顯著的部分。

　　我嘗試以不同的關聯來顯示破壞衝動（即死之本能的表達），首先破壞衝動被感覺是針對自我。當個案正處於接受這些衝動是自己的一些層面並整合它們的過程中，即使是逐漸遭遇它們，個案仍會覺得暴露於破壞之中。也就是說，在特定的時候，整合的結果是使個案面對數個巨大的危險：他的自我可能會被淹沒；當確認人格中存在著分裂的、破壞的和怨恨的部分，可能會失去其自體的理想部分。分析師面對個案不再潛抑的破壞衝動，可能會變得充滿敵意和報復，因此也會變成一種危險的超我形象；雖然迄今分析師代表了一個好的客體，但現在正受到破壞的威脅。當我們企圖要抵消分裂，往整合邁開步伐時，如果我們還記得：嬰孩覺得他的原初客體是美好和生命的來源，因此也是不可取代的，那麼我們就可以理解，為何威脅著分析師的危險，會造成我們在企圖抵銷分裂、邁向整合時所遭遇的頑強阻抗。擔心他已經摧毀客體的焦慮，是主要情緒困難的原因，並且明顯地進入了在憂鬱心理位置出現的衝突之中。因認知到破壞嫉羨而生的罪惡感，也許暫時會導致個案能力的一種抑制。

　　全能甚至誇大狂（megalomanic）的潛意識幻想是作為對抗整合的一種防衛，當這種防衛增加時，我們所遇到的是一種非常不同的情境；這會是一個關鍵的階段，因為個案會在增強其敵意態度和投射之中找到庇護，因此他認為自己比分析師優秀，指控分析師對他評價過低，他以這樣的方式為怨恨找到某些正當性。分析至今所達成的每件事，他都覺得是自己的功勞。回到早期的情境，作為一名嬰孩，個案可能有認為自己比父母更有力量的潛意識幻想，甚至是自己創造了母親或生了她，並且擁有母親的乳

224

房。於是，是母親搶走了個案的乳房，而非個案搶奪她的乳房。
此時投射、全能和迫害感都在最高點。只要當在科學或其他工作
中領先的感覺很強烈時，這些潛意識幻想的某些部份就會運作。
相同地，也會有其他因素可能引發領先的熱望，例如各種來源的
野心，特別是罪惡感；這些因素基本上和對原初客體及其後來的
替代者之嫉羡和破壞有關聯。因為這類關於搶奪原初客體的罪惡
感，可能會導向否認，否認的形式是宣稱其具有完全的原初性，
因而排除了已經從客體那裡拿取或接受任何事物的可能性。

　　在上一段落中，在分析那些天生體質上嫉羡就很強烈的個案
時，我強調了在特定關鍵點出現的困難。然而，在很多案例中，
分析那些深度、嚴重的障礙，對因過度嫉羡和全能態度所造成的
精神病潛在危險，是一種安全的防護，但是重要的是不要企圖催
促這些整合的步驟，因為如果對個案人格中之區隔的認知來得太
突然，個案在適應上會有很大的困難。[225-1] 嫉羡和破壞衝動被愈
強烈地分裂開來，當個案意識到它們時，會覺得它們愈危險。在
分析中，個案對洞識自體中區隔部分會感到痛苦，因此我們應該
緩慢而漸進地進行。這意味著破壞的一邊一而再、再而三地被分
裂開來和重新獲得，直到產生了更大的整合，結果是責任感變得
更強烈，罪惡感和憂鬱被更充分地經驗。當這樣的狀況發生時，
自我被強化了，破壞衝動的全能感連同嫉羡一起被減弱，在分裂
過程中被窒息的愛和感恩的能力也被釋放了。因此，分裂開來的
層面逐漸變得更能被接受，個案也較能潛抑對愛之客體的破壞衝

225

225-1　很像一個在沒有預期下犯罪或精神崩潰的人，突然知道他的自體之中分裂開來的危險部
　　　分。在有些已知的案例中，這些人會嘗試被逮捕，以預防自己犯下謀殺罪。

動，而不是分裂自體，這點意味著對分析師的投射（將其轉變成危險和報復的形象）也減弱了。接著，分析師會發現，幫助個案朝向進一步的整合變得容易多了，也就是說，負向治療反應正在失去強度。

　　不論在正向和負向移情中，分析分裂過程和底下的怨恨和嫉羨，對分析師和個案都是一種重大的要求。這種困難的一種後續影響，是某些分析師去增強正向移情並避免負向移情的傾向，並且藉著扮演個案過去無能安全建立的好客體角色，以嘗試強化愛的感覺。這種程序作法，在本質上和技術是不同的；分析技術是藉著幫助個案在自體上達到更好的整合，目標在於用愛來減緩恨。我的觀察向我顯示，基於再保證的技術很少成功，特別是它們的結果並不持久；每個人對再保證確實都有一種根深蒂固的需要，這點可以回到最早期與母親的關係，嬰孩期待她不只是服侍他所有的需要，每當他經驗焦慮時，也同樣熱望著她的愛之徵候。在分析情境中，這種對再保證的渴求是一個重要的因素，我們不要低估了它在個案中的重要性，不管是成人或孩童都一樣。我們發現雖然他們意識的（通常是潛意識的）目的是被分析，個案永遠不會完全放棄想要獲得分析師之愛和欣賞的證據，因而得到再保證。即使個案合作，允許心靈的深層、破壞衝動和迫害焦慮被分析，這樣的合作最後也可能在某種程度上，受到想滿足分析師和被他所愛的驅策力影響。覺察到這點的分析師，將會分析這類願望的嬰孩化根源；否則，認同了他的個案，個案對再保證的早期需要會強烈地影響他的反移情，因此也影響了其技術。這種認同也很容易引誘分析師站到母親的位置，而對這種驅策力立即讓步，以減輕孩子的（個案的）焦慮。

　　要促成朝向整合的步伐，困難之一，是當個案說：「我可以瞭解你正告訴我的，但是我無法**感覺**它。」我們察覺到事實上我們提及了人格的一部分，就所有的意圖和目的而言，這一部分的人格，在當時對個案和對分析師而言，都是不能充分接近的。我們企圖幫助個案整合，只是懷著信念，希望我們可以用現在和過去的素材向他顯示，他如何和為什麼一再地把自體的許多部分分裂開來。這類的證據經常是由會談時段前的夢所提供，也可能是從分析情境的整體脈絡所蒐集來的。如果一個分裂現象的詮釋，是以我所描述的方式得到充分的支持，很可能在下一個會談時段，會由個案報告的夢的片段，或帶來某些更多的素材所確定。這類詮釋累積的結果，可以逐漸使個案在整合和洞識上有所進步。

　　阻礙整合的焦慮，必須在移情情境中被全然地瞭解和詮釋。早先我已經指出，如果在分析中，重新獲得自體被分裂開來的部分，對自體和對分析師兩者的威脅就會在個案的心靈中升起。在處理這種焦慮的過程中，當在素材中可以偵查到愛的衝動時，我們不應該低估愛的衝動，因為到最後是它們使個案足以緩和其怨恨和嫉羨。

　　在某個特定的時候，無論個案多麼覺得詮釋並未正中要害，這通常都是阻抗的一種表達。有關一直重覆地企圖分裂人格具破壞性的部份這點，如果我們從分析的一開始就充分注意，特別是怨恨和嫉羨的部分，事實上，至少在大多數的案例中，我們可以使個案邁開一些朝向整合的步伐。在分析師的部分，只有在承擔痛苦、謹慎小心和持續不懈的工作之後，我們才能期待在個案內在有一種更穩定的整合。

　　我將要用兩個夢來闡釋分析中的這個時期。

227　　　我所提到的第二名男性個案，在他分析的較後期，當他在不同面向已出現更大的整合和改善後，他報告了以下的夢，這個夢顯示因為憂鬱感的痛苦而造成整合過程中的起伏波動。他在一幢公寓的樓上，他朋友的朋友「X」從街上叫他，要他一起散步。個案並未加入「X」，因為在公寓裡的一隻黑狗可能會跑出去，然後會被車子輾過。他撫摸這隻狗。當他向窗外看時，「X」已經「走遠」了。

　　　某些聯想把公寓帶進和我的關聯之中，黑狗和我的黑貓有關，他把黑貓形容為「她」。個案從未喜歡過「X」，他是他的一個老同學；他形容他是個溫吞、不真誠的人；「X」也常常借錢，雖然他會還錢，但他自認有權利要求這種好處。然而，「X」後來在他的專業上表現得非常好。

　　　個案確認了「他朋友的一名朋友」是他自己的一個層面，我詮釋的要旨是他更能理解他人格中一個不愉快和驚人的部分了。狗－貓（分析師）面臨的危險是會被「X」輾過（也就是受傷）；當「X」要求他一起散步，這象徵朝向整合的一步；在這個階段，藉著聯想到儘管「X」有缺點，但後來在他的專業上表現得很好，於是一個充滿希望的要素進入了夢中，這也是進步的特徵，在夢中他更接近自己的一面，不再像先前的素材一樣，充滿了破壞和嫉羨。

　　　個案關心狗－貓的安全，表達了他希望能保護分析師，免受他自身的敵意和貪婪傾向傷害，這部份以「X」為表徵，這導致已經部份癒合的分裂暫時擴大了。然而，當「X」——他自己被拒絕的部分「走遠了」，這點顯示他並未加入；整合的過程只是暫時受到干擾。那個時候個案的情緒處於典型的憂鬱，對分析師

的罪惡感和想留存她的願望是很顯著的。在這樣的脈絡下，對整合感到害怕，是因為覺得分析師必須被保護，以避免個案潛抑的貪婪和危險的衝動。我確定他仍舊把他人格的一部分分裂開來，但是貪婪和破壞衝動的**潛抑**已經變得更加顯著，因此，詮釋必須處理分裂和潛抑兩方面。

　　第一名男性個案也在他分析的較晚階段帶來一個夢，這個夢顯示了更進一步的整合。他夢到他有一個品行不良的兄弟，且犯了嚴重的罪；他在一間房子中被接待，卻搶劫該處的居民並殺了他們。這件事深深地困擾著個案，但是他又覺得必須忠於他的兄弟並拯救他。他們一起逃走，並且發現他們在一艘船上，這裡讓個案聯想到雨果（Victor Hugo）的《悲慘世界》（*Les Miserables*），並且提到賈莫特（Javert），他一生都在迫害一個無辜的人，甚至跟蹤他到他躲藏的巴黎下水道中。 228

　　但是賈莫特最後自我了斷，因為他發現自己一輩子都浪費在歧途上。

　　個案接著繼續述說這個夢：他和他的兄弟被一名警察逮捕，警察和善地看著他，所以個案希望自己最後不會被法辦；他似乎把他的兄弟交給了命運。

　　個案很快便理解到：不良少年是他自己的一部分，他最近用了「不良少年」來表達關於自己行為中一些非常小的事件。在這裡我們應該記得，在前一個夢中他曾提到一個他無法處理的不良少年。

　　我所提及的邁向整合，顯示在個案為品行不良的兄弟負責，以及與他在「同一艘船上」。我詮釋謀殺和搶奪那些和善接待他的人此罪行，是他攻擊分析師的潛意識幻想，和他經常表達的焦

慮，擔心他想從我這裡得到愈多愈好的貪婪願望，會傷害我；我將這點和他與母親關係中的早期罪惡感連結。和善的警察代表不會嚴厲控訴他的分析師，會幫助他驅趕掉自己壞的部分。更甚者，我指出在整合的過程中，分裂（自體的和客體的分裂）的使用再次出現，這點顯示在分析師作為雙重角色的形象上：既是和善的警察，也是迫害的賈莫特，他在最後結束了自己的生命，個案的「壞」也投射在他身上。雖然個案瞭解他對自己人格中「不良少年」那部分的責任，他仍舊分裂他的自體。他的表徵是「無辜」之人，而他遭追捕所進入的下水道，意味著其肛門和口腔破壞的深度。

分裂的再現，不只是因為迫害焦慮，也是因為憂鬱焦慮，因為個案覺得他無法帶著自己壞的部分面對分析師（當她以一種和善的角色出現時），而不傷害她。這是為什麼他訴諸於結合警察來對抗他自己壞的部分，在當時他就希望滅絕這些壞的部分。

＊

229　　佛洛伊德早期接受某些個體在發展上的差異，是因為體質的因素：例如，他在〈性格和肛門性慾〉（Character and Anal Erotism, 1908）中所表達的觀點，認為強烈的肛門性慾在許多人身上是體質性的。[229-1]亞伯拉罕在口腔衝動的強度中發現一個天生的要素，他將口腔衝動和躁鬱疾患的病因連結，他說「……真正體質的和與生俱來的，是對口腔性慾的一種過度強調；而在某些特定的家庭，同樣地，似乎從一開始肛門性慾就是一種優勢的因素。」[229-2]

229-1 「從這些指標，我們推斷：在這些人天生的體質中，肛門帶的性源重要性被強化。」
229-2 〈原慾發展簡史〉（1924）。

　　我先前已經提過，在與原初客體（即母親乳房）的關係中，貪婪、怨恨和迫害焦慮有一種天生的基礎。在此討論中，我有所補充：嫉羨作為口腔和肛門施虐衝動的一種強力表達，也是體質的。以我的觀點，這些體質因素在強度上的差異，和佛洛伊德所提出在生、死本能融合中，其中一個或另一個本能的優勢有關。我相信其中一個或另一個本能的優勢和自我的強弱有關聯，我經常提到自我的強度和自我必須處理的焦慮（作為一種體質因素）之間的關聯。忍受焦慮、張力和挫折的困難，與自我所經驗到的強力破壞衝動和迫害感，就比例來看──而者是自我（從出生後開始）相對虛弱的一種表達。這些加諸於虛弱自我的強烈焦慮，導致例如否認、分裂和全能感這些防衛的過度使用，這些防衛多少都是最早期發展的特徵。為了配合我的理論，我的補充說明為：一個體質上強壯的自我，不會輕易變成嫉羨的犧牲品，並且比較能有效地分裂好與壞，而我認為這樣的分裂是建立好客體的前提。於是自我比較不會受那些導致碎裂的分裂過程（且為明顯偏執-類分裂特徵之一部分）所影響。

　　另一個從開始就影響發展的因素，是嬰孩所經歷過的各種不同外在經驗，這點或多或少解釋了嬰孩早期焦慮的發展，在難產和餵食經驗不滿足的嬰兒中，這些焦慮會特別巨大。然而，我所累積的觀察說服我，這些外在經驗所造成的衝擊，和天生破壞衝動的體質強度及繼之而來的偏執焦慮，有比例上的關係。很多嬰孩並未有很不利的經驗，然而卻受苦於嚴重的餵食、睡眠困難，230 我們可以在他們身上看到巨大焦慮的每一個徵候，這是外在環境所無法充分解釋的。

　　同樣眾所周知的是有些嬰孩暴露於巨大的剝奪和不利的環

境，然而並沒有發展出過多的焦慮，他們的偏執和嫉羨特性並沒有佔優勢，這點通常必須藉由他們後來的生命史才能得到確定。

在我的分析工作中，我曾經有過很多的機會，追溯性格形成的源頭至天生因素的各種變異。關於出生前的影響因素，有更多需要學習的地方，然而再多關於這些的知識，也不會減損決定自我強度和本能驅力強度之天賦要素的重要性。

天生因素的存在，與上述關於精神-分析治療的限制之觀點有關。當我全然地理解這點，我的經驗教導我，我們無論如何都能在一些案例中製造根本、正向的改變，即使其體質基礎是不利的。

結論

多年以來，對餵食之乳房的嫉羨，是作為增加對原初客體之攻擊強度的一個因素，這已經是我分析的一部分。然而在不久前，我才特別強調嫉羨的毀壞和破壞本質，它因此妨礙了與好的外在和內在客體建立一種安全的關係，逐步侵蝕感恩的感覺，並且以各種方式模糊了好和壞之間的區分。

在我所描述的所有案例中，與作為內在客體的分析師之間的關係有著根本的重要性，我發現一般而言這點是真實的。當和嫉羨及其後續影響有關的焦慮到達頂點，個案在不同程度上感覺到被作為內在客嫉和嫉羨客體的分析師迫害，干擾了他的工作、生活和活動；當這種狀況發生時，會感覺失去了好客體及其內部的安全感。我的觀察顯示，在生命中的任何階段，當與好客體的關係被嚴重地干擾——一種嫉羨扮演著顯著角色的干擾，不只是內

部的安全感和平靜遭到妨礙了，性格也開始惡化。內在迫害客體的優勢增強了破壞衝動，然而，如果好客體穩固地建立，對它的認同就會強化愛、建設性衝動和感恩的能力。這點符合我在這篇文章開始時所提出的：如果好客體是植根深厚的，個案就能承受暫時的干擾，也就奠立了心智健康、性格形成和成功自我發展的基礎。 231

我在其他相關文章中描述過最早內化的迫害客體（報復的、狼吞虎嚥的、有毒的乳房）之重要性，現在我認為嬰孩將嫉羨投射，賦予他對原初及後來的內在迫害焦慮一種特殊的複雜性。這種「嫉羨的超我」被感覺是要干擾或滅絕所有修復和創造的企圖，它也被感覺提出了持續和過份的要求，要求要對個體感恩。因為迫害感加入了罪惡感之中，迫害的內在客體是個體自身嫉羨和破壞衝動的結果，這些嫉羨和破壞衝動原發地毀壞了好客體。藉著增加對自體的貶抑而滿足了懲罰的需要，導向一種惡性循環。

正如我們都知道的，精神-分析最終的目標是整合個案的人格；佛洛伊德的結論是自我應存在於原我所在處，這是指向該方向的指標。分裂的過程發生於發展的最早階段，如果它們過度了，就會形成完整的嚴重偏執和類分裂特徵，這些特徵正是精神分裂症的基礎。在正常的發展中，在以憂鬱心理位置為特徵的時期，這些類分裂和偏執的趨向（偏執-類分裂心理位置）會被大幅度地克服，整合會成功地發展。在那個階段期間，所引進朝向整合的重要一步，預備了自我潛抑的能力；而我相信，潛抑在生命的第二年逐漸增加運作。

在〈嬰孩的情緒生活〉中，我建議如果在早期階段，分裂過

程不是太強烈，小孩可以藉由潛抑處理情緒困難，因此，心靈之意識和潛意識部分會受到鞏固。在最早期階段，分裂和其他的防衛機制總是凌駕一切。佛洛伊德在《抑制、症狀與焦慮》中已經提出過也許有早於潛抑的防衛方式。在現在的文章中，我並未處理潛抑在正常發展過程中不可或缺的重要意義，因為原初嫉羡的影響和其與分裂過程密切的關聯是我最重要的主題。

至於技術，我企圖顯示，藉由一次又一次地分析和嫉羡及破壞衝動有關的焦慮和防衛，可以達成整合上的進步。我一向都信服佛洛伊德的發現：「『修通』是分析程序中主要任務之一」的重要性，而我處理分裂過程並追溯它們到其根源的經驗，使這樣的信服更加強烈。我們正在分析的困難愈深層、愈複雜，我們遭遇的阻抗就會愈大，這點是必須容受而給予足夠空間去「修通」的。

這個必要性的產生，特別和對原初客體的嫉羡有關。個案也許可以確認他們對其他人的嫉羡、嫉妒和競爭的態度，甚至是想要傷害同業的願望，但是只有分析師堅持在移情中分析這些敵意，才能使個案在其最早的關係中重新經驗它們，導致自體之中的分裂得以減少。

我的經驗向我顯示，當對這些根本的衝動、潛意識幻想和情緒的分析失敗，是因為痛苦和憂鬱焦慮變得明顯了，對某些人而言，更超過了對真實的慾望，最終也超過了想要被幫助的慾望。我相信個案的合作，必須奠基於想要發現自己的真實的強烈決心，和他是否可以接受、吸收分析師對於這些心靈早期層面的詮釋。因為如果這些詮釋夠深入，就會動員自體的一部分，這部分被感覺為自我的敵人，或是所愛客體的敵人，因此自體的這一部

分被分裂、被滅絕。我發現經由詮釋對原初客體的怨恨和嫉羨所喚起的焦慮，以及被分析師迫害的感覺（因為其分析引發那些情緒），是比任何我們所詮釋的其他素材都更加痛苦的。

這些困難特別在那些帶著強烈偏執焦慮和類分裂機制的個案身上特別常見，因為伴隨著由詮釋而引發的迫害焦慮，他們較少能夠經驗到對分析師的正向移情和信任——最終他們較無法維持愛的感覺。在我們現階段的知識中，我傾向於這樣的觀點：這些是成功有限或可能無法成功的個案，雖然不必然是明顯精神病的類型。

當分析可以達到上述這些深度，嫉羨和對嫉羨的害怕降低了，而更能信任建設和修復的力量（事實上是對愛的能力）。結果是對個人自身的限制有更大的包容，以及客體關係的改善，對內在和外在現實也有一種更清楚的知覺。

在整合過程中所獲得的洞識，使得在分析歷程中，個案可以去確認在其自體之中，有一些潛在危險的部分；但是當愛可以充分地結合分裂開來的怨恨和嫉羨，這些情緒變得可以忍受並降低了，因為它們經由愛而緩和了。早先所提及的各種焦慮內容也減少了，例如被自體分裂、破壞的部分所淹沒的危險。因為在潛意識幻想中所造成的傷害彷彿無可挽回，潛意識幻想的這種危險似乎更加巨大，而這種潛意識幻想的危險是早期過度的全能感之後果。當這些感覺更明朗，且被整合到人格之中時，擔心敵意會摧毀愛之客體的焦慮也降低了。個案在分析期間所經驗到的痛苦，也藉由因整合的進步所帶來的改善而逐漸減少，例如重新獲得某些決心、可以做一些他先前無法達成的決定，而一般而言，可以更自由地運用他的天賦才能，這點與其修復能力比較未受抑制有

233

關。在很多方面，他享受的力量增加、希望再現，雖然仍舊與憂鬱交替著。我發現創造力的成長，與能夠更安全地建立好客體的能力成等比，後者在成功的案例中是分析嫉羨和破壞的結果。

同樣地，正如在嬰孩中，被餵食和被愛這種重覆的快樂經驗，對於安全地建立好客體是有助益的，所以在分析期間，重覆經驗有效、真實的詮釋，可以使分析師（回溯性的原初客體）被建立為好客體的形象。

這些改變都累積成人格的一種豐富性。隨著怨恨、嫉羨和破壞，在分析歷程中，自體再度獲得所失去的其他重要部分。感覺是一個更完整的人、獲得對自體的控制感，以及大體上與世界的關係有一種更深層的安全感，這些也帶來不少的釋放。在「某些類分裂機制」中，我曾經提出，精神分裂症患者所受的痛苦是最強烈的，因為感覺被分裂成一小片一小片；由於其焦慮的表現和精神官能症者不同，所以這些痛苦被低估了。即使我們處理的不是精神病，而是分析那些整合受到干擾，以及對自己和他人覺得不確定的人們，這些人也經驗到同樣的焦慮，而當更全然的整合達成時，同樣的焦慮就會被釋放。在我的觀點中，永遠不可能達成完整和永久的整合，因為在外在和內在來源的緊張壓力下，即使是整合良好的人們，也會被驅往更強烈的分裂過程，雖然這也可能只是一個過渡時期。

在〈論認同〉此論文中，我提出在早期分裂過程中，不應該是由碎裂主導，這點對心智健康和人格的發展非常重要。在那裡我寫道：「涵容未受傷的乳頭和乳房的感覺（雖然並存著乳房被吞噬為碎片的潛意識幻想），造成這樣的影響：分裂與投射主要並未涉及人格的碎裂部分，而是自體更凝聚的部分。這意味著自

234

我沒有暴露在因為碎裂而發生的致命弱化下，並且因此更能反覆地抵消分裂的效果，並且在與客體的關係上達到整合與合成。」[234-1]

我相信這種重新獲得人格中分裂部分的能力，是正常發展的前提。這意味著在憂鬱心理位置期間，分裂或多或少被克服了，衝動和潛意識幻想的潛抑逐漸取得其地位。

分析治療中，性格分析一直是非常重要又困難的部分。[234-2]我相信在一些案例中，只有透過追溯性格形成的層面到我所描述過所能返回的早期過程，才能對性格和人格改變有長遠的影響。

我們可以從另一個角度來考慮我在這裡試著傳達的技術層面。從一開始，所有的情緒都附著於第一個客體之上，如果破壞衝動、嫉羨和偏執焦慮是過度的，嬰孩會粗略地扭曲和擴大所有來自外部來源的挫折，而母親的乳房於外在和內在皆佔優勢地轉變為迫害的客體，於是，即使真實的滿足也不足以反制迫害焦慮。將分析帶到最早的嬰孩時期，我們使個案能夠復甦根本的情境——我經常說這種復甦是一種「感覺記憶」，在這種復甦的歷程中，讓個案可能對早期的挫折發展出一種不同的態度。毫無疑問地，如果嬰孩確實暴露於非常不利的狀況，那麼就算回溯地建

234-1　本書第186頁。

234-2　這個主題最根本的貢獻，來自於佛洛伊德、鍾斯和亞伯拉罕。例如參考佛洛伊德的〈性格和肛門性慾〉（Character and Anal Erotism, 1908），鍾斯的〈強迫精神官能症中的怨恨和肛門性慾〉（Hate and Anal-Erotism in the Obsessional Neuroses, 1913）、〈肛門性慾性格特性〉（Anal-Erotic Character Traits, 1918），以及亞伯拉罕的〈肛門性格理論的一些貢獻〉（Contributions to the Theory of the Anal Character, 1921）、〈口腔性慾對於性格形成的影響〉（The Influence of Oral Erotism on Character Formation, 1924）、〈原慾發展之性器層面的性格形成〉（Character Formation on the Genital Level of Libido Development, 1925）。

立好客體，也不能抵消早期的壞經驗。然而，將分析師內攝為一個好客體，如果不是基於理想化，或多或少會有提供內在好客體的效果，而這內在的好客體是個案之前非常缺乏的。同樣地，投射的弱化和因此達到的更大包容，勢必與較少的忿恨有關，這些使個案能夠發現某些特徵，並復甦過去的愉快經驗，即使早期的情境是非常不利的。要達成這個目標的方式，是分析那將我們帶

235　回最早客體關係的負向和正向移情，這之所以變得可能，是因為分析而造成的整合，已經強化了生命開始時的虛弱自我。在這些軸線上，精神病患者的精神-分析也可能會成功。更加整合的自我變得足以經驗罪惡感和負責任的感覺，這些是在嬰孩時期無法面對的；客體合成產生了，經由愛緩和了恨，而作為破壞衝動必然結果的貪婪和嫉羨也失去了力量。

　　以另一種方式表達，迫害焦慮和類分裂機制降低了，個案可以修通憂鬱心理位置。當他或多或少克服了一開始無法建立一個好客體，嫉羨隨之降低，享受和感恩的能力逐步增加。這些改變擴展到個案人格的許多層面，範圍從最早期的情緒生活到成人的經驗和關係。我相信，在分析早期干擾對整體發展的影響之中，存在著我們幫助個案的最大希望。

【第十一章】論心智功能的發展

　　在這裡我要呈現的論文，是對後設心理學（metapsychology）　236
的一項貢獻，我所採的角度是源自於精神-分析在實務上的進步
所得到的結論，企圖在這個主題上進一步推展佛洛伊德基本的理論。

　　佛洛伊德用「本我」、「自我」和「超我」等辭彙來綜合論
述心智的結構，這已經成為所有精神-分析思考的基礎。他清楚
闡釋：自體的這些部分並非明確地彼此分開，以及本我是所有心
智功能的基礎。自我發展自本我，但是發生的階段為何，佛洛伊
德沒有提出一致的指示；終其一生，自我深深向下觸及、進入本
我，因此持續地受潛意識過程的影響。

　　更甚者，他所發現的生、死本能，以及從出生那刻就開始運
作的生、死本能的極化（polarity）和融合，對心智的瞭解而
言，這是一個驚人的進展。在觀察小嬰孩心智過程的持續掙扎
中，界於破壞和拯救自己、攻擊客體和保留它們這些無法潛抑的
驅策力之間，我確認了這些彼此掙扎的出生力量正在運作著。佛
洛伊德之生、死本能概念核心的臨床重要性，給了我更深的洞
識。當我寫《兒童精神分析》[236-1]時，我已經得到結論：在兩種
本能之間掙扎的衝擊下，自我主要功能之一──掌控焦慮，從生
命最初就已經開始運作了。[236-2]

236-1　參考第144-46等頁。

236-2　在〈對某些類分裂機制的評論〉（1946）中，我提出我們從後來的自我所得知的某些功能

佛洛伊德認為有機體藉著向外轉向，保護它自己，對抗死之本能於內在運作所升起的危險，而無法轉向的部分則被原慾所束縛。他在《享樂原則之外》（1922）一書中考慮到生、死本能的運作是一些生物的過程。但是佛洛伊德在他某些作品中，將他的**臨床**考量奠基於這兩種本能的概念上，例如在〈受虐特質的經濟論問題〉（The Economic Problem of Masochism, 1924）一文中所見的，這點尚未被充分地確認。請讓我回憶那篇論文的最後幾個句子；他說：「於是道德的受虐變成一種典型證據的片段，證明本能融合的存在。它的危險在於：道德的受虐起源於死之本能，正是本能脫離的部份被轉向外，是一種破壞本能。另一方面，既然道德的受虐有一種情慾成分的價值，如果沒有原慾的滿足，即使他自己是這破壞的主體，也無法進行。」（S.E. **19**, p. 170）。在《新論》（*New Introductory Lectures*, 1933）中，他以更強烈的辭彙陳述他的新發現；他說：「這種假說打開了我們研究的遠景，終有一天，這些研究在瞭解病理過程上會有很大的重要性。因為融合也會再分開，我們可以預期，這類的去融合將會極為嚴重地影響功能。但是這些概念依然太新，還尚未有人嘗試在我們的工作中運用它。」（S.E **22**, p. 105）。我會說，就佛洛伊德而言，他認為攻擊和原慾衝動之間的**心理**衝突，底下就是兩種本能的融合和去融合，而將死之本能轉向的是自我，不是有機體。

佛洛伊德陳述，在潛意識中不存在著害怕死亡，但是這點似

——特別是處理焦慮的功能，在生命的開始就已經在運作了。在有機體之內，死之本能的運作會引發焦慮，感覺像是滅絕（死亡）的害怕，以迫害的形式出現。

乎不符合他所發現的，在內在運作的死之本能所引發的危險。如我所見，自我所奮戰的這種初生的焦慮，就是由死之本能所引發的威脅。我在〈焦慮和罪惡感的理論〉（The Theory of Anxiety and Guilt, 1948）[237-1] 中指出，我不同意佛洛伊德的觀點，他認為「潛意識中似乎不包含任何可以用來建構『生命滅絕』此概念的東西」，因此，「害怕死亡應該視為是害怕閹割的同義詞」。在〈孩童良心的早期發展〉（The Early Development of Conscience in the Child, 1933）中，我提及佛洛伊德兩種本能的理論，根據這個理論，在生命的開始，攻擊的本能（或死之本能）和原慾或生之本能（愛〔Eros〕）對立，並且為原慾或生之本能所束縛，並且說：「我認為被這種攻擊本能破壞的危險，在自我之中造成了過度的張力，被自我感覺為一種焦慮，所以在自我發展的非常初期，就面臨了動員原慾以對抗死之本能的任務。」我作出結論：被死之本能破壞的危險，在自我之中造成了初生的焦慮。[237-2]

如果投射的機制無法運作，小嬰孩就會處於被自己的破壞衝動淹沒的危險中。在出生時，自我受到生之本能召喚而行動，部分是為了要執行這種功能。投射的原發過程，是死之本能向外轉向的方式；[238-1] 投射也使第一個客體充分吸收了原慾。另一個原　238

237-1　見本書37-40等頁。

237-2　瓊安・黎偉業（1952）提及：「佛洛伊德決定性地拒絕一種潛意識中害怕死亡的可能。」她繼續做出結論：「人類孩童的無助和依賴，結合他們潛意識幻想的生命，必定可以推論出對死亡的害怕甚至就是他們經驗的一部分。」

238-1　此處我與佛洛伊德的不同，在於佛洛伊德所理解的轉向，似乎只是本來導向自體的死之本能被轉變成攻擊客體的過程。以我的觀點，轉向此特殊的機制之中包含了兩個過程：死之本能部分被投射進入客體之中，客體因此變為一個迫害者；而死之本能留在自我裡面的部分，導致對迫害客體的攻擊。

發過程是內攝，這裡大部分也是為生之本能服務，它與死之本能戰鬥，因為它帶領自我納入給予生命的東西（首先是食物），並且因此連結死之本能一起在內在之中工作。

從生命的開始，兩種本能便附著於客體之上，首先是母親的乳房。[238-2] 因此，我相信如果和我所假設的兩種本能之功能連結，對自我的發展會有某些了解；我的假設是，內攝母親餵食的乳房，為所有內化的過程鋪設了基礎。以破壞衝動或愛的感覺主導為根據，乳房（奶瓶可以象徵地代表）有時候被感覺為好的，有時候是壞的。對乳房的原慾精神灌注，伴隨著滿足的經驗，在嬰孩的心靈中建立了原初的好客體，而在乳房上投射破壞衝動，則建立了這原初的壞客體。這兩種層面都被內攝，因此之前被投射的生之本能和死之本能，再次在自我裡面運作。掌控迫害焦慮的需要，推動了於內在和外在分裂乳房和母親，而成為一個有助益的、愛的客體，和另一個嚇人的、恨的客體；這些是所有後續內化客體的原型。

我相信自我的強度（反映了兩種本能之間融合的狀態）是體質所決定的；如果在融合中是由生之本能主導，意味著愛的能力佔優勢，相對地，自我是強壯的，比較能夠忍受死之本能所引起的焦慮，並且去反制它。

自我強度可以維持和增加到何種程度，部分是受外在因素的影響，特別是母親對嬰孩的態度。然而，即使是當生之本能和愛

238-2 在〈對某些類分裂機制的短論〉中，我說：「對破壞衝動的害怕似乎立刻附著在一個客體上──或甚至被經驗為害怕一個無法控制、擁有壓倒性力量的客體。原發焦慮的其他重要來源是出生的創傷（分離焦慮）和身體需要的挫折，這些經驗也是從一開始就被感覺為是由客體造成的。」

的能力主導時，破壞衝動仍然向外轉向，以致創造了迫害和危險客體，而這迫害和危險客體又被再內攝。更甚者，內攝和投射的原初過程，導向自我和客體的關係持續改變，伴隨在內在和外在之間、好與壞之間的更迭變化，這些更迭變化是根據嬰孩的潛意識幻想和情緒，同樣地也受到其真正經驗的衝擊。這些更迭變化的複雜性，也是因為自我在發展它和外在世界的關係，以及建立內在世界時，背後的兩種本能之永久活動所產生的。

內化的好客體開始形成自我的核心，自我環繞著這個核心而擴展、發展，因為當自我受到內化的好客體支持，它也更能夠掌控焦慮，並藉由連結原慾和在內部運作的死之本能之某些部分而保存生命。

然而，如佛洛伊德在《新論》（1933）中所描述的，由於自我分裂它自己，它的一個部分開始「超出」（stand over）對抗其他部分；他清楚地說明，這個執行許多功能的分裂部分就是超我。他也說，超我包含內攝父母的特定層面，且大部分是潛意識的。

我同意這些觀點。而我所持的不同意見，是將作為超我之基礎的內攝過程放在出生時。超我出現於伊底帕斯情結開始之前的幾個月，[239-1] 我將伊底帕斯情結和憂鬱心理位置開始的時間，一起定在生命第一年的四到六個月。因此早期內攝好、壞乳房是超我的基礎，影響了伊底帕斯情結的發展。這種超我形成的概念，

239-1 對我早期伊底帕斯情結的觀點是如何發展的，要有一個更詳細的圖像，可以見〈伊底帕斯衝突的早期階段〉（1928）、《兒童精神分析》（1932）（特別是第八章）、〈從早期焦慮的觀點看伊底帕斯情結〉（1945）、和〈關於嬰兒情緒生活的一些理論性結論〉（Some Theoretical Conclusions Regarding the Emotional Life of the Infant）（1952, p. 218）。

對照著佛洛伊德清楚但不同的說明：認同父母是伊底帕斯情結的承繼者，而且只有在伊底帕斯情結被成功地克服後才會成功。

240　　以我的觀點，自我的分裂（形成了超我）是自我之中衝突的一種後續結果，因為兩種本能的極化而產生。[240-1]藉由其投射，也藉由所導致的好、壞客體的內攝，這樣的衝突增加了。自我受到內化的好客體所支持，也經由認同好客體而強化，自我將死之本能的一部份投射進入它被分裂開來的部分——這一部份因此成為自我其餘部分的對立者，並且形成超我的基礎。死之本能有一部份轉向，與那部份死之本能融合的生之本能也隨之轉向；隨著這些轉向，好、壞客體的部分也從自我中被分裂開來，進入超我之中，超我於是得到保護和威脅的雙重本質。隨著整合過程的進行——從一開始就呈現在自我和超我兩方面，到了某個關鍵點時，死之本能被超我所束縛。在結合的過程中，死之本能影響了包含在超我之中的許多好客體之層面，導致超我的運作，範圍從約束怨恨和破壞衝動、保護好客體和自我的批判，到威脅、抑制抱怨和迫害感。超我被連結於好客體，甚至努力保存好客體，它近似真實的好母親，她哺餵孩子，並且照顧孩子；但是既然超我也在死之本能的影響之下，它部分也表徵了使孩子挫折的母親，它的禁止和控訴引起了焦慮。當發展進行順利時，某種程度而言，超我大致上被感覺為是有助益的，不會是一種運作得太嚴厲的道德良心。小小孩有一種天生的需要，我認為即使是很小的嬰孩也是如此，這種需要是要被保護，正如要受制於某些禁令一樣，這些禁令會累積成為對破壞衝動的控制。在《嫉羨和感恩》

240-1　參考例子見〈焦慮和罪惡感的理論〉（1948），本冊第41-42頁。

（前文第230至232頁）中我已經提出，對一種永遠存在和永不耗竭之乳房的嬰孩式願望，其中包含著一種渴望，覺得乳房應該免除或控制嬰孩的破壞衝動，以這樣的方式保護他的好客體，正如護衛他對抗迫害焦慮一樣；這種功能和超我有關。然而，一旦嬰孩的破壞衝動和焦慮被喚起，超我會被感覺為嚴格和負荷過重的，於是，自我就像佛洛伊德所形容的：「必須服侍三個嚴厲的主人」：本我、超我和外在現實。

　　當我二十歲出頭時，我著手進行一項新的冒險──從孩童三 **241**
歲起開始用遊戲技術分析，我所遇到一個非預期的現象，是一種非常早期而未成形的超我（savage super-ego）。我也發現小小孩以一種潛意識幻想的方式內攝父母──首先是母親和她的乳房；藉由觀察其內化客體某些嚇人的特性，我得到以下的結論：這些極端危險的客體，在早期的嬰孩時期，造成了自我之中的衝突和焦慮；但是在急性焦慮的壓力下，它們和其他嚇人的形象，被與形成超我不同的方式分裂開來，被驅逐到潛意識的更深層之中。這兩種分裂方式的不同在於──在駭人形象的分裂之中，去融合似乎是佔優勢的；而超我的形成則是在兩種本能的融合主導下進行，這點很有可能闡明分裂過程發生的許多模糊方式。因此，超我正常地建立，和自我有密切的關係，並且和自我分享著同一好客體的不同層面，這點使自我有可能或多或少地整合和接受超我。相對地，極壞的形象不被自我以這樣的方式接受，且持續被自我所拒絕。

　　然而，就小嬰孩而言，我認為愈小的嬰孩愈是如此，在分裂開來的形象，和那些較不駭人且更為自我所容許的形象之間，其界限是流動的。正常狀況下，分裂只會短暫而部分成功；當分裂

失敗時，嬰孩有著強烈的迫害焦慮，特別在發展的第一個階段是如此，那是以偏執-類分裂心理位置為特徵的階段，我認為在生命的前三或四個月達到高峰。在小嬰孩的心靈中，好乳房和狼吞虎嚥的壞乳房非常迅速地交替出現，可能感覺上是同時存在的。

迫害的形象被分裂開來，參與部分潛意識的形成，和同樣被分裂的理想化形象連結。理想化的形象被發展出來，用以保護自我對抗嚇人的形象。在這些過程中，生之本能再度出現並且發揮它的作用。在自體的每一個層次中，都可以發現迫害的和理想化的、好的和壞的客體之間的對比，這成為生、死本能的一種表達，並且形成潛意識幻想生活的基礎。早期自我嘗試要去防止的那些怨恨、威脅的客體，就是那些被感覺為受到傷害和被殺死的客體，這些客體也轉變為危險的迫害者。隨著自我的強化，及其漸增的整合與合成的能力，達到了憂鬱心理位置的階段。在這個
242 階段中，受傷害的客體不再全然被感覺為一個迫害者，而是被感覺為一個愛的客體，個體對這個愛的客體經驗到罪惡感和想要修復的驅策力；[242-1] 這種和所愛的受傷客體之間的關係，在超我中形成一個重要的要素。根據我的假說，憂鬱心理位置在接近第一年中間達到其高峰，從那時開始，如果迫害焦慮不甚過度，而愛的能力夠穩固，自我會逐漸覺察到其精神現實，愈來愈覺得是它自己的破壞衝動造成其客體的毀壞。因此之前被感覺為壞的受傷客體，在孩童的心靈中有了改善，更加接近於真實的父母；自我逐漸發展處理外在世界這個重要的功能。

242-1 闡釋這個特殊觀點的臨床素材，見〈論躁鬱狀態的心理成因〉（1934，《全集 I》，pp. 273-74）。

　　如果考慮的是內在因素，這些基本過程的成功，以及繼之而來的整合和自我的強化，端賴生之本能在兩種本能互動之中所佔的優勢。但是分裂過程仍然持續著；在整個嬰孩期精神官能症（如同修通早期精神病焦慮一樣，精神官能症是表達的方式）的階段，生、死本能之間的極化，以焦慮的形式被強烈感覺到，這焦慮是來自於迫害客體，而自我嘗試用分裂、後來用潛抑來適應這迫害客體。

　　隨著潛伏期的開始，超我組織化的部分（這部分通常都是非早期區的）更是從其潛意識的部分被切斷。這個時期，孩童用投射處理其嚴格的超我，將之投射到環境之中——也就是將它外在化，並且試著與那些權威者達成協議。然而，即使是在大一點的孩童和在成人之中，這些焦慮遭到修飾、形式上加以改變，並被更強烈的防衛所抵擋，因此比起在小小孩之中，這也是分析較少觸及的。但是當我們穿透到潛意識的更深層次，我們還是發現危險和迫害的形象仍然與理想化的形象並存。

　　回到我原初分裂過程的概念，我最近提出這樣的假設：好、壞客體以及愛、恨之間的區隔，在最早的嬰孩時期就應該發生，這對正常發展而言是非常重要的。當這樣的區隔不過於嚴重，只是維持在足以分辨好與壞，以我的觀點而言，這形成了穩定和心智健康的基本要素。這意味著自我夠強壯，不至於被焦慮所淹沒，也表示和分裂並行的是某些整合也在進行中，雖然是初始的形式；而只有在融合中生之本能勝過死之本能時，整合才有可能進行，最終可以更順利地達成客體的整合和合成。然而，我認為即使在這樣有利的狀況下，當內在或外在壓力非常極端時，在潛意識的深層中，嚇人的形象會使它們自己被感覺到。整體而言穩 243

定的人——意指已經穩固地建立了其好客體,並因此緊密認同它,他們可以克服較深層潛意識中對自我的侵入,並且重新獲得穩定。在精神官能症患者中,或者在精神病患者之中更是,對抗這類來自於潛意識深層之危險威脅的掙扎,就某種程度而言是持續的,也是他們不穩定或是疾病的部分。

正因近幾年臨床的發展,使我們更了解精神分裂症者的精神病理過程,我們可以更清楚地看到,在他們的內在,超我幾乎無法與他們的破壞衝動和內在迫害者區辨開來。賀伯特‧羅森菲爾德(1952)在他論精神分裂症者的超我那篇論文中,描述了在精神分裂症之中,這樣一種壓倒性的超我所扮演的部分;我也在慮病症的根源中,發現這些感覺所引起的迫害焦慮。[243-1]我認為在躁鬱疾患中,這樣的掙扎和結果是不同的,但是在此處,我必須先滿足於這些線索。

因為伴隨著自我過度虛弱而來的破壞衝動處於主導,如果原發分裂過程太猛烈,在較後階段客體的整合和合成被阻礙,憂鬱心理位置就無法被充分地修通。

我已經強調過,心靈的動力學是生、死本能作用的結果,而除了這些力量之外,潛意識包括了潛意識自我,很快地也包括潛意識超我。我視本我等同於兩種本能,這是這個概念的一部分。佛洛伊德在很多地方提到本我,但是他的定義有些不一致,然

243-1 正如我所提及的,舉例而言,在本書第83頁的註腳中:「與內化客體(主要是部分客體)的攻擊有關的焦慮,在我看來是慮病的基礎,我在我的著作《兒童精神分析》之163、297、307頁有提及。」同樣地,在〈論智力抑制理論〉(The Theory of Intellectual Inhibition, 1931)一文中,我在第238頁中指出:「依個人對其糞便的害怕,將它視為一個迫害者,最終是根源自他施虐的潛意識幻想……這些害怕產生了一種恐懼,恐懼在他身體裡面有一些迫害者,也恐懼被下毒,正如慮病恐懼一樣。」

而，至少在一個段落中，他只用本能的辭彙定義本我；他在《新論》中說：「本能的精神灌注尋找釋放——在我們的觀點中，那些都在本我中；甚至，似乎這些本能衝動的能量，是在一種不同於在其他心靈領域的狀態中。」（S. E. **22**, p. 74）。　244

我對本我的觀念，從我寫《兒童精神分析》（1933）開始，就符合上段引言所涵蓋的定義；我有時候的確會更鬆散地用「本我」這個詞彙代表死之本能或潛意識。

佛洛伊德陳述，藉由潛抑-阻抗的屏蔽，自我從本我中分化出來。我發現分裂是初始防衛之一，並且是潛抑的前導，而我認為潛抑約在生命的第二年開始運作。正常而言，沒有完全的分裂，更沒有完全的潛抑。因此，自我的意識和潛意識部分，並非由一個僵化的屏蔽所分隔；正如佛洛伊德所描述的，在提到心靈的不同領域時，這些領域是彼此重疊的。

然而，當分裂製造了一個非常僵化的屏蔽，我的推論是發展就會不正常地進行，結論是死之本能主導。另一方面，當生之本能漸強，整合和合成即可以成功地進展。分裂的本質決定了潛抑的本質，[244-1] 如果分裂過程並未太過度，意識和潛意識仍然保持可以彼此滲透。然而，當自我所執行的分裂大部分還是無組織的，就不能充分地導向焦慮的調整，在大一點的小孩和成人之

244-1　參考我的論文〈關於嬰兒情緒生活的一些理論性結論〉（本冊第111頁），在該處我說：
「分裂的機制構成了潛抑的基礎（如佛洛伊德的概念所隱含的），但是與導致分解的最初分裂形式相較之下，在於潛抑通常不會造成自體分解的狀態。由於在這個階段，心智之意識與潛意識的各部分有較好的整合，而且，由於在潛抑的作用下，分裂主要影響的是在意識與潛意識之間的分隔，自體的這兩個部分都不會遭遇先前階段會產生的碎裂程度。不過，在生命開始的最初幾個月中，訴諸分裂過程的程度，強烈地影響了在稍後階段中潛抑的運用。」

中，潛抑是可以阻擋且調整焦慮的更成功方式。在潛抑之中，更加高度組織的自我將自己分裂開來，以更有效地對抗潛意識的思考、衝動和嚇人的形象。

雖然我的結論是植基於佛洛伊德對本能以及其對心靈不同部分之影響的發現，我在這篇論文中所提出的補充有著一些差異，我將針對這些差異作一些結論的評論。

你們可以回想，佛洛伊德對原慾的強調遠大於對攻擊的強調。雖然遠早於他發現生、死本能，他就已經在施虐型式中看到性特質之破壞成分的重要性，但他並未充分重視攻擊對情緒生活的影響。因此，可能他從未全然地完成對兩種本能的發現，並且似乎不願意將此發現擴展到心智功能的全貌；然而，正如我早先指出的，他將這個發現運用於臨床素材，遠超過所能理解的程度。然而，如果佛洛伊德對兩種本能的概念被推到終極的結論，生、死本能的互動將會被視為主導了心智生命的全部。

我已經提過，超我的形成是伊底帕斯情結的前導，是由原初客體的內攝所開始的。超我藉由內化同一個好客體的不同層面，維持它與自我其他部分的連結，內化的過程對自我的組織化也是最重要的過程。從生命的開始，我認為自我不只具有分裂、也有及整合自己的需要和能力。在憂鬱心理位置中，逐漸達到高峰的整合，端賴生之本能的優勢和死之本能的運作相當程度地為自我所接受。我將自我視為一個實體般的形成物，一方面是分裂、潛抑，另一方面是與客體關係中的整合，自我大部分由這兩方面之間的交替所決定。

佛洛伊德陳述，自我持續地從本我那裡豐富它自己。我早先說過，以我的觀點來看，自我受到生之本能召喚而運作、發展，

達成這點的方式是透過其最早的客體關係。生之本能和死之本能所投射的乳房，是第一個藉由內攝而被內化的客體，以這樣的方式，兩種本能找到它們可以附著於其上的客體，因此藉著投射和再內攝，自我被豐富化也被強化。

　　自我愈能整合它的破壞衝動，並合成其客體的不同層面，它就會變得愈豐富；雖然自體和衝動被分裂的部分，因為會喚起焦慮、造成痛苦而遭到拒絕，但它們同樣也包含人格和潛意識生活中有價值的層面，把它們分裂開來，就會使人格和潛意識生活變得貧乏。雖然自體和內化客體被拒絕的部分會造成動盪不安，它們也是藝術作品中和不同智能活動中啟發的泉源。

　　我對最早客體關係和超我發展的概念，符合我對自我從（至少）出生開始後運作的假說，也符合生、死本能具有全然瀰漫性力量的假說。 246

【第十二章】我們成人的世界及其嬰孩期的根源

247　　　從精神分析的觀點，去考慮人們在社交情境中的行為時，有必要去研究人們如何從嬰孩期發展至成熟。一個或小或大的團體，包含了處於彼此關係中的許多個體，因此對人格的瞭解是對社會生命瞭解的基礎。對個體發展的探究，將精神-分析逐一階段地帶回嬰孩期；因此，我首先將細述小小孩的基本傾向。

　　嬰孩期困難的各式各樣徵候——暴怒狀態、對周遭環境缺乏興趣、沒有能力忍受挫折、對悲傷急速的表達，早先除了以身體因素的字彙形容外，無法找到任何解釋。因為直到佛洛伊德的偉大發現之前，一般傾向於視童年時期為一段完美快樂的時期，孩童所展示的各式各樣困擾並未被認真看待。佛洛伊德的發現，隨著時間進展，幫助我們瞭解小孩情緒的複雜狀況，並揭露了小孩所經歷的嚴重衝突，這點使我們對嬰孩心靈和其與成人心智過程的關係有更清楚的洞識。

　　我在很小孩童的精神-分析中所發展的遊戲技術，和其他從我的工作所發展的技術，讓我對嬰孩非常早期的階段和潛意識較深層面提出新的結論。這類回溯式的洞識，是基於佛洛伊德的關鍵發現之一：移情情境，也就是說，在精神-分析中，個案在和精神-分析師的關係裡，重新演出較早的（我認為甚至是非常早期的）情境和情緒。因此，即使是成人，和精神-分析師的關係有時也帶著非常孩子氣的特徵，例如：過度依賴、被引導的需要、伴隨著十分不理性的不信任；從這些徵候中去追索過去的脈

絡，是精神-分析師技術的　部分。我們知道佛洛伊德首先發現
成人之中的伊底帕斯情結，並且可以追溯伊底帕斯情結回到童
年時期。因為我很幸運能分析非常小的孩童，我對他們的心智生 248
命可以獲得更進一步的洞識，這使我回到對嬰兒心智生命的瞭
解。因為藉著我小心翼翼地注意遊戲技術中的移情，我可以更深
入地瞭解孩童和後來的成人心智生命如何受最早期情緒和潛意識
潛意識幻想的影響。就是從這個角度，我將盡可能少用技術的辭
彙，來描述我對關於嬰孩情緒生活的結論。

　　我已經提出這樣的假說：在出生過程中，和在出生後對情境
的適應中，新生嬰兒經驗到一種迫害本質的焦慮。這點可以用下
列事實解釋：小嬰孩潛意識地覺得非常不舒服，他還無法在智能
上理解這點，彷彿這是敵意力量加諸於他的。如果很快地讓他感
到舒適——特別是溫暖、抱持他的慈愛方式，和被餵食的滿足，
就會產生快樂一點的情緒。這類的舒適被感覺為來自好的力量，
而且我相信，這使嬰孩可能與人產生第一個愛的關係——精神-分
析師會稱為是一個客體。我的假說是嬰孩有一種知道母親存在的
天生潛意識覺知，我們知道小動物會立刻轉向媽媽，從她那裡尋
找食物，人類動物在該層面上並無不同，這種本能的知識是嬰孩
和母親原初關係的基礎。我們也可以觀察到在幾週大時，嬰兒已
經可以仰望母親的臉，認出她的腳步聲、她的手的碰觸、乳房或
她所給的奶瓶的味道和感覺，這些都表示某種和母親的關係已經
建立，不論這關係有多原始。

　　他不只期望從她那裡得到食物，也渴望著愛和瞭解。在最早
期的階段，愛和瞭解是透過母親撫弄嬰兒來表達的，並且導致某
種潛意識的一體感，這是植基於潛意識中母親和小孩彼此緊密的

關係。嬰孩因被瞭解而產生的感覺，奠基於生命中第一個根本的關係之中——和母親的關係。同時，我認為被經驗為迫害感的挫折、不舒服和痛楚，也進入他對母親的感覺之中，因為在生命前幾個月中，她對小孩而言，表徵了外在世界的全部；因此好和壞都從她那裡進入孩子的心靈，這導致對母親的雙重態度，即使是在可能的最佳狀況下也是。

249　　愛的能力和迫害感在嬰孩最早的心智過程中有深度的根源，它們首先聚焦於母親。破壞衝動和其伴隨物，例如對挫折的忿恨、因其引發的怨恨、無法甘心認命、嫉羨生命和幸福所依附的全能客體（母親），這些不同的情緒喚醒了嬰孩的迫害焦慮。加以必要的修改後，這些情緒仍然作用於後來的生命中；因為針對任何人的破壞衝動，總是會產生如此的感覺——那個人也會變成充滿敵意和報復。

　　天生的攻擊性，必定會因為不利的外在環境而增加，反言之，它會因為小小孩所收到的愛和瞭解而減緩，這些因素在發展過程中持續地運作。但是，雖然外在環境的重要性到今日愈來愈受到確認，內在因素的重要性仍然被低估；即使是在有利的環境下，因個體而異的破壞衝動，是心智生命一個整合的部分，因此我們必須考慮從內在和外在影響互動而來的孩童發展，以及成人的態度。愛和恨之間的掙扎（現在我們瞭解嬰兒的能力已經增加了），或多或少可以透過仔細的觀察而被確認。有些嬰兒對任何挫折都會經驗到強烈的怨恨，如果接下來是剝奪時，嬰兒就以無法接受滿足來顯示這種強烈的怨恨。我認為比起那些偶爾爆發暴怒、但可以很快度過的嬰孩，這類孩童有一種更強烈的天生攻擊性和貪婪。如果一個嬰兒顯示他能接受食物和愛，這點就意味著

他可以相當快地克服對挫折的怨恨，而當滿足再度被提供時，就可以重新獲得愛的感覺。

在繼續我對孩童發展的描述前，我覺得我應該從精神-分析的角度，簡短地定義**自體**（self）和**自我**（ego）這兩個詞彙。根據佛洛伊德，自我是自體組織化的部分，持續受到本能衝動的影響，只是本能衝動藉著潛抑而維持在控制之中；更進一步，它指揮著所有的活動，並且建立與維持和外在世界的關係。自體通常涵蓋了人格的全部，不只是包括自我，也包括佛洛伊德稱為**本我**（id）的本能生命。

我的工作使我確定：從出生開始自我就存在且運作著，除了上述的功能外，它還有重要的任務——要防衛自己對抗因內在掙扎而引發的焦慮，和由外在而來的影響。更進一步，它開始了一些過程，從這些過程中，我首先選出了**內攝**和**投射**，還有同樣重 250 要的過程：**分裂**（也就是區隔〔dividing〕）衝動和客體，這是我稍後要說明的。

佛洛伊德和亞伯拉罕為我們提出一個偉大的發現：不論在嚴重心智障礙或正常心智生命中，內攝和投射都有重大的意義。在這裡我放棄去描述佛洛伊德如何特別從躁鬱疾患的研究，導向發現潛藏於超我之下的內攝，他也解說了超我和自我與本我之間重要的關係；隨著時間過去，這些基本的概念有了更進一步的發展。正如我在和孩童的精神分析工作中所獲得的確認，從出生後開始，內攝和投射的功能就是自我最早的活動，就我的觀點而言，這些功能從出生起就運作著。從這樣的角度來考慮，內攝意味著外在世界、其衝擊、嬰孩經歷的情境及所遇到的客體，這些都不只是被經驗為是外在的，而是被納入自體之中，變成其內在

生命的部分。即使是成人，如果沒有這些源於持續內攝的補充物加入人格之中，內在生命將無法被評量。同時進行的投射，意指著小孩有一種能力，將不同種類的感覺（主要是愛和恨）歸諸於他身邊的人們。

我所形成的觀點是，對母親的愛和恨，與小嬰孩把所有情緒投射給母親的能力有關，因而使她成為一個好的、也是危險的客體。然而，雖然內攝和投射根源於嬰孩時期，但卻不只是嬰孩化的過程，它們是嬰孩潛意識幻想的一部分，在我的觀點，也是從生命開始就運作著，這幫助他形塑對周遭環境歷程的印象。而藉著內攝，這種已改變的外在世界圖像，影響在他心靈中進行的歷程，於是一個內在世界被建立了，這個內在世界部分是外在世界的反映。也就是說，內攝和投射的雙重過程，造成了外在和內在因素之間的互動，這種互動持續貫穿生命中的每個階段。以同樣的方式，內攝和投射持續整個人生，並且在成熟的歷程中被修正；但是在個體和周圍世界的關係中，它們永遠不會失去其重要性。因此，即使是成人，對現實的判斷從未完全脫離其內在世界的影響。

我已經提出過，我所描述的投射和內攝過程，從某個角度而言，必須被視為一種潛意識幻想。正如我的朋友蘇珊‧伊薩克斯在她的論文（1952）中針對這個主題所說的：「潛意識幻想（首先）是心智的推演結果（mental corollary）、是本能的精神表徵，所有的衝動、本能的驅策力或反應，都被經驗為潛意識幻想……當下主導心靈的驅策力或感覺（例如：願望、害怕、焦慮、勝利、愛或憂愁），以一個潛意識幻想表徵了其特殊的內容。」

雖然潛意識幻想和白日夢有關聯，但卻不同於白日夢，它們是一種發生於深度潛意識層次的心靈活動，伴隨著嬰孩期所經驗到的每一種衝動。例如，一個飢餓的嬰兒，可以藉由幻覺著得到乳房的滿足，暫時處理自己的飢餓，並伴隨著他通常由此所得到的愉悅，諸如牛奶的味道、乳房溫暖的感覺、被母親抱持和所愛。但是潛意識幻想也有相反的形式，當乳房拒絕給予這種滿足，會感覺受到這樣的乳房剝奪和迫害。潛意識幻想持續整個發展過程並伴隨所有的活動，變得更精緻、範圍擴及更多不同的客體和情境；它們在心智生命中，從未停止扮演重要的角色。因此，再怎麼強調潛意識幻想對藝術、科學工作和日常活動的影響也不為過。

我已經提過母親被內攝，而這是發展中的基本因素。如我所見，客體關係幾乎從出生時就開始。母親就其好的層面——愛、幫助和餵食小孩，是嬰孩創造部分內在世界的第一個好客體，我認為他的這種能力是天生的。好客體是否可以充分成為自體的一部分，某種程度要靠迫害焦慮（和隨之而來的忿恨）不要太強烈；同時，對母親方面的愛的態度，大大促成其過程的成功，如果母親以一個可依賴的好客體被納入小孩的內在世界，強度此要素就被加入自我之中。因為我認為，自我的發展大部分是環繞著這個好客體，對母親好特質的認同，奠定了更進一步有助益的認同。對好客體的認同，外顯在小小孩複製母親活動和態度上，這點可以在他的遊戲中看到，通常也呈現在他對待更年幼小孩的行為上。對好母親的強烈認同，使小孩也認同一個好父親，以及後來更加容易認同其他友善的形象。結果，他的內在世界主要包含著好客體和好感，而這些好客體被感覺為回應著嬰孩的愛。這些

252　全都形成穩定的人格，並可能擴展對他人的同情和友善的感覺。很清楚地，雙親之間和與小孩的良好關係，以及快樂的家庭氣氛，在這個過程的成功上扮演著重要的角色。

　　然而，不論小孩對雙親的感覺多好，攻擊和怨恨仍然在運作著。這種攻擊和怨恨的表達之一，是與父親的敵對，這源自於男孩對母親的欲求，和所有與之相關的潛意識幻想。這類的敵對表現在伊底帕斯情結中，在三歲、四歲或五歲的孩童身上可以清楚觀察到。然而，這種情結其實在更早就已經存在了，根源於嬰兒首次疑心是父親從他身邊奪走母親的愛和注意。男孩和女孩的伊底帕斯情結有很大的差異，我認為其特徵在於：男孩在其性器發展中，會回到原來的客體（母親）身上，因此他會尋找女性的客體，於是會嫉妒父親或一般男人；女孩在某種程度上必須轉離母親，在父親和其他男人身上尋找她所欲求的客體。然而，我是以過度簡化的形式陳述這點，因為男孩也會受父親吸引並認同他，因此同性戀特質的成分進入了正常發展中。同樣的情形也適用於女孩，對女孩而言，與母親的關係以及與一般女人的關係從未失去重要性。因此伊底帕斯情結不只是對父母之一有怨恨和敵對的感覺，而愛另一方，而是愛的感覺和罪惡感也會進入與敵對父母的關聯中，很多衝突的情緒於是以伊底帕斯情結為中心。

　　現在我們再次討論投射。藉著投射自己或部分衝動和感覺到另一個人身上，達成了對那個人的認同，雖然這種認同和因內攝而來的認同不同。因為如果一個客體被納入自體之中（被內攝），重點是在於強調獲得這個客體的某些特質，並被它們所影響；而另一方面，在把自己的部分放入另一個人（投射）的過程中，認同是基於將自身的某些特質歸諸於另一個人。投射有很多

回響（repercussion）。我們傾向於將自己本身的某些情緒和思想
歸諸於其他人——以某種角度而言，是放入他們裡面；明顯地，
這種投射究竟是一種友善或敵意的本質，端賴我們有多少穩定或
多具迫害性。藉著將我們感覺的一部分歸諸於另一個人，我們瞭
解他們的感覺、需要和滿足，換言之，我們正設身處地為他人著 253
想。有些人過度地這樣做，他們全然地迷失於他人之中，失去了
客觀的判斷。同時，過度的內攝危害了自我的強度，因為自我變
得完全被內攝的客體所主導。如果投射主要是敵意的，便會損害
真正的神入（empathy）和對他人的瞭解，因此，投射的特質在
我們和其他人的關係中有極大的重要性。如果內攝和投射之間的
互動不是由敵意或過度依賴所主導，而是平衡良好的，內在世界
會因此被豐富，和外在世界的關係也會被改善。

　　我早先提到，嬰孩化的自我傾向於分裂衝動和客體，我視這
點為自我原初活動的一種，分裂的傾向造成早期的自我大部分缺
乏凝聚。但是此處我必須再度提及我的觀念——迫害焦慮會增強
將愛的客體和危險客體分開的需要，因此會將愛和恨分裂。因為
小嬰孩的自我保存必須依賴對一個好母親的信任，藉著將兩種面
向分裂，並依附於好的面向，他保留了信任和愛好客體的能力，
而這是活下來的一種必要條件。因為如果沒有這種基本的感覺，
他將暴露於一個充滿敵意、怕會摧毀他的世界，在他內在也會建
立一個敵意的世界。如我們所知，有些嬰兒的內在缺乏活力，他
們不能活下來，可能是因為無法發展出對一個好母親的信任關
係；相反地，另一些嬰兒歷經了極大的困難，仍然保有足夠的活
力去使用母親所提供的幫助和食物。我知道有一個嬰兒，他歷經
了延長和困難的生產過程，在過程中受到傷害，但是當被抱近乳

房時，他會熱切地吸吮乳房。有些嬰兒出生後不久就接受重大的手術，同樣的狀況也被報告過；其他的嬰孩在這類的情境下是無法存活的，因為他們在接受營養和愛這方面會有困難，這意味著他們對母親不能建立起信任和愛。

隨著發展的進行，分裂的過程在形式和內容上有所改變，但是就某方面而言，它從不會被全然地放棄。以我的觀點，全能破壞衝動以及迫害焦慮和分裂，在生命的第三和第四個月是主導的；我形容這種機制和焦慮的複合體為偏執-類分裂心理位置，在極端的狀況下，會變成妄想症和精神分裂疾患的基礎。在早期階段，破壞感的伴隨物具有極大的重要性，其中我選出貪婪和嫉羨這兩種伴隨物，它們是非常干擾的因素；首先，干擾發生在與母親的關係中，後來則是在與家庭其他成員的關係中，事實上是終其一生。

貪婪在每個嬰孩間差異相當大，有些嬰兒永遠無法滿足，因為他們的貪婪超過他們所接受的任何事，帶著貪婪，驅策著要掏空母親的乳房，不顧慮任何人地剝削所有滿足的來源。非常貪婪的嬰孩也許可以享受此時所接受的任何事，但是一旦滿足消失了，他就會變得不滿足，而且首先想要剝削母親，很快轉為剝削家庭中每個可以給他注意、食物或任何其他滿足的人。無疑地，貪婪因焦慮而增加——被剝奪的焦慮、被搶奪的焦慮、以及不夠好到可以被愛的焦慮。對愛和注意如此貪婪的嬰孩，對自己愛的能力也沒有安全感，而這些焦慮全都會增強貪婪。這種狀況在根本上未加改變地存在於稍年長的孩子和成人的貪婪中。

至於嫉羨，要解釋為何餵養和照顧嬰孩的母親也會成為嫉羨的客體，這是不容易的。但是每當孩童覺得飢餓或被忽略，其挫

折會促成故意不給他牛奶和愛、或母親為了自己而把牛奶留下來的潛意識幻想，這類的疑心是嫉羨的基礎。在嫉羨的感覺中與生俱來的，不只是想要擁有，也有一種強烈的驅策力，要去損毀其他人對所覬覦之客體的享受——企圖損毀客體本身的一種驅策力。如果嫉羨非常強烈，其損毀本質會導致和母親以及後來和其他人的關係有所困擾；它也意味著沒有任何一件事可以被全然地享受，因為想要的事物已經被嫉羨所損毀。更進一步，如果嫉羨相當強烈，美好無法被消化吸收，無法變成一個人內在生命的一部分，也不能由此而產生感恩。相反地，全然享受所接受之事物的能力，和感恩給予者的經驗，強烈地影響著性格和與他人的關係。基督徒在飯前禱告所說的並非毫無意義：「對於我們將要接受的東西，願主使我們真心感謝。」這些話意指著懇求存在著一種特質——感恩，這種特點可以讓一個人快樂，免於忿恨和嫉羨。我聽過一個小女孩說，所有人裡面她最愛媽媽，因為如果媽媽沒有生下她、餵養她，她將如何是好？這種感恩的強烈感覺，連結於她的享受能力，顯現在她的性格和與他人的關係中，特別是慷慨和體貼。終其一生，這類享受和感恩的能力，使得興趣和愉悅的多樣化成為可能。　255

　　在正常的發展中，隨著自我整合的增加，分裂過程減少，瞭解外在現實的能力增加，嬰孩矛盾的衝動多少可以結合在一起，客體的好、壞層面也可以導向更好的合成。這意味著人們即使有缺陷也可以被愛，世界不只是黑白兩分而已。

　　根據我的觀點，超我（自我批判和控制危險衝動的部分，佛洛伊德首先粗略地將其置於童年時期的第五年）更早就開始運作。我的假設是在生命的第五和第六個月，嬰兒開始害怕自己的

破壞衝動和貪婪，對其愛的客體可能會造成傷害，或已經造成傷害，因為他無法區辨他的慾望和衝動，以及它們真實的效果。他經驗到罪惡感和想要保留這些客體的驅策力，以及想修復所造成的傷害。現在所經驗到的焦慮具有一種主導的憂鬱本質，伴隨這焦慮的情緒，還有所引發對焦慮的防衛，我確認這是正常發展的部分，並且命名為「憂鬱心理位置」。時而會在我們身上引發的罪惡感，在嬰孩時期卻有非常深度的根源；而修復的傾向，在我們的昇華和客體關係中扮演重要的角色。

當我們從這個角度觀察小嬰孩，我們可以看到，有時候儘管沒有特別的外在原因，他們也會顯得憂鬱。在這個階段，他們試著用任何可能的方式取悅身邊的人——微笑、遊戲的姿勢、甚至把盛著食物的湯匙放入母親的嘴巴，企圖餵媽媽。同時，在這個時期，對食物的抑制和夢魘通常也開始了，所有這些症狀到了斷奶時瀕臨重要關頭。大一點的孩童可以更清楚地表達處理罪惡感的需要，各式各樣建構的活動都是為了這個目的；在和父母與手足的關係中，有取悅和提供幫助的大量需要，這些所表達的不只是愛，也表達出修復的需要。

佛洛伊德主張**修通**的過程是精神-分析程序的一個核心部分，簡言之，這意味著讓個案在和分析師及其他人的關係中，以及在個案現在和過去的生命中，一再地經驗他的情緒、焦慮和過去的情境；然而，也有一種修通，多少發生在正常個體的發展中。隨著對外在現實的適應增加，嬰孩對他周圍的世界形成一種較不具潛意識幻想的圖像。母親離開又回到他身邊，這種重覆的經驗使得母親的缺席較不那麼令人害怕，因此他對她離開的疑慮降低了。以這種方式，他逐漸修通早期的害怕，並且和他衝突的

256

衝動與情緒達成妥協。在這個階段主要是憂鬱焦慮，另一種迫害焦慮減少。我認為許多在小小孩身上可以觀察到的明顯怪異表現、不清楚的畏懼症，以及特異體質的症狀，這些是憂鬱心理位置修通的指標，也是修通的方式。如果小孩心中所升起的罪惡感覺不是太過度，想要修復的驅策力和屬於成長一部分的其他過程會帶來紓解。然而憂鬱焦慮和迫害焦慮從未全然被克服，它們在內在和外在的壓力下可能會暫時重現，若是一個相當程度正常的人，可以處理這種暫時發生的焦慮，並重新獲得平衡；然而，如果緊張度過大，強壯、平衡的良好人格之發展就會受到妨礙。

處理過偏執和憂鬱焦慮及其影響，我會考慮我曾描述的過程對社會關係的影響——雖然我擔心這樣做是一種過度簡化的方式。我已經提過外在世界的內攝，也已經指出終其一生這樣的過程都會持續。無論何時，當我們欣賞和愛某些人，或怨恨和輕蔑某些人時，我們也把他們的某些東西納入自己之中，我們最深層的態度受到這類經驗的型塑。有一種情況是它豐富了我們，變成珍貴記憶的一種基礎；另一種狀況是有時候我們覺得外在世界被毀壞，內在世界也因而貧瘠。

在此處，我只能觸及嬰孩從開始所承受的有利和不利之真實經驗的重要性，首先是父母所給予的，後來是其他人，終其一生外在經驗都有著至高的重要性。然而，還是非常依賴小孩詮釋和消化外在影響的方式，即使是嬰孩也是，這反過來又視破壞衝動和迫害、憂鬱焦慮有多強烈地運作而定。以同樣的方式，我們成人的經驗也受到自己的基本態度影響，或是幫助我們面對不幸時可以應對得更好，或是如果我們太受到疑心和自憐所主導，甚至會將輕微的失望轉變成災難。

佛洛伊德關於童年時期的發現，增加了對教養問題的瞭解，

257 但是這些發現經常被誤解。雖然太紀律化的教養的確會增強小孩潛抑的傾向，我們也必須記得，對小孩而言，過度縱容所造成的傷害也許幾乎和太多約束一樣。所謂「充分的自我表達」對父母和小孩雙方都很不利。在過去，小孩通常是父母紀律化態度的受害者，現在父母變成其後代子孫的受害者。有一個笑話是，有一個人從來沒有嚐過雞胸肉，因為當他是小孩時，他的父母吃雞胸肉；而當他長大後，他把雞胸肉給孩子們吃。當面對我們的孩子時，必須要在太多和太少紀律之間維持平衡，對某些小一點的罪行視而不見是一種非常健康的態度，但如果這些增長為持續的缺乏顧慮，就有必要表示不贊成並對小孩做出要求了。

還有，從另一個角度來看，父母的過度縱容也必須被考慮：即當小孩可以利用父母的態度時，他同樣也為剝削父母而經驗到一種罪惡感，並且感覺需要某種帶給他安全感的約束。這點也會使他感覺到對父母的尊敬，這對和父母的好關係與對其他人發展出尊敬是相當關鍵的。更甚者，我們必須考慮，若父母過度受苦於小孩未受約束的自我表達，不論他們有多想屈從於此，註定會感覺到某些忿恨，這些忿恨會加入他們對小孩的態度中。

我已經描述過對每個挫折都強烈反應的小小孩（而教養不可能毫無一些無可避免的挫折），他們易於痛苦地忿恨環境中的任何失敗和缺陷，並且易於低估所接受到的美好，於是，他會非常強烈地投射怨懟到他身邊的人；同樣的態度在成人中也是為人所熟知的。如果我們做比較，有些人可以忍受挫折，沒有太大的忿恨，並且在一次失望後可以很快重新獲得平衡；而有些人則傾向於將全部的責難推給外面的世界，我們可以看到敵意投射的損害

效果。因為怨懟的投射，會在他人身上喚起一種敵意的反感，我們之中很少人有耐心去忍受這樣的控訴：就某種程度而言我們是有罪的，即使不是透過言語表達也是一樣。事實上，通常我們都不喜歡這類人，而對他們而言，我們似乎更是他們的敵人；結果，他們帶著漸增的迫害感和疑心看待我們，關係變得越來越困擾。

　　處理過度疑心的一種方式，是試著安撫那推測的或真正的敵人，這很少成功。當然，某些人可以被逢迎和討好收買，特別是 258 如果這些人的迫害感助長了他們被討好的需要，但是這樣的關係很容易崩毀，轉變成相互的敵意。順便一提，在領導者的態度中，這類更迭變化也許會造成國際事務的困難。

　　當迫害焦慮不那麼強烈時，投射主要是將好的感覺歸諸於他人，於是它成為神入的基礎，來自外在世界的回應變得非常不同。我們都知道哪些人有被喜歡的能力，因為在我們的印象中，他們是信任我們的，這點會使我們產生友善的感覺。我不是指那些用不誠摯的方式讓自己受歡迎的人，相反地，我相信那些真誠的、對其信念懷著勇氣的人，最後才能受到尊敬甚至被喜愛。

　　早期態度的影響終其一生，一個有趣的例子是：和早期形象的關係仍然會再出現，嬰孩時期或童年早期未解決的問題會再復甦，雖然已經是修正後的形式。例如：對下屬或上司，在某個關鍵點上重覆了對年幼弟妹或父母的關係。如果我們遇到一個友善、提供幫助的年長者，對親愛父母或祖父母的關係會潛意識地復甦；一個高高在上而令人不愉快的年長者，重新引發了孩子對父母的叛逆態度。這些人不一定要在外觀上、心智上、甚至在真正的年齡上和原來的形象相同，在他們的態度上有一些相同就足

夠了。當某人正處於其早期情境和關係的強大威力影響之下時，他對人和事件的判斷勢必會受到干擾。正常狀況下，這類早期情境的復甦是有限度的，並且為客觀的判斷所矯正；也就是說，所有人都會受非理性的因素所影響，但是在正常生活中，我們並不受其掌控。

愛和奉獻的能力首先是對母親，之後以很多方式，發展成對感覺為好的、有價值的不同目標的奉獻。這點意味著在過去，嬰兒因為覺得被愛和愛人所經驗到的享受，在後來的生命中不只轉移到與他人的關係（這點是非常重要的），也轉移到他的工作及所有他覺得值得奮鬥的事物上。這點也意味著一種人格的豐富，和享受其工作的能力，開啟了各式各樣滿足的來源。

在使我們的目標能更進一步的奮鬥過程中，正如在我們與其他人的關係中，修復的早期願望增添到愛的能力之中。我已經說過，在我們的昇華（出自於小孩的最早興趣）之中，建構的活動獲得更多的推動力，因為小孩潛意識中感覺用這樣的方式，修補了先前被他傷害的所愛之人；這種推動力永遠不會失去其強度，雖然在日常生活中它通常不會被認出來。不可改變的事實是，沒有任何人曾經全然地免於罪惡感，這是非常有價值的層面，因為它意指那從未全然耗竭、想要盡我們所能地去修復和創造的願望。

所有形式的社會服務都受惠於這種驅策力；在極端的例子中，罪惡感會驅使人們為了一個理由或同伴，全然地犧牲自己，甚至可能導向狂熱的信仰。然而，我們知道有些人冒著自己的生命危險拯救其他人，這樣的行為不必然是相同的原因。若懷有愛與慷慨的能力，以及對身陷險境的同伴能感到認同，在這些情況

259

下，可能不會有那麼多的罪惡感在運作。

　　我已經強調在小小孩的發展中，認同父母和後續認同其他人的重要性，我現在想要強調延伸至成人時期的成功認同中，有一個特殊層面。當嫉羨和敵對不是太強烈，替代地享受別人的愉悅是可能的。在童年時期，替代地享受父母的快樂此能力，反制了伊底帕斯情結的敵意和敵對；在成人的生命中，父母可以分享孩子童年時期的愉悅，避免干擾他們，因為他們能夠認同自己的孩子，能夠不帶嫉羨地看著孩子長大。

　　當人們逐漸年長，年輕的愉悅變得愈來愈不可及，這種態度變得特別重要。如果對過去之滿足的感恩並未消散，老年人也可以享受他們還能觸及的任何事物。更進一步，懷著這種能帶來平靜的態度，他們可以認同年輕人。例如，任何尋找年輕的天才和幫助其發展的人，他的功能可能像是老師或評論家，在以前的時代則像藝術和文化的贊助者，之所以可以這麼做是因為他可以認同他人；以某種角度來看，他正在重覆自身的生命，有時甚至是他自身生命未實現的，因而替代地實現了目標。

　　在每個階段，認同的能力使得一個人能欣賞別人的性格和成就所帶來的快樂。如果我們不能允許自己欣賞別人的成就和特質——意味著我們不能忍受自己永遠趕不上他們的想法，我們就被剝奪了極大快樂和豐富的來源。如果我們沒有機會理解偉大是存在的，而且未來也會繼續存在，在我們的眼中，世界將會是一個更貧瘠的地方。這類的欣賞也會在我們內在引發某些東西，間接地增加我們對自己的信念。源自嬰孩時期的認同變成我們人格中一個重要的部分，這是許多方式中的一種。 260

　　有能力欣賞另一個人的成就，是推動成功團隊工作的因素之

一;如果嫉羨不是太巨大,在與能力有時凌駕於我們的人一起工作時,我們仍能視與他們工作為愉悅和驕傲,因為我們認同團隊中這些傑出的成員。

然而,認同的問題是非常複雜的。當佛洛伊德發現超我,他視超我為心智結構的一部分,是源自於父母加諸於小孩的影響——變成小孩基本態度的一部分。我與小小孩的工作讓我知道,即使是從嬰孩時期開始,母親以及緊接著的是小孩周遭的其他人,會被納入自體之中,這是各種認同之基礎,不論是有利的認同或者不利的認同;之前我已經列舉對小孩和對成人都有幫助的認同。但是早期環境的重要影響也會有一種效果,即成人對小孩之態度的不利層面,是有害其發展的,因為它們在他內在引發了怨恨、叛逆或過度的屈從;在同時,他內化了這種敵意和生氣的成人態度。由於這類的經驗,過度嚴格或缺乏瞭解和愛的父母,藉由認同而影響了小孩性格的形成,也可能導致他在他的人生中重覆自己所經歷過的。因此,一個父親有時候使用錯誤的方法對待他的小孩,那和他父親對待他所使用的方法相同。另一方面,童年時期對錯誤的叛逆經驗,會導致做每件事都要和父母唱反調,這會導致另一種極端,例如我先前曾提及的過度寵溺小孩。我們從童年時期的經驗所學習到的,會讓我們對自己的小孩更加瞭解和容忍,對家庭成員以外的人同樣如此,這是成熟和成功發展的徵候。但是容忍並不意味著盲目於他人的錯誤;它意味著確認了那些錯誤,然而不失去和別人合作的能力,或甚至愛其中的一些人。

在描述小孩的發展中,我特別強調貪婪的重要性。現在讓我261 們來考慮貪婪在性格形成中扮演什麼角色,以及它如何影響成人

的態度。貪婪的角色作為社交生活中一個極具破壞性的要素，是可以輕易觀察到的。貪婪的人想要更多，即使是以其他人作為代價，他們無法真的對別人體貼和慷慨，在這裡我不只是指物質的擁有，也包括地位和聲望。

非常貪婪的人很容易有野心，在我們觀察人類的行為時，野心的角色顯示出其有助益和干擾的兩個層面。無疑地，野心推動了成就，但是如果它變成主要的驅動力量，與他人的合作就會陷入危機。高度有野心的人，不論再怎麼成功，他們永遠也不滿足，就像一個貪婪的嬰兒永遠不會滿足一樣。我們熟知公眾人物的型態，他們飢渴更多的成功，似乎永遠不曾滿足於自己所達到的成就。在這種態度中（嫉羨在其中也扮演了重要角色）有一個特徵，就是無法允許別人充分地展露鋒芒。只有不挑戰此野心者之權威的人，才可以被允許扮演從屬的角色。我們也發現這樣的人，不能也不願意激勵和鼓勵後輩，因為他們之中的某些人，可能會成為他們的後繼者。他們擁有明顯的成就卻仍然缺乏滿足的一個理由，是因為他們的興趣不在於專心投入他們所工作的領域，而是他們個人的聲望；這樣的描述意指著貪婪和嫉羨之間的關聯，此敵對不只被視為某人搶奪和剝奪一個人自身的地位和財物，也應該被視為是那些珍貴物質引發了想要去毀壞它們的嫉羨。

即使是有野心的人，當貪婪和嫉羨不會太過度時，他們也會在幫助別人做出貢獻中找到滿足；在這裡我們看到了成功領導背後的態度之一。同樣地，在某種程度上，這種情況在托兒所就可以觀察到：一個較年長的小孩驕傲於年幼弟妹的成就，並且盡可能地幫助他們。有些孩子甚至對整個家庭生命有一種整合的效

果,他們主要藉著友善和有助益的角色改善了家庭氣氛。我見過非常沒有耐心和無法忍受困難的母親,因為這種小孩的影響而改善。同樣的狀況也發生在學校生活,有時候只是一二個小孩,卻對其他人的態度有一種有利的效果,基於和其他小孩的友善、合作的關係,且不企圖讓其他小孩覺得低下,他們有一種道德上的領導力。

262   再回到領導:如果領導者(這也適用於一個團體中的任何成員)懷疑自己是被怨恨的客體,他的所有反社會態度都會因為這種感覺而增加。我們發現這種人不能忍受批評,因為批評立刻會碰觸到其迫害焦慮,因此他們不只會遭受到痛苦,和其他人的關係也會有困難,甚至危及他正在努力的理想,不管是哪一種生活方式;他將顯得無能修正錯誤,並無法從他人身上學習。

如果我們從嬰孩時期根源的角度看我們的成人世界,我們會得到一種洞識,瞭解我們的心靈、習慣和觀點是如何從最早嬰孩化的潛意識幻想和情緒,被建立為最複雜且精細的成人表現(adult manifestation)方式。我們還得到一個結論:任何曾經存在於潛意識中的事情,都不會完全失去其在人格上的影響。

孩童發展要被討論的更進一步層面,是其性格形成。我已經給過一些例子,說明破壞的衝動,即嫉羨、貪婪和產生的迫害焦慮,如何干擾小孩的情緒平衡和社交關係。我也曾經提及一個相反發展所具有的有助益層面,並且企圖顯示它們是如何產生的。我試圖傳達內在因素和環境影響互動的重要性,對這種交互作用的充分重視之下,我們對於孩童性格的發展有了更深的瞭解。在一個成功分析的過程中,個案的性格正經歷著有利的改變,這常常是精神-分析工作最重要的一個層面。

　　平衡發展的一個後續結果，是性格的整合性和強度，這樣的品質對個人的自我信賴和與外在世界的關係都有長遠的影響。真正誠摯和真誠的性格對其他人的影響是可以輕易觀察到的，即使是那些並未擁有相同品質的人，也會印象深刻並忍不住對整合性與誠摯度感到尊敬，因為這些品質會在他們身上喚醒一個圖像——他們自己可能成為的樣子，或甚至是依然可以成為的樣子。這樣的人格使他們對普世懷抱希望，對美好有更多的信任。

　　我以討論性格的重要性為這篇論文作結，因為在我的觀點中，性格是所有人類成就的基礎；好的性格對他人的影響，形成健康社會發展的根源。

後記

　　當我與一位人類學家討論我對性格發展的觀點，他反對性格發展具有一個普遍根基的假設。他引用自己的經驗：他在田野工作中無意發現一種不同的性格評估，例如，他曾經在一個族群中工作，在那裡，欺騙他人被視為是值得欣賞的。在回答我的某些問題時，他也描述在該族群中，對敵人顯露慈悲被視為是一種弱點。我詢問是否在任何情境下都不可以顯露慈悲，他回答，如果一個人躲在一個女人背後，而且被她的裙子所覆蓋，他的生命就會被饒恕。在回答更進一步的問題時，他告訴我，如果敵人巧妙地進入一個男人的帳棚，他就不會被殺；在聖堂之內也是同樣安全的。

　　當我提出帳棚、女人的裙子和聖堂都象徵著保護的好母親，人類學家同意；他也接受我的詮釋：認為母親的保護會延伸至一

263

名可恨的手足——躲在女人裙子後面的人，以及禁止在某人的帳棚裡殺人的禁令，與庇護原則有關。關於最後這一點，我的結論是，基本上庇護與家庭生活及孩童們彼此之間的關係有關，特別是孩童和母親的關係，如我先前所提出的，因為帳棚表徵著保護家庭的母親。

　　我引用這個例子是要提出：表面上全然不同的文化之間可能有著連結，並指出這些連結可以在與原初好客體（母親）的關係中發現，不論這關係的形式為何，在這些形式中性格扭曲似乎是被接受、甚至是被欣賞的。

【第十三章】關於精神分裂症中憂鬱症狀之短論

在這篇文章中，我主要將聚焦於妄想型精神分裂症者所經驗 264
到的憂鬱症狀。我的第一個觀點源自於我在1935年所發表的立
論，即「偏執心理位置」（我後來命名為「偏執-類分裂心理位置」）
與分裂過程有密切關係，包含了精神分裂症者這一族群的固著
點，而憂鬱心理位置包含了躁鬱疾患的固著點。一直到現在我仍
抱持著這樣的觀點：偏執和類分裂的焦慮與憂鬱的感覺，是在這
類情境下回到這些早期的心理位置，較正常的人處於外在和內在
壓力之下時，也可能會發生這樣的情形。

從我的觀點來看，在精神分裂症族群和躁鬱疾患之間經常觀
察得到的關聯，可以用存在於嬰孩時期偏執-類分裂和憂鬱心理
位置之間的發展連結來解釋。偏執-類分裂心理位置的特徵，即
被害焦慮和分裂過程，會持續到憂鬱心理位置，雖然強度和形式
已經有所改變。在憂鬱心理位置產生的時期，憂鬱和罪惡感的情
緒就已經開始滋長，但是根據我較新的觀念，它們在偏執-類分
裂期間某種程度上就已經在運作了。兩種心理位置之間的連結
——包含在自我之中所有的改變，就是它們都是生、死本能之間
掙扎的結果。在更早的階段（延展到生命第三和第四個月），隨
著這種掙扎而來的焦慮具有偏執的形式，尚未鞏固的自我被驅使
著增強分裂的過程。隨著自我強度的成長，憂鬱心理位置產生
了，在這個階段，偏執焦慮和類分裂機制減少，憂鬱焦慮在強度
上則增加了。在這裡，我們也看到了生、死本能之間衝突的運

作，所發生的變化是兩種本能之間融合狀態改變的結果。

在第一個時期，原初客體（即母親）之好與壞的層面都已被內化，我經常說，如果沒有某種程度的好客體變成自我的一部分，生命是無法繼續的。然而，和客體的關係在生命第一年的後半段會有所改變，保存這個好客體是憂鬱焦慮的核心。分裂過程也改變了，在開始時，好、壞客體之間有一種分裂，與這同時發生的是自我和客體雙方強烈的碎裂。當碎裂的過程變得較少時，受傷或死去的客體與活的客體之間的區隔會愈來愈明顯。碎裂的減少和聚焦於客體一起朝向整合邁進，而整合意味著兩種本能更加融合，並且是由生之本能所主導。

接下來我想說明為什麼妄想型精神分裂症的憂鬱特徵，在經驗上不像躁鬱狀態般易於指認，我將提出解釋，說明這兩種疾患所經驗的憂鬱在本質上的差異。在過去，我強調偏執焦慮和憂鬱焦慮之間的區辨，前者我定義為以自我的保存為核心，後者則聚焦於內化和外在好客體的保存；現在我認為這樣的區辨太概要化了。從出生開始，客體的內化即是發展的基礎，我提出這個觀點已經有許多年了，這意味著某些好客體的內化也發生在妄想型精神分裂症中。然而，從出生開始，在一個缺乏強度和受制於粗暴分裂過程的自我中，好客體的內化在本質和強度上是不同於在躁鬱狀況中的內化，它比較不持久、不穩定，不允許對好客體有足夠的認同。無論如何，因為客體真的發生過某些內化，代表自我的焦慮——也就是偏執焦慮，勢必也包括對客體的某些關注。

補充另一個新的觀點：就憂鬱焦慮和罪惡感（我的定義是在與內化好客體的關係中所經驗到的）已經發生在偏執-類分裂心理位置中來看，它們也和自我的一部分有關，也就是感覺上包

含了好客體，因此那也是好的部分。也就是說，精神分裂症的罪惡感是指破壞自己內在某些好的東西，也因為分裂過程而弱化其自我。

接下來我要提出第二個理由，說明為什麼精神分裂症者的罪惡感是一種非常特殊的形式，因此很難被偵查出來。由於碎裂的過程（在此處我將提醒你們史瑞柏〔Schreber〕把自己分裂為六個靈魂的能力）以及精神分裂症者發生分裂時所伴隨的粗暴，憂鬱焦慮和罪惡感被強烈地分裂開來了。雖然偏執焦慮被大部分的分裂自我經驗到，因此成為主導，罪惡感和憂鬱卻只在精神分裂症者某些難以觸及的部分被經驗到，只有分析時才會把它們帶入意識之中。

更甚者，因為憂鬱主要是好、壞的客體合成的一個結果，伴隨自我更強固的整合，精神分裂症者的憂鬱在本質上勢必和躁鬱症的憂鬱不同。

最後，精神分裂症者的憂鬱為什麼難以偵查的第三個原因，在於投射性認同，由於投射性認同非常強烈，以致於將憂鬱和罪惡感投射到一個客體之中——在分析的過程中，主要是投射到分析師身上。因為投射性認同之後會跟隨著再內攝，所以投射憂鬱的企圖不會持續。

漢娜‧西格爾一篇最近的論文（1956）中，提到一名精神分裂症者的投射性認同如何處理憂鬱的例子。在該篇論文中，藉著深度層次的分析，幫助精神分裂症者降低分裂和投射，使他們得以更貼近地經驗憂鬱心理位置，以及繼之而起的罪惡感和修復的驅策力，作者舉出精神分裂症者獲得改善的實例。

只有在心靈深度層次的分析，我們才能夠碰觸精神分裂症者

的絕望感——覺得混淆困惑和變成碎片。更進一步的工作之後，我們可以在某些案例中觸及罪惡和憂鬱的感覺，那些感覺是由於人受到破壞衝動所主導，以及因為分裂過程而摧毀自己和自己的好客體。我們發現碎裂再度發生，以作為對抗這類痛楚的防衛；只有藉著重覆經驗並分析這類的痛楚，才有可能產生進步。

　　我在這裡簡短地提及一名病得非常嚴重的九歲男孩，他無法學習，其客體關係深深困擾著他。在一次會談時段中，他強烈地經驗到一種絕望感，對於自己碎裂、摧毀他內在好的東西，以及無法表達對母親的情感，都讓他深感罪惡。那時，他從口袋裡拿出他心愛的手錶，把它丟在地板上，用力把它踩成碎片；那意味著他既表達也重覆了他自體的碎裂。現在我會推論這樣的碎裂也顯示了一種防衛，以對抗整合的痛楚；在成人的分析中我也有類似的經驗，不同的是，他們不會以摧毀一件心愛的擁有物來表達。

　　如果分析破壞衝動和分裂過程能夠激起人的修復驅力，那便是邁向改善（有時候是治癒）的開端。強化自我的過程，使精神分裂症者得以經驗自己和客體被分裂開來的部分，這些須奠基於對分裂過程已有某種程度的療癒，因此得以減少碎裂，讓自體失去的部分更容易被觸及。相對地，藉由使精神分裂症者執行結構的活動以幫助他們，我相信這類治療方式雖然有用，但是它們並不像分析心靈深度層次和分裂過程一樣持久。

【第十四章】論心智健康

整合良好的人格是心智健康的基礎，首先我將列舉一些整合　268
人格的要素：成熟的情緒、強韌的性格、處理衝突情緒的能力、
內在生命和適應現實之間的平衡，以及人格不同的部分如何成功
地焊結成一個整體。

在某種程度上，即使是一個情緒成熟的人，仍然存在嬰孩化
潛意識幻想和慾望。如果潛意識幻想和慾望已經被自由地經驗
到，並且被成功地修通（首先是在兒童的遊戲中），就會成為興
趣和活動的來源，人格也會因此豐富。但是如果慾望未實現所引
發生的怨懟太強烈，修通因而受到阻礙，從各種來源而來的個人
關係和享受遭到干擾，就會更難接受所謂的替代物（這些替代物
對於後期發展是比較適當的），現實感因此顯得有所缺損。

即使發展是令人滿意的，並促成擁有來自各種來源的享受，
仍然可以在心靈更深層次中，發現對於那些已經不能挽回的愉
悅，或是對有可能、但仍無法實現之事的哀悼感。接近中年時，
人常常經驗到童年和青春歲月不再復返的懊悔，在精神分析中，
我們發現，嬰孩時期及其愉悅仍是潛意識所渴求的。情緒的成熟
意味著到了某個關鍵點，失落的感覺反而抑制了接受替代物的能
力，以至於嬰孩化潛意識幻想並不會干擾成人的情緒生活。不管
在任何年紀，可以享受那個年紀該有的愉悅，其實是因為相當程
度地得以免於嫉羨和怨懟。因此我們發現，在生命較後期，一種
感到心滿意足的方式是盡情地享受和年輕人在一起的愉悅，特別

是和我們的小孩和孫子；另一個滿足的來源是記憶的豐富，即使還不到老年，豐富的記憶使過去依然鮮活。

性格的強韌是基於某些非常早期的過程。第一個最基本的關係對象是母親，小孩在這段關係中經驗到愛的感覺、恨的感覺。母親不只是外在客體的形象，嬰孩也會將她人格的許多層面納入自己之中（根據佛洛伊德的說法是內攝）。如果嬰孩感覺內攝母親好的層面，超過了挫折的層面——這個內化的母親會變成強韌性格的基礎，自我得以發展潛能。如果嬰孩對母親的感覺是引導和保護，而不是掌控的，這份對母親的認同可能帶來內在的平靜。第一個關係的成功，接著會延展到和家族其他成員的關係，先是和父親的關係，同時也會反映在成人後對家族和一般人的態度上。

對好父母的內化和認同，是對人和理想的忠誠，以及為自己的信念犧牲之基礎。對所愛的和感覺對的東西忠誠，意味著帶有敵意的衝動會伴隨著焦慮（永遠無法全然消除），並轉向那些會威脅到這些好東西的客體。這個過程從來無法真正成功，所以對於可能威脅到內化好客體和外在客體的破壞性焦慮仍然存在。

很多表面上相當平衡的人，其實其性格並不強韌。他們藉著逃避內在和外在的衝突，讓生命變得輕鬆，結果卻無法發展出植根深厚的信念，因為他們只以成功為唯一目標，不擇手段也沒關係。

然而，強韌的性格如果不會因為顧慮到他人而柔軟一些，也不能說是平衡人格的特徵；因為能理解、同情和容忍其他人，才會豐富我們在這個世界的經驗，使我們對自己更有自信、感覺更不孤單。

　　平衡有賴於我們如何洞察到衝突、感覺，以及協調內在衝突等各種能力。平衡的一個面向是去適應外在世界——一種不干擾我們自身情緒和思想自由的適應，這也意味一種互動：內在生命總會影響到面對外在現實的態度，接著還會被如何適應現實世界所影響。嬰孩會內化其最初的經驗和周圍的人，日後這些內化會反過來影響他的內在生命。如果在這些過程中，客體的美好佔了上風，並且變成人格的一部分，嬰孩對來自外在世界之經驗的態度就會受到正面影響。這樣的嬰孩不一定是感知到一個完美的世界，但一定是個更值得的世界，因為他的內在處在較快樂的情境。這類成功的互動促成了平衡，並和外在世界建立起良好關係。　　270

　　平衡並不是逃避衝突，而是能度過痛苦情緒和處理痛苦情緒的強韌性格；如果痛苦情緒被過度地分裂開來，就會侷限了人格，導致各式各樣的抑制。特別是潛意識幻想生活的潛抑會對發展產生強烈的反彈，因為它抑制了才能和智能，也阻礙了對他人成就的欣賞，以及因其而衍生的樂趣。無法在工作和休閒時好好享受，又缺乏和其他人的接觸，都會造成貧瘠人格，導致焦慮和不滿足。一旦這類焦慮太過度（具有迫害和憂鬱的本質），就會變成心智疾患的溫床。

　　某些人終其一生相當平順，甚至能以成功作為他們的代名詞，但這樣的事實並不能保證他們就不會罹患心智疾患，尤其是如果他們從未和內心較深層的衝突妥協過；在特定的關鍵時期，這些未解決的衝突會被感覺到，例如青春期、中年期或老年期。相反地，如果是心智健康的人，他們在生命的任何階段都可以容易地維持平衡，絕少依賴外在的成功。

　　從上述的描述中，我們可以知道，心智健康無法和膚淺
（shallowness）相互協調，因為膚淺和否認內在衝突和外在困難
有關，而否認之所以會過度頻繁地發生，是因為自我不夠強壯，
不足以處理痛苦。雖然在某些情境下，否認似乎是正常人格的一
部分，但是如果它比較強勢，就會導致缺乏深度，阻礙了對內在
生命的洞識和對他人真正的瞭解，因此失去的滿足之一，就是給
予和接受的能力，也就是無法經驗到感恩與慷慨。

　　潛藏在強烈否認下的不安全感，也是我們對自己缺乏信任的
一個原因，因為洞識不足，潛意識地導致部分的人格仍然處於未
知地帶，為了逃離不安全感，不得不轉向外在世界；然而，一旦
在成就和與他人的關係中出現了不幸和失敗，這樣的個體是無法
處理這類問題的。

　　相對地，如果一個人在傷痛來臨時，可以深深地經驗傷痛，
也就可以與他人分享哀傷和不幸，不會被哀傷或別人的不快樂所
淹沒，仍能重新獲得、維持一種平衡，這是心智健康的一部分。
同情他人傷痛的第一個經驗，是來自和小小孩關係最密切的那些
人——父母和手足。作為成人的父母，如果可以瞭解孩子的衝
271　突，並且分享他們時而的悲傷，就能深刻洞察到孩童內在生命的
複雜度，這意味著父母也能充分地分享孩童的愉悅，並從密切的
連結中得到快樂。

　　對外在成功的追求，如果並未成為人生滿足的焦點時，就會
形成一種強烈的性格。在我的觀察中，如果外在的成功是主要目
標，加上我之前提及的其他態度並未發展出來，心智的平衡就會
不夠穩定。外在的滿足感並不能彌補心靈的缺乏平靜。一般而
言，當內在衝突減低時，平靜才會產生，也才能建立起個體的自

信和對他人的信任。如果缺乏這類心靈的平靜，一旦面臨任何外在的逆境，個體會強烈感覺被迫害、被剝奪，並據此回應。

上述對心智健康的描述，顯示其多面向和複雜的本質。正如我試著指出的，因為它是植基於心智生命之根本泉源的互動（愛和恨的衝動）——以愛的能力為主導的互動。

為了瞭解心智健康的起源，我將簡短扼要地介紹嬰孩和小小孩的情緒生活。小嬰孩與母親、與食物的好關係，以及她所提供的愛和照顧，是穩定情緒發展的基礎。然而，即使是在這麼早的階段，以及在非常有利的狀況下，愛和恨之間的衝突（或者以佛洛伊德的辭彙來說，就是破壞衝動和原慾之間）在關係中扮演著重要的角色。某種程度而言，挫折是無可避免的，而且強化了恨和攻擊。單就挫折而言，並不只是指嬰孩想吃的時候，沒有被餵食；回顧我們的分析，可以發現在嬰孩的行為中不一定感知得到的潛意識欲望，總是聚焦在母親的持續存在，以及她獨一無二的愛。嬰孩是貪婪的，即使已經身處最好的外在情境，他仍欲求更多，這是嬰孩情緒生活的一部分。伴隨著破壞衝動，嬰孩也經驗到嫉羨的感覺，這種感覺又增強他的貪婪，同時也干擾到他對可及之滿足的享受。破壞的感覺衍生了對報復和迫害的害怕，這是嬰孩感受到的第一種焦慮形式。

這樣的掙扎所帶來的影響，在於只要嬰孩想要保存好母親愛的層面，包括內在和外在的，他就必須把愛和恨分裂開來，因此也把母親分隔為好的和壞的，這麼做能使他從與所愛的母親的關係中汲取一定量的安全感，因而發展出愛的能力。如果分裂不是太深，在稍後階段的整合和合成就不會受到阻礙，這是和母親建立良好的第一個關係和正常發展的先決條件。

272

　　我已經提過，迫害感是焦慮的第一種形式。但是在生命開始之際，也會零星地經驗到一種憂鬱本質的感覺，然後隨著自我的成長和現實感漸增而增強，而在生命第一年的後半段到達頂端（憂鬱心理位置）。在該階段，嬰孩在對所愛的母親之攻擊衝動中，更充分地經驗到憂鬱焦慮和一種罪惡感。小小孩會出現許多嚴重程度不等的問題，例如睡眠障礙、飲食困難、無法自我滿足、持續要求被注意和母親的陪伴……基本上都是這類衝突的結果。在稍後一個階段，另一個結果則使教養要求上的調適更加困難。

　　伴隨著發展更甚的罪惡感，會經驗到想要修復的願望，這種傾向會為嬰孩帶來釋放，因為藉著取悅母親，他覺得他抵銷了在攻擊的潛意識幻想中對母親施加的傷害。使這種驅策力產生效果的能力（不論對於小小孩是多麼原始），在某種程度上，其實是幫助他克服憂鬱和罪惡感的主要因素之一。如果他不能感覺和表達他想要修復的願望，意味著他愛的能力不夠強烈，分裂過程會再次出現並變本加厲，結果是表現出過度的好和順從。但是這類的分裂會損害天份與才能，因為這兩者常常和潛藏於衝突底下的痛苦感覺一起被潛抑。因此，若嬰孩無法經驗到痛苦的衝突時，意味著他在其他的領域中也失去了許多東西，例如興趣的發展、欣賞他人的能力、經驗不同種類的愉悅。

　　儘管有這些內在和外在的困難，小小孩會自然地找到一種方式去適應他的根本衝突，因此他在其他時候仍可以經驗到伴隨著快樂而來的享受和感恩。如果他夠幸運地擁有明事理的父母，他的問題會減少，相反地，太嚴厲或太寬容的教養方式都會增加問題。孩童適應衝突的能力——心智健康的基礎，會持續到青春期

和成人期，它不只是成熟人格的一種產物，就某方面而言，它更影響了個體發展的每個階段。

我已經提過孩童背景的重要性，但是這只是內在和外在因素複雜的交互影響的一個層面。以內在因素而言，我指的是有些孩童一開始就擁有比其他人更強大的愛的能力（和他們較強壯的自我有關），因此他們的潛意識幻想生活是更豐富的，足以讓興趣和天份有所發展。因此，我們發現，有時候在有利環境下成長的小孩，反而沒有獲得我認為是心智健康基礎的平衡，而在不利狀況下成長的小孩卻得到了。

早期階段某些很明顯的特定態度，以不同的影響程度延續到成人生命，只有當這些態度被充分地修正，才可能達到心智健康。舉例而言，在嬰孩時期會有一種全能的感覺，恨和愛的衝動對嬰兒而言顯得極端地強而有力；在成人身上也可以輕易觀察到這種態度的遺跡，只是一般而言，對現實更好的適應，減低了心想就能事成的期待感。

在早期發展中有另一個要素，是去否認所謂的痛苦，我們因此再次覺察到，在成人的生命中，這樣的態度並未全然消失。嬰孩需要把自己和客體中的好、壞截然分裂開來，造成了想要把自體和客體理想化的驅策力。在理想化的需要和破壞焦慮之間有種密切的相關性；理想化帶有再保證的效力，這種過程在成人身上仍然運作著，目的是反制迫害焦慮，也就是藉由增加他人美好的力量，而減緩對敵人和敵意攻擊的害怕。

在童年時期和成人時期，這些態度被修正得愈多，心智就會愈平衡。當判斷力未因迫害焦慮和理想化而模糊時，成熟的前景就會是可能的。

　　我所列舉的態度，因為從未完全被克服，所以它們在自我用以與焦慮奮戰的多重防衛之中，仍有其影響力。舉例而言，分裂是保存好客體和好衝動的一種方式，用來對抗危險和駭人的破壞衝動（破壞衝動創造了報復客體），每當焦慮增加時，這個機制就會被增強。我在分析小小孩時也發現，當他們受到驚嚇時，會如何強烈地增強自己的全能感。而屬於基本過程的投射和內攝，則是另外兩種防衛機制。小孩感覺自己是壞的，他藉由將自身的

274　壞歸諸於他人而逃避罪惡感，這意味著他增強了他的迫害焦慮。至於也被用作防衛方式之一的內攝，是將客體納入自體之中，以防衛壞客體。迫害焦慮的必然結果之一就是理想化，因為迫害焦慮愈大，理想化的需要就愈強烈；理想化的母親因此可以成為對抗迫害的助力。某些否認的成分和這些防衛有關，因為它是處理駭人或痛苦情境的方式。

　　自我愈發展，所使用的防衛愈複雜，契合度也愈好，而且愈不僵化。當洞識未被防衛所壓制，就可能達到心智健康，一個心智健康的人可以覺察到他需要用更愉快的角度來看待任何不愉快情境，改正一心要粉飾它的傾向。這樣一來，他就比較不會暴露在理想化破滅、以及迫害與憂鬱焦慮佔上風的痛苦經驗中，正如他更有能力處理源自外在世界的痛苦經驗。

　　心智健康中有一個我至今尚未處理過的重要要素：整合，整合的意思是自體各種不同的部分密切焊結在一起。整合的需要源自於潛意識的感覺，也就是自體的某些部分仍是未知（不明）的，以及感覺被剝奪了某些部分而感覺貧瘠。潛意識感覺自體有些部分是未知的，會增加整合的驅策力。更甚者，整合的需要源自潛意識了解到只能藉由愛而減緩恨；如果這兩者維持分開的狀

熊，減緩就會是不可能的任務。儘管有這樣的驅策力，整合仍然意味著痛苦，因為面對分裂開來的恨及其後續影響，都會是極端痛苦的；在無法忍受這種痛苦時，分裂衝動中威脅和干擾這兩部分的傾向就會被重新喚醒。在正常人身上，儘管有這些衝突，相當程度的整合還是會發生，即使受到外在或內在原因所干擾，仍會找到重回整合之路。整合也有容忍自身衝動和他人缺點的效果。我的經驗告訴我，完全的整合從未存在，但是當個體愈接近完全的整合，就愈能洞識到自己的焦慮和衝動，其性格也會愈強韌，心智也就愈平衡。

【第十五章】《奧瑞斯提亞》的某些省思

275　　下列的討論根據的是吉伯特・默拉利（Gilbert Murray）有名的翻譯本《奧瑞斯提亞》（*Oresteia*）。對這三部曲我想要考慮的主要角度，是這些人物所呈現的各種象徵角色。

　　首先讓我提供這三段劇幕的簡短綱要。第一幕：《阿伽門農》（*Agamemnon*），在攻掠特洛伊城（Troy）之後凱旋而歸的英雄，他的妻子克莉坦納斯塔（Clytemnestra）用虛偽的讚美和欣賞接待他，她說服他走進一間舖著珍貴織毯的房子。有一些跡象顯示，後來在他洗澡時，她用這件織毯裹住他，讓他無力反抗。她用戰斧殺了他，接著以一種大獲全勝的姿態出現在長老面前。她視她的謀殺為正當，是為了報復伊菲吉妮娜（Iphigenia）的犧牲；為了使風向有利於到特洛伊的航行，伊菲吉妮娜在阿伽門農的命令下被殺死了。

　　然而，克莉坦納斯塔對阿伽門農的報復，不只是因為她對小孩的哀悼。當他不在的期間，她愛上他的頭號敵人，因此她面臨著被阿伽門農報復的恐懼。非常清楚地，如果不是克莉坦納斯塔和她的愛人被殺，就是她必須殺死她的丈夫。在這些動機之外，她給人的印象是深深地怨恨著他，這清楚地顯示在當她對長老報告、歡呼他的死亡時；緊跟著這些感覺的是憂鬱，她監禁了艾吉賽特斯（Aegisthus），他想要立刻用暴力鎮壓長老中的反對者，她求他：「我們不要被血染污了。」

　　三幕劇的下一幕，《奠酒人》（*Cheophoroe*）處理的是奧瑞

斯特（Orestes），當他還是小小孩時就被母親送走。他在父親的喪禮上遇見伊蕾特拉（Electra），伊蕾特拉深懷著對母親的敵意，克莉坦納斯塔在一次駭人的惡夢之後，派遣了一名僕婦和伊蕾特拉一同到父親墳前奠酒。奠酒儀式的領導者建議伊蕾特拉和奧瑞斯特：徹底的報復就是殺死克莉坦納斯塔和艾吉賽特斯。她的話為奧瑞斯特確認來自特爾斐神諭（Delphic Oracle）的命令 276 ——最終來自阿波羅（Apollo）的命令。

奧瑞斯特假扮為一名旅行的商人，和他的朋友皮拉德斯（Pylades）一起進入皇宮。為了不被認出來，他告訴克莉坦納斯塔，奧瑞斯特已經死了，克莉坦納斯塔表現出哀悼的神情。然而，她並沒有完全相信，這顯示在她派人請來艾吉賽特斯，傳訊說他可以和槍兵一同前來。僕婦的領導者壓下了這個訊息；艾吉賽特斯單獨一人到達，而且沒有帶武器，於是奧瑞斯特殺了他。一個僕人通知克莉坦納斯塔有關艾吉賽特斯的死訊，她覺得自己也深陷險境之中，於是她取來了她的戰斧。奧瑞斯特真的威脅要殺她，但是她並沒有和他掙鬥，反而苦苦哀求他饒了她的性命。她也警告他，亞瑞尼斯家族（the Erinnyes）可能會懲罰他（譯按：在傳說中，亞瑞尼斯的職責在於懲罰任何殺害家族血親的罪犯）。他不顧她的警告，殺了自己的母親，因此亞瑞尼斯家族立刻在他面前出現。

當第三幕《復仇神》（Eumenides）開場時，數年過去了——其間奧瑞斯特都被亞瑞尼斯家族追捕著，遠離他的家和父親的王位。他試著要找到特爾斐城（譯按：希臘古都，以阿波羅的神喻見稱），希望在那裡能夠被赦免。阿波羅建議他去懇求雅典娜（Athena），她代表著正義和智慧。她為此舉辦了一場審判，並找

來雅典最有智慧的一些人,在這場審判中,阿波羅、奧瑞斯特和亞瑞尼斯家族提出證據。贊成和反對奧瑞斯特的投票數是相等的,而擁有決定票的雅典娜支持赦免奧瑞斯特。在進行的過程中,亞瑞尼斯家族一直固執地堅持奧瑞斯特必須受到懲罰,他們並不打算放棄獵物。然而,雅典娜承諾會和他們分享她在雅典的權利,他們依然永遠都是法律和秩序的守護者,將會因此而受到尊榮和愛戴。她的承諾和論點改變了亞瑞尼斯家族,他們變成了復仇神家族(the Eumenides)──「友善的人」。他們同意奧瑞斯特被赦免,於是,他回到了祖國並成為父親的繼承人。

在嘗試討論《奧瑞斯提亞》中我覺得特別有趣的層面之前,我希望重述某些我對早期發展的發現。在小小孩的分析中,我發現一種殘忍的、迫害的超我,與所愛的、甚至是理想化的父母之關係同時存在。回溯中我發現,在生命前三個月期間,破壞衝動、投射和分裂達到巔峰,駭人、迫害的形象是嬰孩情緒生命的一部分。開始時它們表徵著母親駭人的層面,用所有的邪惡威脅著嬰孩,他處於對原初客體感到怨恨和暴怒的狀態中。雖然
277 這些形象被對母親的愛所反制著,它們依然是極大焦慮的原因。
277-1 從一開始,內攝和投射都在運作著,是第一個基本客體(母親的乳房和母親)內化的基礎,不管是她駭人的或好的層面,這種內化是超我的基礎。我嘗試指出,即使和母親具有愛的關係的小孩,也會潛意識地有被她吞噬、撕裂和摧毀的懼怕。277-2 這些焦慮雖然已被漸增的現實感所修正,在整個早期的童年時期仍或

277-1 我首次描述這些焦慮,是在我〈伊底帕斯衝突的早期階段〉(1928)這篇論文中。

277-2 在我的《兒童的精神分析》一書中,我已經更充分地處理過這點,並舉例說明這些焦慮。

多或少地持續著。

屬於這類本質的迫害焦慮，是偏執-類分裂心理位置的一部分，也是生命前幾個月的特徵，它包括一定程度的類分裂退縮，也含有強烈的破壞衝動（因為投射而創造了破壞客體），以及將母親形象分裂為一個非常壞的部分和一個理想化的好部分。還有許多其他的分裂過程，例如碎裂和強烈的推動力，將嚇人的形象驅逐至潛意識的深層之中。[277-3] 在這個階段達到頂點的機制中，有一種是否認所有駭人的情境，這和理想化有關。從最早的階段開始，這些過程會被重覆的挫折經驗所增強，而挫折是永遠無法完全避免的。

嚇人的形象不能完全地被分裂開來，這是小嬰孩焦慮情境的一部分。更甚者，恨和破壞衝動的投射只有到某個關鍵點時才能成功，在這之前，無法全然地維持所愛和所恨的母親之間的區隔。因此，嬰孩無法完全逃離罪惡的感覺，在早期階段這些罪惡感只是逐漸變淡。

所有這些過程和嬰孩朝向象徵形成的驅力有關，也形成他潛意識幻想生命的一部分。在焦慮的衝擊下，挫折加上沒有足夠能力表達他對所愛客體的情緒，他被驅策著轉移情緒和焦慮到周邊的客體上，首先是轉移到他身體的許多部分，也轉移到母親身體的許多部分。

小孩從出生所經驗到的衝突是源自於生、死本能之間的掙扎，而生、死本能呈現在愛的衝動和破壞衝動之間的衝突，它們兩者都有多重的形式和許多分支。因此，舉例而言：怨恨增加剝

277-3　見我的論文〈論心智功能的發展〉（On the Development of Mental Functioning, 1958）。

278 奪的感覺，剝奪的感覺在任何嬰孩的生命中從不缺席。母親餵養的能力是欣賞的來源之一，而對這種能力的嫉羨是破壞衝動的一個強烈刺激。在嫉羨之中，天生就以毀壞和摧毀母親的創造力為目標，而母親的創造力同時也是嬰孩所依賴的，這種依賴又增強了怨恨和嫉羨。一旦與父親的關係進來了，對父親的潛能和力量感到欣賞，這再度導致嫉羨。逆轉早期情境和戰勝父母的潛意識幻想，是小嬰孩情緒生命中的要素。來自口腔、尿道和肛門的施虐衝動，表達在對父母的敵意感覺中，接著又會產生更大的迫害和被報復的害怕。

我發現小小孩頻繁的夢魘和畏懼，源自於對迫害父母的懼怕，經由內化，形成殘酷無情之超我的基礎。儘管父母對孩童有愛和情感，孩童還是產生威脅的內化形象，這是令人印象深刻的；正如我已經指出過的，我發現這個現象的解釋是：孩童投射自身的怨恨到父母身上，對受制於父母的怨恨又會增加這樣的投射。這種觀點似乎一度和佛洛伊德的觀念有所矛盾，他認為超我主要是來自內化懲罰和約束的父母。佛洛伊德後來同意我的觀念，小孩的恨和攻擊投射到父母身上，在超我的發展中扮演一個重要的部分。

在工作的過程中，我更清楚地看到內化父母的迫害層面，一個必然的結果是他們的理想化。從一開始，在生之本能的影響下，嬰孩也內化了一個好的客體，而焦慮的壓力導致將這個客體理想化的傾向，這對超我的發展有間接的影響。在這裡，我們想到佛洛伊德（1928）的觀點，在他的論文〈幽默〉（Humour, S.E. **21**, p.166）中，他提到父母的友善態度會進入小孩的超我中。

當迫害焦慮仍然在增加，罪惡感和憂鬱的早期感覺，在某種

程度上也被經驗為迫害。逐漸地，隨著自我的強韌度增加，以及與整體客體關係的更大整合與進步，迫害焦慮失去其力量，而由憂鬱焦慮主導；以某種意義而言，更大的整合意指著恨因為愛而減弱，愛的能力增強，愛的客體與恨和隨之而來的嚇人客體之間的分裂減少了。之前飄忽不定的罪惡感增加且變得更加沉重，連結於無能阻止破壞衝動傷害愛的客體的感覺。我已經描述過這個階段是憂鬱心理位置，我對孩童和成人精神-分析的經驗確認了我的發現，經歷憂鬱心理位置是非常痛苦的感覺。在這裡我無法討論較強壯的自我所發展出來處理憂鬱和罪惡感的多重防衛。

279

在這個階段，超我被感覺為良心，它禁止了謀殺和破壞的傾向，連結於小孩對真實父母之引導及約束的需要，超我是人性中無所不在之道德律法的基礎。然而，即使是正常的成人，在強烈的內在和外在壓力下，分裂開來的衝動和危險、迫害的形象，會短暫地再度出現並影響超我。這樣的焦慮被經驗為近似嬰孩的恐懼，雖然是以一種不同的形式。

小孩的精神官能症愈強烈，就愈無法轉換到憂鬱心理位置，憂鬱心理位置的修通也被一種處於迫害和憂鬱焦慮之間的猶豫不決所阻礙。在整個早期的發展過程中，隨時都有可能會退化至偏執-類分裂階段，然而如果有較強壯的自我和較大的忍受痛楚能力，對其精神現實就會有更多的洞識，而能夠修通憂鬱心理位置。如我所指出的，這並不是意味著他在這個階段沒有迫害焦慮，事實上，雖然是憂鬱的感覺主導，迫害焦慮也是憂鬱心理位置的一部分。

痛楚的經驗，即憂鬱和罪惡感，連接於對客體更大的愛，引發想要修復的驅策力，這種驅策力降低了和客體有關的迫害焦

慮，因而使客體變得更加值得信賴。這些改變都以充滿希望的狀態展現，和超我的嚴厲程度減低有關。

如果憂鬱心理位置被成功地修通了——不只是在它嬰孩時期巔峰的期間，也在整個童年時期和成人時期，那麼超我主要會被感覺為具有引導性，並能約束破壞衝動，它的某些嚴重程度會減低。如果超我不過度嚴厲，個體會受到其影響的支持和協助，因為超我強化了愛的衝動，並增進朝向修復的傾向。當小孩展現更有創意和建設性的傾向，且與環境的關係有所改善時，這種內在過程的一個對應是來自父母的鼓勵。

280　　在回到《奧瑞斯提亞》和我從其中對心智生命所作出的結論之前，我想先處理希臘文中「**傲慢**」（hubris）的觀念。吉伯特‧默拉利的定義是：「只要是生物所犯的典型之罪，在詩中都稱為『**傲慢**』，通常被翻譯為『自傲』（insolence）或『驕傲』（pride）……傲慢是想要攫取更多、突破界線、破壞秩序；緊跟著它的是重建這些的**正義**（Dike）及公正。這種韻律——傲慢-正義（Hubris-Dike）、驕傲及其衰落、罪和懲戒，是這些作為希臘悲劇特色的哲學抒情詩句之共同主旨……」

在我的觀點中，為何**傲慢**顯得如此罪惡，是因為它是植基於對他人和對自體都具有危險性的特殊情緒。這些情緒中最重要的一種是貪婪，首次是在與母親的關係中被經驗到，伴隨著預期會被母親處罰，因為母親遭到他的剝削。貪婪連結於摩瑞亞（moria）的概念，在吉伯特‧默拉利所撰寫的介紹中有詳細的說明，摩瑞亞代表眾神分配給每個人的部分；當摩瑞亞超出限度時，眾神的處罰就會隨之而來。對這類處罰的害怕可以追溯到一個事實，即貪婪和嫉羨的經驗首先是針對母親，感覺上母親被這

些情緒所傷害，藉由投射，結果母親在小孩的心靈中轉變成一個貪婪和復仇的形象，於是她成為處罰的來源、眾神的原型，是人們所害怕的對象。任何摩瑞亞的超出限度，感覺上都和對他人擁有物的嫉羨有密切的關聯；後續的結果是：藉由投射喚起迫害恐懼——害怕他人會嫉羨和摧毀一個人自身的成就和擁有物。

> 「……生來就知道尊敬走運的朋友、而不懷嫉妒的人
> 真是稀少；
> 因為惡意的毒深入人心，
> 使病人加倍痛苦：
> 他既為自己的不幸而苦惱，
> 又因為看見別人的幸運而自悲自嘆。」

　　勝過其他人、怨恨、想要摧毀並羞辱他人的願望，以及因為他們都是被嫉羨的對象，所以在破壞他們之中產生愉悅，所經驗到的這些與父母和手足相關的早期情緒，形成**傲慢**的部分。每個小孩不時都有某種嫉羨，想要擁有別人的特點和能力，首先是母親的，然後是父親的。嫉羨原初是導向母親的乳房和她所製造的食物，實際上是針對她的創造力；強烈嫉羨的效果之一，是想要逆轉情境，使父母無助、嬰孩化，從這樣的逆轉中汲取施虐的愉悅。當嬰孩覺得被這些敵意的衝動所主導，並在他的心靈中摧毀母親的美好和愛，他不僅覺得被她所迫害，也感到罪惡感並喪失了好客體。為什麼這些潛意識幻想對情緒生命有如此重要的衝擊，原因之一是它們是以全能的方式被經驗的；換言之，在嬰孩的心智中，它們已經或可能會產生效果，他變得要為所有降臨在父母身上的麻煩和疾病負責。這導致持續害怕失落，結果又增加

281

迫害焦慮，並潛藏於因**傲慢**而受到處罰的害怕之下。

接下來，如果在競爭和野心這些**傲慢**的成分中，嫉羨和破壞是主導的，這些成分就會變成罪惡感的深層原因。否認可能會覆蓋在這罪惡感之上，但是在否認的背後，源自於超我的斥責仍然在運作著。我認為我所描述的這個過程，是為何根據希臘人的信念，**傲慢**在感覺上會如此強烈地被禁止、處罰。

因為害怕勝過他人和對他人能力的攻擊，會使人們變得嫉羨和危險，因而產生嬰孩化的焦慮，這對後來的生命有重要的後續影響。有些人用抑制他們自身的天份來處理這樣的焦慮。佛洛伊德（1916）描述過有一類人無法忍受成功，因為成功會喚醒罪惡感，而他特別把這種罪惡感和伊底帕斯情結相連結。以我的觀點，這種人原來是想使母親的孕育力相形見拙，並摧毀母親的孕育力。某些這類的感覺轉移至父親和手足，後來又轉移到其他人，於是害怕這些人的嫉羨和怨恨；因為這樣的關係，罪惡感導致更強烈地抑制才能和潛力。克莉坦納斯塔有一個總結這種害怕的適切陳述：「誰害怕嫉羨，就是害怕變偉大。」

現在我將用一些分析小小孩而來的例子，將我的結論具體化。當一個小孩在遊戲中表達出與父親的敵對，他讓一列小火車跑得比一列大一點的火車更快，後果通常是迫害和罪惡的感覺。在《兒童分析的故事》中，我描述有一段時間，每次會談時段都是用男孩所稱的一場「災難」作結束──所有玩具都被弄倒了。在象徵上，對這小孩而言，這意味著他的力量足以摧毀自己的世界。在某些會談時段，通常會有一個拯救者──他自己，而「災難」的後果是孤獨、焦慮和渴求他的好客體回來的感覺。

另一個例子是源自於一個成人的分析。有一名個案終其一生

都在約束自己的野心和想要超越其他人的願望,因此他無法充分
地發展他的天份。他夢到他站在一根旗杆旁,周圍都是小孩,他　282
自己是唯一的大人。後來孩童們試著要爬上旗杆的頂端,但是失
敗了。他在夢中想著,如果他嘗試去爬也失敗了,那會逗這些孩
子笑的。然而,和他的意願相違的是,他漂亮地完成了這件事,
發現自己爬到了頂端。

　　這個夢確認和強化了他由之前素材所汲取的洞識,他的野心
和競爭比之前允許自己知道的更強烈、更具破壞性。在這個夢
中,他輕蔑地將父母、分析師和所有可能的對手轉變成無勝任能
力和無助的孩童,只有他自己是大人。同時他企圖阻止自己成
功,因為他的成功意味著傷害和羞辱那些他所愛著和尊敬的人,
於是那些人轉變成嫉羨和危險的迫害者——孩童會嘲笑他的失
敗。然而,如夢中所顯示的,抑制他天份的嘗試失敗了,他到達
了頂端,且害怕著後續的結果。

　　在《奧瑞斯提亞》中,阿伽門農全方位地展現了傲慢。他對
所摧毀的特洛伊城民沒有同情心,似乎覺得他有權力摧毀他們,
只有在和克莉坦納斯塔談到卡珊卓(Cassandra)時,他才提到
征服者應該對被征服者有所悲憫的告誡。然而,顯然因為卡珊卓
是他的愛人,他所表達的不單是慈悲,而是為了自身的愉悅想要
保留她,除此之外,很清楚地,他自傲於所造成的恐怖破壞。但
是他所延長的戰爭,也意味著阿哥斯城(Argos)人民的苦難,
因為很多女人都已經守寡了,很多母親哀悼著她們的兒子,他自
己的家庭也因為十年的乾旱而受苦。因此,最後他回來時所引以
為傲的某些破壞,傷害了一些他認為他所愛的人。他的破壞性,
包括對那些最接近他的人,可以詮釋為是針對他早期所愛的客

體。犯下所有這些罪行的表面理由是報復對他弟弟的侮辱，幫助他弟弟重新得到海倫（Helen），然而，藉著伊斯克勒斯（Aeschylus）（譯按：希臘的悲劇詩人，西元前525-456年）的寫作，清楚呈現阿伽門農也受到了野心所驅使，被稱為「王中之王」滿足了他的**傲慢**。

但他的成功不只滿足了他的**傲慢**，也增加其傲慢，導致他性格的僵化和惡化。我們知道侍衛效忠於他，他家族的成員和長老愛他，他的臣民渴求著他的返回，這些都指出在過去他比在勝利之後更加具有人性。但是，當阿伽門農報告他的凱旋和特洛伊城的破壞時，似乎不再是可親的，也無能去愛。我將再度引用伊斯克勒斯的詩：

283

> 「當人們因為家裡有過多的、超過了最好限度的財富
> 而過分驕傲的時候，
> 很明顯，那不可容忍的罪惡所得到報償就是死亡。」

他的破壞力未受約束，且自豪於自己的力量和殘酷，在我的觀點中，這指向一種退化。在年紀很小的時候，小小孩欣賞的不只是美好，特別是男孩，他們也欣賞力量和殘酷，並且把這些屬性歸諸於所認同的有潛力的父親，但是在同時他也害怕父親。而對於一個成人，退化可以復甦這種嬰孩化的態度並減少仁慈。

考慮到阿伽門農所展現的過度**傲慢**，以某種角度而言，克莉坦納斯塔是正義的工具。在《阿伽門農》一段非常生動的段落中，她在丈夫到達之前，向長老形容她眼見特洛伊城人民受苦的情形；她帶著同情，對阿伽門農的成就絲毫不感到欣賞。反過來，當她謀殺丈夫的那刻，**傲慢**主導了她的感覺，這使她並未感

到良心苛責，當她再度對長老說話的時候，她驕傲於自己所犯的謀殺，並且對這件事感到得意洋洋。她支持艾吉賽特斯篡奪阿伽門農王位的權勢。

阿伽門農的**傲慢**就這樣跟隨著**正義**，接著又是克莉坦納斯塔的**傲慢**，**傲慢**又再次被奧瑞斯特所表徵的**正義**所處罰。

關於阿伽門農在他成功的戰役之後，對臣民和家人在態度上的改變，我想提出一些想法。如我稍早曾提及的，他對延長戰爭所加諸於特洛伊城人民的苦難不感到同情，這是令人震驚的。然而他懼怕眾神和迫近的命運，因此他只能不情願地同意進入房子裡面，踏上克莉坦納斯塔的僕人為他所舖上的織毯。當他談論到一個人必須小心不要引來眾神的人譴，他只是在表達自己的迫害焦慮，並沒有罪惡感。也許我稍早所提及的退化是可能的，因為善良和同情從未足夠地建立，成為他性格的一部分。

相對地，奧瑞斯特殺了母親的同時，就受到罪惡感所苦，這就是為什麼我相信最後雅典娜可以幫助他。他對殺了艾吉賽特斯並不感到罪惡感，然而殺了母親卻讓他深陷嚴重的衝突中，他這樣做的動機是一種義務，也是對他所認同的亡父之愛。幾乎看不出來他想對母親誇耀，這顯示在他內在並未有過多的傲慢和其伴隨物。我們知道導致他謀殺母親的原因，一部分是伊蕾特拉的影響和阿波羅的命令。在他殺了她之後，他自己立刻覺得良心苛責和戰慄，在象徵上就是復仇女神（the Furies）立刻攻擊他。看不見復仇女神的僕婦領班非常鼓勵他殺了母親，她安慰他，他所做的事是正義的，任務被達成了。除了奧瑞斯特以外，沒有人可以看到復仇女神，這個事實顯示這是一種內在的迫害情境。

如我們所知，奧瑞斯特是遵從阿波羅在特爾斐城所給的命令

284

而殺死母親，這件事這也可以看成是他內在情境的一部分。在某種層面而言，阿波羅在這裡表徵著奧瑞斯特自己的殘酷和報復衝動，於是我們發現了奧瑞斯特的破壞感。然而，傲慢所包括的主要成分，例如嫉羨和勝利的需要，在他內在似乎不是主導的力量。

奧瑞斯特強烈地同情被忽略、不快樂、哀傷的伊蕾特拉，這是非常重要的。他自身的破壞力被母親忽略他所產生的怨恨所刺激，她把他交予陌生人帶走；換言之，她給他的愛太少了。伊蕾特拉的怨恨之原發動機，顯然是她並未被母親充分地愛過，她想要被母親所愛的渴望遭受了挫折；伊蕾特拉對母親的怨恨——雖然是因阿伽門農被謀殺而強化，包含著女兒和母親的敵對，焦點在於不要讓父親滿足母親的性渴望。這些女兒與母親關係的早期干擾，在她的伊底帕斯情結發展中是一個重要的因素。[284-1]

伊底帕斯情結的另一個層面，在卡珊卓和克莉坦納斯塔之間的敵意中顯現。她們與阿伽門農有關的敵對，闡釋著女兒和母親關係的一個特徵——為了同一個男人的性滿足，而在兩個女人之間所產生的敵對。因為卡珊卓是阿伽門農的愛人，她也同時像是一個女兒，真正成功地從母親身邊帶走父親，因此預期會有來自於母親的懲罰。這是伊底帕斯情境的一部分，對女兒的伊底帕斯渴望，母親以怨恨回應（或者感覺上回應了）。

如果我們考慮阿波羅的態度，有一些指標顯示他對宙斯完全的順從，和對女性的怨恨及反向伊底帕斯情結有關，下面這段文字的特徵就是他對女性生產力的輕蔑：

> 「不曾在黑暗的子宮孕育，她卻是

284-1 參考《兒童精神分析》第十一章。

一朵生命之花，從未有哪位女神
能夠生養⋯⋯」（指雅典娜）

儘管世人以孩子的母親稱呼她，她卻
不是真正的生養者；她不過是個看護，
照料體內的生命之種。那撒種的人
才是唯一的生養者⋯⋯」

　　他對女性的怨恨，也滲入到他對奧瑞斯特所下的弒母命令，以及不論卡珊卓對他而言是多麼的虛弱，他都堅持迫害她這件事之中。他性濫交的事實，並不違反他的反向伊底帕斯情結。相反地，他讚美雅典娜，而雅典娜幾乎沒有任何女性的屬性，並且完全認同她的父親；同時，他對姊姊的欣賞，也指出了對母親形象的正向態度，也就是說，直接伊底帕斯情結的某些徵候並沒有完全消失。

　　善良和助人的雅典娜沒有母親，她是宙斯所產出的。她對女性沒有敵意，但是我認為這種缺乏敵手和怨恨，與她將父親佔為己有相關；他回報了她的熱愛，因為她在眾神中有特殊的地位，而且是宙斯眾所周知的最愛。她完全地臣服、熱愛宙斯，可以視為是伊底帕斯情結的一種表達。她全部的愛只針對一個客體，這可用來解釋她明顯免於衝突的自由。

　　奧瑞斯特的伊底帕斯情結，可以在三幕劇中的不同段落中收集到。他斥責母親對他的忽略，並且表達對她的恨意。無論如何，有一些跡象顯示他與母親的關係不是全然負面的。克莉坦納斯塔對阿伽門農的奠酒明顯地被奧瑞斯特所推崇，因為他相信他們正在喚醒父親。當母親告訴他，他嬰兒時她是如何養育他和愛

他的時候，他對殺了她的決定猶豫了，他轉而尋求朋友皮拉德斯
的意見。也有一些事指出了他的嫉妒，這樣的嫉妒又指出一種正
向的伊底帕斯關係。克莉坦納斯塔對艾吉賽特斯之死的哀傷，以
及她對他的愛，激怒了奧瑞斯特。在伊底帕斯情境中，對父親的
怨恨可以轉向另一個人，這是常見的經驗，例如哈姆雷特
（Hamlet）對他舅舅的怨恨。[286-1] 奧瑞斯特理想化他的父親，要
約束對一名死去父親的敵對和怨恨，比約束對一位活著的父親的
敵對和怨恨容易多了。他對阿伽門農偉大的理想化 — 伊蕾特拉
同樣經驗到的一種理想化，導致他否認阿伽門農犧牲了伊菲吉妮
娜，並且對特洛伊城人民的苦難表現出斷然的殘酷。在對阿伽門
農的欣賞中，奧瑞斯特也認同了理想化的父親，而這是很多兒子
克服對偉大父親的敵意和嫉羨的方式，這些態度因母親的忽略和
她謀殺了阿伽門農而增加，形成奧瑞斯特的反向伊底帕斯情結的
一部分。

我在之前提過，相對而言，奧瑞斯特是免於**傲慢**的，儘管他
認同父親，他還是易於有罪惡感。以我的觀點而言，在謀殺克莉
坦納斯塔之後隨之而來的痛苦，表徵了迫害焦慮和罪惡感，這形
成憂鬱心理位置的一部份。詮釋表示了奧瑞斯特正受苦於躁鬱疾
患——吉伯特·默拉利稱呼他發瘋了，因為他過度的罪惡感覺
（由復仇女神所表徵），另一方面，我們可以假定伊斯克勒斯以一
種誇大的形式顯示正常發展的一個層面，因為作為躁鬱疾患基礎
的某些特點，在奧瑞斯特的內在並未強烈地運作著。以我的觀點
而言，他所顯現的心智狀態，我認為是偏執-類分裂和憂鬱心理

286-1 參考恩斯特·鍾斯的《哈姆雷特和伊底帕斯》（*Hamlet and Oedipus*, 1949）。

位置之間轉換的特徵，一個罪惡感在本質上會被經驗為迫害的階段。當達到並且修通憂鬱心理位置時，罪惡感變成是主要的，而迫害感降低，這點象徵化於希臘三聯劇中，奧瑞斯特在艾瑞阿帕格斯（Areopagus）法庭上行為的改變。

　　這齣戲劇提示了我，奧瑞斯特可以克服他的迫害焦慮，修通憂鬱心理位置，因為他從未放棄淨化其罪行和回到人民身邊的驅策力，這些人民認定他會仁慈地統馭他們。這些意圖指出了修復的驅力，這是克服憂鬱心理位置的特徵。他與引發其憐憫與愛的伊蕾特拉之關係，即使有苦難也從未放棄希望，對眾神的整體態度，特別是他對雅典娜的感激——這些都表示了其好客體的內化是相對穩定的，正常發展的基礎已經鋪設好了。我們只能猜測，在最早的階段，這些感覺以某些方式進入他與母親的關係之中，因為當克莉坦納斯塔提醒他： 287

　　　「孩子，難道你就不會感到害怕，
　　　襲擊這胸脯？難道你不曾在此酣眠，
　　　　在這裡吸吮我給你的乳汁？」

　　奧瑞斯特垂下了劍猶豫著，對他而言，養育者的溫暖提示了在嬰孩時期所給予和接受的愛。養育者可以是母親的替代者；在某個關鍵點上，這種愛的關係同樣也適用於母親。當奧瑞斯特四處被驅趕，他心智和身體的苦難，是罪惡感和迫害感在高峰時，所經驗到的一幅活生生的苦難圖像。迫害他的復仇女神是道德良心壞的一面之擬人化，不接受他是被命令才犯下謀殺罪的事實。我在之前已經提到，當阿波羅下了那個命令時，祂表徵了奧瑞斯特自身的殘酷，從這個角度來看，我們會瞭解為什麼復仇女神不

容許阿波羅命令奧瑞斯特犯下謀殺罪的事實；這是一個冷酷無情的超我之特徵，它不會原諒破壞力。

我相信超我不寬恕的本質，以及它所喚起的迫害焦慮，表現在古希臘神話中復仇女神的力量甚至延續到死後，這可以視為處罰有罪之人的一種方式，是多數宗教的一種常見成分。在《復仇神》中雅典娜說：

> 「……最具權威的力量，
> 屬於強大的復仇女神；她們統御
> 不朽的神祇，管轄死去的靈魂。」

復仇女神也宣稱：

> 「他將流亡直到地底，
> 永遠也得不到自由，就連
> 死了也一樣……」

希臘信仰另一個特殊的觀點是，如果是死於非命，死者會需要報復。我認為這種報復的要求源自於早期的迫害焦慮，因為孩童針對父母的死亡願望而增加，這會逐漸損害他的安全感和滿足。攻擊的敵人具體化所有的邪惡，這些邪惡是嬰孩所期待的，也與他自己的破壞衝動有關。

288　　我在其他地方[287-1]處理過人們對死亡的過度害怕，對他們而言，死亡是一種來自內在和外在敵人的迫害，也是對破壞內化好

287-1 〈論認同〉（1955b）。

客體的一種威脅。如果這種害怕是特別嚴重的，它可能會擴展成對死後生命的驚恐。在冥府（Hades）中為死前所受的傷害報仇，對死後的平靜是非常重要的。奧瑞斯特和伊蕾特拉兩個人都深信死去的父親支持他們的報仇任務；而奧瑞斯特在對艾瑞阿帕格斯（Areopagus，譯按：雅典的一個小山丘，古希臘的最高法院所在地）法庭的描述中，指出阿波羅預言如果他沒有為父親報仇，就會受到懲罰。克莉坦納斯塔的鬼魂驅策著亞瑞尼斯家族繼續追捕奧瑞斯特，她抱怨著她在冥府中所受到的輕蔑，因為謀殺她的人還沒有受到懲罰，姍明顯受到對奧瑞斯特持續的恨意所影響；我們可以作出結論：持續到死後的怨恨潛藏於報復的需要中，當謀殺死者的人仍然未受到處罰時，死者會受到輕視的感覺，因為懷疑他們的子孫可能不太在意他們。

死者為何要求報復的另一個理由之線索，是吉伯特・莫瑞在導論中所提及的一種信仰，大地之母被撕裂於她之上的鮮血所污染，她和在她之中的恰塗泥人們（Chtonian people，譯按：死者）要求復仇，我的詮釋是這些恰塗泥人們是母親內在未出生的嬰兒，兒童感覺在其嫉妒和敵意的潛意識幻想中摧毀了這些嬰兒。在精神-分析中許多豐富的素材顯示出深層的罪惡感，這是針對母親的流產，或者母親在孩童出生後[288-1]並未有另一個小孩的事實，也顯示出害怕這位受傷的母親會採取報復。

然而吉伯特・默拉利也提到大地之母是給予純真者生命和豐碩果實的人，以該層面而言，她表徵著仁慈、餵養和慈愛的母親。我多年來都認為，母親分裂為好的和壞的，是與母親的關係

288-1　參考《兒童分析的故事》（1961）。

中最早的過程之一。

　　希臘人認為死者並未消失，只是在冥府中持續為一種陰暗的存在，並且對那些活著的人施行一種影響力，喚起他們相信有鬼魂；鬼魂被驅策著去迫害生者，因為除非他們報了仇，否則無法得到平靜。相信死者可以影響和控制生者的信仰，可以連結於以下的觀念：認為他們是一些內化的客體，同時被感覺為已死去但還是活躍的，且以好或壞的方式存在於自體內在。對內在好客體的關係——首先是好母親，意味著客體被感覺為是有助益和具引導性的，特別是在哀傷和哀悼的過程中，個體努力掙扎著保留先前存在的好關係，並且經由這種內在的陪伴，感覺有力量和被安撫。當哀悼失敗了（可能有很多理由），是因為這種內化不成功，有助益的認同受到了干擾。伊蕾特拉和奧瑞斯特請求九泉之下的亡父來支持和強化他們的力量，這符合想要聯合好客體的願望，這好客體於外在上已經因為死亡而失去，必須在內在上建立。那個受到懇求幫助的好客體，是超我引導和幫助層面的一部分。這種與內化客體的好關係是認同的基礎，而認同證實對個體的穩定性有絕大的重要性。

　　相信奠酒可以「打開死者乾渴的嘴唇」，我認為是源自於一種基本的感覺：即母親給予嬰兒乳汁，不只是嬰兒，也是其內在客體可以活著的一種方式。因為內化的母親（首先是乳房）變成孩童自我的部分，他體悟到自己的生命連結於她的生命；外在母親給予孩童的乳汁、愛和關心，在某種感受而言，對內在母親也是有益的，這也適用於其他的內化客體。雖然克莉坦納斯塔是一個壞母親，在她的戲碼中所獻上的奠酒，被伊蕾特拉和奧瑞斯特視為一種徵候：藉由餵養內化的父親，她重新喚醒了他。

我們在精神-分析中發現這樣的感覺：內在客體參與了個體所經驗的任何愉悅，這也是一種重新喚醒已經死去的所愛客體之方式。當死去的內化客體被愛時，仍然保有其生命（有助益的、撫慰的、引導的）這樣的潛意識幻想，符合奧瑞斯特和伊蕾特拉相信重新復甦的死去父親會幫助他們的信念。

我認為未報仇的死者代表著**內化的**死亡客體，威脅著內化的形象，他們抱怨著有人在怨恨中對他們造成傷害。對邪惡的人而言，這些可怕的形象形成了超我的一部分，這些可怕的形象與相信命運（即一旦走向邪惡，做壞事的人就會被處罰）密切相關。

> 「……他就不會認識你們，這些天堂裡的權勢！
> 你們給予了我們生命，
> 你們把罪責留給那些窮人，
> 然後你們把痛苦拋給人間，
> 因為所有過錯都歸結於世人。」

(歌德，《迷孃》〔*Mignon*〕)

這些迫害的形象也人格化為亞瑞尼斯家族（the Erinnyes）。 290 在早期心智生命中，即使是正常的發展，分裂也從未全面地成功，因此這些駭人的內在客體多少仍在運作著；也就是說，每個孩童都會經驗到不同程度的精神病焦慮。基於投射，根據以牙還牙的原則，孩童受到害怕的折磨，怕他在潛意識幻想中對父母所做的，自己也會被如此對待，這也許是一種增強殘忍衝動的誘因。因為他感覺到內在和外在被迫害，他被驅使著將處罰投射出去，而這樣做的同時，他的內在焦慮和對真實處罰的害怕可以接

受外在現實的測試。孩童感覺到愈多的罪惡感和迫害感——也就是說，他是愈病態的，他通常會變得更具攻擊性。我們必須相信，在不良少年和罪犯中，有類似的過程在運作著。

因為破壞的衝動主要是導向父母，感覺上最根本的罪是謀殺父母。這點在《復仇神》一幕中有清楚的表達，即隨著雅典娜的介入，亞瑞尼斯家族敘述如果他們不再嚇阻弒母和弒親之罪，以及不再於事情發生後處罰他們，可能會產生的混亂情境。

> 「是呀，從此等在為人父母前方的，
> 　是奸詐與巨痛；孩子手中的刀刃
> 　會毫無顧慮地撕裂他們的胸膛。」

我早先曾經說過，嬰孩的殘忍和破壞衝動創造了原始和嚇人的超我。關於亞瑞尼斯家族進行攻擊的方式，有不同的線索：

> 「活生生地，我們要從你的每一根
> 　血管暢飲你的血——濃郁而鮮紅。
> 　我們乾渴的唇，要你的血來滋潤，
> 　　直到我正義的心感到飽足。
> 　我們把你耗損，以你的血液
> 　和你的苦楚；直到你雖生猶死，
> 　並且投擲你於死者的行伍……」[290-1]

亞瑞尼斯家族用來威脅奧瑞斯特的折磨，具有最原始的口腔

290-1　這段吸光無辜者之血的形容，讓我們想到亞伯拉罕（1924）的想法：在口腔吸吮階段，殘忍的特質也加進來了；他提到「吸血鬼似的吸吮」。

和肛門-施虐本質。我們被告知他們的呼吸「猶如一把延燒又遠
又廣的火」，從他們的身體散發出有毒的氣體。在嬰兒的心靈
中，他所使用的是某些最早形式的破壞，就是用放屁和糞便進行　291
攻擊，他覺得這些可以毒害母親，像用尿（火）燒她一樣；結果
是早期的超我以同樣的破壞威脅著他。當亞瑞尼斯家族害怕雅典
娜將會奪走他們的力量，他們用下面的話表達憤怒和憂慮：「難
道我所受的傷害不應該反撲而粉碎這個人？在我心中這種痛苦的
毒藥像火燒一樣，難道這種毒藥不應該像下雨一樣落在他們身
上？」這裡提醒了我們孩童對挫折感到憤恨的方式，和挫折所引
起的痛苦，這些增加了他的破壞衝動，驅使他強化攻擊的潛意識
幻想。

　　然而，殘忍的亞瑞尼斯家族，也和超我根基於抱怨的受傷形
象之某層面有關聯。我們被告知：有血從他們的眼睛和嘴唇滴下
來，這顯示他們自己也是受折磨的；這些內化的受傷形象，被嬰
孩感覺為具有報復和威脅性，他試圖要將它們分裂開來。無論如
何它們還是進入了嬰孩早期的焦慮和夢魘之中，影響了所有的畏
懼症狀。因為奧瑞斯特傷害並殺死他的母親，她變成那些受傷客
體的其中之一，孩童害怕這些受傷客體的報復。他提到亞瑞尼斯
家族是他母親「狂怒的追殺」。

　　克莉坦納斯塔似乎沒有受到超我的迫害，因為亞瑞尼斯家族
並未追捕她。然而，在她殺死阿伽門農、發表得意洋洋和趾高氣
揚的言論之後，她顯露出憂鬱和罪惡感的徵候，所以她會說：
「我們不要被血染污了。」她也同時經驗到迫害焦慮，這清楚地
顯現在她的夢中，這夢是關於她用乳房餵食怪獸，它暴虐地咬噬
著她，以至於血與乳汁混合在一起。因為這個夢所表達的焦慮，

她送奠酒到阿伽門農的墳前。因此，雖然她未被亞瑞尼斯家族所追捕，迫害焦慮和罪惡感也並未減少。

亞瑞尼斯家族家族的另一個層面，是他們依戀著自己的母親——夜晚（the Night），猶如他們唯一的保護者，他們一再地懇求她對抗阿波羅，阿波羅是太陽神、夜晚的敵人，想要剝奪他們的力量，他們覺得被他所迫害。從這個角度來看，我們得到一種洞識，即反向伊底帕斯情結在亞瑞尼斯家族中所造成的影響。我認為針對母親的破壞衝動，在某種程度上轉移到父親身上（一般而言轉移到男人身上），只有藉著這種轉移，對母親的理想化和以及反向伊底帕斯情結才能維持著。他們特別關注對母親所造成的任何傷害，而且似乎也只報復弒母的行為，這是為何他們並沒有迫害謀殺丈夫的克莉坦納斯塔。他們辯稱她不是殺害血親，因此其罪行並沒有重大到要去迫害她。我認為在這樣的辯稱中有很大的否認成份，所否認的是：任何謀殺最終都是根源於對父母的破壞感，所以沒有任何謀殺是可以被允許的。

有趣的是，因為一個女人——雅典娜的影響，為亞瑞尼斯家族帶來改變，從冷酷的怨恨到較輕微的感覺。然而，他們沒有父親，甚至能代表父親的宙斯也轉而反對他們。他們說因為他們所散佈的恐懼「和我們所承受的世界的怨恨，神已經將我們趕出祂的殿堂」。阿波羅輕蔑地告訴他們，他們再也不會被人類或神明所親吻。

我認為因為缺少一個父親，或因為父親的怨恨和忽略，他們的反向伊底帕斯情結增加了。雅典娜承諾他們，他們將會受到雅典人愛戴和尊崇，也就是說，被男人也被女人所愛戴和尊崇。艾瑞阿帕格斯眾人是由男人組成的，這些男人陪伴他們到將來他們

會在雅典城居住的地方。我的推論是：在這裡，雅典娜表徵了母親，現在又承擔著男人（即父親形象）所愛的女兒這樣的角色，她改變了他們的感覺和衝動，也造成他們整體性格上的改變。

把這三幕劇視為一個整體，我們發現有各式各樣的形象表徵著超我。例如，阿伽門農重新復活而支持他的孩子們，他是超我的一個層面，以對父親的愛和欣賞為根基；亞瑞尼斯家族被描述為屬於舊神的時期，以野蠻和暴虐方式統治的泰坦族（the Titans），在我的觀點中，他們與最早和最冷酷的超我相關，表徵著嚇人的形象，而此形象主要是孩童投射其破壞潛意識幻想到客體上的結果。然而，他們（雖然是一種分裂開來的方式）被和好客體或理想化客體的關係所反制。我已經提過母親和小孩的關係，以及在很大程度上父親和他的關係，對超我的發展都有影響，因為它影響了對父母的內化。在奧瑞斯特的內在，父親的內化是基於欣賞和愛，對父親的內化證實對他後續的行動有最大的重要意義；死去的父親是奧瑞斯特的超我一個非常重要的部分。

當我第一次定義憂鬱心理位置的概念，我認為受傷的內化客體抱怨並造成罪惡感和隨後的超我。根據我後來所發展的觀點，雖然這類罪惡感會逐漸消失，而且尚未形成憂鬱心理位置，但就某種程度而言，它在偏執-類分裂心理位置期間仍會運作著。我們可以觀察到：有些嬰兒約束自己不去咬嚙乳房，他們甚至在四到五個月大的時候自己斷奶，沒有任何外在的理由；而另一些嬰兒，藉著傷害乳房，使母親難以餵食。我認為，這類的節制標示著小嬰兒有一種潛意識的覺察，知道自己因為貪婪而想要將傷害加諸於母親的渴望。結果是嬰孩感覺到母親被傷害了，她因為自己貪婪的吸吮和咬嚙而空乏，因此在他的心靈中包含著一個受傷

293

狀態的母親和其乳房。在兒童甚至是成人的精神-分析中,可以回溯性地獲得更多的證據,這些證據顯示母親從很早開始就被感覺為一個受傷的客體,不論是內化的或是外在的。[293-1] 我認為,這種抱怨的受傷客體是超我的一部分。

和這種受傷的、愛的客體之關係,不只包含罪惡感,也包含著慈悲憐憫,是所有對他人同情和關心的根本來源。在這三幕劇中,超我的這個層面由不快樂的卡珊卓所表徵。阿伽門農對她的處置不當,把她交付於克莉坦納斯塔的權力之下,阿伽門農感到慈悲憐憫,因此勸誡克莉坦納斯塔要可憐她(這是他顯露慈悲憐憫的唯一場合)。卡珊卓的角色作為超我受傷的層面,和她是一位有聲望的女預言家有關,她的主要任務是預警。長老的領導者被她的命運所觸動,試圖要安慰她,同時也敬畏著她的預言能力。

卡珊卓作為超我,預言疾病將至、警告處罰會隨之降臨且哀傷會升起。她預先知道了自己的命運,以及將降臨在阿伽門農和他屋內的全面性災難;但是沒有人留心她的警告,這樣的不相信必須歸因於阿波羅的詛咒。長老非常同情卡珊卓,有點相信她,但是儘管知道她預言阿伽門農、她自己和阿哥斯城人民將有危險是具有正當性的,他們還是否認了她的預言。雖然同時他們知道那是表達否認的普遍傾向,但他們還是拒絕相信;否認是對迫害焦慮和罪惡感的一種強力防衛,從未被完全控制的破壞衝動造成了迫害焦慮和罪惡感。總是和迫害焦慮有關的否認,會窒息愛和罪惡感,逐漸損害對內在和外在客體的同情和關心,並干擾判斷

293-1 參考《兒童精神分析》,第八章。

和現實感。

如我們所知，否認是一種遍在的機制，也經常被破壞的正當 294
性所使用。藉著丈夫殺了他們的女兒這個事實，克莉坦納斯塔正
當化她對丈夫的謀殺，否認有其他的動機；阿伽門農在特洛伊城
甚至毀壞了神明的廟宇，也覺得自己的殘忍是正當的，因為他的
弟弟失去了妻子；奧瑞斯特覺得他有足夠理由不只是殺死篡奪者
艾吉賽特斯，甚至殺死他的母親。我所提及的正當性是對罪惡感
和破壞衝動強而有力的否認。對自己的內在過程有更多洞識的人
們，會因此更少使用否認，也更不易於對自己的破壞衝動讓步，
結果他們反而更加能容忍，對別人也是如此。

有另一個有趣的角度，即考慮卡珊卓作為一個超我的角色。
在《阿伽門農》一幕中，她處於一種作夢的狀態中，開始時她無
法回神，後來她克服了那樣的狀態，清楚地說出之前她以那種混
亂方式所企圖傳達的。我們可以認定這是超我潛意識的部分變成
了意識的，這是它被感覺為良心前非常重要的一步。

超我的另一個層面由阿波羅所表徵，如我上面所提的，阿波
羅代表奧瑞斯特投射到超我的破壞衝動。超我的這個層面，驅使
奧瑞斯特變得暴力，並威脅如果他沒有殺死母親，將會被處罰。
因為阿伽門農如果沒有報仇，他會痛楚地憤恨著，所以阿波羅和
父親兩者表徵著殘忍的超我。復仇的要求和阿伽門農破壞特洛伊
城時的殘酷一致，即使他的子民受苦也不感到憐憫。希臘信仰相
信復仇是後代子孫的義務，以及超我的角色是犯罪的驅力，我已
經提過兩者之間的關聯。弔詭的是，超我視復仇為一項罪行，因
此後代子孫因他們所犯的謀殺罪而受處罰，儘管它是一種義務。

犯罪和處罰、**傲慢**和**防堵堤防**重覆的序列，是以房子裡的魔

鬼為例，如我們被告知的，這個魔鬼代代生活其間，直到奧瑞斯特被原諒且回到阿哥斯城後才得以休息。房子中有魔鬼此類信仰，源自於針對客體之怨恨、嫉羨和忿恨的惡性循環，這些情緒增加了迫害焦慮，因為受攻擊的客體被感覺為會報復的，於是又引發客體進一步的攻擊，也就是說，破壞力因迫害焦慮而增加，而迫害的感覺因破壞力而增加。

有趣的是，自從珀羅普斯時代（Pelops' time），魔鬼就在阿哥斯城的皇室中施行著恐怖統治，而當奧瑞斯特被原諒而不再受苦時，魔鬼也得以休息——如同傳說所言的，我們可以認定，奧瑞斯特回歸到一種正常和普通的生活。我的詮釋是：罪惡感和修復的驅策力以及憂鬱心理位置的修通，打破了惡性循環，因為破壞衝動和它的後遺症（迫害焦慮）已經減少，和所愛客體的關係被再度建立。

然而，統治特爾斐城的阿波羅，在三幕劇中所表徵的不只是破壞衝動和奧瑞斯特殘酷的超我。透過戴非城的女祭師，如吉伯特·默拉利形容的，阿波羅是「神的先知」，也是神明之子。在《阿伽門農》第一幕劇中，卡珊卓提到他是「人類之路的光」和「所有事物的光」。無論如何，不只是他對卡珊卓無情的態度，還有長老提到他時所用的話：「有文字寫到，他不愛哀傷、也不傾聽。」這指出一個事實：阿波羅對受苦無法經驗到悲憫和同情，儘管他說自己表徵著宙斯的思想。從這個角度來看，阿波羅——神明之子，讓我們想起一個人用轉離任何悲傷作為對抗悲憫的防衛，並對憂鬱感過度否認。這是這類人的典型，他們不同情老人和無助的人。復仇女神的首領，用下面的話形容阿波羅：

> 「我們是女人，而且老了；而你高高凌駕
> 我們之上，踩躪我們，憑你的青春和驕傲。」

也可以用另一個觀點來考慮這幾行字：如果我們看她們與阿波羅的關係，亞瑞尼斯家族似乎是被年輕人和不知感激的兒子所惡待的老母親。這種缺乏悲憫和阿波羅的粗暴及超我絲毫未緩和的角色有關，這是我在之前描述過的。

超我有另一個非常主導的層面，是以宙斯為表徵，他是眾神之父，經由受苦而學習到對他的孩子們更加包容。我們得知，宙斯得罪了他父親，因而飽受罪惡感之苦，他因此對那些哀求者非常仁慈。宙斯代表超我一個重要的部分──緩和的內攝父親，也表徵憂鬱心理位置被修通的一個階段。確認和瞭解自己對所愛父母的破壞傾向，而更能容忍自己和別人的缺陷，也有更好的判斷能力和更大的智慧。如同伊斯克勒斯所說：

296

> 「智慧自苦難中得來。
> 回想起從前的災難，
> 痛苦會在夢寐中，
> 一滴滴滴在心上。」

宙斯也象徵了自體理想和全能的部分，即自我理想，一個佛洛伊德（1914）在充分發展超我之觀點前所綜合論述的觀念。如我所見，自體和內化客體之理想化的部分，被與自體和客體壞的部分分裂開來，個體為了處理其焦慮而維持這種理想化。

這齣三幕劇中我想要討論的另一個層面，就是內在和外在事件之間的關係。我描述過復仇女神是象徵化的內在過程，伊斯克

勒斯用下列幾行字顯示了這點：

> 「有時恐懼是件好事，
> 足以擔當心靈的守望，
> 不時得為心靈做主。」

然而，在三幕劇中，復仇女神也以外在的角色出現。

以整體而言，克莉坦納斯塔的人格，闡釋了深深透視人類心靈的伊斯克勒斯，也如何關注於外在角色的性格。他給我們好幾個線索，暗示克莉坦納斯塔真的是一個壞母親，奧瑞斯特控訴她缺乏愛，我們知道她放逐她的小兒子，並且惡待伊蕾特拉。克莉坦納斯塔受到對艾吉賽特斯的性驅力所驅策，忽略了她的孩子，雖然在三幕劇中沒有多著墨，但是明顯地，為了她與艾吉賽特斯的關係，克莉坦納斯塔把奧瑞斯特趕走，因為她在他身上看見父親的報復者。事實上當她懷疑奧瑞斯特的故事時，她召喚艾吉賽特斯前來，要求他帶著槍兵。當她知道艾吉賽特斯被殺害了，她找來她的戰斧：

> 「快，來人，給我一把殺人的斧頭！
> 看他和我，究竟是誰勝利，是誰倒下。」

並且威脅要殺死奧瑞斯特。

無論如何，有一些線索說明克莉坦納斯塔不是一直是壞母親；她在兒子是嬰兒時餵養過他，對女兒伊菲吉妮娜的哀悼也是真誠的，但是轉變的外在情境造成她性格的改變。我的結論是：外在情境引發了早期的怨恨和怨懟，重新喚醒破壞衝動；破壞衝

動壓倒愛的衝動而佔了優勢，這點牽涉到生、死本能之間融合狀態的改變。

　　從亞瑞尼斯家族到復仇神家族的改變，某種程度也是外在情境的影響。他們非常擔憂自己是否會失去權勢，雅典娜向他們再保證，她告訴他們：他們修正過的角色，對雅典將會有一種影響力，協助留存法律和秩序。外在情境影響的另一個例子，是阿伽門農性格的改變，因為他的成功遠征，他已經變成「王中之王」；成功常常是危險的，特別是如果成功的最大價值在於威望的增加——如我們一般在生命中所見的，因為它增強了野心和競爭性，干擾了愛和人性的感覺。

　　如雅典娜常說的，她表徵了宙斯的思想和感覺。對比於由亞瑞尼斯家族作為象徵的早期超我，她是智慧而緩和的超我。

　　我們已經看到雅典娜的許多角色；她是宙斯的代言人，表達他的思想和願望；她也是一個緩和的超我，一個沒有母親的女兒，如此一來她避免了伊底帕斯情結。但是她也有另一個非常根本的功能：有助於平靜和平衡。她表達希望雅典人將來可以避免內部的紛爭，象徵上表徵著避免家庭中的敵意。她使復仇女神變得原諒和平靜，這種態度表達了妥協和整合的傾向。

　　這些特徵是內化好客體（原初是好母親）的典型，她變成生之本能的載具。如此一來，雅典娜是好的母親，對比於克莉坦納斯塔所表徵母親的壞層面。這個角色也進入阿波羅和她的關係之中，她是他唯一尊敬的女性形象，他提到她時總是帶著讚賞，完全遵從她的判斷。雖然她似乎只表徵著一個較為年長的姊姊，特別是父親所鍾愛的姊姊，我認為對他而言，她也表徵著母親好的層面。

如果在嬰孩時期，好客體被充分地建立，超我會變得較為緩和；我認為從生命開始就在運作的整合驅力的強度增強了，引導著藉愛緩和恨。但是即使是緩和的超我仍要求控制破壞衝動，目標是在破壞和愛的感覺之間找到一種平衡。因此我們發現雅典娜表徵著超我的成熟階段，目標在於妥協相反的衝動，這和更安全地建立好客體和形成整合的基礎有關。雅典娜在下面的話中表達了控制破壞衝動的需要：

> 「拋棄恐懼之心，可是別全部拋棄；
> 　沒有恐懼之心，誰能身免於罪？
> 　但願身兼「規範」與「律法」的恐懼
> 　長存你心，而且縈繞你的城……」

雅典娜引導而非主導的態度，是圍繞好客體而建立起來的成熟超我之特徵，顯現在她不認為有權利決定奧瑞斯特的命運上。她召開艾瑞阿帕格斯法庭，選擇雅典最聰明的人，給他們百分之百的自由投票權，只為自己保留關鍵時候的決定票。如果我再次將三幕劇中的這一部分視為內在過程的表徵，我的結論是：反對票顯示自體不是那麼輕易就能團結一致的，破壞衝動要走的是一條路，愛和修復與悲憫的能力又是另一條路；內在的平靜並非可以輕易建立的。

自我的整合是由自我的不同部分所完成的——在三幕劇中由艾瑞阿帕格斯法庭的成員所表徵，儘管他們有衝突的傾向，仍然可以彙整在一起。但這不意味著它們可以彼此認同，因為一方面是破壞衝動，另一方面是愛和修復的需要，兩方面是矛盾的。但

是自我在最好的狀態下可以知道這些不同的層面,並且讓它們能更親近地靠在一起,雖然它們在嬰孩時期被強烈地分裂開來。超我的力量也沒有被忽略,因為即使超我是較緩和的形式,之前它仍然可以製造罪惡感。整合和平衡是更全面、更豐富之生命的基礎;在伊斯克勒斯的描述中,這種心靈狀態顯現在三幕劇結束時的歡樂之歌。

伊斯克勒斯向我們呈現一幅圖像:從最根源到最進步層次的人類發展。他表達對人類本質深度瞭解的方式之一,是特別讓眾神扮演不同的象徵角色。這種變異符合存在潛意識中歧異甚至衝突的衝動和潛意識幻想,這些衝動和潛意識幻想最終是源自於生、死本能的兩極化,在它們融合的變動狀態之中。

為了瞭解象徵化在心智生命中所扮演的角色,我們必須考慮成長中的自我處理衝突和挫折的許多方式,這意味著忿恨和滿足感的表達以及嬰孩情緒的整體曲調都在逐漸改變中。因為潛意識幻想從一開始就在心智生命中蔓延滲透,有一種強而有力的驅力要將它們附著在各式各樣的客體上──真正的和潛意識幻想化的客體,這些都變成象徵,提供嬰孩情緒上的一個出口。這些象徵開始時表徵著部份客體,在幾個月之內變成完整客體(也就是「人」)。小孩把他的愛和恨、衝突、滿足和渴求,放進這些內在和外在象徵的創造中,變成其世界的一部分。創造象徵的驅力是如此強烈,因為即使是最可愛的母親也無法滿足嬰孩強力的情緒需要。事實上,沒有一種現實情境,可以實現小孩潛意識幻想生命中那些通常是矛盾的驅策力和願望。只是,如果在童年時期,象徵形成的能力可以有各式各樣的全力發展,未被抑制所阻礙,後來變成藝術家時,就可以利用潛藏於象徵化之下的情緒力量。

299

在一篇早期的論文中（1923b），我討論過在嬰孩心智生命中，象徵形成之蔓延滲透的重要性，這意味著，如果象徵形成特別豐富，它就會造成才能甚至是天賦的發展。

在成人的分析中，我們發現象徵形成仍然運作著，成人同樣被象徵的客體所圍繞。然而，同時他更能夠區辨潛意識幻想和現實，以自己的角度來看待人們和事情。

創作的藝術家充分地使用象徵，象徵愈能用來表達愛和恨、破壞和修復以及生、死本能之間的衝突，就愈趨近於普世的形貌。於是他濃縮各式各樣嬰孩化的象徵，畫出表達於其中之情緒和潛意識幻想的所有力量。戲劇作家將一些這種普同的象徵轉移為他所創作的角色之能力，同時使它們成為真正的人，這是戲劇作家之所以偉大的一個層面。象徵和藝術創作之間的關聯經常被討論，但是我主要關注的，是連結最早的嬰孩化過程和藝術家後來的創作物。

伊斯克勒斯在他的三幕劇中，使眾神以各種象徵的角色出現，我嘗試顯示這點如何增加其戲劇的豐富性和意義。我將暫時以這樣的想法作為結論：伊斯克勒斯之悲劇的偉大（這點普遍地適用於其他偉大的詩人），源自於他直覺上對潛意識無竭盡的深度瞭解，和這種瞭解如何影響他所創作的角色和情境。

【第十六章】論孤獨的感受

在這篇文章中，我企圖要研究孤獨感受的來源。所謂孤獨感　300
受，不是指被剝奪外在陪伴的客觀情境，我指的是內在的孤獨感
受——感覺一個人，不論外在周遭環境為何，即使在朋友之中或
已經接受了愛，仍然覺得孤獨。我認為內在孤獨這種狀態，是一
種對無法獲得的完美內在狀態無所不在的呼求。每個人某種程度
上都會經驗到這樣的孤獨——它源自於偏執和憂鬱焦慮，也是嬰孩
精神病焦慮的衍生物。這些焦慮，或多或少存在於每個人之中，
但在疾患中是過度強烈的；因此孤獨也是疾患的一部分，具有精
神分裂和憂鬱的本質。

為了瞭解孤獨的感覺如何升起——如同看待其他的態度和情
緒一樣，我們必須回到早期的嬰孩時期，並追索它對生命較後階
段的影響。如我們經常描述的，自我從出生開始就存在、運作
著，開始時它大體上缺乏凝聚鞏固，是由分裂機制所主導。死亡
本能對自體的毀壞威脅，造成衝動分裂成好的和壞的，因為這些
衝動投射到原初客體，原初客體也被分裂為好的和壞的。後續的
結果是，在這最早期的階段，自我好的部分和好客體以某種方式
被保護著，因為攻擊被導離它們。這些是特殊的分裂過程，就非
常小的嬰孩所能達成的安全感而言，我描述過這些是此階段相對
安全感的基礎；而其他的分裂過程，例如那些導向碎裂的分裂過
程，是有害於自我和其強度的。

和分裂的驅策力一起的，是一種從生命開始就朝向整合的驅

力，它隨著自我的成長而增加。這種整合的過程是植基於好客體的內化，原初是一個部份客體——母親的乳房，雖然母親的其他層面也進入最早的關係之中。如果內在好客體被相對安全地建立，它就會變成發展中自我的核心。

與母親之間令人滿意的早期關係（不必然奠基於乳房餵食，因為奶瓶也可以象徵地代表乳房），意味著母親和小孩潛意識上一種親近的接觸，這奠定了最完整的被瞭解經驗，與前語言階段極度相關。在後來的生命中，對志趣相投的人表達思想和感覺，不論有多麼滿足，依然會有一種不滿足的渴求，渴求有一種不必透過語言文字的瞭解——最終極是渴求和母親最早的關係。這種渴求造成孤獨的感受，是源自於對一種無可挽回之失落的憂鬱感。

然而，即使是最好的狀況，對母親和其乳房的快樂關係從來就不可能不受干擾，因為註定會產生迫害焦慮，它在生命的前三個月達到顛峰——偏執-類分裂心理位置的期間；它從生命的開始就出現了，是生、死本能衝突的結果，出生的經驗也造成這樣的結果。每當破壞衝動強烈升起，由於投射，母親和她的乳房被感覺為具有迫害性，因此，嬰孩無可避免地會經驗到某種不安全感，這種偏執的不安全感是孤獨的根源之一。

當憂鬱心理位置升起——通常是在生命前半年的中間，自我已經比較整合，這點表達在一種更強烈的整體感中，所以嬰孩更能與母親產生連結，後來是對其他人，並且將這些人視為一個整體的人；然後偏執焦慮（孤獨中的一個因素）逐漸讓步於憂鬱焦慮。但是整合的實際過程帶來一連串的新問題，我將討論其中一些和它們與孤獨的關係。

　　這些刺激整合的因素之一，是早期自我企圖用分裂過程來反制不安全感，這樣的分裂過程，不再只是短暫地有效，自我被驅使著與破壞衝動達成協議。這股驅力對整合的需要有所貢獻，因為如果可以達成整合的話，會有藉愛而緩和恨的效果，而這樣的方式使破壞衝動不再那麼有力量。自我會覺得較安全，不只是關於它自身的存活，也關於其好客體的保留，這就是為什麼缺乏整合是極端痛苦的理由之一。

　　然而，整合是難以接受的。破壞和愛的衝動、客體好和壞的層面合在一起，會挑起焦慮，擔心破壞的感覺會淹沒愛的感覺，　　302進而危害好的客體。因此，在尋求整合作為對抗破壞衝動的保鑣，與害怕整合使破壞衝動危害好客體和自體好的部分，兩者之間是有衝突的。我聽過個案表達整合的痛苦，他們形容那是感覺孤單和被拋棄，全然只有一個人，對他們而言，是和自體的壞的部分在一起。而當嚴厲的超我非常強烈地潛抑破壞衝動，並企圖維持潛抑時，這個過程會變得更加痛苦。

　　只有藉著一步一步，整合才能發生，但是藉此而達成的安全感，容易在內在和外在的壓力下受到干擾，這點終其一生都是真實的。全然和永恆的整合永遠不可能，因為生、死本能之間的某些二極持續存在著，仍然是衝突的最深根源。因為全然的整合從未達成，便不可能完整地瞭解和接受自身的情緒、潛意識幻想和焦慮，這點也是孤獨中一個重要的因素。渴求瞭解自己也和需要被內化的好客體瞭解有關，這種渴求的一種表達，是有一個雙胞胎的潛意識幻想——一種比昂在一篇未出版的論文中注意到的潛意識幻想。他認為這種雙胞胎形象，表徵著那些未被瞭解和分裂開來的部分，那是個體渴求重新獲得的。在達到整體和完整瞭解

的希望中，它們有時候被感覺為理想的部分，另一些時候，雙胞胎也表徵著一個全然可信任、事實上是理想化的內在客體。

在孤獨和整合的問題之間有一個更進一步的關聯，在這個關鍵點上需要加以考慮。一般而言，人們認為孤獨是源自於自認為沒有所歸屬的人或團體，這種缺乏歸屬感，可以視為具有更深層的意義。無論有多少整合在進行，都不能排除一種感覺，即自體的某些成分是無法觸及的，因為它們被分裂而無法重新獲得。某些分裂開來的部分被投射到其他人之中，造成一個人不是全然擁有自己的感覺；一個人不是全然地屬於他自己，或者屬於任何其他的人，這點稍後我會更詳細地討論。失落的部分也會被感覺為孤獨的。

我已經提過，即使是沒有生病的人，偏執和憂鬱焦慮從未全然被克服，而且就某種層面而言是孤獨的基礎。孤獨被經驗的方式，有相當個別的差異。當偏執焦慮相當強烈，即使仍在正常的範圍之內，和內在好客體的關係卻很容易被干擾，對自體好的部分之信任變得有所缺損，後續結果是將偏執感覺和疑心投射到他人身上的現象增加了，造成的感受就是孤單。

在真正精神分裂症的疾患中，這些因素必然存在，而且更加惡化；至今我一直討論的是在正常範圍內的缺乏整合，現在要看它病態的形式──實際上，就是偏執-類分裂心理位置的所有特徵都呈顯為過度。

在繼續討論精神分裂症中的孤獨之前，考慮偏執-類分裂心理位置中某些過程的更多細節是很重要的，特別是分裂和投射性認同。投射性認同是基於自我的分裂，以及自體的部分投射進入他人之中，首先是母親和她的乳房。這種投射源自於口腔-肛門-

尿道的衝動，為了控制和佔有母親，自體的部分以身體物質的形式，被全能地排出而進入母親之中。於是，她並非被感覺為一個分開的個體，而是自體的一個層面。如果這些排泄物是在怨恨中被排出的，母親就被感覺為危險和有敵意的。但是不只是自體壞的部分被分裂而投射，好的部分也是。通常，如我所討論過的，當自我發展、分裂和投射減少，自我就會變得更加整合；然而，如果自我是非常虛弱的（我認為這是天生的特徵），以及如果出生和生命的開始是有困難的，整合的能力（將自我分裂開來的部分併在一起）也是虛弱的，此外會有一種更強烈的分裂傾向，這是為了避免導向自體和外在世界的破壞衝動所喚起的焦慮。因此這種無能忍受焦慮有著影響深遠的重要性，不只是過度地增加分裂自體和客體的需要，這也導致一種碎裂的狀態，使得不可能修通早期焦慮。

在精神分裂症中，我們看到這些無法解決之過程的結果。精神分裂症者覺得自己無望地變成碎片，覺得永遠無法擁有他的自體。他是如此地碎裂的這個事實，導致他無法充分地內化他的原初客體為一個好客體，因此也導致他缺乏安全感的基礎；他無法信賴一個外在和內在的好客體，也無法信賴他的自體。此因素和孤獨有關，因為它增加了精神分裂症中，覺得被拋下剩自己一個人、彷彿與悲慘同在的感覺。被敵意世界包圍的感受，是精神分裂疾患偏執層面的特徵，這不只增加了他所有的焦慮，也致命地 304
影響他的孤獨感。

另一個造成精神分裂症之孤獨的因素是混淆困惑。這是一些因素的結果，特別是自我的碎裂和投射性認同的過度使用，所以他恆常地感覺自己不只處於碎片的狀態中，而且還和別人融合在

一起。於是他無法區辨自體好的和壞的部分、好的和壞的客體、外在和內在現實；因此，精神分裂症者無法瞭解自己、信任自己。這些因素聯合了他偏執地不信任他人，產生一種退縮的狀態，摧毀他形成客體關係的能力，以及他從別人身上獲得再保證和愉悅的可能——本來這種再保證和愉悅透過自我的強化，可以反制孤獨。他渴望和他人形成關係，但是卻做不到。

不去低估精神分裂症者的痛苦和受苦是很重要的，因為他們經常防衛地使用退縮和情緒上的分神，所以不是很容易能偵查到他們的痛苦與受苦。無論如何，我和我的一些同事：戴維生醫師（Dr Davidson）、羅森菲爾德醫師和漢娜‧西格爾醫師這幾位，我們曾經治療或正在治療精神分裂症者，對結果仍然保持某種樂觀。這種樂觀是基於即使是這類患者，仍有一種朝向整合的驅策力，且不論多麼未經過發展，仍會有一種和好客體和好自體的關係。

現在我想處理普遍憂鬱焦慮中的孤獨特質，首先是正常範圍之內的。我經常提及的一個事實：早期情緒生命的特徵，是失落和重新獲得的重覆經驗；每當母親不在，嬰孩會感覺她不見了，不論原因是她受傷了，或她已經轉變成一個迫害者，她不見了的這種感覺等同於害怕她的死亡。因為內攝，外在母親的死亡同時意味著內在好客體的失落，這增強了嬰孩對自身死亡的害怕。在憂鬱心理位置的階段，這些焦慮和情緒提高了，但是終其一生，害怕死亡的都在孤獨中扮演著一個重要的角色。

我已經提過，伴隨著整合過程所產生的痛苦也造成了孤獨，因為它意味著面對一個人的破壞衝動和自體怨恨的部分，有時候這些部分似乎是無法控制、會危害好客體的。隨著整合和一種漸

增的現實感，全能感勢必會減低，這點再度造成整合的痛苦，因
為它意味著懷抱希望的能力降低了。雖然希望感（源自於自我的　305
強度及對自己和他人的信任）有其他的來源，全能感的成分仍然
一直都是希望的一部分。

　　整合也意味著失去某些理想化——對客體和對自體一部分的
理想化；理想化從一開始就粉飾了和好客體的關係。理解到好客
體永遠無法擁有近似於理想化客體的完美特質，因此產生了去理
想化，更加痛苦的是，理解到自體理想的部分是不存在的。由我
的經驗得知，雖然在正常的發展中，面對內在和外在現實，會傾
向於減少的理對想化的需要，但是它從來沒有被完全放棄。正如一
名個案對我所說的，當承認由整合中的某些步驟得到釋放時，
「令人心蕩神馳的魔力消失了。」分析顯示，那已經消失的魔
力，是對自體和客體的理想化，失去它導致孤獨的感覺。

　　這些因素中的其中一些，較大程度地進入躁鬱疾患之特徵
——心智過程中。躁鬱個案已經開始邁向憂鬱心理位置，也就是
說，他更能經驗到客體是一個整體，而他的罪惡感雖然仍和偏執
機制有關，卻是較強烈和較不容易消失的。因此，他感覺到內在
想要安全地擁有、保存並保護好客體的渴求，更甚於精神分裂症
者，但是他感覺無法做到這點，因為同時，他並未充分地修通憂
鬱心理位置，所以他修復、合成好客體和達成自我整合的能力並
未充分進展。在這樣的狀況下，在他和好客體的關係中，仍然有
大量的怨恨，因此他害怕無法充分修復它；他和它的關係帶來的
不是釋放，而是一種不被愛和遭到怨恨的感覺，一再地，他覺得
受到自己的破壞衝動威脅。渴求可以克服和好客體關係中的所有
困難，這是孤獨感覺的一部分。以極端的例子而言，這點表達在

自殺的傾向中。

在外在的關係中，類似的過程也運作著。躁鬱患者只能非常短暫地從和一個很有意義的人的關係中得到釋放，但是當他很快地投射自身的怨恨、忿恨、嫉羨和害怕，他便經常充滿不信任；換言之，他的偏執焦慮仍然非常強烈。因此，躁鬱症患者的孤獨感，比較以他無能保持一種內在和外在好客體的陪伴為核心，而較少以他處於碎片狀態為核心。

306 　　我將討論在整合中過程一些更進一步的困難，特別是處理兩性中男性和女性要素之間的衝突。我們知道雙性特質中有一種生物上的因素，但是我在這裡所關心的是心理層面。在女性之中，有一種普遍的願望是要成為男人，用陰莖嫉羨的說法是表達得最清楚的；同樣地，我們會發現在男性之中有女性心理位置：擁有乳房和生小孩的渴望。這類願望和對父母雙方的認同有關，對所覬覦的東西有競爭和嫉羨的感覺，同樣會伴隨著欣賞的感覺。這些認同在強度及品質上都有所差異，其中端賴欣賞或嫉羨兩者中何者是更加普遍的。小小孩整合渴望的一部分，是整合人格這些不同層面的驅策力。除此之外，超我提出認同父母雙方這種衝突的要求，這要求被早期渴望搶奪父母、後來想要修復的渴望所喚醒，表達了想要於內在維持父母仍然活著的願望。如果罪惡感的成分是主導的，將會阻撓這些認同的整合，然而，如果這些認同令人滿意地達成了，它們將成為豐富性的來源，以及不同才能和能力發展的基礎。

　　為了闡釋整合這個特殊層面的困難，及其與孤獨的關係，我將引用一名男個案的夢：一個小女孩正在和一頭母獅子玩，並且拿著一個鐵環讓母獅子跳過去，但是鐵環的另一邊是斷崖，這頭

母獅子遵從了，並且在這過程中被殺死。同時一個小男孩正在殺一條蛇。個案自己確認這個小女孩代表他的女性部分，而小男孩代表他的男性部分，因為相同的素材之前曾經出現過。在移情中，母獅子和我有很強烈的連結，針對這點我將舉一個例子：小女孩有一隻貓，這點讓人聯想到我的貓，我的貓通常代表我。和我的女性特質競爭，以及察覺到他想摧毀我，而在過去是想摧毀他的母親，這些對此個案而言是極端痛苦的。確認他自己的一個部分想要殺死所愛的母獅子——分析師，因此剝奪了他的好客體，所導致的不只是悲慘和罪惡的感覺，還有在移情中的孤獨；確認和父親的競爭讓他摧毀父親的潛能和陰莖（以蛇為表徵），這也讓他非常心痛。

這個素材導向非常痛苦的進一步整合工作。在我所提的母獅子之夢，之前還有另一個夢，其中一個女人從一棟很高的建築往下跳而自殺了，個案一點也不驚恐，和他往常的態度相反。在當時，分析的主要內容都是他對女性心理位置的困難，當時女性心理位置正處於高峰，夢中的女人表徵他的女性部分，以及他真的想要這部分被摧毀的願望。他覺得這部分不只會傷害他和女性的關係，也會損傷他的男性特質和所有建設的傾向，包括對母親的修復，這點在對我的關係中變得清楚。將他所有的嫉羨和競爭放入他的女性部分，結果成為分裂的一種方式，同時似乎掩蓋了他對女性特質極度的欣賞和感激。更甚者，逐漸清楚的是：每當他覺得男性攻擊相當開放而更誠實時，他就會將嫉羨和欺騙歸諸於女性的一方，因為他非常厭惡所有的不誠懇和不誠實，這點造成他在整合上的困難。

這些態度的分析，回到他對母親最早的嫉羨感，導致他人格

中女性和男性的部分有一種更好的整合，也導致在男性和女性兩者角色中嫉羨的減少。這點增加他在關係中的勝任感，幫助對抗一種孤獨的感受。

現在我將舉另一個例子，來自一名個案的分析，一個並非不快樂、也沒有生病的男人，他不論是在工作和關係中都相當成功。他察覺到總是覺得自己像個小孩般的孤獨，這種孤獨的感覺從來沒有完全消失過。愛好大自然在這個個案的昇華中是一個重要的特徵，甚至從最早的童年時期開始，到了戶外他就會找到撫慰和滿足。在一次會談時段中，他描述有一趟旅程中穿過丘陵地帶（hilly country）的愉悅，之後當他進入城市中卻覺得反感。我的詮釋如同之前所做的一樣：對他而言，自然表徵的不只是美麗，更是美好，事實上是他納入自己之中的好客體。在一陣停頓之後他回答，他覺得那是真的，但是自然不只是美好，因為總是有許多的攻擊在其中。同樣地，他補充說，他自身與鄉村的關係也不是全然美好的，舉例而言，當他是一個小男孩時，他常常去偷鳥巢裡的蛋，但是同時又總是想讓東西成長。他說在可愛的大自然中，他真正如自己所言地「納入一個整合的客體」。

為了瞭解個案如何在與鄉村的關係中克服他的孤獨，同時在仍然和城市有關的狀況下去經驗鄉村，我們必須追隨他某些關於童年時期和大自然的聯想。他告訴我他應該是一個快樂的嬰兒，受到母親妥善地餵養；許多素材——特別是在移情的情境中，都支持這樣的推論。他很快知道他對母親的健康感到擔憂，也知道他對母親相當紀律嚴明的態度感到忿恨。除此之外，他和她的關係在很多方面都是愉快的，他仍然喜歡她；但是他覺得自己在家裡是被包圍著的，並且覺察到一種急迫的渴求要出門。他很早就

發展出對大自然美麗的欣賞， 且他有更多的自由可以出門，這就會變成他最大的樂趣。他形容自己以前和其他的男孩有空閒時會在樹林和原野中遊蕩，也坦承有一些和大自然有關的攻擊，例如驚擾鳥巢和破壞籬笆。同時，他相信這類的損傷不會持久，因為大自然總是會自我修復；他視大自然為豐富和不易受傷的，強烈對比於他對母親的態度。和大自然的關係似乎相對地免於罪惡感，而在他與母親的關係中，為了潛意識的理由，他覺得自己要為母親的脆弱負責任，因而存在著大量的罪惡感。

從他的素材中，我可以得到結論：他在某種程度上內攝母親為 個好客體，在對她的愛和敵意的感覺之間可以達到 定的合成。他也達到相當不錯的整合層面，但是這點受到他和父母關係中的迫害焦慮和憂鬱焦慮所干擾。對他的發展而言，與父親的關係非常重要，但是這點並未進入這個特殊片段的素材中。

我已經提過這名個案想要出門的強迫需要，這和他的幽閉恐懼症有關。正如我在其他地方說過的，幽閉恐懼症有兩個主要的來源：進入母親之中的投射性認同，導致被幽禁在她裡面的焦慮；再內攝導致一種於內在被怨恨的內在客體所包圍的感覺。關於這名個案，我的結論是：他逃入大自然中是對這兩種焦慮情境的防衛。以某種角度而言，他對大自然的愛，從他與母親的關係中被分裂開來；他對母親的去理想化導致他轉移其理想化到大自然上面。與家和母親的關聯讓他覺得非常孤獨，這種孤獨的感受，正是他對城市反感的根源。大自然所帶給他的自由和享受不只是愉悅的一個來源（源自於對美強烈的感受，且連結於對藝術的欣賞），也是對從未完全消失之根本孤獨的反制。

在另一次的會談時段中，這名個案報告了一種罪惡感：在一　309

次往鄉村的旅途中，他捉到一隻田鼠，並且把牠放在車子行李箱的一個盒子中，要當作送給他孩子的禮物，他想小孩會很高興有這隻小動物作寵物。但是後來個案忘了這隻田鼠，想起來時已經是一天以後了。他找不到牠，因為牠已經咬破盒子跑了出來，藏在行李箱裡一個摸不到的角落。終於，再次努力捉住牠之後，他發現牠已經死了。個案對因為忘記這隻田鼠而造成牠死亡的罪惡感，導向在後續會談時段聯想到一些死去的人，某種程度上他覺得對這些人的死亡有責任，雖然不是基於理性的理由。

在後續的會談時段中，他對田鼠有豐富的聯想，田鼠似乎扮演著好幾個角色；牠代表自己一個分裂開來的部分——孤獨和被剝奪的。藉由認同他的小孩，他更加覺得被剝奪了一個可能的同伴。一些聯想顯示在整個童年時期，個案都渴望有一個同年齡的玩伴——一種超越對外在同伴之真正需要的渴望，導因於感覺無法再獲得自體分裂開來的部分。田鼠也代表他的好客體，藏在他內在——以車子為表徵；他對田鼠懷著罪惡感，也害怕牠會報復。他其他的聯想之一和疏忽有關，是田鼠也代表一個疏忽的女人；這個聯想是在一次假期之後出現的，意味著不只是他被分析師孤獨地留下來，分析師也是被忽略和孤獨的。和他母親有關的類似感覺在素材中變得清楚，如同所做的結論，他包含了一個死的或孤獨的客體，這增加了他的孤獨。

這名個案的素材支持了我的論點，孤獨與無能充分整合好客體以及那些感覺無法觸及的自體部分有關。

現在我將繼續更密切地檢視正常之下減緩孤獨的因素。相對安全地內化好乳房，是自我某些天生強度的特徵；強壯的自我比較不容易碎裂，因此更能達到一種整合的狀態和對原初客體良好

的早期關係。更進一步，成功內化好客體是對它產生認同的根源，強化了對客體和自體美好和信任的感覺。這種對好客體的認同減緩了破壞衝動，同樣地也減輕了超我的嚴厲。一個較緩和的超我，對自我的要求比較不嚴厲，這導致能容忍且有能力承受愛的客體之缺陷，不致損傷和這些愛的客體的關係。

隨著整合的進展而產生的全能感降低，以及導致希望感的失落，使破壞衝動及其影響之間的區辨成為可能，因此不再覺得攻擊和怨恨有那麼危險。對現實更大的適應導致能接受一個人自身的缺點，後續結果是對過去挫折的怨恨感受減輕了，也開啟了源於外在世界的享受來源，這也是另一個降低孤獨感的因素。

和第一個客體的愉悅關係和成功內化它，意味著可以給予和接受愛，結果是嬰孩能經驗到享受，不只是在餵食的時候，也在回應母親的在場和情感時。這類快樂的記憶對小小孩而言，是挫折時的一種後援，因為它們和更多快樂時光的希望有關。更甚者，在享受及感覺瞭解和被瞭解之間有一種密切的關聯，在享受的時候，焦慮被撫平了，與母親的親密感和對她的信任達到了最高點。內攝和投射性認同如果沒有過度，在親密的感覺中同樣扮演著重要的角色，因為它們潛藏於瞭解的能力之下，也促成被瞭解的經驗。

享受常常和感恩有關，如果這種感恩被深深地感覺到了，它會包含想要回報所接受之美好的願望，於是成為慷慨大方的基礎。能夠接受和能夠給予之間常常有密切的關聯，兩者都是與好客體之關係的一部分，因此能夠反制孤獨。更進一步，慷慨大方的感覺潛藏於創造力之下，這點適用於嬰孩最原初的建設活動，正如適用於成人的創造力一樣。

310

享受的能力也是一定程度認命的前提，認命代表接受可以觸及的愉悅，不過於貪婪地想要無法觸及的滿足，對挫折也不帶著過度的忿恨，這類的適應已經可以在某些小嬰孩身上觀察到。認命和耐心有關，也和覺得破壞衝動不會淹沒愛有關，因此美好和生命可以保留。

儘管感到有些嫉羨和嫉妒，如果一個小孩可以認同於家族成員的愉悅和滿足，他也可以在後來的生命與其他人的關係中這樣做。在老年時，他將可以逆轉早期的情境，認同於年輕人的滿足。但只有對過去的愉悅有所感恩，不因為它們不再可及而帶著太多忿恨時才有可能。

在發展中所有我觸及的因素，雖然它們緩和了孤獨的感受，但是卻永遠無法完全消除它，因此它們易於被當作防衛使用。當這些防衛非常強而有力且成功地切合所需，孤獨經常不會被意識所經驗到。有些嬰孩以極度依賴母親作為對孤獨的防衛，而對依賴的需要終其一生都是一種模式。另一方面，逃向內在客體（這在早期嬰孩時期是以幻覺滿足的方式表達）經常被防衛地使用，企圖反制對外在客體的依賴，在某些成人身上，這種態度導致拒絕任何陪伴，極端的狀況就成為疾病的一種症狀。

獨立的渴求是成熟的一部分，但是也會為了克服孤獨而被防衛地使用。減少對客體的依賴使個人較不脆弱，也反制了與所愛者分享內在和外在親密感的過度需要。

另一種防衛，特別是在老年時期，是沉溺於過去以避免現在的挫折，對過去的某些理想化勢必進入這些記憶之中，作為防衛之用。在年輕人中，對未來的理想化也有類似的用途；某些對人和目標的理想化是一種正常的防衛，也是尋找被投射到外在世界

311

的理想化內在客體的一部分。

他人的賞識和成功——原始是被母親賞識的嬰孩化需要，可以被防衛地用來對抗孤獨，但是如果因為對自己的信任並未充分建立而過度使用這個方式，就會變得非常不安全。另一種防衛和全能感及躁症防衛的一部分有關，也就是特定地使用等待所渴望的東西此能力，這可能會導致過度樂觀和缺乏驅力，並連結於對現實的防衛性感受。

相對於實際經驗到孤獨、且將孤獨變成趨向客體關係的一種刺激，對孤獨的否認經常被作為一種防衛使用，很容易干擾好的客體關係。

最後，我想要指出為何評估造成孤獨之內在和外在影響之間的平衡，是如此困難。我至今在這篇文章中所處理的是內在的層面——但是這些並不是獨立存在的。在心智生命中，內在和外在 312
因素之間有一種恆常的互動，奠基於啟動客體關係的投射和內攝過程。

外在世界對小嬰孩第一個有力的衝擊，是伴隨出生時各種的不舒服，這些不舒服被他歸因於敵意迫害的力量，這些偏執焦慮變成他內在情境的一部分。內在因素也是從開始就運作著；生、死本能之間的衝突造成死之本能向外轉向，根據佛洛伊德的說法，這啟動了破壞衝動的投射。然而我主張在同一時間，生之本能在外在世界中尋找好客體的驅策力，也同樣導致了愛的衝動之投射。以這樣的方式來看，外在世界的圖像（首先由母親所表徵，特別是她的乳房，植基於與她之間真實的好、壞關係）受到內在因素粉飾。藉著內攝，外在世界的圖像影響著內在。然而，不只是嬰孩對外在世界的感覺受到其投射粉飾，母親和小孩真正

的關係，間接而隱微地受到嬰孩對她的反應影響。一個享受地吸吮、心滿意足的嬰兒，緩和了母親的焦慮，而她的快樂呈現在抱持和餵食嬰兒的方式中，也因此降低了嬰兒的迫害焦慮和內化好乳房的能力。相對地，在餵食上有困難的小孩，可能會喚起母親的焦慮和罪惡感，對他們的關係有不利的影響。在這些不同的方式中，內在和外在世界之間有著恆常的互動，終其一生存在著。

外在和內在因素之間的相互作用，對孤獨感的增加或減少有重要的影響。好乳房的內化，必定要依賴內在和外在要素之間有利的互相影響；好乳房的內化是整合的基礎，如我所提過的，是降低孤獨感受最重要的因素之一。除此之外，我們已經很確定，在正常的發展中，當強烈經驗到孤獨的感覺時，非常需要轉向外在客體，因為孤獨感可以因外在的關係被部分緩和。外在的影響，特別是對個人而言是重要之人的態度，可以用其他方式降低孤獨感，例如：對父母基本上的良好關係，使理想化的失落和全能感覺的減少變得更加能夠忍受。父母藉著接受孩童的破壞衝動，並顯示他們可以保護孩童對抗攻擊性，可以降低孩童那與敵意願望相關的焦慮。結果，內在客體被感覺為是較不脆弱的，而自體也較不具破壞性。

在這裡我只觸及超我在所有這些過程中的重要性。一個嚴厲的超我，永遠不會被感覺原諒了破壞衝動，事實上，超我要求它們不應該存在。雖然超我大部分是從自我一個分裂開來的部分建造出來的，這是衝動所投射的部分，它也無可避免地受到內攝的真實父母的人格和他們與小孩的關係所影響。超我愈嚴厲，孤獨感將會愈深，因為它的嚴格要求增加憂鬱和偏執焦慮。

313

在結論中，我希望重述我的假說：雖然可以藉由外在影響而降低或增加孤獨，它永遠無法被完全消除，因為朝向整合的驅策力和整合過程中所經驗到的痛苦，皆源自於內在，終其一生都是強而有力的。

短論

早期分析中詞語的重要（1927）

314　　我在我的論文中指出，孩童和成人表達模式的不同，在於孩童會演出其思想和潛意識幻想，並將之戲劇化。但是考慮孩童駕馭語詞的能力，這並不意味著語詞沒有太大的重要性。我舉一個例子：一個非常潛抑潛意識幻想的五歲小男孩，已經進行了一部份的分析，他大多透過遊戲而帶出一堆素材，但是表現出無法理解這些素材的傾向。一天早上，他要求我玩商店的遊戲，要我演賣東西的人，對這種不準備說出其聯想的小小孩，我用了一個很重要的技術：我問他我應該是什麼人，女士或先生，因為他進來商店時要叫我的名字，他說我是「餅乾-蛋糕先生」（Mr Cookey-Caker），我們很快就發現他是指一個做蛋糕的人。我必須賣引擎，對他而言引擎表徵了新的陰莖。他稱呼自己是「踢人先生」（Mr Kicker），很快他就理解了這是踢某人的意思。我問他餅乾-蛋糕先生去哪裡了。他回答：「他去了某個地方。」隨即他了解到因為他踢了餅乾-蛋糕先生，所以餅乾-蛋糕先生被殺死了。對他而言，做蛋糕表徵著以口腔和肛門的方式製作小孩。在這個詮釋之後，他理解了自己對父親的攻擊，而這個潛意識幻想打開了其他潛意識幻想之路，他所對抗的人一直都是餅乾-蛋糕先生。「餅乾-蛋糕」這個字是通往之前他所逃避的現實之橋樑，只在遊戲時帶出其潛意識幻想。當孩童透過自己的語詞，承認客體的現

貴時，通常意味著進步。

「一個法醫學上有趣的夢」之短論（1928）

　　對布萊恩醫師（Dr Bryan）所提出的夢，為了支持我的評　315
論，我必須提及我於上一次會議中，在我的論文裡所提出的某些
理論主張，[315-1]我於去年秋天在這裡的演說中有更多細節上的說
明。在伊底帕斯衝突的早期階段之一，想要和母親性交並與父親
競賽的渴望，以口腔和肛門本能衝動的方式表達，這些在發展的
這個時期是主導的。藉由穿透母親的子宮，男孩摧毀了它，趕走
父親的陰莖，根據典型的嬰孩化性理論，父親的陰莖被認為永久
存在於子宮之中（在這個階段，父親的陰莖完全具體化父親），
他摧毀它的方式是狼吞虎嚥地吃光它。和這種傾向混合的是另一
種傾向（雖然還是可以清晰地辨識這兩者），它們的目標是一樣
的，也就是摧毀母親的子宮並狼吞虎嚥地吃掉陰莖，其基礎是對
母親一種口腔和肛門施虐式的認同。從這點再推進到男孩搶奪母
親體內的糞便、小孩和父親陰莖的渴望，由這個層次所引發的焦
慮異常地急性，因為它涉及父親和母親的聯盟，由子宮和父親的
陰莖所表徵，我指出這種焦慮是嚴重心智疾患的核心基礎。
　　從小小孩的分析中，我了解到對有陰莖的女性（這非常明顯
地影響了男性潛能的障礙）的懼怕，其實是對母親的懼怕，母親
的身體被認為包含著父親的陰莖。對被放置在母親之內的父親

315-1〈伊底帕斯衝突的早期階段〉（《全集I》）。

（或對他的陰莖）的懼怕，因此在這裡置換成對母親本身的害怕。藉著這樣的置換，真正和她有關的焦慮，和因為針對她身體的破壞傾向而來的焦慮，受到一種壓倒性的增強。

在布萊恩醫師這個格外有趣的案例報告中，清楚地表達了這種焦慮。在夢中這位壓制個案的母親，要求拿回他從她那裡偷走的錢，只有從女性那裡他才可以拿到錢的事實，明白地顯示偷走子宮內容物的強迫行為，偷來的錢他要做何用途也有特殊的重要意義。似乎很明顯地，個案拿了錢的目的，是要把它丟到浴室的馬桶裡，這種行為的強迫特質，可以用他想要修復的焦慮來解釋：想要還給母親（或子宮）他所偷走的東西——母親（或子宮）是由浴室的馬桶所表徵。

我的一名女性個案患有嚴重的精神官能症，證明是因為她擔心自己的身體會被母親所摧毀。她做了下列的夢：她在一間浴室裡面聽到腳步聲，於是她迅速把一個籃子中的內容物（如我們所發現的：表徵著糞便、小孩和陰莖）丟入馬桶中，在母親進來之前，她成功地沖了馬桶。她母親弄傷了肛門，她正在幫助母親包紮傷口；在這個案例中，對母親的破壞衝動，在潛意識幻想中主要是以肛門受傷此形式表達。

因此，偷錢不只是早期肛門施虐渴望搶劫母親的一種重覆，而焦慮所驅使的強迫行為，也造成這些偷竊的行為，為的是修復早期的偷竊，歸還之前所偷走的東西；後面這個渴望表達在把錢丟入馬桶中。

在個案的焦慮中，父親所扮演的角色是較不立即明顯可見的，但是無論如何，父親所扮演的角色也可以被闡釋。如我所說過的，表面上似乎只和母親有關的懼怕，其實也意味著對父親

（陰莖）的懼怕。更甚者，偷竊的事緊跟著一段和個案雇主的對話，主題和一般的侵占公款有關，在對話中，主管表達了對這類品行不端的斥責。這點清楚地顯示了：正是被父親處罰的需要，大大地造成個案犯下這些罪行。更進一步，使他在最後一刻做出修復的，是因為他面臨到另一個人（一位新的辦事員）的偵查；這個人再次表徵了父親，個案所無法忍受的焦慮會驅使著他向父親抗爭，也正是他對父親的焦慮，使他避免對父親（的懲罰）極力抗爭。

關於我在報告這個夢的會議上所作的這些評論，我想就個案病史相關的部分，運用我至今所知的多一些補充。這男孩對掃帚上的巫婆有著嬰孩化的懼怕，他認為巫婆會用某些器具傷害他的身體，讓他變瞎、變聾和變啞，這表徵著他對有陰莖的母親感到懼怕。他在朦朧狀態中旅行到蘇格蘭去找巫婆，表面上是因為他現在無法忍受的焦慮，迫使他嘗試著要和她把事情解決掉。然而，這種和解的企圖和母親內在的父親有多大的關聯，可以從下 317 列的事實得知：在旅行之前，他有一個潛意識幻想，他幫一個女孩抵抗一個男人的性侵害。事實上，他旅行的真正目標是拿到巫婆的「帽子」（陰莖）。但是，當後來到了偷竊的場景時，他在最後一刻因為懼怕另一個人而罷手，所以在這段旅程中，他並沒有達到最後的目的：和父親的陰莖競賽。在到達愛丁堡時，他生病了。他的聯想顯示這個城市代表巫婆的性器，其意義是他也許無法再更進一步地穿透（penerate）了，這種焦慮也符合個案的性無能。

如布萊恩醫師指出的，在看過牙醫之後所做的焦慮之夢，是基於對母親的認同。在這裡，對某些可怕的破壞及爆炸的懼怕，

是因為這類認同的肛門施虐本質。因為個案認定他自己沒有能力懷有小孩，這和他摧毀和搶奪母親的子宮有關，他也預期自己的身體會有相同的破壞。被父親所閹割與對母親的這類認同有關，是由牙醫師的動作所表徵的，它也顯示在當個案提及他的夢時所浮現的回憶。他看到自己所在之處是公園裡的一個特定地點，不顧母親之前警告他的，母親告訴他壞人可能會攻擊他，他自己作出結論：他們可能會偷他的錶。

個案對自己是否以及如何能離開這個公園的質疑，和他的焦慮有關，他擔心在和母親性交時會被父親攻擊——也就是說，在母親的身體內被攻擊，如同在母親身體外一樣。

從分析早期嬰孩期的早發型痴呆所得到的理論演繹（1929）[318-1]

318　　一個四歲男孩的案例，他的痴呆是我研究的基礎，我的研究顯示自我對特定狀況下之施虐產生過早和過度的防衛，阻礙了自我的發展和現實關係的建立。

評論瑪莉・查德維克（Mary Chadwick）的《女性週期》（1933）

　　一開始，作者把讀者帶回史前時期，顯示對男性和女性、在小家庭和大家庭、以及在較小和較廣的社群中，月經扮演什麼樣的角色。月經通常被男性視為危險的事件，而以害怕、焦慮和輕蔑回應。一般相信接觸正處於月經週期的女人是危險的，因此為

318-1　翻譯自德文。

了讓這「不乾淨」的女人遠離社群數天，而訂下了嚴格的限制。女性被排斥的方式，隨著部落的特性而有所不同。有一些青春期儀式，將青少女驅逐到社群外持續數月到數年之久，而驅逐處於月經週期的女性，是這類儀式的短暫重覆，這點甚至在今日的原住民族中仍可發現。

查德維克非常令人信服地顯示：對處於經期女性的原始害怕，是害怕某些特定的惡魔，最終是等同於閹割焦慮。除此之外，她顯示較後期的一些群體現象有著相同的根源，例如對巫婆的害怕，甚至導致她們被燒死；即使是今日，某些宗教的要求和禁止也有著相同的動機。這種焦慮也表現在某些迷信中，例如一般認為被處於月經週期的女性碰觸的花朵會凋謝。

在這段介紹之後，作者轉向現代和個別的個體，她再度顯示，每個人都必須處理相同的焦慮，這些是基於對兩性差異和對規律出血的女性週期具有「威脅性」徵候的認知。每個小孩遲早都會發現兩性差異和女性有月經的事實。

在意識或潛意識中，這樣的知識在孩童內心運作，引發其對 319 自身性器之完整性的焦慮念頭。每個人會根據自身的體質、發展狀態和可能的精神官能症來回應這樣的知識。

查德維克詳細描述在女性規律週期中，不論週期前、週期間或週期後，在女人、男人、小孩和受雇婦女內在所發生的細節（明顯的或隱藏的）。她強調家庭成員之間的爭執，是由處於月經週期的女性那趨向憂鬱的傾向和一般神經質的張力所引起的。這本書非常戲劇化地描述：男性和女性對月經精神官能症式的常見態度，是如何延續到小孩身上的，接著，在他們長大成人之後，如何再次顯示相同的困擾——認同的機制在這種現象中扮演主要

的部分，他們又如何再度傳遞相同的問題給下一代：精神官能症以這樣的方式代代相傳。這本書可以提供父母和教育者許多有趣的資訊，幫助他們更瞭解這個問題並改變他們的態度，預防對下一代更進一步的傷害。

某些心理的考慮：一個評論（1942）

320　　凱倫‧史蒂芬醫師（Dr Karin Stephen）模糊地陳述精神分析心理位置的某些層面，然而她並未考慮到這個問題的某些角度。對我而言，這些對瞭解超我的起源和沃丁頓醫師（Dr Waddington）的理論是相關的。

　　在此簡短的綱要中，是某些在我和小小孩的精神分析工作中變得清楚的事實，這些是我希望讓你們注意到的。在嬰兒心靈中，「美好」（good）的感覺首度出現在**愉悅的**感官經驗中，或者，至少是遠離痛苦的內在和外在刺激（於是食物是特別美好的，食物創造了滿足和由不舒服中得到釋放）。邪惡（evil）引起了嬰兒的**痛苦**和緊張，他的需要和欲求無法滿足。因為在開始時，「我」（me）和「非我」（not-me）之間的區辨幾乎不存在，內在的美好和外在的美好、內在的壞和外在的壞，對小孩而言幾乎是相同的。然而，很快地，「美好」和「邪惡」的概念（雖然這個抽象的語詞，並不適用於這些廣大的潛意識歷程和高度情緒化的歷程）延伸到他周圍的人們。根據孩童對父母的感覺，父母也變成美好和壞的載具，然後被再納入自我之中，在心靈中，他們的影響決定了個體對美好和邪惡的概念。在投射和內攝之間往返的動作是一個連續的過程，在童年時期的頭幾年，與

真實人們的關係藉此建立，超我的各種層面也同時在心靈中被建立起來。

　　孩童在自己的心靈中建立人們的形象（首先是他的父母），就像他們是自己的一部分，這能力由兩個事實所決定：一方面，來自外在和內在的刺激，開始時是無從區辨的，變成可以互相交換；另一方面，嬰兒的貪婪——他想要納入外在美好的願望，都增強了內攝的歷程，外在世界的某些特定經驗幾乎同時變成他內在世界的一部分。

　　嬰兒天生的愛和恨的感覺首先聚焦於母親，愛的發展是回應著她的愛和照顧，恨和攻擊則是受到挫折和不舒服所刺激。同時，她成為嬰兒自己情緒投射的客體，藉著將自己的施虐傾向歸諸於父母，嬰兒發展出超我殘酷的層面（如史蒂芬醫師已經指出的），但是他也將愛的感覺投射到身邊的人身上。藉由這些方式發展出友善和有幫助的父母影像。從生命的第一天開始，這些歷程就受到照顧者的真正態度所影響，而真實外在世界的經驗與內在經驗恆常地交互影響著。當賦予父母愛的感覺，也因此建立了自我理想時，小孩受到強制的身體和心智需要所驅使；如果沒有母親的食物和照顧，他會死亡，他整體心智的安好和發展，端賴他在心靈之中安全地建立起友善和保護的形象。

　　超我各種不同的層面，源自於在整個發展的連續階段中，小孩感知父母的方式。形成超我另一個有利的元素，是小孩對自身攻擊傾向的深惡痛絕——早在生命最早的幾個月中，他就經驗到的一種感覺。我們如何去解釋這種早期心靈的一部分反抗另一部分的現象——這種自我定罪（self-condemnation）的天生傾向是良心的根源？在小孩潛意識的害怕中可以發現一個強制的動機，

321

在小孩心靈中的渴求和感覺是全能的，一旦他猛烈的衝動氾濫，它們會對父母和自己造成破壞，因為在他的心靈中，父母已經變成他自體（超我）一個整合的部分。

失去所愛的人和失去大多數需要，帶給小孩排山倒海般的害怕，在他心靈中促發的不只是一種想要約束自己的攻擊之衝動，也是一種驅力，想要保護他在潛意識幻想中所攻擊的客體，使它們恢復正常，修補他加諸於它們的傷害。這種修復的驅力，推動、導向了創造的衝動和所有建設性的活動。現在有某些東西加入了早期美好和邪惡的觀念之中：「美好」變成對那些被他的怨恨所危害、傷害之客體的保存、修復和再創造，「邪惡」則變成他自身危險的怨恨。

於是建設和創造的活動以及社交和合作的感覺，被感覺為道德上的美好，因此它們是阻止或克服罪惡感最重要的方式。當超我各種不同層面合而為一（這是成熟和平衡良好者的狀況），罪惡感並非失去行動力，而是伴隨著反制它的力量，整合到人格之中。如果罪惡感太強烈而無法充分地處理，它可能會導致又創造更多罪惡感的行動（如犯罪），病變成所有病態發展的緣由。

當強制的命令：「你們不應該殺戮」（原初是指愛的客體），和「你們應該從破壞中拯救」（再次指愛的客體，首先是從嬰孩的攻擊中拯救）在心靈中紮根，一種所有道德系統之基礎的普遍道德模式會被設立，儘管事實上，道德模式會有多重的變異和扭曲，甚至完全反轉。原初愛的客體，可以被人類廣泛興趣中的任何一件事物所取代：一個抽象的原則，或甚至是一個單一的問題，都可以代表愛的客體，而這樣的興趣似乎和道德感鮮有相關。（一個收集者、發明家或科學家，為了更進一步追求目標，

感覺上甚至可以犯下謀殺罪。）因為這個特殊的問題或興趣，在他的潛意識心靈中表徵著原初所愛的人，因此必須被拯救或再創造；任何阻擋他達成目標的事物，對他而言都是邪惡的。

提到原初模式受到扭曲甚至反轉的例子，立刻在心中浮現的是納粹的態度。在這裡攻擊者和攻擊變成所愛和欣賞的客體，被攻擊的客體轉變成邪惡而必須被根除的。對這類反轉的解釋，可以在早期潛意識對第一個在潛意識幻想中被攻擊和受傷者的關係中發現，因為害怕被受傷的客體以相同方式報復，於是客體轉變成一個潛在的迫害者。然而，受傷者和所愛的人是相同的，所愛的人必須被保護和恢復原狀。過多的早期恐懼，傾向於加強「受傷的客體是敵人」的觀念，若結果真的是如此，怨恨在與愛的掙扎中將會勝利，更甚者，剩下的愛會以特殊的方式導致超我的惡化。

在個體的心靈中，還有一個關於美好和邪惡的發展步驟是應該提及的。如史蒂芬醫師所指出的，成熟和心智健康是「美好的」。（然而，雖然有一種絕佳的「美好」存在於和諧的成熟中，但絕非是成人「美好」感覺的唯一狀態，因為美好有各種不同的種類和順序，即使在那些偶爾會失衡的人們之中也是。）和諧和心智平衡——更進一步的快樂和滿足，意味著超我已經被自我所整合；因此這也意味著超我和自我之間的衝突已經大幅度降低了，我們可以和超我和平相處，也促使我們能和那些最初所愛和所恨的人們和諧相處，而超我即源自於這些人。從早期的衝突 323 和情緒，我們已經行經一段很長的旅程，我們的興趣和目標所針對的客體已幾經更迭，過程中變得益加精細繁瑣，也產生了轉化。無論我們感覺離自己的原初依賴有多遠，無論從我們的成人

道德要求中汲取了多少滿足，在心靈深處，始終存在著保存、拯救我們所愛的父母，並與他們和解的最初渴求。獲得道德滿足的方式有很多，不論是透過社交、合作的感覺和追尋，或是透過進一步遠離外在世界的種種興趣——每當我們感覺到道德美好，在我們的潛意識心靈中，這種與我們所愛和所恨的原初客體和解的原初渴求便被實現了。

【附錄一】註解

對某些類分裂機制的評論（1946）

　　這是梅蘭妮・克萊恩最重要的著作之一，首次對於在生命最　324
初三個月所發生的精神過程呈現了詳細的說明。以前這段最初的
時期叫做偏執心理位置，在此被重新命名為偏執-類分裂心理位
置（見他在第3頁的註解），在〈論躁鬱狀態的心理成因〉（1935）
一文中，只在對比於憂鬱心理位置時，對其作摘要的描述。梅蘭
妮・克萊恩在此論文中，詳加陳述了早期自我的特徵、其客體關
係與焦慮的形式，藉此闡述了（舉其中最重要的）類分裂狀態、
理想化、自我的去整合，以及與分裂有關之投射過程的本質，對
於最後這點她開始引用「投射認同」這個詞（下文將會討論這個
概念），而且對於了解精神分裂症開啟了一個新的紀元。這篇論
文對於一些心智的過程，特別是導致精神分裂解離與去人格狀態
的類分裂機制，提供了最早的詳細說明；它也討論了關於分析類
分裂狀態的技術，她在晚期的著作《嫉羨和感恩》中，再次回到
這個主題上。
　　在對偏執-類分裂心理位置的說明中，分裂是關鍵的概念。
追溯梅蘭妮・克萊恩關於分裂的想法在數年間的發展，可能會相
當有趣。分裂有各種不同的形式，在她最早出版的論文〈兒童的
發展〉中，她評論裂解客體的壞面向此現象，以便將它以好客體
來加以保存。她觀察一個小男孩，他的巫婆形象是來自於母親形
象的分解，為了要將她保持住，這個巫婆形象是與他所愛的母親

裂解分離的（《克萊恩全集I》，p. 42）。在《兒童精神分析》
（1932）中，這種分裂的方式被視為是相對的成熟過程，發生在
施虐性減弱的時候，它使兒童能夠復原其好客體，並且避開恐怖
的壞客體。在1935年，梅蘭妮‧克萊恩將這種分裂的方式（發
生於愈來愈現實的層次）納入正常修通憂鬱心理位置的過程當中
（《克萊恩全集I》，p. 288）。

　　從她早期的著作中，有第二個主要的思考脈絡。在〈伊底帕
斯衝突的早期階段〉（1928）一文中，她專注在侵入母親體內的
325　早期潛意識幻想；在〈兒童遊戲中的擬人化〉（1929）中，她也
描述了焦慮可能會如何導致分裂，或是將超我分裂為它的組成份
子之形象，接著將特定的形象投射出去，藉此減輕焦慮。次年，
在〈象徵形成在自我發展上的重要性〉文中，她這個想法更往前
一步，她沒有使用「分裂」或是「投射」等字眼，而是以自我的
某些部分被排除在外來加以描述。她認為自我對焦慮的最早防衛
不是潛抑（稍後才發生），而是排除（expulsion），暴力地排除施
虐性，既是要讓自我得以抒解，也是要攻擊迫害的客體。這些較
早的想法一起形成了投射認同這個更寬廣的概念之一部份，而梅
蘭妮‧克萊恩在本篇論文中引介了這個概念。投射認同是統稱與
分裂及投射有關的許多過程，它們雖然不同，但彼此是相關的。
梅蘭妮‧克萊恩顯示了：在偏執-類分裂心理位置上，應付焦慮
之首要防衛是投射認同，而且，投射認同建構了這個時期的特稱
——自戀客體關係，在這樣的客體關係中，客體相當於自體被裂
解而投射出去的部分。她也描述了因強行進入與控制客體之潛意
識幻想而產生的焦慮，以及因為自我過度使用投射認同而導致的
匱乏效應。在〈論認同〉（1955）一文中，她詳細地研究投射認

同的另外一種形式,也就是獲得了假性認同(pseudo-identity)。

　　梅蘭妮‧克萊恩為了繼續回顧分裂這個機制,在1935年〈論躁鬱狀態的心理成因〉此論文中,第一次描述了情緒與最初客體關係的原初分裂,這種分裂是偏執-類分裂心理位置的根基。愛與恨被分裂了,客體關係相應地分裂為好的與壞的;在此論文中詳述了這種原初分裂的細節。梅蘭妮‧克萊恩也第一次注意到兩種影響自我狀態的更進一步分裂形式,自我在滅絕之恐懼下,將自己分裂為微小的碎片,她認為這個機制是構成精神分裂中去整合狀態的基礎。她也提出當客體以施虐的方式被攝入時,它會被分裂為碎片,導致了自我的分裂。事實上在此論文中她強調的事實是:自我在分裂客體時,自己也會分裂,這對精神分裂症來說是一件很重要的事實。

　　在她接下來的著作中,她在這些關於分裂的基本發現上再加了幾點補充。分裂了〈關於嬰兒情緒生活的一些理論性結論〉(1952)文中,她描述了憂鬱心理位置中特有的分裂;自我為了防衛憂鬱的焦慮,分裂了未損傷而活著的客體與受傷垂死或死亡的客體。在同一篇論文中,她討論了分裂對整合過程所造成的一般性影響。在〈心智功能發展〉(On the Development of Mental Functioning, 1958)文中,梅蘭妮‧克萊恩的想法有一突然的轉變:在自我與超我之間的分裂以外,她假定在心智狀態中有另外一種結構性的分裂存在,也就是在深度潛意識中,有一個安置最早期、最恐怖形象的裂解區域。

　　本篇論文就像是對一個未知領域所繪製的第一張地圖,只有大略的摘要,仍有許多有待補充之處,尤其是未說明偏執-類分裂心理位置的病理。雖然梅蘭妮‧克萊恩描述了過度分裂與嬰兒 326

期持續退縮的不良影響，但一直要到晚期在《嫉羨與感恩》中，經由研究顯著的嫉羨在發展上的影響，她才能開始有效地區別偏執-類分裂心理位置的正常與不正常形式。她在晚期對於本篇的說明做了兩項修正：在〈焦慮與罪惡感〉（Anxiety and Guilt, 1948）與〈精神分裂症患者的憂鬱〉（Depression in the Schizophrenic, 1960）中，她描述了罪惡感與憂鬱非常早期的形式，發生在憂鬱心理位置之前，屬於偏執-類分裂心理位置。

將兩篇論文〈論躁鬱狀態的心理成因〉與〈哀悼及其與躁鬱狀態的關係〉放在一起來看，包含了對嬰兒期憂鬱心理位置的說明，而這篇論文成功將發展的新理論引介入精神分析；這個理論的關鍵概念是：發展是一項工作——經由兩個主要的心理位置，活躍的自我和客體發生關連。這個理論將新的概念與假說帶入精神分析，根據這些概念與假說，梅蘭妮・克萊恩闡述且解釋了廣泛的心理現象。

關於焦慮與罪惡感的理論（1948）

在1943至1944年之間，英國精神分析學會對於梅蘭妮・克萊恩的作品安排了一系列論戰，她的觀點以四篇論文為代表，一篇是她自己的，題目是〈特別與憂鬱心理位置有關的嬰兒情緒生活與自我發展〉（The Emotional Life and the Development of Ego of the Infant with Special Reference to the Depressive Position），以及其他三篇由兩位同僚所發表的論文：蘇珊・伊薩克斯的〈潛意識幻想的本質與功能〉（The Nature and Function of Phantasy）、寶拉・海曼的〈內攝與投射角色的某些面向〉

（Some Aspects of the Role of Introjection and Projection），以及由蘇珊・伊薩克斯與寶拉・海曼共同發表以「退行」為題的一篇論文。從梅蘭妮・克萊恩為該事件所發表的論文，又產生了三篇論文：〈關於焦慮與罪惡感的理論〉、〈關於嬰兒情緒生活的一些理論性結論〉、〈嬰兒行為觀察〉。這三篇與〈對某些類分裂機制的評論〉（梅蘭妮・克萊恩在1946年發表於英國學會）一起收錄在1952年出版的《精神分析的發展》一書中，這本書也包括了對蘇珊・伊薩克斯與寶拉・海曼在論戰中發表的論文加以延伸的增訂版本，以及兩篇黎偉業的文章，因此這本書可以說是當時克萊恩理論的永久記錄。

　　本篇論文的旨趣並非新的觀點，因為除了在下文指出的一點修正之外，此處所述的所有觀點都是來自於較早期的著作，這些梅蘭妮・克萊恩本身在本文中已經提到。不過，雖然二十五年來她視焦慮為一個決定性的心理因素，而且在這個主題上投入大量的思考與工作，這是她第一次、而且是唯一一篇完全以此為主題的論文。這一點讓這篇論文成為一個受到歡迎的綜論，集合了她所有關於焦慮與罪惡感的理論，包括與佛洛伊德在起源的觀點上相同與相異之論點。本篇對於死亡的恐懼進行了充分的討論，她的主張與佛洛伊德不同的是：死亡恐懼是所有焦慮中最根本的。

　　本篇對於〈論躁鬱狀態的心理成因〉（1935）一文中關於罪惡感的說明，有一個修正，這是一系列修訂的第一個。在那篇文章中，她主張罪惡感最早是發生在憂鬱心理位置與全客體的關係中；而她的新觀點是：在此之前，在與部分客體之關係中的短暫整合狀態時，罪惡感就被經驗到了。後來在《嫉羨與感恩》中，她認為過度的嫉羨導致了過早的罪惡感，混淆了偏執-類分裂心

327

理位置中焦慮的修通。在〈關於精神分裂症中憂鬱症狀之短論〉（1960）中，她描述了在精神分裂症所見的一種早期罪惡感與憂鬱的形式。因此，她對於偏執-類分裂心理位置的最終結論，包括了附帶的憂鬱焦慮，這相近於她的觀點：憂鬱心理位置也涉及妄想的焦慮。

關於精神-分析結案的標準（1950）

在1923年，梅蘭妮·克萊恩注意到：「每當憂慮被解除時，分析就往前邁一大步。」（〈早期分析〉〔I, p. 78〕），從那時候開始，她開始認為分析進展的關鍵在於對焦慮的分析。在本篇論文裡，正式且精確地以她對於早期發展的理論觀點表達這個觀點，她的命題是：精神-分析（它再活化了焦慮）結案的時機，是當迫害焦慮與憂鬱焦慮因為修通嬰兒期偏執-類分裂與憂鬱心理位置而減輕的時候。她進一步的主張是：這個標準與其他一般被接受的結案指標有關聯，而且是這些指標的基礎。

這篇論文有長、短兩個版本。

移情的根源（1952）

這是梅蘭妮·克萊恩唯一一篇以移情為題的論文，集合了她在其著作中經常提到並以臨床實例描述的一些想法。她對移情的概念是很豐富的，牽涉了她所說的「所有處境」；從她的觀點，詮釋必須涵蓋早期的客體關係——這些客體關係在移情中被再度體驗並且進一步開展，也要涵蓋病患在目前生活經驗中的潛意識

元素。在《嫉羨和感恩》（1957）中，她記錄了（第232頁的註　328
腳）她用「存在於感覺中的記憶」來表達的那些發生在移情中之
前語言階段（preverbal）的情緒與潛意識幻想。

　　許多年來，梅蘭妮·克萊恩一直抱持這樣的觀點：客體關係
從出生就開始了。這個觀點意味著自戀與自體情慾並非早於客體
關係的狀態，而是與最早的客體關係同時存在。本篇論文包含了
她對於自戀的唯一討論（即使很簡短），包括對於她的觀點與佛
洛伊德觀點之間的關係提出說明。讀者將注意到：在此討論中，
梅蘭妮·克萊恩描述了自戀狀態，這是退縮到內在客體的狀態。
在她的用詞中，自戀狀態與自戀客體關係是不同的，後者是由投
射認同所導致的，其方式在〈對某些類分裂機制的評論〉（第16
至17頁）中有所描述。

自我與原我在發展上的相互影響（1952）

　　這篇短文是梅蘭妮·克萊恩為一個以此為題的討論會所提供
的文章。另外一篇關於後設心理學的更重要討論，見於〈心智功
能發展〉（1958）。

關於嬰兒情緒生活的一些理論性結論（1952）

　　如同在〈焦慮與罪惡感〉的註解中所解釋的，這一篇論文是
源自於梅蘭妮·克萊恩提供給1943到1944論戰那篇文章的三篇
後續論文之一。

　　在二十年前她完成早期的工作時，梅蘭妮·克萊恩曾試圖在

《兒童精神分析》的第二部中，對於發展提出詳細的說明。在其後的這段時間裡，她明確地闡述了嬰兒期偏執-類分裂與憂鬱心理位置的理論。本篇論文相當有趣之處在於：它是最充分地用此理論觀點來觀察從出生到潛伏期之間的階段的第一篇論文。與她較早期的說明相比較，這篇論文在科學性的組織理解與一致性方面都有明顯的進步。除了她在《嫉羨與感恩》（1957）中描述的原初嫉羨這一點之外，這篇論文是梅蘭妮·克萊恩對於早期發展的最終圖像。

　　本篇論文中較為特別有趣的幾個論點之一，在於她對分裂的說明，在兩方面補充了她以前所說的（關於分裂的概略性討論，見於〈對某些類分裂機制之評論〉的註解）：首先她釐清（第111頁）分裂與潛抑之間的關係，其次她描述了（第95至96頁）一種特別的形式，也就是發生在憂鬱心理位置的分裂，這一點在1946年時尚未有詳細的說明。本篇論文也是最早明白提到（註解79-2）：由於有敵意的聯合雙親之原始形象獲得了滿意的發展，所以分離的內在父母可以快樂地相處。最後一點是：在她較早期的著作中，有一個假設被她後來的理論所駁斥，即施虐性達到最高點的時期是在第一年的中段，這點在第六章第118頁註解四有所討論，在該處梅蘭妮·克萊恩陳述了她再修訂的嬰兒期攻擊性年表；對她較早期觀點的修正，也見於她為《兒童精神分析》第三版所著的序。

幼兒行為觀察（1952）

　　這篇論文是從梅蘭妮·克萊恩提供給1933至1944論戰的文

章所發展而來的，其重要性與前一篇論文並列。〈關於嬰兒情緒生活的一些理論性結論〉詳細陳述了梅蘭妮·克萊恩關於早期發展的最終理論——除了她在1957年的著作中補充的原初嫉羨。在本篇論文中，以這個理論來解釋、說明嬰兒被觀察到的感覺與行為細節。

在理論方面，一個有趣之處是在論文附註的第一點中，明白地陳述了一個假設，這個假設一直是梅蘭妮·克萊恩工作的前提：嬰兒對獨特的好客體（也就是母親的乳房）具有與生俱來的潛意識知識。

精神分析遊戲技術：其歷史與重要性（1955 [1953]）

這一篇是最接近於梅蘭妮·克萊恩專業自傳的文章，它記錄了她在早期作為兒童分析師的歷史。這一篇論文有兩個版本，第一個版本包含了詮釋兒童遊戲的例子，這些例子在第二個比較長的版本中被兒童案例的說明取代。本書所收的是第二個版本，有些進一步的病史資料可見於《兒童精神分析》第一版的引言中。本篇最有趣的是梅蘭妮·克萊恩說明了她在每個兒童案例所獲得的特別發現。

論認同（1955）

這是梅蘭妮·克萊恩三篇以文學作品為素材之論文的第二篇，其他兩篇是〈呈現在藝術工作及創意衝動中的嬰兒期焦慮情境〉（Infantile Anxiety Situations Reflected in a Work of Art and

in the Creative Impulse, 1929）以及〈《奧瑞斯提亞》的某些省
思〉（1963）。

330　　本篇論文對待法比安（朱力安格林小說中的主角）——用梅
蘭妮・克萊恩的話來說，「幾乎就好像他是一個病人」。這篇論
文主要而最有趣的部分，是它探討了投射認同的新面向。在〈對
某些類分裂機制的評論〉中闡述的投射認同概念，包括了若干不
同而互相關聯的過程。在1946年，梅蘭妮・克萊恩描述了因為
投射認同而形成的一種客體關係形式，在此客體關係中，客體等
同於自體裂解的部分，此處她所研究的不是投射認同為客體帶來
的改變，而是在主體認同上的改變；主體藉由侵入客體而拿取、
獲得了客體的認同。梅蘭妮・克萊恩利用法比安的故事（他進入
他人而且成為其延續）來討論用這種方式獲得假性認同的動機。
她也討論了關於投射認同選擇客體的問題，以及它所導致的自我
的狀態與焦慮，包括人格裂解的那些部分（它們被感覺是保留在
新的認同之外）的命運。她也簡短描述（第185至186頁）一個
完整的好內在客體對分裂與投射具有有利的支配效果。

嫉羨和感恩（1957）

　　這是梅蘭妮・克萊恩最後的主要理論作品。在它出現之前，
嫉羨零星地被精神-分析師確認為一種重要的情緒——但是只在談
論剝奪的情境中，而且也只有嫉羨形式中的其中之一被詳細地研
究，即陰莖嫉羨。梅蘭妮・克萊恩自己之前所提及的嫉羨，開始
於她描述厄娜（Erna）發展中深層的嫉羨情感，厄娜是在一篇未
出版的論文中報告的早期個案，這篇論文在1924年的德國精神

分析學會首屆會議中朗讀，後來成為《兒童精神分析》第三章的基礎。在之間的幾年，她指出嫉羨是一個重要的因素，在233頁的註解中，她列出過去所提及的嫉羨，然而，她遺忘了自己在現在的作品〈關於嬰兒情緒生活的一些理論性結論〉（1952）中所預想的，她說「嫉羨似乎天生就存在於口腔的貪婪中……嫉羨（與愛以及滿足的感覺交替發生）最初是指向哺育的乳房……」（第六章第102頁）。

在這篇專題論文中，梅蘭妮·克萊恩為這之前的一個小章節，周解出一個擴展的區域。她推斷嫉羨和感恩是相反卻互相作用的感覺，一般從出生開始就運作著，而嫉羨的第一個客體，正如感恩的第一個客體，正是餵食的乳房。她描述了嫉羨和感恩兩者對早期客體關係的影響，並研究嫉羨的運作，不只是在剝奪的情境中、也在滿足的情境中干擾著正常的感恩。嫉羨對性格形成的影響也受到研究，特別是潛意識的嫉羨，包括針對嫉羨所引發的防衛之本質，也具有首要的重要性。分析分裂歷程的技術也被討論，這對在〈對某些類分裂機制的評論〉中的討論形成重要的補充。

梅蘭妮·克萊恩也檢視顯著病態的嫉羨。在〈對某些類分裂機制的評論〉中，雖然她標示出若干早期功能的異常，例如：內攝因怨恨而碎裂的客體、分裂機制的過度使用、自戀狀態的持續存在，但是偏執-類分裂心理位置的精神病理大部分仍然是未知的。在這裡她細節地說明由於過多嫉羨而造成偏執-類分裂心理位置的異常形成，除此之外，她描述了因分裂失敗所造成的混淆困惑，並顯示缺乏理想化的重大意義。她也勾勒出憂鬱心理位置的異常結構，和緊接著的伊底帕斯情結，並指出哺育的乳房被嬰

331

孩感知為創造力的泉源，並描述不恰當的嫉羨對創造能力的傷害性影響。整篇文章中，她都藉由案例的素材來闡釋理論和臨床的主張，特別有趣的是，本文顯現了她在晚期是如何工作的。

這篇作品中對負向治療反應有新的瞭解，把它視為嫉羨的影響來研究。梅蘭妮‧克萊恩認為雖然嫉羨在某種程度上可以被分析，但是它也侷限了分析的成功性。因此，這個事實抑制了她二十幾歲時在早期論文中的高度樂觀。

論心智功能的發展（1958）

梅蘭妮‧克萊恩討論她接受佛洛伊德的兩個後設心理學原則：結構理論和生、死本能的理論。她陳述了她對生、死本能理論的補充，和在某些特殊細節上不同意佛洛伊德的地方。她強調她所運用的生、死本能理論，不是作為生物有機體行為的一般概念，而是作為愛和恨的基礎，是心智而非生物的現象。然而，她對心智的強調不只是一種本能理論的特殊觀點，這是她在精神-分析中清晰的方向。她一般的取向，和她偏執-類分裂和憂鬱心理位置的理論，形成一種心智功能的理論。舉例而言，注意這篇文章的標題。

她對生、死本能的討論，集結了長久以來所抱持的觀點，這比較不在於討論心智結構，而特別是針對超我。在此處，梅蘭妮‧克萊恩突然改變了一個觀點；相較於早先所強調的觀點（見〈兒童良心的早期發展〉〔The Early Development of Conscience in the Child〕一文的說明）：正常早期超我的特徵是其極端和嚇人的本質，在這裡認為超我隨著處於融合狀態的兩種本能而發

展，因強烈破壞性而產生的恐怖內在形象，並未形成超我的一部 332
分。這些存在於深度潛意識心靈中分隔的區域，從自我和超我兩
者中分裂開來，所以它們仍然未被正常成長過程整合和修正；如
果一種異常的情境出現，而無法維持分裂狀態，這些恐怖的客體
就會變成急性焦慮的來源，並威脅心智的穩定。相對於早先的觀
點，她也認為從一開始自我和超我就有一種密切的調和。

　　她對於精神中最恐怖的形象之論點是維持不變的，這和之前
許多章節所陳述的並不一致，例如，在〈關於嬰兒情緒生活的一
些理論性結論〉（1952）第111至112頁，她描述了對早期超我
形象的極端嚴厲性，憂鬱心理位置帶來了什麼樣的修正和整合影
響——無論如何這也是重返舊的觀念。在〈兒童分析論叢〉
（Symposium on Child Analysis, 1927）一文中，梅蘭妮‧克萊恩
寫道（p. 155）：「從兒童的分析中，我被引導去相信，他們的
超我是一種高度阻抗的產物，其核心是無法改變的……」在同一
篇文章中，她提及超我「其本質是不可改變的」。

　　如同她對這類事情常有的習慣，梅蘭妮‧克萊恩從未評論或
正式地釐清其觀點改變的牽連和糾葛。她對超我的最可怕形象徹
底重新分類，這是否改變了她的觀點，也就是關於它們在偏執-
類分裂心理位置中對嬰孩的影響？這篇論文和在〈我們成人的世
界及其嬰孩期的根源〉（Our Adult World and Its Roots in
Infancy）與〈奧瑞斯提亞〉（The Oresteia）中，對於嬰孩在生
命最初期的經驗之後續說明，似乎可以指出：她對於它們對嬰孩
之衝擊的觀念仍然是相同的，因為這些駭人形象在開始時通常無
法成功分裂（見第309頁）。另一方面，例如她對超我在精神分
裂症中之發展的說明，現在似乎不一樣了；之前（例如，見〈兒

童遊戲中的擬人化〉〔1929〕）她認為精神分裂症的特徵，是早期正常的嚴厲超我異常地持續和主導，現在她的觀點是：（見第312頁）精神分裂症歷程的一部分是超我本身的異常發展，在其中超我變得與最駭人的客體無法區辨。

我們的成人世界及其嬰孩時期的根源（1959）

這是梅蘭妮・克萊恩針對廣泛而非專業的分析聽眾所寫的最後一篇論文，其他的有〈論斷奶〉（On Weaning, 1936）和〈愛、恨與修復〉（Love, Guilt, and Reparation, 1937）。以少量的技術詞彙，她為她的發現和理論提供一個廣泛的概觀，強調早年的發展對成人生命、個體和社會的持續影響。

關於精神分裂症中憂鬱症狀之短論（1960）

333   梅蘭妮・克萊恩所參加的最後一次精神分析國際會議，是1959年在哥本哈根（Copenhagen）舉辦的的第二十一屆會議。她做出了兩項貢獻：這篇短論文和〈論孤獨的感受〉。這篇論文是憂鬱疾患座談會的一部分，處理精神分裂症中的憂鬱症狀，梅蘭妮・克萊恩在這裡修正了她某些早期的觀點。

在描述這篇論文之前，收集她關於這個主題的作品是有幫助的，因為精神分裂症──事實上是精神病，在她專業生涯中一直都吸引著她的興趣。若干觀念在一開始就呈現出來了，她認為精神病歷程發生在比一般推論更早的年紀時，有兩種獨立的方式：在正常嬰孩身上，精神病歷程是正常發展的一部分；在精神病

中，甚至在其童年時期本身，則是一種繁複和異常的型態。同時，她認為精神病歷程和施虐有關，它們源自於急性焦慮，使特定或一般的防衛產生一種過度和傷害式的使用。

　　這些觀念首次簡略地呈現在1927到1929年間一些論文中。在〈正常兒童的犯罪傾向〉（Criminal Tendencies in Normal Children, 1927）中，她將注意力放在逃離現實正是兒童正常的防衛之一，也是兒童精神病的基礎（如果它滲透了整個人格）。在〈伊底帕斯衝突的早期階段〉（1928）一文中，她描述恐怖的內在世界和精神病，從攻擊母親內在的潛意識幻想而來。在〈兒童遊戲中的擬人化〉（1929）一文中，她列舉出兒童精神分裂症的徵候，詳加說明遊戲的典型型態，並且從她當時正在進行的早期超我研究中得到結論：精神病中的一個核心因素是早期超我所造成的急性焦慮，而早期超我是由兒童施虐潛意識幻想的影像所形塑的。下一篇論文〈象徵形成在自我發展過程中的重要性〉（1930）中，紀錄了一名精神病兒童首度的分析，以及存在著一種先於潛抑、且可以和潛抑區分開來的防衛機制。梅蘭妮・克萊恩描述自我如何使用這種早期機制，以驅逐它自身的施虐並攻擊敵意的客體，以及如果這個機制（當時還沒有命名）被過度使用，導致排除所有施虐和焦慮時，對發展會產生什麼毀壞效果——自我因此缺乏進一步發展的管道，仍然停留在一種精神病的狀況之中。在這些觀念中，存在著在〈對某些類分裂機制的評論〉（1946）中所形成的投射性認同此觀念的前驅物。

　　1930年，在〈精神病的心理治療〉（The Psychotherapy of the Psychoses）這篇簡短的論文中所勾勒的精神病之現實，反映了個體敵意本能之生命，其焦慮與防衛的一般本質也是如此。在

《兒童精神分析》（1932）一書中，梅蘭妮・克萊恩更加充分地
詳述這些觀點。她發現最早的焦慮是精神病的而非精神官能症
的，這使她在這部作品中重新定義：嬰兒期精神官能症是精神病
334　和精神官能症傾向的一種複合產物，離她最後的定義不遠。在
〈關於嬰兒情緒生活的一些理論性結論〉（1952）中有一個陳述：
「嬰兒期精神官能症可以被視為某些歷程的組合，藉著這些歷程，
連結、修通與緩解了一些精神病性質的焦慮。」（第104頁）。

　　這些早期的觀念，以更加發展和更加精確的形式，變成她偏
執-類分裂和憂鬱心理位置理論的一部分，在三篇主要的論文中
詳述：〈論躁鬱狀態的心理成因〉（1935）、〈哀悼及其與躁鬱
狀態的關係〉（1940）及〈對某些類分裂機制的評論〉（1946）。
在1935年她首次區辨出兩種焦慮形式：迫害焦慮和憂鬱焦慮，
這是一種基本的區分，它本身闡明了精神病焦慮的本質。在這篇
論文中，她連接了精神分裂症和生命前三個月的精神病迫害焦
慮，在她1940年的論文中也詳細說明躁鬱疾患與未解決的迫害
及憂鬱焦慮之間的關聯，這迫害和憂鬱焦慮是開始於四到五個月
的嬰孩憂鬱心理位置。在1946年，她詳細地描述自我用來防衛
迫害焦慮的許多分裂機制，這是形成精神分裂症解離和失去整合
的基礎。口腔施虐和精神分裂症者心靈碎裂之間的關聯被如此解
釋：當客體被施虐式地內攝，自我得到的不是一個完整的客體，
而是在吞併的過程中成為碎片的客體，所以它自己也成為碎片。
她推論投射性認同是這個時期的主導機制，這是一個新的概念。
正如之前提過的，她綜合論述並延展她關於存在著一種早期防衛
機制的觀念，這個防衛機制先於潛抑，和潛抑有所區別。關於精
神病的其他層面，在1935、1940和1946年的這些論文中有所

釐清,包括眾所周知的臨床事實,即精神分裂症、躁症和憂鬱症混合存在的事實,梅蘭妮‧克萊恩用發展和退化兩者在嬰孩化偏執-類分裂和憂鬱心理位置之間的互動來解釋。

分析解離狀態的技術在1946年被討論,在《嫉羨和感恩》(1957)中又再度被提到,然而,《嫉羨和感恩》對瞭解精神病的主要貢獻,在於揭露在偏執-類分裂心理位置中,過度的嫉羨是嚴重病態的決定因子;最後,在〈心智功能的發展〉(1958)中,又有一次再分類。直到當時,梅蘭妮‧克萊恩還是一直將嚇人的形象歸諸於超我,而超我對精神的掌控是精神病的特徵。然而,在1958年,她認為最早和最嚇人的形象並不屬於超我,而是被分裂開來,進入深度潛意識的一個領域之中,和正常的發展歷程是分開來的,而當處在壓力的情境下,也許會滲透、淹沒自我。

現在要回到這篇論文的背景。在1935年,梅蘭妮‧克萊恩以下列方式標示出精神分裂症和憂鬱症的焦慮及感覺之差異的特徵:精神分裂症患者受苦於對保存自我的迫害焦慮,而憂鬱症受苦於一種焦慮、迫害、憂鬱和罪惡感的混合,所要保存的不只是自體,還有被認同的好客體;這點符合她當時的主張,認為罪惡感始於在憂鬱心理位置中和整體客體的關係。在〈論憂鬱和罪惡感理論〉(A Contribution to the Theory of Anxiety and Guilt, 1948)中,她對罪惡感的觀念改變了:她認為罪惡感短暫發生於憂鬱心理位置之前和部分客體的關係中。在現在這篇短篇論文中,她修正了對精神分裂症和憂鬱症之差異的解釋。她陳述妄想型的精神分裂症,除了迫害焦慮外,對毀壞自我好的部分和它被感受到所涵容的好客體,也會覺得受苦於憂鬱和罪惡感;她描述

335

427

其憂鬱在內容、型態和表現上與躁鬱症的憂鬱之不同。

在梅蘭妮·克萊恩最後的論文〈論孤獨的感受〉（1963）中，她注意到心智疾患的孤獨，這是精神分裂症者受苦的另一個層面，她曾經在〈對某些類分裂機制的評論〉中評論過。

論心智健康（1960）

梅蘭妮·克萊恩在1960年九月二十二日逝世於倫敦，正當這篇論文付梓時，在它的結尾有一篇短訃聞。梅蘭妮·克萊恩在不久之前寫下這篇論文，也許是因為這個理由，雖然她對這個主題進行了全面的研究，這篇論文卻缺少她慣有的活力。

「奧瑞斯提亞」的某些省思（1963）

這篇是克萊恩過世後出版的，是早期尚未修正的一篇手稿。她其他兩篇關於文學素材的論文，也是在新觀念的印象下寫成的——〈呈現在藝術工作及創意衝動中的嬰兒期焦慮情境〉（1929）詳述了早期焦慮的新圖像，而〈論認同〉（1955）闡釋了她投射性認同的新概念。在這裡她的目標是不同的，她著手討論《奧瑞斯提亞》中人物的象徵角色，但是由於這篇論文是未經修訂的形式，留下一種令人困惑的印象。

論孤獨的感受（1963）

在這篇她最後的論文中，梅蘭妮·克萊恩開啟了一個新的主

題：孤獨的內在感受——她所認為的一部分人類情境。她將它連
結於她的發展理論，描述在發展的正常歷程中，偏執的不安全感
和整合的過程如何導致無可避免的孤獨。她也描述精神分裂症和
躁鬱疾患的孤獨，補充她之前在〈對某些類分裂機制的評論〉
（1946）中對精神病患受苦的說明，並討論了減輕孤獨的因素和
接受孤獨的需要。這篇論文的整體氣氛（雖然並未在任何地方詳
載）有一種趨近死亡的前兆。

　　我們必須記得，梅蘭妮・克萊恩在過世前並未交代要出版這
篇論文，現在的版本是在她逝後經過編輯而出版的。或許是因為
她也不覺得已經準備好，或這篇論文確實會對更深入的工作有助
益，這篇論文在某些地方似乎是未完成的，其中的思考也並未完
全被解答。

短論

　　當梅蘭妮・克萊恩為其《精神分析論文1921-1945》
（*Contributions to Psycho-Analysis* 1921-1945）一書收集作品時，
並未收錄這五篇短文，雖然它們同屬於這個時期，她是忘記或是
覺得不適合，就不得而知了。首先，〈早期分析中詞語的重要〉
（1927）是兒童分析中一個技術觀點的簡短闡釋。第二篇〈前次
溝通的短論〉（Note on the Preceding Communication），是對道
格拉斯・布萊恩（Douglas Bryan）出版於1928年《國際精神分
析學刊》第九期（*Int. J. Psycho-Anal., 9*, 1928）的〈一個法醫學
上有趣的夢〉一文的評論。梅蘭妮・克萊恩討論了夢中的聯合父
母，她首次描述聯合父母的形象，先於〈伊底帕斯衝突的早期階

段〉（1928）。第三篇是給《國際精神分析學刊》第十五期（*Int. Z .f. Psychoanal.*,15）的四行報告，說明她在〈象徵形成在自我發展中的重要性〉（1930）一文中的發現。第四篇是評論瑪莉·查德威克（Mary Chadwick）的《女性週期》。最有趣的是最後一篇：〈某些心理的考慮：一個評論〉，這篇出現在《科學和道德》（*Science and Ethics*）中，這本書是一本小冊子，由威第頓（C. H. Waddington）所編輯，包括當代若干知名的人物。梅蘭妮·克萊恩用簡短和非技術的說明，描述超我的形成和發展。

編按：這些註解由代表克萊恩基金會的歐沙納希女士（Edna O'Shaughnessy）所整理，並諮詢《全集》之總編輯曼尼·基爾，以及其他編輯委員會成員，包括漢娜·西格爾及貝蒂·約瑟夫。參見《全集I》之序言及編輯的引言（p. vii-xi）。

【附錄二】恩斯特‧鍾斯對梅蘭妮‧克萊恩 作品之前版本的介紹

《精神分析論文1921-1945》簡介（1948）

　　二十多年前，當我首次邀請梅蘭妮‧克萊恩進行一系列演講 337 課程，接著她在倫敦定居，我知道我正在為英國精神分析學會注入極有價值的新血，但是當時我並了知道，這個簡單的動作會帶來什麼樣的騷動。[337-1] 直到當時和不久後，我們的學會處於和諧合作的狀態。有一段時期，克萊恩女士懇切地傾聽並引發極大的興趣。很快地——我常會想，可能我的影響有一點助益，明顯地影響了她的偏好，她開始贏得支持者和熱烈的追隨者。然而，不久發生了危機，有些人認為她相當激烈地呈現出「走得太遠了」，我認為這只意味著她走得太快。開始時，並不容易在這些觀點和工作的方法中偵查出任何激進的新事物。麻煩之處在於她採用一種新奇的嚴謹和一貫的魯莽追求著，一開始這使得學會的某些成員中感到不自在，逐漸變成一種強烈的反對。而擁護她的成員，則帶著一定程度的狂熱主義，難以接受這些反對聲浪，隨著時間過去，發展出兩個極端的團體，兩者之間的紛爭吵嚷的，侷限了較冷靜成員的較溫和之科學努力。

　　英國學會的分裂是否會在其他精神分析學會中重演，現在來

337-1　赫伯（Hebbel）（譯按：德國劇作家）的話：「他在受影響的世界中有一種平靜」，適用在佛洛伊德身上，也可以用在克萊恩女士的身上。

看，我想並不會。而因為缺乏直接接觸克萊恩女士工作的同事，她必須預期大多數人對她會有不利的批評。在英國本身，這場風暴因為維也納同事的到來而愈演愈烈，這些同事已經不可能在他們的家鄉生活了，他們加入了另外的批評，其意見是：克萊恩女士的結論不只和佛洛伊德的觀念分歧，更和他的觀念不相容；我個人認為基本上這是一個誇張的陳述。如果經驗顯示她的結論是更接近真實的，也並不意味著在每個事件中它都是決定性的考量；對佛洛伊德之天賦的欣賞，我絕不會讓步，但有幾次我也毫不猶豫地提出我認為他的某些觀點並不完美的理由。然而，有充分的理由讓我們習慣性地認為，許多和佛洛伊德分道揚鑣的分析師：例如阿德勒（Adler）、榮格（Jung）、史塔克（Stekel）和蠻克（Rank），都是受到主觀動機的影響——一種內在阻抗的合理化，而非受到更深洞識的影響；把克萊恩女士歸在相同的情況下，似乎是較不冒昧而更簡單的。然而，如果精神-分析仍然是科學的分支，很顯然的，現在佛洛伊德持續他宏偉推動力的能力已經消失了，突破他的限制是無可避免的。

現在，這是一場怎樣的風暴？將來這些反對克萊恩女士的意見會逐漸消失，或者她已經引發風潮，而這風潮會隨著漸增的迴響而成為一陣狂熱？她的作品自然能說明一切，這展現在這本書中，也展現在她之前的重要作品《兒童精神分析》中。但是對我而言，依我所看到的，利用這個機會總結、評論某些她最令人印象深刻的作品，並非不適當。

佛洛伊德對潛意識心靈的研究，本質上是指小嬰孩的心靈，他的研究揭露了童年時期非預期的層面，但是在克萊恩女士之前，很少有人企圖藉著直接研究童年時期來確認這些發現。因

此，將精神-分析帶往它根本所屬的地方——孩童的內心，這樣的榮耀應該歸功於她。這需要克服巨大的困難：特殊技術的詳細說明、父母對兒童發展的未知影響所懷的偏見和害怕……等等。維也納的胡賀慕斯博士（Dr Hug- Hellmuth）認為小小孩自發的遊戲，可以補充、甚至取代成人在自由聯想的形式中所提供的素材，但是她顯然沒有能力把這個觀念注入實務。克萊恩女士帶著高度的心理學天分和吸引人的道德勇氣，這讓她顯得出類拔萃、堅忍不拔。她無畏地發展出詮釋的遊戲技術，在運用上結合了其他不同的設計，對佛洛伊德從成人素材所揭及 但迄今仍未知的孩童潛意識心靈，她很快地作了第一手的確認。受到這點的鼓舞，她充分善用這個她為自己所創造的有利機會，決定探索她的研究到最極限。

現今，佛洛伊德已經顯現出孩童的心靈，在其天真和新鮮之外，其深處還包含令我們目眩神迷的東西：對最令人毛骨悚然的童話故事所不敢去探索的可能性，有著深沉恐懼，怨恨和謀殺可以在其中自由爆發的殘酷衝動，以放肆的言行嘲笑現實的非理性潛意識幻想——簡言之，一個讓我們想起貝爾森（Belsen）（譯按：德國納粹集中營）或華德‧迪士尼（Walt Disney）最怪誕的世界。在這樣的世界中，對微笑嬰孩的污蔑發出抗議是不恰當的；克萊恩女士還在經驗著許多這樣的餘波。此處我想到一名個案，他在一瞬間頓悟而大叫：「我知道佛洛伊德的理論是真的，但我不知道是**如此**真實。」克萊恩女士不留餘地地呈現嬰孩切割、撕裂、挖鑿、狼吞虎嚥的潛意識幻想，容易讓多數的人帶著同樣激烈的言詞而退卻。除了這些，她還走了更遠，她認為佛洛伊德所描述三歲孩童潛意識心靈中的辛梅利族人（Cimmerian，

譯按：希臘神話中，在太古時住在永遠黑暗之國的民族）圖像，
339 至少在生命最初幾個月的嬰孩身上也是正確的。因此，舉例而
言，我們可以推論，這樣的嬰孩在口腔性慾期可以分為兩個階
段：第一個是吸吮期，接著是咬囓期；而口腔施虐或食人的命名
是針對後面時期的。吃光或食人的潛意識幻想被觀察到，可能可
以追溯到三歲。但是克萊恩女士毫不妥協地堅持它們發生在所謂
的嬰孩食人階段，似乎終究是我們所預期的。

再者，長久以來我們已經熟悉了費倫齊在1909年所綜合論
述的內攝觀念，和更古老的精神醫學之投射觀念。但是關於這些
機制，克萊恩女士教導我們更多的東西。它們不只明顯從生命一
開始就在運作著（這確實隱含在佛洛伊德對「享樂自我」〔pleas-
ure-ego〕的描述中），而且它們交替存在，且彼此交織的程度非
比尋常，以致於早期嬰孩發展的極大部分都能以此描述。要清楚
區分內攝、吞併（incorporation）和認同，的確變得愈來愈困
難。「內在客體」、「好」和「壞」的整體理論被無限地延伸，
對我們對早期發展的瞭解和每天的治療實務，都有重要的影響。

克萊恩女士的進取並沒有停在正常和精神官能症的嬰孩發展
上，她將它擴展到精神異常的領域中，難怪會造成某些精神科醫
師的恐慌，他們將這個領域視為醫學專業最後的禁地；但是這種
擴展是無法避免的。特定嬰孩化過程和那些在妄想症中顯而易見
的過程，以及精神分裂症和躁鬱精神異常之間的相似性，像克萊
恩女士這種敏銳的人是不可能會忽略的。她毫不遲疑地為該領域
的辭彙適當地命名，當然是經過修正的形式，並運用到嬰孩發展
的不同時期，例如「偏執」、「憂鬱的」等等。更進一步，相似
性不可能只是一種外在的相似，在嬰孩身上這些類似精神病的反

應及時期，與急性精神異常發作之間，一定有一種內在的關係。在這個領域中，我對克萊恩女士之工作的成果豐碩深具信心，正如在人們更熟悉的精神官能症和正常發展的領域中一樣。

雖然對克萊恩女士的研究方法，及其所奠基之原則的穩固性，我並未隱藏我的誠摯讚許，但這不代表我必須為她的每個結論和綜合論述背書；它們本身就能夠成立，不需要來自於我的任何支持。有些批評認為她的作品是從精神-分析嚴厲和不妥協的洞察力，潛徹到兒童心靈的最深處，我的確會受到這種批評的引誘而去解釋。事實上，某些這類的批評會讓我想把對佛洛伊德最初作品的形容：「牽強附會」、「偏頗」、「武斷」這些詞語，對我而言聽起來是同樣的意思。但是，不論我的這個意見有多真實，它不只必須經由科學討論而排除，對討論中的評論也絕對是不公平的。他們所援用的一些爭議需要嚴肅地處理，除了克萊恩 340 女士之外，海曼醫師、伊薩克斯女士、黎偉業女士和其他人也確實正在這樣做。無論如何，克萊恩女士某些更摘要的綜合論述，在精神-分析未來的理論架構中無疑會被修正。對我而言一個可能的例子，是對佛洛伊德「死之衝動」此哲學概念的臨床發現，她做了字義上的運用，關於這點我非常擔憂。然而我引用這點不是為了這個理由，而是有點奇怪，我好像應該因為她太忠誠地依附佛洛伊德的觀點而批評她，而更奇怪的是，某些維也納的分析師在這點上看到的卻是其與佛洛伊德觀點的分歧。這些都顯示精神-分析的理論化一直是非常有活力的活動，而在這種活動中，克萊恩女士的工作在扮演著、且可能真的會扮演非常核心的角色。

恩斯特‧鍾斯

《精神-分析的發展》之前言（1952）

　　佛洛伊德的產量如此驚人，不論是在量或質上，他在原創的觀念和發現上是如此多產，但是即使是這樣的工作者，也不可能去探索所有潛在的分支學派。許多共同研究者協助了這個巨大的任務。他的一個註解被擴充為一本論哈姆雷特（Hamlet）的書，許多輕描淡寫的提示，被發展為論文甚至書籍。這樣的工作在未來的幾年將會繼續，因為他的靈感是如此成果豐碩。更進一步，他所設計的方法之運用，理所當然地，勢必會導致超越他的新發現及其假說的延伸，甚至是修正——這是他自己毫不遲疑所運用的方法。

　　然而，有一個關鍵點，這樣的努力會引起一個困難的問題。痛苦的經驗教導我們：對潛意識的阻抗可能會細緻到用扭曲、重新詮釋分析的發現來支持某些個人的防衛。這種干擾的狀態，如何和一種真正的發展——一種我們對潛意識知識的深化區辨？唯一可以正當使用的標準（對所有科學而言都有效的），也就是**有充分資格的**工作者，以相同的方法、在相同的狀況下，得到一致的結論。無論我們對佛洛伊德有多尊敬或應該多尊敬，也絕對不應該用削足適履的原則，以佛洛伊德的結論評斷所有結論。

　　克萊恩女士過去三十年的工作，是現在這冊書的主題，闡釋著先前所陳述的問題。它所受到的攻擊和防衛幾乎同樣激烈，但是最終只有那些做過同等研究的人，才能充分地評估出它的價值。黎偉業女士在她介紹的章節中，非常誠實地處理那些反對克萊恩女士作品者的批評和反駁，在這裡我並不適合更進一步地討論這些。我只敢提出一個個人的評論：如眾所周知的，我從一開

始就對克萊恩女士的工作相當有同感，特別是她的很多結論和我 341
自己所得到的結論是一致的；很多批評密切地呼應著我在最早時
期所熟悉的精神-分析，對這些批評的觀察一直衝擊著我。她的
很多發現和結論，在精神-分析非常早的時期就有其輪廓了，由
佛洛伊德、蘭克和其他人所提出；但是在她的工作中，如此獨特
而令人欣賞之處，在於她的勇氣和不動搖的正直，她毫不保留地
研究那些早期線索中的隱含意義和後續影響，因此在她的歷程中
產生了重要的新發現。那些接受精神-分析發現的人，如果不認
真地看待這些發現，對他們而言她的心靈是非常疏離陌生的。

恩斯特‧鍾斯

《精神-分析的新方向》之前言（1955）

克萊恩女士過去三十年的工作，所受到的攻擊和防衛幾乎同
樣激烈，但是最終只有那些做過同等研究的人，才能充分地評估
出它的價值。如眾所周知的，我從一開始就對克萊恩女士的工作
相當有同感，特別是她的很多結論和我自己所得到的結論是一致
的；很多批評密切地呼應著我在最早時期所熟悉的精神-分析，
對這些批評的觀察一直衝擊著我。她的很多發現和結論，在精
神-分析非常早的時期就有其輪廓了，由佛洛伊德、蘭克和其他
人所提出；但是在她的工作中，如此獨特而令人欣賞之處，在於
她的勇氣和不動搖的正直，她毫不保留地研究那些早期線索中的
隱含意義和後續影響，因此在她的歷程中產生了重要的新發現。
克萊恩女士可以在有生之年看到她的工作穩固地建立，是非

常令人滿足且值得恭賀的。只要她的工作結果能夠完整地保存在
她自己所出版的作品中，雖然不是絕對的，但就永遠有希望在未
來被其他學生所吸收。而現在的情境已經不同於那個階段，她的
工作穩固地建立了；她個人的教導再加上接受她教導者的洞識，
她已經有了許多同事和學生，跟隨她的帶領去探索最深處。他們
許多人的論文都對《精神-分析的新方向》（*New Directions in
Psycho-Analysis*）有所貢獻，我非常高興能加上這篇結語。

恩斯特‧鍾斯

【附錄三】參考書目

Abraham, K. (1911). 'Notes on the Psycho-Analytical Investigation and Treatment of Manic-Depressive Insanity and Allied Conditions.' In: *Selected Papers on Psycho-Analysis* (London: Hogarth, 1927).

—— (1921). 'Contribution to the Theory of the Anal Character.' *ibid.*

—— (1924a). 'The Influence of Oral Erotism on Character Formation' *ibid.*

—— (1924b). 'A Short Study of the Development of the Libido, Viewed in the Light of Mental Disorders.' *ibid.*

—— (1925). 'Character-Formation on the Genital Level of the Libido.' *ibid.*

Balint, M. (1937). 'Early Developmental States of the Ego: Primary Object-Love.' In: *Primary Love and Psycho-Analytic Technique* (London: Hogarth, 1952).

Bernfeld, S. (1929). *Psychology of the Infant* (London: Kegan Paul).

Bion, W. R. (1954). 'Notes on the Theory of Schizophrenia.' *Int. J. Psycho-Anal.*, 35.

—— (1958). 'Differentiation of the Psychotic from the Non-Psychotic Personalities.' *Int. J. Psycho-Anal.*, 39.

Chadwick, Mary (1933). *Woman's Periodicity* (London: Noel Douglas)

Fairbairn, W. R. D. (1941). 'A Revised Psychopathology of the Psychoses and Psychoneuroses.' *Int. J. Psycho-Anal.*, 22.

—— (1944). 'Endopsychic Structure Considered in Terms of Object Relationships.' *Int. J. Psycho-Anal.*, 25.

Ferenczi, S. (1925). 'Psycho-Analysis of Sexual Habits.' In: *Further Contributions to the Theory and Technique of Psycho-Analysis* (London: Hogarth, 1926).

—— (1930). 'Notes and Fragments.' In: *Final Contributions to the Problems and Methods of Psycho-Analysis* (London: Hogarth).

Freud, A. (1927). *The Psycho-Analytical Treatment of Children* (London: Imago, 1946).

—— (1937). *The Ego and the Mechanisms of Defence* (London: Hogarth).

Freud, S. (1905). *Three Essays on the Theory of Sexuality. S.E.* 7.

—— (1908). 'Character and Anal Erotism.' *S.E.* 9.

—— (1911). 'Psycho-Analytic Notes on an Autobiographical Account of a Case of Paranoia (Dementia Paranoides).' *S.E.* 12.

—— (1912). 'On the Universal Tendency to Debasement in the Sphere of Love.' *S.E.* 11.

—— (1914). 'Narcissism: An Introduction.' *S.E.* 14.

Freud S. (1916). 'Some Character-Types Met with in Psycho-Analytic Work.' *S.E.* **14.**

—— (1917). 'Mourning and Melancholia.' *S.E.* **14.**

—— (1920). *Beyond the Pleasure Principle. S.E.* **18.**

—— (1921). *Group Psychology and the Analysis of the Ego. S.E.* **18.**

—— (1923). *The Ego and the Id. S.E.* **23.**

—— (1924). 'The Economic Problem of Masochism.' *S.E.* **19.**

—— (1926), *Inhibitions, Symptoms and Anxiety. S.E.* **20.**

—— (1928). 'Humour.' *S.E.* **21.**

—— (1930). *Civilization and its Discontents. S.E.* **21.**

—— (1931). 'Female Sexuality.' *S.E.* **21.**

—— (1933). *New Introductory Lectures on Psycho-Analysis. S.E.* **22.**

—— (1937). 'Analysis Terminable and Interminable.' *S.E.* **23.**

—— (1938). 'Constructions in Analysis.' *S.E.* **23.**

—— (1940). *An Outline of Psycho-Analysis. S.E.* **23.**

Heimann, P. (1942). 'Sublimation and its Relation to Processes of Internalization.' *Int. J. Psycho-Anal.*, **23.**

—— (1952a). 'Certain Functions of Introjection and Projection in Early Infancy.' In: *Developments in Psycho-Analysis* by Klein et al. (London: Hogarth).

—— (1952b). 'Notes on the Theory of the Life and Death Instincts.' *ibid.*

—— (1955). 'A Contribution to the Re-evaluation of the Oedipus Complex.' In: *New Directions in Psycho-Analysis* ed. Klein *et al.* (London: Tavistock).

Heimann, P. and Isaacs, S. (1952). 'Regression.' In: *Developments in Psycho-Analysis* by Klein *et al.* (London: Hogarth).

Hug-Helmuth, H. von (1921). 'On the Technique of Child Analysis.' *Int. J. Psycho-Anal.*, **2.**

Isaacs, S. (1933). *Social Development of Young Children* (London: Routledge).

—— (1952). 'The Nature and Function of Phantasy.' In: *Developments in Psychoanalysis* by Klein *et al.* (London: Hogarth).

Jaques, E. (1955). 'Social Systems as a Defence against Persecutory and Depressive Anxiety.' In: *New Directions in Psycho-Analysis* ed. Klein *et al.* (London: Tavistock).

Jones, E. (1913). 'Hate and Anal Erotism in the Obsessional Neuroses.' *Papers on Psycho-Analysis* (London: Baillière).

—— (1916). 'The Theory of Symbolism.' *ibid.*, —2nd edn–5th edn.

—— (1918). 'Anal Erotic Character Traits.' *ibid.*

—— (1929). 'Fear, Guilt and Hate.' *ibid.*, —4th and 5th edns.

—— (1949). *Hamlet and Oedipus* (London: Gollancz).

Klein, M. [details of first publication of each paper/book are given here;

the number of the volume in which they appear in *The Writings of Melanie Klein* is indicated in square brackets]

Klein, M. (1921). 'The Development of a Child' *Imago*, **7.** [I]

—— (1922). 'Inhibitions and Difficulties in Puberty.' *Die neue Erziehung*, **4.** [I]

—— (1923a). 'The Rôle of the School in the Libidinal Development of the Child.' *Int. Z. f. Psychoanal.*, **9.** [I]

—— (1923b). 'Early Analysis.' *Imago*, **9.** [I]

—— (1925). 'A Contribution to the Psychogenesis of Tics.' *Int. Z. f. Psychoanal.*, **11.** [I]

—— (1926). 'The Psychological Principles of Early Analysis.' *Int. J. Psycho-Anal.*, **7.** [I]

—— (1927a). 'Symposium on Child Analysis.' *Int. J. Psycho-Anal.*, **8.** [I]

—— (1927b). 'Criminal Tendencies in Normal Children.' *Brit. J. med. Psychol.*, **7.** [I]

—— (1928). 'Early Stages of the Oedipus Conflict.' *Int. J. Psycho-Anal.*, **9.** [I]

—— (1929a). 'Personification in the Play of Children.' *Int. J. Psycho-Anal*, **10,** [I]

—— (1929b). 'Infantile Anxiety Situations Reflected in a Work of Art and in the Creative Impulse.' *Int. J. Psycho-Anal.*, **10.** [I]

—— (1930a). 'The Importance of Symbol-Formation in the Development of the Ego.' *Int. J. Psycho-Anal.*, **11.** [I]

—— (1930b). 'The Psychotherapy of the Psychoses.' *Brit. J. med. Psychol.*, **10.** [I]

—— (1931). 'A Contribution to the Theory of Intellectual Inhibition.' *Int. J. Psycho-Anal.*, **12.** [I]

—— (1932). *The Psycho-Analysis of Children* (London: Hogarth). [II]

—— (1933). 'The Early Development of Conscience in the Child.' In: *Psychoanalysis Today* ed. Lorand (New York: Covici-Friede). [I]

—— (1934). 'On Criminality.' *Brit. J. med. Psychol.*, **14.** [I]

—— (1935). 'A Contribution to the Psychogenesis of Manic-Depressive States.' *Int. J. Psycho-Anal.*, **16.** [I]

—— (1936). 'Weaning.' In: *On the Bringing Up of Children* ed. Rickman (London: Kegan Paul). [I]

—— (1937). 'Love, Guilt and Reparation.' In: *Love, Hate and Reparation* with Riviere (London: Hogarth). [I]

—— (1940). 'Mourning and its Relation to Manic-Depressive States.' *Int. J. Psycho-Anal.*, **21.** [I]

—— (1945). 'The Oedipus Complex in the Light of Early Anxieties.' *Int. J. Psycho-Anal.*, **26.** [I]

—— (1946). 'Notes on some Schizoid Mechanisms.' *Int. J. Psycho-Anal.*, **27.** [III]

Klein, M. (1948a). *Contributions to Psycho-Analysis 1921–1945* (London: Hogarth). [I]

—— (1948b). 'On the Theory of Anxiety and Guilt.' *Int. J. Psycho-Anal.*, 29. [III]

—— (1950). 'On the Criteria for the Termination of a Psycho-Analysis.' *Int. J. Psycho-Anal.*, 31. [III]

—— (1952a). 'The Origins of Transference.' *Int. J. Psycho-Anal.*, 33. [III]

—— (1952b). 'The Mutual Influences in the Development of Ego and Id.' *Psychoanal. Study Child*, 7. [III]

—— (1952c). 'Some Theoretical Conclusions regarding the Emotional Life of the Infant.' In: *Developments in Psycho-Analysis* with Heimann, Isaacs and Riviere (London: Hogarth). [III]

—— (1952d). 'On Observing the Behaviour of Young Infants.' *ibid.* [III]

—— (1955a). 'The Psycho-Analytic Play Technique: Its History and Significance.' In: *New Directions in Psycho-Analysis* (London: Tavistock). [III]

—— (1955b). 'On Identification.' *ibid.* [III]

—— (1957). *Envy and Gratitude* (London: Tavistock) [III]

—— (1958). 'On the Development of Mental Functioning.' *Int. J. Psycho-Anal.*, 29. [III]

—— (1959). 'Our Adult World and its Roots in Infancy.' *Hum. Relations*, 12. [III]

—— (1960a). 'A note on Depression in the Schizophrenic.' *Int. J. Psycho-Anal.*, 41. [III]

—— (1960b). 'On Mental Health.' *Brit. J. med. Psychol.*, 33. [III]

—— (1961). *Narrative of a Child Psycho-Analysis* (London: Hogarth). [IV]

—— (1963a). 'Some Reflections on *The Oresteia*.' In: *Our Adult World and Other Essays* (London: Heinemann Medical). [III]

—— (1963b). 'On the Sense of Loneliness.' *ibid.* [III]

Middlemore, M. P. (1941). *The Nursing Couple* (London: Hamish Hamilton).

Money-Kyrle, R. E. (1945). 'Towards a Common Aim: a Psycho-Analytical Contribution to Ethics.' *Brit. J. med. Psychol.*, 20.

Ribble, M. A. (1944). 'Infantile experience in relation to personality development.' In: *Personality and the Behavior Disorders*, Vol. II (Ronald Press).

Riviere, J. (1952a). 'On the Genesis of Psychical Conflict in Early Infancy.' In: *Developments in Psycho-Analysis* by Klein *et al.* (London: Hogarth).

—— (1952b). 'The Unconscious Phantasy of an Inner World Reflected in Examples from Literature.' In: *New Directions in Psycho-Analysis* by Klein *et al.* (London: Tavistock, 1955).

Rosenfeld, H. (1947). 'Analysis of a Schizophrenic State with Depersonalization.' In: *Psychotic States* (London: Hogarth, 1965).

—— (1949). 'Remarks on the Relation of Male Homosexuality to Paranoia, Paranoid Anxiety, and Narcissism.' *ibid.*

—— (1950). 'Notes on the Psychopathology of Confusional States in Chronic Schizophrenias.' *ibid.*

—— (1952a). 'Notes on the Psycho-Analysis of the Super-ego Conflict in an Acute Schizophrenic Patient.' *ibid.*

—— (1952b). 'Transference-Phenomena and Transference-Analysis in an Acute Catatonic Schizophrenic Patient.' *ibid.*

—— (1955). 'The Investigation of the Need of Neurotic and Psychotic Patients to Act out during Analysis.' *ibid.*

Segal, H. (1950). 'Some Aspects of the Analysis of a Schizophrenic.' *Int. J. Psycho-Anal.*, 31.

—— (1956). 'Depression in the Schizophrenia.' *Int. J. Psycho-Anal.*, 37.

Winnicott, D. W. (1931). *Disorders of Childhood* (London: Heinemann)

—— (1945). 'Primitive Emotional Development.' In: *Collected Papers* (London: Hogarth).

—— (1953). 'Psychoses and Child Care.' *ibid.*

【附錄四】克萊恩生平年表

1882	三月三十日生於維也納。
1886	二姐席多妮（Sidonie）因肺結核病逝。
1897	長兄伊馬努爾（Emanuel）進入醫學院。
1900	父親墨里士·萊齊斯（Moriz Reizes）因肺炎病逝。伊馬尼爾轉學成為藝術系學生。
1901	與亞瑟·克萊恩（Arthur Klein）訂婚。
1902	伊馬努爾病逝於熱那瓦（Genoa）。
1903	與亞瑟結婚。
1904	長女梅莉塔出生。
1907	長男漢斯（Hans）出生。
1909	因過度沮喪而住進瑞士一所療養院數月之久。
1910	與丈夫及三個孩子移居布達佩斯。
1914	次子艾力希（Erich）出生。母親莉布莎（Libussa）去世。首次閱讀佛洛伊德作品《論夢》（*Über den Traum*）。開始接受費倫齊分析。亞瑟受徵召，加入奧匈帝國軍隊。
1918	於布達佩斯舉行的第五屆國際精神分析年會（International Psycho-Analytic Congress），首次與佛洛伊德會面。
1919	於匈牙利布達佩斯精神分析學會（Budapest Society）宣讀第一篇論文〈一名兒童的發展〉（Der Familienr-oman in statu nascendi），並被遴選為布達佩斯精神分析學會會員。
1920	在海牙舉行的第六屆國際精神分析年會中，首次與胡賀慕斯及亞伯拉罕會面。

1921　　與次子艾力克遷居柏林並開始在柏林執業。出版〈The Development of a Child〉。

1922　　成為柏林精神分析學會（Berlin Psychoanalytic Society）會員。出版〈Inhibitions and Difficulties at Puberty〉。

1923　　出版〈The Rôle of the School in the Libidinal Development of the Child〉、〈Early Analysis〉。

1924　　接受亞伯拉罕分析。在薩爾斯堡（Salzburg）舉行的第八屆國際精神分析年會中，發表論文。與丈夫亞瑟分居。於九月與艾莉絲‧史崔齊（Alix Strachey）會面。

1925　　詹姆士‧史崔齊於英國精神分析學會朗讀克萊恩作品的摘要。受瓊斯之邀，七月前往倫敦進行三個的講座。其分析隨著亞伯拉罕的逝世而告終。出版〈A Contribution to the Psychogenesis of Tics〉。

1926　　約莫在此年離婚。九月克萊恩遷居倫敦。九月二十七日次子艾力希遷居倫敦。出版〈The Psychological Principles of Early Analysis〉。

1927　　十月二日被遴選為英國精神分析學會正式會員。出版〈Symposium on Child-Analysis〉、〈Criminal Tendencies in Normal Children〉。

1928　　長女梅莉塔抵達倫敦。出版〈Early Stages of the Oedipus Conflict〉。

1929　　出版〈Personification in the Play of Children〉、〈Infantile Anxiety Situations Reflected in a Work of Art and in the Creative Impulse〉。

1930　　出版〈The Importance of Symbol-Formation in the Development of the Ego〉、〈The Psychotherapy of the Psychoses〉。

1931　　開始分析第一位受訓分析師史考特（W. Clifford, M.

Scott)。出版〈A Contribution to the Theory of Intellectual Inhibition〉。

1932　出版《兒童精神分析》。

1933　五月二十二日費倫齊逝世。梅莉塔被遴選為英國精神分析學會正式會員。出版〈The Early Development of Conscience in the Child〉。

1934　四月長子漢斯因山難去世。出版〈On Criminality〉。

1935　倫敦─維也納交換講座展開。出版〈A Contribution to the Psychogenesis of Manic-Depressive States〉。

1936　出版〈Weaning〉。

1937　出版與黎偉業合著的〈Love, Guilt and Reparation〉。

1938　六月六日佛洛伊德抵達倫敦

1939　九月三日大戰爆發。與蘇珊・艾薩克斯一同遷居劍橋。九月二十三日佛洛伊德辭世。

1940　於七月定居皮特洛可里（Pitlochry）。出版〈Mourning and Its Relation to Manic-Depressive States〉。

1941　開始分析十歲的案例「理查」（Richard）。於九月返回倫敦。

1942-44　世紀論戰展開。

1945　出版〈The Oedipus Complex in the Light of Early Anxieties〉。

1946　英國精神分析學會形成「A」訓練課程和「B」訓練課程。出版〈Notes on Some Schizoid Mechanisms〉。

1948　出版〈On the Theory of Anxiety and Guilt〉。

1950　出版〈On the Criteria for the Termination of a Psycho-Analysis〉。

1952　國際精神分析期刊慶祝克萊恩七十大壽出版專刊。出版〈The Origins of Transference〉、〈The Mutual

Influences in the Development of Ego and Id〉、〈Some Theoretical Conclusions Regarding the Emotional Life of the Infant〉、〈On Observing the Behaviour of Young Infants〉。

1955　梅蘭妮‧克萊恩基金會於二月一日成立。出版〈The Psycho-Analytic Play Technique: Its History and Significance〉、〈On Identification〉。

1957　出版《Envy and Gratitude》。

1958　出版〈On the Development of Mental Functioning〉。

1959　出版〈Our Adult World and its Roots in Infancy〉。

1960　九月二十二日於倫敦逝世。出版〈A Note on Depressive In the Schizophrenic〉、〈On Mental Health〉。

1961　出版《Narrative of a Child Analysis》。

1963　出版〈Some Reflections on The Oresteia〉、〈On the Sense of Loneliness〉。

【附錄五】中文索引

編按：本索引中所標示之數字為原文書頁碼，請對照貼近內文左右之原文頁碼

【附錄六】英文索引

Barbara Forryan 彙整

編按：本索引中所標示之數字為原文書頁碼，請對照貼近內文左右之原文頁碼

103, 115, 120, 248, 271, 288; idealization of 160; identification with 35, 72, 198, 251, 317; —, boy's 135; —, introjective and projective 167; —, oral- and anal-sadistic 315, 317; impatient 98; infant's attempts to feed her 255; infant's capacity to share 197; infant's lack of interest in 104; infant's innate unconscious awareness of 248; influenced by baby's response 312; introjection of, see introjection; love and understanding for infant 10n, 90, 96, 98, 110, 116, 248, 251; mental and physical state of, and influence on foetus 116n, 179; phantasies of giving birth to 224; projection of parts of self into 303; and prostitute, equation 160; unborn children of 169, 202, 288; unconscious attitude of, its effect on infant/child 116, 141n, 248, 301; urge to feed her 82; wish to please 185

mother-figure, bad and good 277
mothering, infant's need for 89
mother-in-law 200
mother's body: anal-sadistic impulses against/attacked with excrements 2, 8, 68, 78, 108n, 142, 143, 303, 315, 316; babies inside 169, 202, 288; excrements projected into, see excrements; as extension of her breast 8, 63, 180; with father's penis inside 78, 79, 133, 181n, 197, 199n, 200, 315, 316–17; —, devoured by boy 315; fear of being imprisoned within 12, 135, 166n, 308; girl's attacks on in phantasy 133; girl's robbing of contents in phantasy 133; oral-sadistic robbing of contents 2, 8, 68, 78, 142, 159, 315; sadistic attacks on 2, 333; sadistic entry into 12, 68

mourning 3, 14, 74, 77, 121, 268, 288–9; analysis of first experiences of 45; and depressive position, see depressive position; and melancholia 91; and termination of analysis 44–6; and weaning 44; work of/working through 44, 46, 76, 77, 194n
murder 225n

name, importance of own 167
narcissism 51, 52, 328; and schizoid object-relations 13, 18, 325
narcissistic withdrawal 103
nature, love of 307–8
Nazism 322
negative therapeutic reaction 185, 217, 220, 222, 225, 331
neurosis 73n; choice of 3; infantile 15, 44, 80, 81, 83, 84, 88, 113n, 137, 242, 333–4; psychotic anxieties underlying 137; transmission of 319
nightmares 255, 278
night terrors/pavor nocturnus 84, 124, 133, 134; see also bed-time; sleep
nipple: biting of 97 & n; introjection of 5, 68, 144; mouthing/playing with 96, 97; object of first instinctual desires 117; unharmed 233
normal development 143, 255; depressive position in 111, 119; foundations for 75; loneliness in 312; neurotic symptoms in 84; paranoid-schizoid position in 119, 231; precondition for 45, 80, 88, 272; psychotic anxieties in 137
normal infants, depressive feelings in 80n
normal personality 10, 14, 75n; integration in 274; paranoid and schizoid feelings/mechanisms in 210, 256

object(s): bad, internalization of 3; cathexis of 58; control of, by parts of the self 11, 12n; deep/sharp split in 192; external and internal: diminution of discrepancies between 72; —, interaction 2, 50, 58, 59; fear of its intrusion into the self 153; forceful entry into 11, 153; good and bad, failure to separate 184; good, idealization of 49; good, and idealized, differentiation 192, 193; ideal, search for 173; idealized/persecuting, split between 192, 216, 241; introjected, see introjected object; —, -libido 23, 24; loved, see loved object; new, search for 50; persecutory, first 81; projection of death instinct into 238n; splitting of, see splitting; unobtainable, longing

sadistic desires/impulses 44, 45; and
depressive position 93; *see also* anal
sadism; oral sadism
sadness 106
schizoid: anxiety 1; behaviour 3;
defences 18–21; mechanisms 1, 3,
7, 15, 20, 66 & *n*, 76, 115, 232;
patients 66*n*, 196; —, analysis of
18, 324; —, latent anxiety in 21–2;
personality, object-relations in
12–14; position 2*n*, 3; —, fixation-
points in 15; states 324; —, in
infant 10; —, interpretation of
21–2
schizophrenia 2, 3, 9*n*, 10*n*, 11, 16,
138 & *n*, 142, 324, 333–5; analysis
of 22, 53, 54, 136*n*, 140, 219 & *n*,
304; basis for 15, 22, 24, 73*n*, 192,
231, 253; confusion in 304; delu-
sions of grandeur and persecution
in 7; depression in 333–5; depres-
sion in split-off parts 266 (*see also*
paranoid schizophrenia); despair
in 266; disintegration in 5; disposi-
tional fixation for 24; dissociation
in 10; fixation-point for 120, 264;
and genitalization, premature 195;
guilt in 265–6; in infant/child 10,
333; and loneliness 300, 303–4,
336; and melancholia 18; mode of
communication 138*n*; and oral
sadism 135; paranoid, *see* paranoid
schizophrenia; and primary
anxiety-situation 29*n*; splitting in
325; suffering in 144, 233, 304,
335; super-ego in 243, 332
school, dislike of 125, 126
schoolmates, fear of 169
Schreber 22–4, 266
scientific work, and unconscious
phantasy 251
Scott, W. C. M. 6*n*, 9*n*
screaming 102, 186*n*
security, feeling of 40, 59, 70, 75,
82, 104; capacity to regain 196
Segal, Hanna 54*n*, 266, 304, 324*n*
self: definition of 249; devaluation of
218, 231; disintegration of 86;
disturbance of relation to 13;
-expression 257; extension of 68,
145; -hatred 172, 174; ideal, search
for 173 & *n*; and object, confusion
192; parts of: expelled 325; —, lost/

inaccessible 166; —, projected 8,
142, 143, 166, 173 (*see also below*
split-off parts); -pity 256; projected
parts of, re-introjected 171; projec-
tion of good parts of 143, 144, 145,
172*n*; splitting of 6, 12, 23, 74, 228,
232 (*see also separate entry below*); *see
also* ego; personality
self, split-off parts of: annihilated
232; capacity to regain 234; con-
taining valuable aspects of the
personality 245; and loneliness 13,
172, 302, 309; projected into others
13–14, 22, 192, 302, 303, 325, 330
(*see also* projective identification);
in relation to those left behind 167;
submerged in the object 167, 171–2
(*see also* mother's body, fear of im-
prisonment in)
separation anxiety 4–5, 238*n*
serenity 203, 259
sexual intercourse: child's observa-
tion of 130, 131; parents fused in-
separably in 79; *see also* primal
scene
sexual life, adult, disturbances in
195; *see also* frigidity; impotence
sexual organization 72
shallowness 46, 270
shock, sense of 208, 210, 211, 215
shyness 14
silence, interpretation of 136*n*
sincerity 262
sister: imaginary 169; neurotic 209–
210; wish for 170, 172
sleep: disturbance 102, 104, 105, 106*n*,
120, 230, 272; sobbing during
106; and wakefulness, alternation
6*n*; *see also* bed-time; nightmares;
night terrors
social relations 256
social service 259
soiling of bed at night 130; *see also*
cleanliness; incontinence
speech, development of 81, 112
Spencer: 'Faerie Queene' 202
sphincter, control of 85
sphincter-morality 33
spiders, fear of 12*n*
splitting 49, 57, 70, 73, 85, 139, 143,
273; in adult sexual relations 163;
counteraction to 6; and depressive
anxiety 74, 228; development of

心靈工坊 PsyGarden

Master

顛倒的生命，窒息的心願，沈淪的夢想
為在暗夜進出的靈魂，
守住窗前最後的一盞燭光
直到晨星在天邊發亮

Psychotherapy

探訪幽微的心靈，如同僧越曲折透迤的河流
面對無法預期的彎道或風景
時而煙波浩渺，時而萬壑爭流
留下無數廓清、洗滌或抉擇的痕跡
只為尋獲真實自我的洞天福地

不要叫我瘋子
【還給精神障礙者人權】
作者―派屈克・柯瑞根、羅伯特・朗丁
譯者―張葦 定價―320元

本書兩位作者都有過精神障礙的問題，由於他們的寶貴經驗，更提高本書的價值。汙名化不僅只影響精神障礙朋友，而會擴及社會。所以找出消除汙名化的方法應是大眾的責任。

他不知道他病了
【協助精神障礙者接受治療】
作者―哈維亞、阿瑪多 & 安娜麗莎・強那森
譯者―魏嘉瑩 定價―250元

如果你正為有精神障礙的家人該不該接受治療而掙扎，本書是你不可或缺的。作者提供了深刻、同理且實用的原則，足以化解我們在面對生病的人時，產生的挫折與罪惡感。

愛，上了癮
【撫平因愛受傷的心靈】
作者―伊東明 譯者―廣梅芳 定價―280元

日本知名性別心理學專家伊東明，透過十三位男女的真實故事，探討何謂「愛情上癮症」。他將愛情上癮症分為四種：共依存型、逃避幸福型、性上癮型，以及浪漫上癮型。

孩子，別怕
【關心目睹家暴兒童】
作者―貝慈・葛羅思
譯者―劉小菁 定價―220元

本書讓我們看到目睹家暴的孩子如何理解、回應並且深受暴力的影響，作者基於十多年的實務經驗，分享如何從輔導、法令與政策各方面著手，真正幫助到目睹家暴的兒童。

割腕的誘惑
【停止自我傷害】
作者―史蒂芬・雷文克隆
譯者―李俊毅 定價―300元

本書作者深入探究自傷者形成自我傷害性格的成因，如基因遺傳、家庭經驗、童年創傷及雙親的行為等，同時也為自傷者、他們的父母以及治療師提出療癒的方法。

艾瑞克森
【天生的催眠大師】
作者―傑弗瑞・薩德 審閱―劉慧卿
譯者―陳厚愷 定價―280元

本書深入介紹艾瑞克森學派突破傳統心理治療框架的取向，並透過實例呈現這位催眠大師如何巧妙地善用軼事、情境及對隱微線索的覺察力來協助個案。

跟大師學催眠
【米爾頓・艾瑞克森治療實錄】
作者―傑弗瑞・薩德 策劃、審閱―王浩威
譯者―朱春林等 定價―450元

這本書展現了艾瑞克森為期五天研討會的完整實錄，透過此書，讀者可以經驗他的催眠與心理治療方法及技巧，於一個又一個迷人的趣聞軼事中流連忘返。

朵拉
【歇斯底里案例分析的片斷】
作者―佛洛伊德 策劃―王浩威
譯者―楊明敏、劉慧卿 定價―240元

在「朵拉」此案例中，佛洛伊德對歇斯底里、夢、雙性特質、轉移關係等主題，均做了重點探討。於其中將理論植基於臨床素材，並交織於臨床經驗之中。

論女性
【女同性戀案例的心理成因及其他】
作者―佛洛伊德 策劃―王浩威
譯者―楊明敏、劉慧卿 定價―180元

本書包含「女同性戀」案例的全文，並收錄五篇佛洛伊德各種與女性主題有關的文稿。希望透過本書，帶領讀者進一步瞭解女性與精神分析的糾葛。

心靈工坊 PsyGarden

生命長河，如夢如風，
猶如一段逆向的歷程，
一個掙扎的故事，一種反差的存在，
留下探索的紀錄與軌跡

Caring

眼戲
【失去視力，獲得識見的故事】
作者─亨利・格倫沃
譯者─于而彥・楊淑智　定價─180元

慣於掌握全球動脈的資深新聞人，卻
發現自己再也無法看清世界樣貌……
這突如其來的人生戲碼，徹底改變他
對世界的「看」法。

空間就是權力
作者─畢恆達　定價─320元

空間是身體的延伸、自我認同的象
徵，更是社會文化與政治權力的角力
場。

希望陪妳長大
【一個愛滋爸爸的心願】
作者─鄭鴻　定價─180元

這是一位愛滋爸爸，因為擔心無法陪
伴女兒長大，而寫給女兒的書…

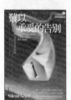

難以承受的告別
【自殺者親友的哀傷旅程】
作者─克里斯多福・路加斯、亨利・賽登
譯者─楊淑智　定價─280元

自殺的人走了，留下的親友則歷經各
種煎熬：悔恨、遺憾、憤怒、自責、
怨懟……漫漫長路，活著的人該如何
走出這片哀傷濃霧？

晚安，憂鬱
【我在藍色風暴中】（增訂版）
作者─許佑生　定價─250元

正面迎擊憂鬱症，
不如側面跟它做朋友。
跟憂鬱做朋友，
其實就是跟自己做朋友，

醫院裡的哲學家
作者─李察・詹納　譯者─譚家瑜
定價─260元

作者不僅在書中為哲學、倫理學、醫
學做了最佳詮釋，還帶領讀者親臨醫
療現場，實地目睹多位病患必須痛苦
面對的醫療難題。

與愛對話
作者─伊芙・可索夫斯基・賽菊寇
譯者─陳佳玲　定價─320元

作者以特異的寫作風格──結合對
話、詩和治療師的筆記──探索對致
命疾病的反應、與男同志友人的親密
情誼、性幻想的冒險場域，以及她投
入佛教思想的恩典。

愛他，也要愛自己
【女人必備的七種愛情智慧】
作者─貝芙莉・英格爾　譯者─楊淑智
定價─320元

本書探討女性與異性交往時，如何犧
牲自己的主體性，錯失追求成長的機
會。作者累積多年從事女性和家庭諮
商的經驗，多角度探討問題的根源。

瘋狂天才
【藝術家的躁鬱之心】
作者─凱・傑米森
譯者─易之新、王雅茵　定價─320元

本書從多位詩人、文學家、畫家，談
從憂鬱、躁鬱氣質逐漸到病症的過
程，深刻反省現代醫學對躁鬱症和其
他疾病所需考量的倫理觀點。

快樂是我的奢侈品
作者─蔡香蘋、李文瑄　定價─250元

本書藉由真實的個案，輔以專業醫學
知識，從人性關懷的角度探討憂鬱症
患者的心路歷程，以同理心去感受病
友的喜怒哀樂，為所有關懷生命、或
身受憂鬱症之苦的朋友開啟了一扇希
望之窗。

聽天使唱歌
作者─許佑生　定價─250元

我深信唯有親自走過這條泥濘路的
人，才真正了解那種微細的心理糾
纏、顛覆、拉扯，也才會在絕境中用
肉身又爬又滾，找到一條獨特的出路
…。

揚起彩虹旗
【我的同志運動經驗 1990-2001】
主編─莊慧秋　作者─張娟芬、許佑生 等
定價─320元

本書邀請近三十位長期關心、參與同
志運動的人士，一起回看曾經努力走
過的足跡。這是非常珍貴的一段回
憶，也是給下一個十年的同志運動，
一份不可不看的備忘錄。

終於學會愛自己
【一位婚姻專家的離婚手記】
作者—王瑞琪　定價—250元

知名的婚姻諮商專家王瑞琪，藉由忠實記錄自己的失婚經驗，讓與同樣經歷的讀者，能藉由她的故事，得到經驗的分享與共鳴。

以畫療傷
【一位藝術家的憂鬱之旅】
作者—盛正德　定價—300元

……此刻我把繪畫當成一條救贖之道，一段自我的療程，而藉茫林的過程，畫出真實或想像的心裡傷痕，所有壓抑也靠著畫筆渲洩出來。我藉由繪畫來延續隨時會斷裂的生命與靈魂、來找到活下去的理由……

學飛的男人
【體驗恐懼、信任與放手的樂趣】
作者—山姆‧金恩　譯者—魯宓
定價—280元

為了一圓孩提時的學飛夢想，山姆以六十二歲之齡加入馬戲團學校，學習空中飛人。藉由細緻的述說，學飛成為一則關於冒險、轉化、克服自我設限、狂喜隱喻的性靈旅程。

太太的歷史
作者—瑪莉蓮‧亞隆　譯者—何穎怡
定價—480元

這本西方女性與婚姻的概論史淋漓盡致呈現平凡女性的聲音，作者瑪莉蓮‧亞隆博覽古今，記錄婚姻的演化史，讓我們了解其歷經的集體變遷，以及妻子角色的轉變過程，是本旁徵博引但可口易讀的書。

跟自己調情
【身體意象與性愛成長】
作者—許佑生　定價—280元

身體是如何被眾多的禁忌所捆綁？要如何打破迷思，讓屬於身體的一切都更健康自然？本書帶領讀者以新的角度欣賞自己的身體，讓人人都可以擺脫傳統限制，讓身體更輕鬆而自在！

貧窮的富裕
作者—以馬內利修女　譯者—華宇
定價—250元

現年95歲的以馬內利修女，是法國最受敬重的女性宗教領袖。她花了一生的時間服務窮人，跟不公義的世界對抗。本書是她從個人親身經驗出發的思考，文字簡單動人卻充滿智慧和力量，澆灌著現代人最深層的心靈。

染色的青春
【十個色情工作少女的故事】
編著—婦女救援基金會、纓花
定價—200元

本書呈現十位色情工作少女的真實故事，仔細聆聽，你會發現她們未被呵護的傷痛，對愛濃烈的渴望與需求，透過她們，我們能進一步思索家庭、學校、社會的總總危機與改善之道。

親愛的爸媽，我是同志
編者—台灣同志諮詢熱線協會
定價—260元

本書讓父母及子女能有機會看見其他家庭面對同性戀這個課題的生命經驗。或許關於出櫃，每位子女與父母曾下了重重苦痛與不解，但在閱讀這本書的同時，我們期望彼此能有多一點體諒與同理心。

醫院裡的危機時刻
【醫療與倫理的對話】
作者—李察‧詹納
譯者—蔡錚雲、龔卓軍　定價—300元

透過真實故事，作者細膩生動地描繪了病患、家屬與醫護人員，在面對疾病考驗及醫療決策的倫理難題，藉由不斷的對談與互動，將問題釐清，找出彼此的價值觀與適當的醫療處置。

時間等候區
【醫生與病人的希望之旅】
作者—傑若‧古柏曼　譯者—鄧伯宸　定價—320元

當疾病來襲，我們進入異於日常生活的「時間等候區」，這時，活著既是生命的延續，也是死亡的進行。當生命與死亡兩者互為觀照、刺激與啟發時，即為疾病下了最好的註腳，也讓人以更誠實的態度面對生命。

Psychotherapy 10

嫉羨和感恩
Envy and Gratitude: and Other Works 1946-1963

作者─梅蘭妮・克萊恩（Melanie Klein）
譯者─呂煦宗、劉慧卿
共同出版─財團法人華人心理治療研究發展基金會

出版者─心靈工坊文化事業股份有限公司
發行人─王浩威
總編輯─王桂花　執行編輯─黃素霞　美術編輯─李宜芝
通訊地址─106台北市信義路四段53巷8號2樓
郵政劃撥─19546215　戶名─心靈工坊文化事業股份有限公司
電話─02）2702-9186　傳真─02）2702-9286
Email─service@psygarden.com.tw　網址─www.psygarden.com.tw

製版・印刷─彩峰造藝印像股份有限公司
總經銷─大和書報圖書股份有限公司
電話─02）8990-2588　傳真─02）2990-1658
通訊地址─台北縣五股工業區五工五路2號（五股工業區）
初版一刷─2005年11月　初版四刷─2017年1月
ISBN─986-7574-56-7　定價─550元

國家圖書館出版品預行編目資料

嫉羨和感恩／梅蘭妮・克萊恩（Melanie Klein）；呂煦宗、劉慧卿譯. --初版.--臺北市：
心靈工坊文化, 2005 [民94]　　面；　公分.（Psychotherapy；10）
參考書目：面　　含索引
譯自：Envy and Gratitude: and Other Works 1946-1963
ISBN 986-7574-56-7（平裝）　　　1. 精神分析論　　2. 兒童心理學
170.189　　　　　　　　　　　　　　　　　　　　　　　　94021708

心靈工坊 PsyGarden 書香家族 讀友卡

感謝您購買心靈工坊的叢書，為了加強對您的服務，請您詳填本卡，
直接投入郵筒（免貼郵票）或傳真，我們會珍視您的意見，
並提供您最新的活動訊息，共同以書會友，追求身心靈的創意與成長。

書系編號－PT 10　　　　　書名－嫉羨和感恩

姓名 _____　是否已加入書香家族？ □是 □現在加入

電話 (O) _____　(H) _____　手機 _____

E-mail _____　生日　年　　月　　日

地址 □□□ _____

服務機構（就讀學校）_____　職稱（系所）_____

您的性別— □1.女 □2.男 □3.其他

婚姻狀況— □1.未婚 □2.已婚 □3.離婚 □4.不婚 □5.同志 □6.喪偶 □7.分居

請問您如何得知這本書？
□1.書店 □2.報章雜誌 □3.廣播電視 □4.親友推介 □5.心靈工坊書訊
□6.廣告DM □7.心靈工坊網站 □8.其他網路媒體 □9.其他 _____

您購買本書的方式？
□1.書店 □2.劃撥郵購 □3.團體訂購 □4.網路訂購 □5.其他 _____

您對本書的意見？
・封面設計　　□1.須再改進 □2.尚可 □3.滿意 □4.非常滿意
・版面編排　　□1.須再改進 □2.尚可 □3.滿意 □4.非常滿意
・內容　　　　□1.須再改進 □2.尚可 □3.滿意 □4.非常滿意
・文筆／翻譯　□1.須再改進 □2.尚可 □3.滿意 □4.非常滿意
・價格　　　　□1.須再改進 □2.尚可 □3.滿意 □4.非常滿意

您對我們有何建議？
_____
_____

▲您的意見，我們將轉貼在心靈工坊網站上，www.psygarden.com.tw

心靈工坊
|PsyGarden|

台北市 106 信義路四段 53 巷 8 號 2 樓
讀者服務組　收

（對折線）

加入心靈工坊書香家族會員
共享知識的盛宴，成長的喜悅

請寄回這張回函卡（免貼郵票），
您就成為心靈工坊的書香家族會員，您將可以——

⊙隨時收到新書出版和活動訊息

⊙獲得各項回饋和優惠方案